Wolfram Thorwartl • Günther Wagner • Helga Wagner

Mathematik positiv!

4. Klasse HS und AHS

Die Aufnahme in den Anhang zur Schulbuchliste für HS, AHS, BAKIP, BASOP wurde vom Bundesministerium für Bildung, Wissenschaft und Kultur mit GZ 47.885/1-V/1/02 vom 4. September 2002 empfohlen.

www.ggverlag.at

ISBN 978-3-7074-0953-6
Schulbuchnummer 110231

1. Auflage 2002, Nachdruck 2010 (1,02)

Idee und Gestaltung der Rahmengeschichte: Walter Thorwartl (E-Mail: walter.thorwartl@utanet.at)
Printed by Alcione, Lavis-Trento

INHALTSVERZEICHNIS

Liebe Schülerin!
Lieber Schüler!

Mathematik positiv soll es dir ermöglichen,
- die Lernziele der Klasse zu erreichen
- dich gründlich auf die Schularbeiten vorzubereiten
- Erfolg und Spaß mit Mathematik zu haben

Dieses Buch ist folgendermaßen aufgebaut:

1. **Lehrstoff** mit Erklärungen, Musterbeispielen und Aufgaben aufbereitet. Dies macht den Hauptteil des Buches aus.
2. Durchgerechnete Aufgaben in einem eigenen **Lösungsbuch** sollen zur Kontrolle dienen und beim Fehlersuchen helfen.
3. Die **Selbstkontrollen** am Ende jedes Kapitels führen zu Bildern und Lösungsworten. Damit kannst du die kleine Geschichte, die sich durch das ganze Buch zieht, vervollständigen. Die Selbstkontrollen dienen aber auch zur Überprüfung des Lehrstoffs bevor es zur
4. **Lernzielkontrolle** kommt.
   Diese deckt den Lehrstoff komplett ab. Die Fragen der Lernzielkontrolle solltest du dreimal richtig beantworten. Vergleiche jeweils mit dem Lösungsband! Hake bei jeder richtigen Antwort ein Kästchen ab und wiederhole die Fragen ein oder mehrere Tage später! Solltest du eine Frage falsch haben, wiederhole zunächst den dazu gehörenden Lehrstoff!

Viel Spaß und Erfolg wünschen dir
die Autoren

Die folgenden drei Figuren werden dich durch dieses Buch begleiten:

Diese Figur zeigt an, dass hier etwas Wichtiges steht.

Diese Figur deutet auf knifflige Aufgaben hin.

Diese Figur zeigt an, dass du gerade etwas Schwieriges und Wichtiges geschafft hast.

Liebe Eltern!

Mathematik positiv 4 deckt den gesamten Kernstoff der vierten Klasse (achten Schulstufe) nach dem neuen Lehrplan ab und hilft, mathematische Probleme zu erfassen, Lösungsmethoden zu erkennen und diese anzuwenden. Die große Anzahl vollständig durchgerechneter Musterbeispiele ermöglicht es, jeden Gedankengang und Rechenschritt nachzuvollziehen, der zur Lösung der Aufgabe führt. So werden mathematische Methoden und Zusammenhänge nahegebracht, die dann von den Kindern selbstständig auf andere Beispiele angewandt werden können. Das durchgerechnete Lösungsheft bietet Ihnen und Ihren Kindern die Möglichkeit, Fehler zu erkennen und auszubessern. Den Umgang mit dem durchgerechneten Lösungsheft sollten Sie mit Ihrem Kind genau besprechen. Ihr Kind sollte langsam zum selbstständigen Arbeiten kommen und das Lösungsheft zur Kontrolle und Hilfe verwenden.
Die Kinder sollen zur Selbstständigkeit herangeführt werden, wobei aber die Kontrolle für Rückmeldungen notwendig ist. Die Richtigkeit einer Aufgabe wird das Kind in seiner Arbeit bestätigen! Ist eine Aufgabe falsch gelöst, so soll das Lösungsheft mit weiteren Anleitungen helfen. Die Stofflücken werden bei konsequentem Üben bald verschwunden sein.

A REELLE ZAHLEN

LERNZIELE:

*) Den Begriff der Quadratwurzel kennen
*) Schranken als Abschätzung für Wurzeln angeben können
*) Irrationale und rationale Zahlen unterscheiden können
*) Reelle Zahlen kennen
*) Irrationale Zahlen abschätzen können
*) Sinnvolles Runden von irrationalen Zahlen
*) Mit Quadratwurzeln rechnen können und die Rechengesetze angeben können
*) Wurzelziehen als Umkehrung des Potenzierens erkennen
*) Mit Kubikwurzeln rechnen können

1 Quadratwurzel

Beispiel

Der Flächeninhalt eines Quadrats ist 64 cm^2. Wie groß ist die Seitenlänge dieses Quadrats?

$A = x^2$	Flächeninhalt eines Quadrats: Seitenlänge mal Seitenlänge: $x \cdot x = x^2$
$A = 64\ cm^2$	Angabe
$x^2 = 64$	Ein Quadrat mit dem Flächeninhalt 64 cm^2 hat als Seitenlänge 8 cm, da $8^2 = 64$ ist.
$x = 8$	

Die Seitenlänge des Quadrats ist 8 cm.

Aus der 3. Klasse weißt du, dass auch $(-8)^2 = 64$ gilt.
Es wäre allerdings sinnlos, als Seitenlänge die negative Zahl −8 zuzulassen.

Die Zahl x heißt **Quadratwurzel** einer Zahl a ($a \geq 0$), wenn $x^2 = a$ ist und $x \geq 0$ ist.

Man schreibt: $x = \sqrt{a}$ (Wurzelzeichen: $\sqrt{\ }$; Radikand: a)

Die Quadratwurzel x einer Zahl a ist nicht negativ.

Schreibweise: $x = \sqrt{64} \Rightarrow x = +8$, weil $(+8)^2 = 64$ ist.

1 Stelle eine Tabelle für die Zahlen von 1 bis 20 auf und berechne deren Quadrate! Lerne diese Quadratzahlen auswendig (du wirst sie auch später noch sehr oft verwenden)!

Beispiel

Berechne!

a) $\sqrt{49} = 7$ weil $7^2 = 49$ **b)** $\sqrt{81} = 9$ weil $9^2 = 81$

2 Berechne die Quadratwurzeln und begründe dein Ergebnis!

a) $\sqrt{25}$ **b)** $\sqrt{36}$ **c)** $\sqrt{100}$ **d)** $\sqrt{144}$ **e)** $\sqrt{169}$ **f)** $\sqrt{225}$

Das Quadratwurzelziehen ist die entgegengesetzte Rechenoperation zum Quadrieren.

Für jede Zahl $a \geq 0$ gilt:
$\sqrt{a^2} = \left(\sqrt{a}\right)^2 = a$

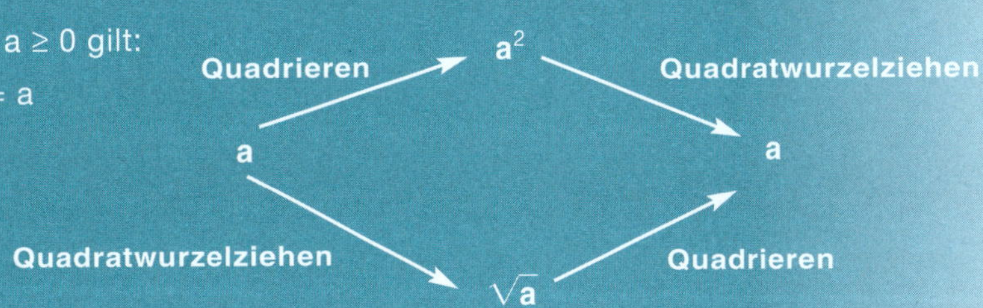

Beispiel

Berechne!

a) $\sqrt{16^2} = \mathbf{16}$ weil $\sqrt{a^2} = a$

b) $(\sqrt{16})^2 = \mathbf{16}$ weil $(\sqrt{a})^2 = a$

c) $\sqrt{-169}$ ist **nicht ausführbar**, da es keine Zahl x gibt, deren Quadrat −169 ist. (Das Quadrat jeder Zahl ist immer ≥ 0.)

d) $\sqrt{-16^2}$ ist **nicht ausführbar**, da der Radikand $-16^2 = -256$ ist und der Radikand nicht negativ sein darf!

3 Berechne, wenn möglich!

a) $\sqrt{9^2}$ **b)** $\sqrt{12^2}$ **c)** $(\sqrt{81})^2$ **d)** $(\sqrt{100})^2$

e) $\sqrt{-15^2}$ **f)** $-\sqrt{256}$ **g)** $\sqrt{-144}$ **h)** $-(\sqrt{121})^2$

2 *Abschätzen und Berechnen von Quadratwurzeln*

	n	n^2	Anzahl der Stellen von n^2
kleinste einstellige Zahl größte einstellige Zahl	1 9	$1^2 = 1$ $9^2 = 81$	1 2
kleinste zweistellige Zahl größte zweistellige Zahl	10 99	$10^2 = 100$ $99^2 = 9801$	3 4
kleinste dreistellige Zahl größte dreistellige Zahl	100 999	$100^2 = 10\,000$ $999^2 = 998\,001$	5 6
usw.			

Man erkennt:
Wenn man eine einstellige Zahl quadriert, dann hat das Ergebnis 1 oder 2 Stellen. Quadriert man eine zweistellige Zahl, so hat das Ergebnis 3 oder 4 Stellen. Bei einer dreistelligen Zahl hat das Quadrat 5 oder 6 Stellen, usw.
Für den Stellenwert einer Quadratwurzel aus einer natürlichen Zahl gilt daher die „Umkehrung“:

Anzahl der Stellen von x^2	Anzahl der Stellen von $\sqrt{x^2} = x$	Zahlenbereich
1 oder 2	1	$0 \leq x < 10$
3 oder 4	2	$10 \leq x < 100$
5 oder 6	3	$100 \leq x < 1\,000$
7 oder 8	4	$1\,000 \leq x < 10\,000$
usw.		

Eine natürliche Zahl heißt Quadratzahl, wenn ihre Quadratwurzel eine natürliche Zahl ist.

Beispiele:

$\sqrt{1} = 1$ $\sqrt{36} = 6$ $\sqrt{121} = 11$

$\sqrt{4} = 2$ $\sqrt{49} = 7$ $\sqrt{144} = 12$

$\sqrt{9} = 3$ $\sqrt{64} = 8$ $\sqrt{169} = 13$

$\sqrt{16} = 4$ $\sqrt{81} = 9$ ...

$\sqrt{25} = 5$ $\sqrt{100} = 10$ $\sqrt{n^2} = n$

Zum Abschätzen des Wertes der Quadratwurzel verwenden wir die Quadratzahlen 1, 4, 9, 16, 25, 36, 49, 64, 81, 100, 121, 144, 169, 196, 225, ...
Vergleiche mit dem Beispiel 1 in diesem Kapitel!

Beispiel

Gib eine Abschätzung für folgende Quadratwurzeln an!

a) $\sqrt{7}$

$4 < 7 < 9$

$\mathbf{2 < \sqrt{7} < 3}$

Der Radikand liegt zwischen den Quadratzahlen 4 und 9.

$\sqrt{7}$ muss daher zwischen $\sqrt{4} = 2$ und $\sqrt{9} = 3$ liegen.

b) $\sqrt{75{,}8}$

$64 < 75{,}8 < 81$

$\mathbf{8 < \sqrt{75{,}8} < 9}$

Der Radikand liegt zwischen den Quadratzahlen 64 und 81.

$\sqrt{75{,}8}$ liegt daher zwischen $\sqrt{64} = 8$ und $\sqrt{81} = 9$.

c) $\sqrt{132}$

$\mathbf{11 < \sqrt{132} < 12}$

132 liegt zwischen den Quadratzahlen $121 = 11^2$ und $144 = 12^2$.

4 Gib eine Abschätzung für folgende Quadratwurzeln an!

a) $\sqrt{150}$ **b)** $\sqrt{23{,}75}$ **c)** $\sqrt{156{,}5}$ **d)** $\sqrt{32{,}1}$ **e)** $\sqrt{3{,}7}$ **f)** $\sqrt{1{,}9}$

Beispiel

Gib eine Abschätzung für folgende Quadratwurzeln an!

a) $\sqrt{3\,470}$

3 470 ist eine vierstellige Zahl, daher muss die Wurzel aus 2 Stellen (Zehner- und Einerstelle) bestehen.
Je **zwei** Stellen des Radikanden ergeben **eine** Stelle im Ergebnis.

$\sqrt{34'70} = ..$ (Z E)

Man teilt daher den Radikanden von der Einerstelle aus in Zweiergruppen ein und betrachtet die erste Zweiergruppe.

34 liegt zwischen den Quadratzahlen 25 und 36.
3 470 liegt also zwischen $2\,500 = 50^2$ und $3\,600 = 60^2$.

$\mathbf{50 < \sqrt{3\,470} < 60}$

Die Wurzel liegt daher zwischen 50 und 60.

b) $\sqrt{2\,540\,000}$

Man teilt von der Einerstelle aus in Zweiergruppen ein.

$\sqrt{2'54'00'00} = ...$ (T H Z E)

Eine 7-stellige Zahl muss eine 4-stellige Wurzel haben (= 4 „Zweiergruppen", pro Zweiergruppe erhält man eine Stelle im Ergebnis).

Abschätzen der Ziffer mit dem höchsten Stellenwert (das ist die Tausenderstelle) mit Hilfe von Quadratzahlen:

$\mathbf{1} < 2 < \mathbf{4}$

2 liegt zwischen den Quadratzahlen 1 und 4.
2 000 000 liegt zwischen $1\,000\,000 = 1\,000^2$ und $4\,000\,000 = 2\,000^2$

$1\,000 < \sqrt{2'54'00'00} < 2\,000$ Die Wurzel liegt daher zwischen 1 000 und 2 000.

Eine genauere Abschätzung bekommt man, wenn man die ersten beiden Zweiergruppen zusammenfasst:

$15^2 = \mathbf{225} < 254 < \mathbf{256} = 16^2$

$\mathbf{1\,500 < \sqrt{2\,540\,000} < 1\,600}$

c) $\sqrt{3\,756{,}23}$

Wir teilen von der Einerziffer (vom Komma) aus in Zweiergruppen ein.

$\sqrt{37'56{,}23} = ..,$ (Z E)

$6^2 = 36 < 37 < 49 = 7^2$

$\mathbf{60 < \sqrt{3\,756{,}23} < 70}$

5 Gib eine Abschätzung für folgende Wurzeln an!

a) $\sqrt{2\,468}$ **b)** $\sqrt{37\,159{,}3}$ **c)** $\sqrt{14\,812}$

d) $\sqrt{530\,725}$ **e)** $\sqrt{23\,714}$ **f)** $\sqrt{72\,812{,}27}$

Abschätzen der Wurzel auf Zehntel, Hundertstel, Tausendstel, ...

$0{,}1^2 = 0{,}01$ $\quad$ $0{,}11^2 = 0{,}0121$
$0{,}9^2 = 0{,}81$ $\quad$ $0{,}99^2 = 0{,}9801$

Quadriert man eine Dezimalzahl, so wird die Anzahl der Dezimalstellen verdoppelt.
Je zwei Nachkommastellen, vom Komma aus gezählt, ergeben je eine Nachkommastelle in der Wurzel.

$\sqrt{0{,}01} = 0{,}1$ $\quad$ da $0{,}1^2 = 0{,}01$
$\sqrt{0{,}04} = 0{,}2$ $\quad$ da $0{,}2^2 = 0{,}04$

Beispiel

Gib eine Abschätzung für folgende Wurzeln an!

a) $\sqrt{0{,}27}$
$\sqrt{0{,}27} = 0,\,.$
z

Abschätzen auf die größte vorkommende Dezimalstelle. Man bildet „Zweiergruppen“, diesmal aber vom Komma aus nach rechts. 27 liegt zwischen den Quadratzahlen 25 und 36. $5^2 = \mathbf{25} < 27 < \mathbf{36} = 6^2$. 0,27 liegt zwischen 0,25 und 0,36.

$0{,}25 < 0{,}27 < 0{,}36$ — Die Wurzel liegt daher zwischen 0,5 und 0,6.

$\mathbf{0{,}5 < \sqrt{0{,}27} < 0{,}6}$

b) $\sqrt{0{,}052} = 0,\,.$
z

Die erste „Zweiergruppe“ nach dem Komma ist die Zifferngruppe 05, also muss die Zahl 5 durch Quadratzahlen abgeschätzt werden. (2 an der Tausendstelstelle kann vernachlässigt werden!)
$2^2 = \mathbf{4} < 5 < \mathbf{9} = 3^2$. 0,05 liegt zwischen 0,04 und 0,09.

$0{,}04 < 0{,}05 < 0{,}09$ — Die Wurzel liegt zwischen 0,2 und 0,3.

$\mathbf{0{,}2 < \sqrt{0{,}052} < 0{,}3}$

c) $\sqrt{0{,}007}$

$\sqrt{0{,}00'70} = 0{,}0\,.$
h

Die erste „Zweiergruppe“ besteht aus zwei Nullen, daher ist die höchste von Null verschiedene Stelle die Hundertstelstelle. Für die Abschätzung müssen wir die zweite Zweiergruppe verwenden, dazu „hängen“ wir eine Null an. Die Zahl, die abgeschätzt werden muss, ist 70:
$8^2 = \mathbf{64} < 70 < \mathbf{81} = 9^2$
$0{,}0064 < 0{,}0070 < 0{,}0081$

$\mathbf{0{,}08 < \sqrt{0{,}007} < 0{,}09}$ — Die Wurzel liegt zwischen 0,08 und 0,09.

6 Gib eine Abschätzung für folgende Wurzeln an!

a) $\sqrt{0{,}07}$ **b)** $\sqrt{0{,}39}$ **c)** $\sqrt{0{,}008}$
d) $\sqrt{0{,}0059}$ **e)** $\sqrt{0{,}00037}$ **f)** $\sqrt{0{,}000083}$

Beispiel

Gib für folgende Wurzeln eine Abschätzung an und berechne mit dem Taschenrechner den genauen Wert!

a) $\sqrt{1\,369} = .\,.$

$30 < \sqrt{1\,369} < 40$ — Abschätzung: $3^2 = 9 < 13 < 16 = 4^2$

$\mathbf{\sqrt{1\,369} = 37}$ — Berechnen des genauen Wertes mit dem TR.

b) $\sqrt{27{,}6676} = .\,,$

$5 < \sqrt{27{,}6676} < 6$ — Abschätzung: $5^2 = 25 < 27 < 36 = 6^2$

$\mathbf{\sqrt{27{,}6676} = 5{,}26}$ — Taschenrechnerwert

7 Gib eine Abschätzung für folgende Wurzeln an! Berechne den genauen Wert mit dem TR!

a) $\sqrt{1\,764}$ **b)** $\sqrt{105\,625}$ **c)** $\sqrt{640{,}09}$
d) $\sqrt{28{,}3024}$ **e)** $\sqrt{45\,796}$ **f)** $\sqrt{0{,}0576}$

8 Berechne die Seitenlänge der Quadrate!

a) $A = 196\ m^2$ **b)** $A = 295{,}84\ dm^2$ **c)** $A = 665{,}64\ km^2$ **d)** $A = 0{,}81\ km^2$

9 Gegeben sind die Seitenlängen a und b von Rechtecken. Berechne die Seitenlänge eines flächengleichen Quadrats!

a) a = 37,8 m; b = 16,8 m **b)** a = 18,48 m; b = 41,58 m

3 *Irrationale Zahlen als Ergebnis des Wurzelziehens*

Beispiel

Wie groß ist die Seitenlänge eines Quadrats, dessen Flächeninhalt 10 cm^2 beträgt?

Man sucht wieder jene positive Zahl, deren Quadrat 10 beträgt. Da 10 aber keine Quadratzahl ist, muss man sich Folgendes überlegen:
10 liegt zwischen den Quadratzahlen $9 = 3^2$ und $16 = 4^2$.
Man kann die gesuchte Zahl abschätzen:

1. Abschätzung auf natürliche Zahlen:
$3^2 < 10 < 4^2$ **Die gesuchte Seitenlänge liegt zwischen 3 und 4.**

2. Abschätzung auf Zehntelstellen (Verwende dazu den TR!):
$3{,}1^2 = 9{,}61$
$3{,}2^2 = 10{,}24$ **Die gesuchte Seitenlänge liegt zwischen 3,1 und 3,2.**

3. Abschätzung auf Hundertstelstellen:
$3{,}16^2 = 9{,}9856$
$3{,}17^2 = 10{,}0489$ **Die gesuchte Seitenlänge liegt zwischen 3,16 und 3,17.**

Man könnte noch auf weitere Dezimalstellen (Tausendstelstelle, Zehntausendstelstelle, ... usw.) abschätzen, ohne dabei auf ein exaktes Ergebnis zu kommen. Auch der Wert des Taschenrechners $\sqrt{10} = 3{,}16227766$ ist nur ein gerundetes Ergebnis.

Der Wert für $\sqrt{10}$ ist eine unendliche, nicht periodische Dezimalzahl. Man kann $\sqrt{10}$ nicht als Bruch angeben.

Dass der Wert 3,16227766 ein gerundetes Ergebnis des Taschenrechners ist, zeigt auch folgende „Probe“:
Tippt man 3,16227766 in den Taschenrechner ein und quadriert diese Zahl, so erhält man: $3{,}16227766^2 = 9{,}999999999$, also einen Wert, den man auf 10 runden wird, der aber nicht genau 10 ist!

Grafische Veranschaulichung

Durch die 1. Abschätzung von $\sqrt{10}$ erhält man einen 1. Näherungswert:

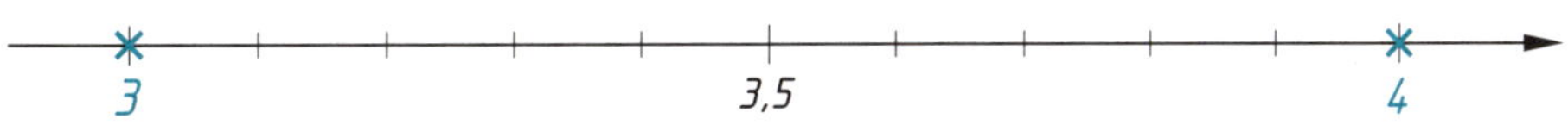

$\sqrt{10}$ liegt zwischen 3 und 4.

Die 2. Abschätzung von $\sqrt{10}$ bringt einen 2. Näherungswert:

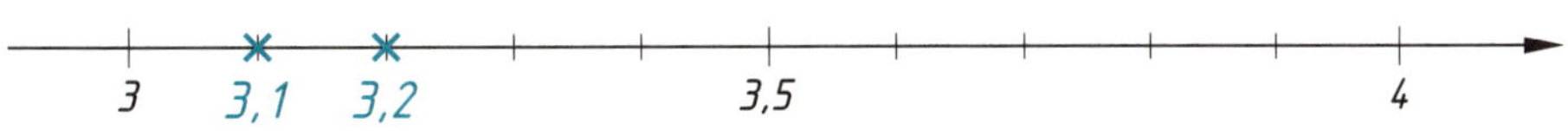

$\sqrt{10}$ liegt zwischen 3,1 und 3,2.

Die 3. Abschätzung von $\sqrt{10}$ ergibt einen 3. Näherungswert:

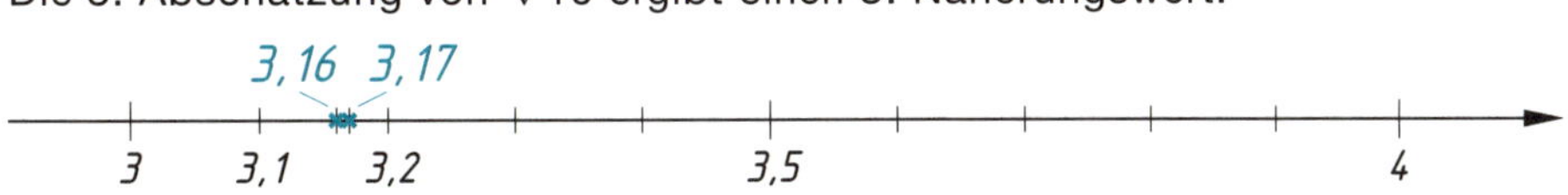

$\sqrt{10}$ liegt zwischen 3,16 und 3,17.

Der Wert für $\sqrt{10}$ wird dadurch immer exakter eingegrenzt. Die Näherungswerte werden immer genauer. Dadurch kann man $\sqrt{10}$ beliebig genau annähern, die Näherungswerte streben dem exakten Wert für $\sqrt{10}$ zu, die Strecke zwischen der unteren und der oberen Schranke (das Intervall zwischen den beiden Zahlen) wird immer kleiner. Ihre Länge nähert sich 0.

Beispiel

Berechne $\sqrt{2}$ mit dem TR und führe die Probe durch!

$\sqrt{2} = 1{,}414213562$ — **1.** Man berechnet $\sqrt{2}$ mit dem TR.

Probe:

1. Art: $\mathbf{1{,}414213562\ldots^2 = 2}$

2. a) Man löscht die Anzeige nicht und quadriert diese Zahl. Dadurch erhält man wieder den genauen Wert, da der Taschenrechner noch mit Stellen rechnet, die im Display nicht mehr angezeigt werden.

2. Art: $\mathbf{1{,}414213562^2 = 1{,}999999999}$

b) Das Ergebnis wird gelöscht und der Wert, den der TR im Display zeigt, wird eingegeben (dieser Wert ist der gerundete Wert für $\sqrt{2}$).

Wenn man also die Probe entsprechend der ersten Art durchführt, rechnet der TR mit weiteren Dezimalstellen, die in der Anzeige nicht mehr angezeigt werden, weiter. Beim Quadrieren erhält man 2.
Bei der Probe entsprechend der zweiten Art quadriert man eine Dezimalzahl mit 9 Dezimalstellen. Das Ergebnis gibt hier eine Näherung für 2 an. Dadurch erkennt man, dass der Wert für $\sqrt{2}$, der im TR auf 9 Dezimalstellen angegeben ist, kein genauer Wert ist.

$\sqrt{2}$ kann also nur als Näherungswert angegeben werden. Man nennt unendliche Dezimalzahlen, die sich nicht als Bruchzahlen darstellen lassen, **irrationale Zahlen**.

Folgender **Beweis** soll zeigen, dass $\sqrt{2}$ eine irrationale Zahl ist:
Als Beweisverfahren wählt man einen sogenannten **indirekten Beweis**, das bedeutet, dass man von einer falschen Annahme (Gegenteil) ausgeht. Diese falsche Annahme wird widerlegt. Damit ist der Beweis geführt, die ursprüngliche Behauptung ist richtig.

Wir nehmen an, dass sich $\sqrt{2}$ als Bruch anschreiben lässt (damit wäre $\sqrt{2}$ eine rationale Zahl) und führen diese Annahme zu einem Widerspruch.

Annahme:

$\sqrt{2} = \frac{a}{b} \quad b \neq 0$ — Der Bruch $\frac{a}{b}$ ist gekürzt, $ggT(a,b) = 1$

Beweis: indirekt

$\sqrt{2} = \frac{a}{b} \quad |^2$ — Quadrieren beider Seiten

$2 = \frac{a^2}{b^2} \quad | \cdot b^2$

$2b^2 = a^2$ — Aus dieser Gleichung folgt, dass 2 Teiler von a^2 sein muss (a^2 wird als Produkt aus 2 und b^2 dargestellt!).

$2 \mid a^2 \Rightarrow 2 \mid a.$ — Wenn 2 ein Teiler von a^2 ist, dann muss 2 auch a teilen.

$a = 2 \cdot t$ — a ist ein Vielfaches von 2.

$2b^2 = (2t)^2$ — In der obigen Gleichung wird a durch 2t ersetzt.

$2b^2 = 4t^2 \quad | : 2$

$b^2 = 2t^2$ — 2 teilt auch b^2 und $2|b$

Wenn 2 sowohl a wie auch b teilt, so ist das ein Widerspruch zu $ggT(a,b) = 1$ (in unserem Beweis wäre $ggT(a,b) = 2$ also falsch). Daher ist die Annahme, dass man $\sqrt{2}$ als (gekürzten) Bruch anschreiben kann, falsch. Keine rationale Zahl stellt also $\sqrt{2}$ dar $\Rightarrow$ **$\sqrt{2}$ ist eine irrationale Zahl**.

Irrationale Zahlen sind unendliche Dezimalzahlen, die weder periodisch noch gemischt periodisch sind. Man kann irrationale Zahlen nicht als Bruch darstellen.
Alle irrationalen Zahlen bilden die Menge der irrationalen Zahlen $\mathbb{I}$.

Die Menge der reellen Zahlen $\mathbb{R}$ enthält alle rationalen Zahlen und alle irrationalen Zahlen.

$\mathbb{R}$ ... Menge der reellen Zahlen
$\mathbb{Q}$ ... Menge der rationalen Zahlen: Sie enthält alle Zahlen, die sich als Brüche darstellen lassen, das sind alle ganzen Zahlen, alle endlichen Dezimalzahlen und alle periodischen bzw. gemischt periodischen Dezimalzahlen.
$\mathbb{I}$ ... Menge der irrationalen Zahlen: Sie enthält alle unendlichen Dezimalzahlen wie z. B. $\sqrt{2}$, $\sqrt{3}$, $\sqrt{5}$, $\sqrt{7}$, usw.

10 Berechne die Quadratwurzeln mit dem Taschenrechner und schreibe alle Dezimalstellen der Anzeige an!

a) $\sqrt{6}$ **b)** $\sqrt{3}$ **c)** $\sqrt{5}$ **d)** $\sqrt{8}$

Darstellen von reellen Zahlen auf der Zahlengerade

Jeder reellen Zahl kann genau ein Punkt auf der Zahlengerade zugeordnet werden. Durch die reellen Zahlen erhält man alle Punkte der Zahlengerade:

Um einen „Teil" einer Zahlengerade anzuschreiben, verwendet man Intervalle.

a) Die Menge der reellen Zahlen, die größer oder gleich 7 und kleiner oder gleich 10 sind, schreibt man in Intervallschreibweise: [7 ; 10]

grafische Darstellung:

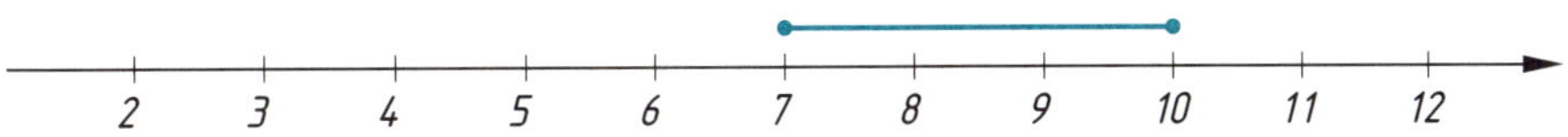

b) Die Menge der reellen Zahlen, die größer 5 und kleiner oder gleich 7 sind:]5; 7]
5 wird als Wert nicht angenommen, deshalb ist die eckige Klammer hier „verkehrt".

grafische Darstellung:

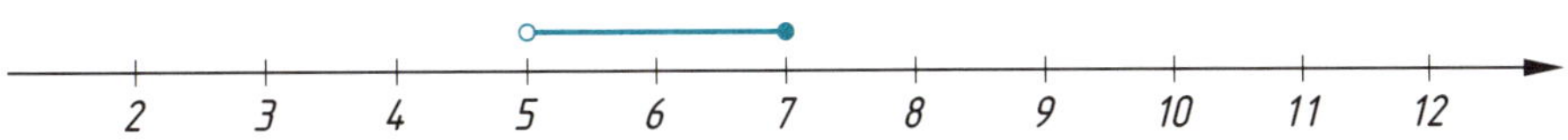

Beachte: Gehört der Punkt einer Intervallgrenze zum Intervall, so wird das durch einen ausgefüllten Kreis dargestellt. Gehört der Punkt nicht dazu, wird es durch einen „leeren" Kreis angedeutet.

c) Die Menge der reellen Zahlen, die größer 2 und kleiner 6 sind:]2 ; 6[
Beide Werte werden nicht angenommen.

grafische Darstellung:

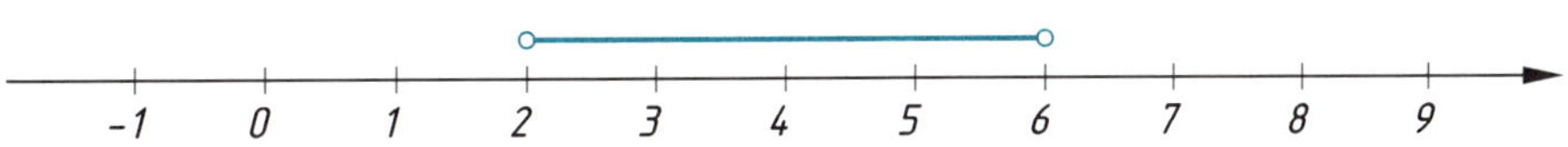

Ein Intervall ist ein Abschnitt auf der Zahlengerade.

11 Gib in Intervallschreibweise an und stelle grafisch dar!

a) Menge der reellen Zahlen größer −3 und kleiner 2.

b) Menge der reellen Zahlen größer oder gleich 0 und kleiner 5.

c) Menge der reellen Zahlen größer −4 und kleiner 0.

Runden von irrationalen Zahlen

Beispiel

Berechne $\sqrt{43,2}$ auf drei Dezimalen genau!

$\sqrt{43,2} = 6,5726... \approx$ **6,573** Man berechnet mit dem TR und schreibt 4 Dezimalstellen an, diese Zahl wird auf 3 Dezimalstellen gerundet.

12 Berechne die Quadratwurzeln auf die angegebene Dezimalstelle genau!

a) $\sqrt{72,8}$ 3 Dez. **b)** $\sqrt{9,898}$ 4 Dez. **c)** $\sqrt{17,5}$ 2 Dez. **d)** $\sqrt{0,04567}$ 5 Dez.

e) $\sqrt{15,9}$ auf z **f)** $\sqrt{23,731}$ auf h **g)** $\sqrt{1,7}$ auf t **h)** $\sqrt{0,678}$ auf h

13 Quadratwurzeln können als Ergebnis natürliche Zahlen, endliche Dezimalzahlen und auch unendliche Dezimalzahlen haben. Überlege bei folgenden Beispielen zuerst, ob das Ergebnis eine rationale Zahl oder eine irrationale Zahl ist (Begründung) und berechne dann die Wurzel!

(1) a) $\sqrt{100}$ **b)** $\sqrt{1\,000}$ **c)** $\sqrt{0{,}01}$ **d)** $\sqrt{0{,}1}$ **e)** $\sqrt{0{,}001}$

(2) a) $\sqrt{144}$ **b)** $\sqrt{1{,}44}$ **c)** $\sqrt{0{,}0144}$ **d)** $\sqrt{14{,}4}$ **e)** $\sqrt{0{,}144}$

Beispiel

Im Folgenden sind Flächeninhalte angegeben. Welche Seitenlänge hätte ein Quadrat mit dem gegebenen Flächeninhalt?

a) Flächeninhalt Österreichs: $A = 83\,858\ km^2$ (Quelle: Statistisches Jahrbuch Österreichs, 2002)

$\sqrt{83\,858} = 289{,}582458$

Die Angabe von 6 Nachkommastellen ist aber nicht sinnvoll. Verwandelt man diese Seitenlänge mehrnamig, so erhält man:

289,582458 km = 289 km 582 m 4 dm 5 cm 8 mm

Es ist sinnvoll die Seitenlänge eines Quadrats, dessen Flächeninhalt in km^2 gegeben ist, auf die Einheit m (das ist die nächstkleinere Einheit) zu runden.

289,582458 km ≈ 289,582 km

Die Seitenlänge des Quadrats ist 289,582 km.

b) Ein Grundstück, dessen Flächeninhalt 735 m^2 groß ist, soll gegen ein gleich großes quadratisches Grundstück getauscht werden. Welche Seitenlänge hat dieses Quadrat?

$A = 735\ m^2$

$\sqrt{735} = 27{,}11088342$

Verwandelt man diese Seitenlänge mehrnamig, so erhält man:

27,11088342 m = 27 m 1 dm 1 cm 0,88342 mm

Es ist sinnvoll die Seitenlänge eines Quadrats, dessen Flächeninhalt in m^2 gegeben ist, auf die Einheit cm zu runden.

27,11088342 m ≈ 27,11 m

Die Seitenlänge des Quadrats ist 27,11 m.

c) Verwandle das Rechteck mit dem Flächeninhalt 69 cm^2 in ein flächengleiches Quadrat! Welche Seitenlänge hat dieses Quadrat?

$A = 69\ cm^2$

$\sqrt{69} = 8{,}306623863$

Verwandelt man diese Seitenlänge in eine mehrnamige Größe, so erhält man:

8,306623863 cm = 8 cm 3,06623863 mm

Es ist sinnvoll die Seitenlänge eines Quadrats, dessen Flächeninhalt in cm^2 gegeben ist, auf die Einheit mm zu runden.

8,306623863 cm ≈ 8,3 cm

Die Seitenlänge des Quadrats ist 8,3 cm.

d) Welche Seitenlänge hat ein Quadrat, dessen Flächeninhalt 12 mm^2 ist?

$A = 12\ mm^2$

$\sqrt{12} = 3{,}464101615$

Runden der Seitenlänge auf Zehntel Millimeter:

3,464101615 mm ≈ 3,5 mm

Die Seitenlänge des Quadrats ist 3,5 mm.

Beachte: Das Anschreiben aller Dezimalstellen bei irrationalen Zahlen ist bei solchen Textaufgaben nicht sinnvoll.

14 Berechne die Seitenlänge der Quadrate! Runde sinnvoll!

a) $A = 36{,}5\ m^2$ **b)** $A = 72{,}9\ km^2$ **c)** $A = 579{,}3\ m^2$ **d)** $A = 0{,}00345\ km^2$

15 Die angegebenen rechteckigen Grundstücke sollen mit flächengleichen quadratischen Grundstücken getauscht werden. Berechne die Seitenlänge der quadratischen Grundstücke!

a) a = 43,5 m; b = 15,7 m **b)** a = 123 m; b = 97,1 m

4 Überblick über die Zahlenmengen

Seit der 1. Klasse hast du bereits einige Zahlenmengen kennengelernt. Zur Erinnerung ein Überblick:

Menge der natürlichen Zahlen: $\mathbb{N} = \{0, 1, 2, 3, 4, 5, ...\}$
Menge der ganzen Zahlen $\mathbb{Z} = \{..., -3, -2, -1, 0, 1, 2, 3, ...\}$
Menge der rationalen Zahlen $\mathbb{Q} = \{\frac{a}{b} \text{ mit } b \neq 0\}$

Rechengesetze in diesen Zahlenmengen:

Menge $\mathbb{N}$:
Wenn man zwei beliebige natürliche Zahlen addiert, so ist das Ergebnis wieder eine natürliche Zahl.

Man sagt: Die Menge $\mathbb{N}$ ist abgeschlossen bezüglich der Addition.

z. B. $3 + 5 = 8$ — 3, 5, 8 sind natürliche Zahlen.

Auch die Multiplikation ist in der Menge $\mathbb{N}$ abgeschlossen, weil das Produkt zweier beliebiger natürlicher Zahlen wieder eine natürliche Zahl ist.

z. B. $3 \cdot 5 = 15$ — 3, 5, 15 sind natürliche Zahlen.

Möchte man hingegen zwei beliebige natürliche Zahlen subtrahieren, so ist das nicht immer möglich.

z. B. $18 - 14 = 4$ — 18, 14, 4 sind natürliche Zahlen.
$15 - 23 = -8$ — 15, 23 sind natürliche Zahlen, der Wert der Differenz −8 ist aber keine natürliche Zahl.

Es ist nur dann die Subtraktion in der Menge $\mathbb{N}$ möglich, wenn der Minuend größer oder gleich dem Subtrahenden ist. Die Subtraktion ist in der Menge $\mathbb{N}$ nicht immer ausführbar, $\mathbb{N}$ ist bezüglich der Subtraktion nicht abgeschlossen.
$\mathbb{N}$ ist auch bezüglich der Division und des Wurzelziehens nicht abgeschlossen.

Menge $\mathbb{Z}$:
Um auch die Subtraktion immer ausführen zu können, wurde die Menge der natürlichen Zahlen um die negativen Zahlen erweitert. Man kommt dadurch zur Menge $\mathbb{Z}$.
Die Menge $\mathbb{Z}$ ist auch bezüglich der Subtraktion abgeschlossen.

z. B. $12 - 28 = -16$ — 12, 28, −16 sind ganze Zahlen

Allerdings kann man in der Menge $\mathbb{Z}$ noch immer nicht uneingeschränkt dividieren.

z. B. $35 : (-7) = -5$ — 35, −7, −5 sind ganze Zahlen
$48 : 7 =$ — 48 und 7 sind ganze Zahlen, das Ergebnis ist aber keine ganze Zahl, da 7 kein Teiler der Zahl 48 ist.

Es ist nur dann die Division in der Menge $\mathbb{Z}$ ausführbar, wenn der Divisor ($\neq 0$) ein Teiler des Dividenden ist (bzw. der Dividend ein Vielfaches des Divisors ist). Die Menge $\mathbb{Z}$ ist auch bezüglich des Wurzelziehens nicht abgeschlossen.

Menge $\mathbb{Q}$:
Jede Division kann durch einen Bruch ersetzt werden. Die Menge der rationalen Zahlen ist bezüglich der Division (Divisor $\neq 0$) abgeschlossen.

z. B. $15 : 24 = \frac{15}{24} = \frac{5}{8}$
$\frac{3}{5} = 0{,}6$; $\frac{7}{9} = 0{,}\dot{7}$

Jede Division lässt sich als Bruch anschreiben. Die Menge der rationalen Zahlen $\mathbb{Q}$ ohne Null ist abgeschlossen bezüglich der Division.
In der Menge $\mathbb{Q}$ kann man allerdings – wie in diesem Kapitel besprochen – nicht aus allen Zahlen die Wurzel ziehen.

Menge $\mathbb{R}$:
Die Menge der reellen Zahlen ist die Zahlenmenge, die neben allen rationalen Zahlen auch alle irrationalen Zahlen enthält.

Die Menge der reellen Zahlen ist also abgeschlossen bezüglich der Addition, Subtraktion, Multiplikation, Division (Divisor $\neq 0$) und des Wurzelziehens aus nicht negativen Zahlen.
Die Menge $\mathbb{R}$ ist die umfassendste Zahlenmenge, die bis jetzt besprochen wurde.
(In der Oberstufe wird noch eine Menge besprochen werden, in der das Wurzelziehen aus allen positiven und negativen Zahlen möglich sein wird. Diese Zahlenmenge heißt $\mathbb{C}$, die Menge der komplexen Zahlen).

Zusammenfassung:

Zahlenmenge	abgeschlossene Rechenoperationen	nichtabgeschlossene Rechenoperationen
ℕ	Addition Multiplikation	Subtraktion Division Wurzelziehen
ℤ	Addition Multiplikation Subtraktion	Division Wurzelziehen
ℚ	Addition Multiplikation Subtraktion Division (Divisor ≠ 0)	Wurzelziehen
ℝ	Addition Multiplikation Subtraktion Division (Divisor ≠ 0) Wurzelziehen aus einer nicht-negativen Zahl	Wurzelziehen aus einer negativen Zahl

Menge der reellen Zahlen ℝ

Menge der rationalen Zahlen ℚ — Menge der irrationalen Zahlen 𝕀

Menge der ganzen Zahlen ℤ

Menge der natürlichen Zahlen ℕ

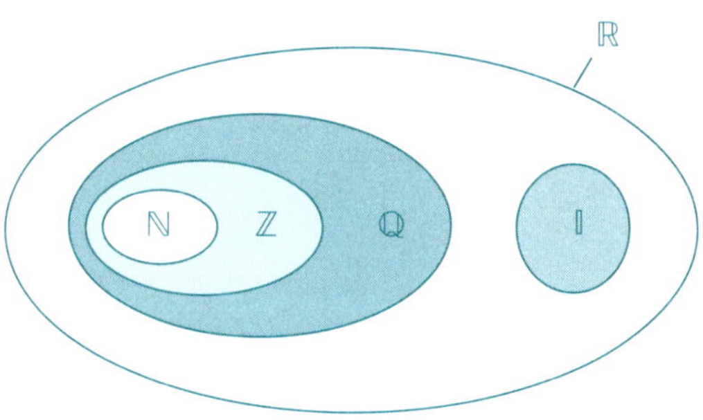

5 Rechnen mit Quadratwurzeln

Vorrangregeln

Beachte: Wurzelziehen gehört, genauso wie Potenzieren, zu den Rechnungsarten 3. Stufe.

- *) Zuerst sind die Rechnungen in den Klammern auszuführen.
- *) Rechnungsarten 3. Stufe (Potenzieren und Wurzelziehen) sind vor den Rechenoperationen 2. Stufe (Multiplikation und Division) auszuführen.
- *) Rechnungsarten 2. Stufe sind vor den Rechenoperationen 1. Stufe (Addition und Subtraktion) auszuführen.

Addition und Subtraktion von Quadratwurzeln

Beispiel

a) $7 + \sqrt{64} =$ — **1.** Wurzelziehen (Rechnungsart 3. Stufe)

$= 7 + 8 = \mathbf{15}$ — **2.** Addieren (Rechnungsart 1. Stufe)

b) $\sqrt{64 + 36} =$ — **1.** Berechnen der Summe unter der Wurzel, da das Wurzelzeichen für die gesamte Summe gilt.

$= \sqrt{100} = \mathbf{10}$ — **2.** Wurzelziehen

c) $7 - \sqrt{16} =$ 1. Wurzelziehen (Rechnungsart 3. Stufe)
$= 7 - 4 = \mathbf{3}$ 2. Subtrahieren (Rechnungsart 1. Stufe)

d) $\sqrt{100 - 64} =$ 1. Das Wurzelzeichen gilt für die ganze Differenz. Zuerst wird die Differenz unter der Wurzel berechnet.
$= \sqrt{36} = \mathbf{6}$ 2. Wurzelziehen

16 **a)** $7 + \sqrt{25} =$ **b)** $13 + \sqrt{64} =$ **c)** $12 + \sqrt{25} =$
d) $\sqrt{16} + \sqrt{36} =$ **e)** $\sqrt{25} + \sqrt{81} =$ **f)** $\sqrt{64} + \sqrt{49} =$

17 **a)** $8 - \sqrt{49} =$ **b)** $12 - \sqrt{121} =$ **c)** $\sqrt{144} - 5 =$
d) $\sqrt{81} - 14 =$ **e)** $\sqrt{100} - \sqrt{144} =$ **f)** $\sqrt{64} - \sqrt{25} =$

18 **a)** $\sqrt{13 + 23} =$ **b)** $\sqrt{42 - 26} =$ **c)** $\sqrt{81 - 32} =$ **d)** $\sqrt{100 - 36} =$

19 **a)** $\sqrt{49} + \sqrt{36} + \sqrt{100 - 64} =$ **b)** $\sqrt{81 + 19} - \sqrt{49} - \sqrt{25} =$
c) $\sqrt{36 + 13} - \sqrt{36 - 20} + \sqrt{25} =$ **d)** $\sqrt{121 - 40} - \sqrt{39 + 25} - \sqrt{81} =$

Beispiel

Berechne mit dem Taschenrechner und gib das Ergebnis auf h (Hundertstel) genau an!

$\sqrt{4 + 9} + \sqrt{16 + 25} =$ Tastenfolge: (CLEAR) ($\sqrt{\ }$) (4) (+) (9) ( )) (+) ($\sqrt{\ }$) (1) (6) (+) (2) (5) ( )) (=)

$= 10{,}0086... \approx \mathbf{10{,}01}$

Beachte: Beim Drücken der $\sqrt{\ }$-Taste wird automatisch die Klammer aufgemacht. Im Display erscheint „$\sqrt{\ }$(“. Diese Klammer muss nach Eingabe des Radikanden wieder geschlossen werden.

20 Berechne mit dem Taschenrechner und gib das Ergebnis auf zwei Dezimalen genau an!
a) $\sqrt{63 + 7} =$ **b)** $\sqrt{47 - 5} =$ **c)** $\sqrt{128 + 31} =$ **d)** $\sqrt{1\,027 - 50} =$
e) $\sqrt{36 + 25 - 16} =$ **f)** $\sqrt{42 + 36 + 19} =$ **g)** $\sqrt{128 + 142 - 57 - 3} =$ **h)** $\sqrt{527 - 9} =$

21 Berechne auf den angegebenen Stellenwert genau!
a) $\sqrt{16 + 4{,}2} + \sqrt{8{,}7 - 1{,}5} =$ (z) **b)** $\sqrt{63 - 1{,}4} - \sqrt{42 - 1{,}5} =$ (t)
c) $\sqrt{41 - 1{,}3} - \sqrt{12{,}8 - 1{,}7} =$ (h) **d)** $\sqrt{63 + 1{,}5} - \sqrt{47 - 5} =$ (z)
e) $\sqrt{3{,}7 + 69 - 3{,}1} + \sqrt{12{,}3 - 4{,}5 + 67} =$ (t) **f)** $\sqrt{7{,}2 + 69} - \sqrt{13{,}8 - 4{,}2 + 15} =$ (zt)

Beispiel

Berechne und vergleiche jeweils die Ergebnisse!

a) $\sqrt{144} + \sqrt{25} =$ $\sqrt{144 + 25} =$
$= 12 + 5 =$ $= \sqrt{169} =$
$= \mathbf{17}$ $= \mathbf{13}$

$17 > 13$ **Die Ergebnisse sind nicht gleich!**

$\sqrt{144} + \sqrt{25} > \sqrt{144 + 25}$

b) $\sqrt{169} - \sqrt{144} =$ $\sqrt{169 - 144} =$
$= 13 - 12 =$ $= \sqrt{25} =$
$= \mathbf{1}$ $= \mathbf{5}$

$1 < 5$ **Die Ergebnisse sind nicht gleich!**

$\sqrt{169} - \sqrt{144} < \sqrt{169 - 144}$

22 Vergleiche die Terme! Verwende, wenn nötig, den TR!
a) $\sqrt{9} + \sqrt{16}$ und $\sqrt{9 + 16}$ **b)** $\sqrt{36} + \sqrt{49}$ und $\sqrt{36 + 49}$
c) $\sqrt{156} + \sqrt{247}$ und $\sqrt{156 + 247}$ **d)** $\sqrt{4} + \sqrt{25}$ und $\sqrt{4 + 25}$

23 Vergleiche die Terme!

a) $\sqrt{100} - \sqrt{64}$ und $\sqrt{100 - 64}$ **b)** $\sqrt{36} - \sqrt{9}$ und $\sqrt{36 - 9}$

c) $\sqrt{42} - \sqrt{15}$ und $\sqrt{42 - 15}$ **d)** $\sqrt{9} - \sqrt{4}$ und $\sqrt{9 - 4}$

Für alle reellen Zahlen $a > 0$ und $b > 0$ gilt: $\sqrt{a} + \sqrt{b} > \sqrt{a + b}$

Für alle reellen Zahlen $a > b$, $a > 0$ und $b > 0$ gilt: $\sqrt{a} - \sqrt{b} < \sqrt{a - b}$

Multiplikation und Division von Quadratwurzeln

Beispiel

Berechne!

a) $\sqrt{16} \cdot \sqrt{25} = 4 \cdot 5 = \mathbf{20}$

$\sqrt{16 \cdot 25} = \sqrt{400} = \mathbf{20}$

Die Ergebnisse stimmen überein!

$\sqrt{16} \cdot \sqrt{25} = \sqrt{16 \cdot 25}$

b) $\frac{\sqrt{16}}{\sqrt{25}} = \frac{4}{5}$

$\sqrt{\frac{16}{25}} = \sqrt{0{,}64} = 0{,}8 = \frac{4}{5}$

Die Ergebnisse stimmen überein!

$\frac{\sqrt{16}}{\sqrt{25}} = \sqrt{\frac{16}{25}}$

24 Vergleiche die Terme!

a) $\sqrt{36} \cdot \sqrt{4}$ und $\sqrt{36 \cdot 4}$ **b)** $\sqrt{121} \cdot \sqrt{9}$ und $\sqrt{121 \cdot 9}$ **c)** $\frac{\sqrt{9}}{\sqrt{16}}$ und $\sqrt{\frac{9}{16}}$

Für alle reellen Zahlen $a \geq 0$ und $b \geq 0$ gilt: $\sqrt{a} \cdot \sqrt{b} = \sqrt{a \cdot b}$

Für alle reellen Zahlen $a \geq 0$ und $b > 0$ gilt: $\frac{\sqrt{a}}{\sqrt{b}} = \sqrt{\frac{a}{b}}$, $\sqrt{a} : \sqrt{b} = \frac{\sqrt{a}}{\sqrt{b}}$

Beispiel

Berechne!

a) $\sqrt{2{,}56 \cdot 9} = \sqrt{2{,}56} \cdot \sqrt{9} = 1{,}6 \cdot 3 = \mathbf{4{,}8}$

Da $2{,}56 = 1{,}6^2$ und $9 = 3^2$ ist, kann man den Term ohne TR mit Hilfe der Formel $\sqrt{a \cdot b} = \sqrt{a} \cdot \sqrt{b}$ berechnen.

b) $\sqrt{34} \cdot \sqrt{3} = 10{,}099... = \mathbf{10{,}10}$

Da 34 und 3 nicht Quadrate rationaler Zahlen sind, können wir den Term nur mit dem TR berechnen.

TR: CLEAR $\sqrt{\ }$ 3 4) x $\sqrt{\ }$ 3 =

c) $\sqrt{\frac{121}{36}} = \frac{\sqrt{121}}{\sqrt{36}} = \frac{11}{6}$

$121 = 11^2$ und $36 = 6^2$, Anwenden der Formel $\sqrt{\frac{a}{b}} = \frac{\sqrt{a}}{\sqrt{b}}$

d) $= \sqrt{\frac{32}{18}}$ — Kürzen des Radikanden durch 2

$= \sqrt{\frac{16}{9}} =$ — Anwenden der Formel $\sqrt{\frac{a}{b}} = \frac{\sqrt{a}}{\sqrt{b}}$

$= \frac{\sqrt{16}}{\sqrt{9}} =$ — 16 und 9 sind Quadratzahlen, daher Berechnung ohne TR.

$= \frac{4}{3}$

e) $\frac{\sqrt{17}}{\sqrt{29}} =$ — Weder 17 noch 29 sind Quadratzahlen, man kann auch nicht kürzen, daher Berechnung mit dem TR.

$= 0{,}765... =$ — Tastenfolge: CLEAR $\sqrt{\ }$ 1 7) ÷ $\sqrt{\ }$ 2 9 =

$= \mathbf{0{,}77}$ — Runden

f) $\sqrt{36} : \sqrt{16} =$

$= 6 : 4 =$

$= \mathbf{1{,}5}$

25 Rechne ohne Taschenrechner!

a) $\sqrt{169 \cdot 9} =$ **b)** $\sqrt{1{,}44 \cdot 25} =$ **c)** $\sqrt{2{,}56 \cdot 4} =$ **d)** $\sqrt{324 \cdot 49} =$ **e)** $\sqrt{2{,}25 \cdot 1} =$

f) $\sqrt{3{,}61 \cdot 4} =$ **g)** $\sqrt{324 \cdot 25} =$ **h)** $\sqrt{2{,}89 \cdot 16} =$ **i)** $\sqrt{256 \cdot 49} =$ **j)** $\sqrt{2{,}25 \cdot 81} =$

26 Berechne auf 3 Dezimalen genau. Führe vor jeder Rechnung eine Überschlagsrechnung durch, indem du jede Zahl durch die „nächstgelegene Quadratzahl" ersetzt!

a) $\sqrt{17} \cdot \sqrt{5} =$ **b)** $\sqrt{0{,}43} \cdot \sqrt{19{,}8} =$ **c)** $\sqrt{23{,}57} \cdot \sqrt{19{,}7} =$ **d)** $\sqrt{4{,}7} \cdot \sqrt{0{,}53} =$

27 Rechne ohne Taschenrechner und schreibe als Bruch an!

a) $\sqrt{\frac{49}{81}} =$ **b)** $\sqrt{\frac{64}{25}} =$ **c)** $\sqrt{\frac{81}{64}} =$ **d)** $\sqrt{\frac{121}{100}} =$ **e)** $\sqrt{\frac{144}{361}} =$

f) $\sqrt{\frac{169}{324}} =$ **g)** $\sqrt{\frac{196}{225}} =$ **h)** $\sqrt{\frac{225}{196}} =$ **i)** $\sqrt{\frac{0{,}36}{49}} =$ **j)** $\sqrt{\frac{0{,}49}{36}} =$

k) $\sqrt{\frac{0{,}81}{2{,}25}} =$ **l)** $\sqrt{\frac{2{,}56}{49}} =$ **m)** $\sqrt{\frac{2{,}25}{64}} =$ **n)** $\sqrt{\frac{0{,}01}{0{,}36}} =$

28 Rechne ohne Taschenrechner und schreibe als Bruch an (Kürzen)!

a) $\sqrt{\frac{48}{75}} =$ **b)** $\sqrt{\frac{20}{45}} =$ **c)** $\sqrt{\frac{2}{50}} =$ **d)** $\frac{\sqrt{27}}{\sqrt{48}} =$

e) $\sqrt{\frac{20}{5}} =$ **f)** $\frac{\sqrt{6}}{\sqrt{54}} =$ **g)** $\frac{\sqrt{54}}{\sqrt{6}} =$ **h)** $\sqrt{\frac{6}{24}} =$

29 Rechne ohne Taschenrechner!

a) $\sqrt{225} : \sqrt{25} =$ **b)** $\sqrt{64} : \sqrt{4} =$ **c)** $\sqrt{324} : \sqrt{9} =$ **d)** $\sqrt{900} : \sqrt{100} =$

30 Berechne auf 2 Dezimalen genau!

a) $\sqrt{\frac{3}{2{,}5}} =$ **b)** $\frac{\sqrt{17}}{\sqrt{8{,}2}} =$ **c)** $\frac{\sqrt{8{,}3}}{\sqrt{0{,}7}} =$ **d)** $\sqrt{\frac{9{,}7}{12{,}1}} =$ **e)** $\sqrt{\frac{0{,}3}{0{,}02}} =$ **f)** $\sqrt{\frac{17{,}2}{5{,}1}} =$

Beispiel

Berechne!

a) $\sqrt{2x} \cdot \sqrt{32x} =$ — Anwenden der Formel $\sqrt{a} \cdot \sqrt{b} = \sqrt{a \cdot b}$

$= \sqrt{2x \cdot 32x} =$

$= \sqrt{64x^2} =$ — Umkehrung der obigen Formel: $\sqrt{a \cdot b} = \sqrt{a} \cdot \sqrt{b}$

$= \sqrt{64} \cdot \sqrt{x^2} =$ — $\sqrt{64} = 8$, $\sqrt{x^2} = x$

$= \mathbf{8x}$

b) $\frac{\sqrt{36y^4}}{\sqrt{16a^2}} =$ — **Beachte:** $y^4 = (y^2)^2$, deshalb ist $\sqrt{y^4} = y^2$

$= \frac{6y^2}{4a} =$

$= \frac{3y^2}{2a}$

c) $\sqrt{\frac{(x + 2y)^2}{z^2}} =$

$= \frac{\sqrt{(x + 2y)^2}}{\sqrt{z^2}}$ — **Beachte:** Quadrieren und Quadratwurzelziehen sind inverse Rechenoperationen. Daher gilt: $\sqrt{(x + 2y)^2} = x + 2y$

$= \frac{x + 2y}{z}$

31 Rechne ohne Taschenrechner!

a) $\sqrt{3a} \cdot \sqrt{12a} =$ **b)** $\sqrt{28b} \cdot \sqrt{7b} =$ **c)** $\sqrt{5c^2} \cdot \sqrt{20} =$ **d)** $\sqrt{32} \cdot \sqrt{2d^2} =$

32 Rechne ohne Taschenrechner!

a) $\sqrt{\frac{49a^2}{81}} =$ **b)** $\frac{\sqrt{64}}{\sqrt{225b^2}} =$ **c)** $\sqrt{\frac{16c^2}{289}} =$ **d)** $\frac{\sqrt{25}}{\sqrt{121d^2}} =$ **e)** $\sqrt{\frac{144e^2}{169f^2}} =$

33 Vereinfache!

a) $\sqrt{\frac{(a-b)^2}{4}} =$ **b)** $\sqrt{\frac{(x-2)^2}{4x^2}} =$ **c)** $\sqrt{\frac{(2x+y)^4}{64}} =$ **d)** $\sqrt{\frac{25 \cdot (x-3)^2}{16x^4}} =$

Beispiel

Stelle vereinfacht (ohne Verwendung des Taschenrechners) dar!

a) $\sqrt{4 \cdot 2} =$
$= \sqrt{4} \cdot \sqrt{2} =$ Man kann ohne TR nur aus 4 die Wurzel ziehen, 2 ist keine Quadratzahl. Diesen Vorgang nennt man **teilweises Wurzelziehen** (partielles Wurzelziehen).
$= \mathbf{2 \cdot \sqrt{2}}$

b) $\sqrt{\frac{7}{9}} =$ Anwenden der Formel $\sqrt{\frac{a}{b}} = \frac{\sqrt{a}}{\sqrt{b}}$
$= \frac{\sqrt{7}}{\sqrt{9}} =$
$= \frac{\sqrt{7}}{3}$

c) $\sqrt{75} =$ 75 ist ein Vielfaches der Quadratzahl 25.
$= \sqrt{25 \cdot 3} =$
$= \sqrt{25} \cdot \sqrt{3} =$
$= \mathbf{5 \cdot \sqrt{3}}$

Beispiel

a) $\sqrt{405} =$ Mit Hilfe einer Primfaktorenzerlegung kann man erkennen, ob 405 ebenfalls ein Vielfaches einer Quadratzahl ist:

405	3
135	3
45	3
15	3
5	5
1	

$405 = 3 \cdot 3 \cdot 3 \cdot 3 \cdot 5 = 81 \cdot 5$

$= \sqrt{81 \cdot 5} =$
$= \sqrt{81} \cdot \sqrt{5} =$
$= \mathbf{9 \cdot \sqrt{5}}$

b) $\sqrt{7 \cdot 21} =$ 21 ist das Produkt der Primfaktoren 7 und 3.
$= \sqrt{7 \cdot 7 \cdot 3} =$
$= \sqrt{7^2 \cdot 3} =$
$= \mathbf{7 \cdot \sqrt{3}}$

c) $\sqrt{7a^2} =$
$= \sqrt{7} \cdot \sqrt{a^2} =$ Teilweises Wurzelziehen
$= \mathbf{a \cdot \sqrt{7}}$

d) $\sqrt{5a} \cdot \sqrt{15a} =$
$= \sqrt{5a \cdot 3 \cdot 5a} =$ 15 wird in die Primfaktoren 3 und 5 zerlegt.
$= \sqrt{5^2 \cdot a^2 \cdot 3} =$ Zusammenfassen gleicher Faktoren zu Quadraten.
$= \sqrt{5^2} \cdot \sqrt{a^2} \cdot \sqrt{3} =$ Teilweises Wurzelziehen
$= \mathbf{5a \cdot \sqrt{3}}$

34 Vereinfache!

a) $\sqrt{3 \cdot 25} =$ **b)** $\sqrt{2 \cdot 36} =$ **c)** $\sqrt{4 \cdot 28} =$ **d)** $\sqrt{5 \cdot 16} =$ **e)** $\sqrt{9 \cdot 14} =$ **f)** $\sqrt{5 \cdot 144} =$

35 Vereinfache!

a) $\sqrt{32} =$ **b)** $\sqrt{50} =$ **c)** $\sqrt{8} =$ **d)** $\sqrt{12} =$ **e)** $\sqrt{24} =$ **f)** $\sqrt{98} =$

36 Vereinfache!

a) $\sqrt{25a^2 \cdot 3} =$ **b)** $\sqrt{3b^2 \cdot 16} =$ **c)** $\sqrt{9c^2 \cdot 5d^2} =$ **d)** $\sqrt{81d \cdot 5e} =$ **e)** $\sqrt{7e^2 \cdot 144} =$

37 Stelle vereinfacht dar!

a) $\sqrt{28a^2} =$ **b)** $\sqrt{40b^2} =$ **c)** $\sqrt{18c^2d} =$ **d)** $\sqrt{27d^2e^2} =$ **e)** $\sqrt{45e} =$

38 Vereinfache!

a) $\sqrt{\frac{3}{16}} =$ **b)** $\sqrt{\frac{2}{25}} =$ **c)** $\sqrt{\frac{16}{98}} =$ **d)** $\sqrt{\frac{25}{32}} =$ **e)** $\sqrt{\frac{36}{13}} =$

39 Vereinfache!

a) $\sqrt{\frac{16a^2}{5}} =$ **b)** $\sqrt{\frac{17b^2}{36}} =$ **c)** $\sqrt{\frac{9}{13c^2}} =$ **d)** $\sqrt{\frac{21c^3}{49c}} =$ **e)** $\sqrt{\frac{144d^2}{5e^2}} =$

40 Vereinfache!

a) $\sqrt{x^3} =$ **b)** $\sqrt{y^4} =$ **c)** $\sqrt{z^5} =$ **d)** $\sqrt{x^2y^2} =$ **e)** $\sqrt{x^3y^3} =$ **f)** $\sqrt{z^6} =$

Anleitung: $a^3 = a^2 \cdot a,\ a^4 = \left(a^2\right)^2$

41 Stelle vereinfacht dar!

a) $\sqrt{1\,700} =$ **b)** $\sqrt{2\,300} =$ **c)** $\sqrt{70\,000} =$ **d)** $\sqrt{3\,000\,000} =$ **e)** $\sqrt{5\,300} =$

Anleitung: $1\,700 = 17 \cdot 100$

42 Stelle vereinfacht dar!

a) $\sqrt{7\,300a^2} =$ **b)** $\sqrt{5\,800b^2} =$ **c)** $\sqrt{970\,000c^2} =$ **d)** $\sqrt{430\,000d^2} =$

43 Stelle vereinfacht dar!

a) $\sqrt{\frac{100}{7}} =$ **b)** $\sqrt{\frac{19}{100}} =$ **c)** $\sqrt{\frac{10\,000}{13}} =$ **d)** $\sqrt{\frac{17}{10\,000}} =$

44 Stelle vereinfacht dar!

a) $\sqrt{\frac{3a^2}{100}} =$ **b)** $\sqrt{\frac{7b^2}{10\,000}} =$ **c)** $\sqrt{\frac{11}{100c^2}} =$ **d)** $\sqrt{\frac{17d}{10\,000c^2}} =$

Beispiel

Stelle in einer Quadratwurzel dar!

a) $5 \cdot \sqrt{3} =$ 5 wird als Quadratwurzel dargestellt: $5 = \sqrt{5^2} = \sqrt{25}$

$= \sqrt{25} \cdot \sqrt{3} =$

$= \sqrt{25 \cdot 3} =$

$= \mathbf{\sqrt{75}}$

b) $\frac{\sqrt{2}}{3} =$

$= \frac{\sqrt{2}}{\sqrt{3^2}} =$

$= \frac{\sqrt{2}}{\sqrt{9}} =$

$= \sqrt{\frac{2}{9}}$

c) $\frac{3}{\sqrt{5}} =$

$= \frac{\sqrt{3^2}}{\sqrt{5}} =$

$= \frac{\sqrt{9}}{\sqrt{5}} =$

$= \sqrt{\frac{9}{5}}$

d) $a \cdot \sqrt{7} =$

$= \sqrt{a^2} \cdot \sqrt{7} =$

$= \sqrt{a^2 \cdot 7} =$

$= \mathbf{\sqrt{7a^2}}$

e) $\frac{\sqrt{3}}{a^3} =$

$= \frac{\sqrt{3}}{\sqrt{(a^3)^2}} =$

$= \frac{\sqrt{3}}{\sqrt{a^6}} =$

$= \sqrt{\frac{3}{a^6}}$

45 Stelle in einer Quadratwurzel dar!

a) $2 \cdot \sqrt{5} =$ **b)** $7 \cdot \sqrt{3} =$ **c)** $0{,}4 \cdot \sqrt{3} =$ **d)** $6 \cdot \sqrt{2} =$ **e)** $0{,}6 \cdot \sqrt{5} =$ **f)** $7 \cdot \sqrt{2} =$

46 Stelle in einer Quadratwurzel dar!

a) $\frac{3}{\sqrt{5}} =$ **b)** $\frac{2}{\sqrt{6}} =$ **c)** $\frac{\sqrt{3}}{7} =$ **d)** $\frac{\sqrt{7}}{7} =$

47 Stelle in einer Quadratwurzel dar!

a) $x \cdot \sqrt{3} =$ **b)** $y^2 \cdot \sqrt{2} =$ **c)** $x^3 \cdot \sqrt{5} =$ **d)** $xy^2 \cdot \sqrt{7} =$ **e)** $xy^3 \cdot \sqrt{11} =$

48 Stelle in einer Quadratwurzel dar!

a) $\frac{\sqrt{x}}{3} =$ **b)** $\frac{y}{\sqrt{5}} =$ **c)** $\frac{0{,}1}{\sqrt{x}} =$ **d)** $\frac{1{,}2}{\sqrt{y}} =$ **e)** $\frac{a^2}{\sqrt{7}} =$

Potenzieren einer Wurzel

Beispiel

Rechne ohne Taschenrechner!

a) $\left(a \cdot \sqrt{2}\right)^2 =$ Formel: $(a \cdot b)^2 = a^2 \cdot b^2$

$= a^2 \cdot \left(\sqrt{2}\right)^2 =$

$= a^2 \cdot 2 =$

$= \mathbf{2a^2}$

b) $\left(\frac{b}{3} \cdot \sqrt{3}\right)^2 =$ Formel: $\left(\frac{a}{b}\right)^2 = \frac{a^2}{b^2}$

$= \frac{b^2}{3^2} \cdot \left(\sqrt{3}\right)^2 =$

$= \frac{b^2}{9} \cdot 3 =$ Kürzen durch 3

$= \mathbf{\frac{b^2}{3}}$

49 Rechne ohne Taschenrechner! Welche Formel verwendest du dabei?

a) $\left(3 \cdot \sqrt{2}\right)^2 =$ **b)** $\left(5 \cdot \sqrt{2}\right)^2 =$ **c)** $\left(2 \cdot \sqrt{2}\right)^2 =$ **d)** $\left(6 \cdot \sqrt{3}\right)^2 =$

50 Rechne ohne Taschenrechner! Gib die Formel, die du verwendest, an!

a) $\left(x\sqrt{2}\right)^2 =$ **b)** $\left(y\sqrt{2}\right)^2 =$ **c)** $\left(2a\sqrt{3}\right)^2 =$ **d)** $\left(3b\sqrt{2}\right)^2 =$

51 Rechne ohne Taschenrechner! Gib die Formel, die du verwendest, an!

a) $\left(\frac{1}{3}\sqrt{3}\right)^2 =$ **b)** $\left(\frac{b}{5}\sqrt{15}\right)^2 =$ **c)** $\left(\frac{3c}{7}\sqrt{7}\right)^2 =$ **d)** $\left(\frac{5c}{3}\sqrt{6}\right)^2 =$

52 Rechne ohne Taschenrechner!

a) $\left(\frac{a}{2}\sqrt{8}\right)^2 =$ **b)** $\left(\frac{b}{3}\sqrt{15}\right)^2 =$ **c)** $\left(\frac{3c}{8}\sqrt{6}\right)^2 =$ **d)** $\left(\frac{5d}{6}\sqrt{3}\right)^2 =$

Beispiel

Berechne!

a) $\left(\sqrt{2}\right)^3 =$ $a^3 = a^2 \cdot a$

$= \left(\sqrt{2}\right)^2 \cdot \sqrt{2} =$

$= \mathbf{2 \cdot \sqrt{2}}$

b) $\left(\sqrt{5}\right)^4 =$ $a^4 = a^2 \cdot a^2$

$= \left(\sqrt{5}\right)^2 \cdot \left(\sqrt{5}\right)^2 =$

$= 5 \cdot 5 = \mathbf{25}$

53 Berechne (1) ohne TR (2) mit TR!

a) $\left(\sqrt{3}\right)^3 =$ **b)** $\left(\sqrt{7}\right)^4 =$ **c)** $\left(\sqrt{6}\right)^5 =$ **d)** $\left(\sqrt{5}\right)^3 =$

Verbindung der Grundrechnungsarten

Beispiel

Berechne!

a) $\left(42 - \sqrt{3} \cdot \sqrt{12}\right) \cdot 5 =$ ohne TR Formel: $\sqrt{a} \cdot \sqrt{b} = \sqrt{a \cdot b}$

$= \left(42 - \sqrt{36}\right) \cdot 5 =$

$= \left(42 - 6\right) \cdot 5 =$

$= 36 \cdot 5 =$

$= \mathbf{180}$

b) $\left(36 - \sqrt{2} \cdot \sqrt{5}\right) \cdot 9 =$ mit TR

Tastenfolge:

CLEAR (3 6 − √ 2)

x √ 5)) x 9 =

$= \mathbf{295{,}5395}$

54 Rechne ohne Taschenrechner!

a) $\sqrt{81} : \sqrt{9} - \sqrt{36} \cdot \sqrt{64} + \sqrt{225} : \sqrt{25} =$ **b)** $\sqrt{256} : \sqrt{64} + \sqrt{144} \cdot \sqrt{4} =$

55 Rechne ohne Taschenrechner!

a) $2 \cdot (35 + \sqrt{2} \cdot \sqrt{32}) =$ **b)** $3 \cdot (149 - \sqrt{3} \cdot \sqrt{48}) =$ **c)** $(15 - \sqrt{75} \cdot \sqrt{3}) \cdot 100 =$

d) $(\sqrt{400} - \sqrt{36} : 3) : \sqrt{81} =$ **e)** $(\sqrt{361} - 5 \cdot \sqrt{49}) : \sqrt{64} =$ **f)** $(\sqrt{121} + \sqrt{2} \cdot \sqrt{50} - \sqrt{225}) : \sqrt{81} =$

56 Berechne auf zwei Dezimalen genau!

a) $(15 - \sqrt{3} \cdot \sqrt{70}) \cdot 100\,000 =$ **b)** $(72 - \sqrt{3} \cdot \sqrt{7}) \cdot 4{,}2 =$

c) $(63 - \sqrt{5} \cdot \sqrt{7}) \cdot 7{,}3 =$ **d)** $(19{,}4 - \sqrt{2{,}3} \cdot \sqrt{4{,}5}) \cdot \sqrt{3{,}6} =$

6 Das Wurzelziehen als Umkehrung des Potenzierens

Quadrieren und Quadratwurzelziehen sind inverse Rechenoperationen:

$\sqrt{a^2} = a$ oder $(\sqrt{a})^2 = a$

Es gibt aber auch Potenzen mit höheren Exponenten, z. B. a^3, x^4, y^5, … a^n

Wenn wir uns die Aufgabe stellen, aus dem gegebenen Volumen eines Würfels V = 8 cm^3 die Länge der Seitenkante a zu berechnen, so müssen wir eine Zahl suchen, deren dritte Potenz gleich 8 ist, da die Formel für das Volumen $V = a^3$ ist.

$V = a^3$
$a^3 = 8$
$a = 2$ **Die Seitenkante muss 2 cm sein, da $2^3 = 8$ gilt.**

Um die Zahl 2 zu errechnen, müssen wir die inverse Rechenoperation zum Kubieren anwenden.

Man schreibt: $\sqrt[3]{8} = \sqrt[3]{2^3} = 2$, weil $2^3 = 8$ ist.

Ebenso kann man die inversen Rechenoperationen zu höheren Potenzen durchführen.

z. B. $\sqrt[4]{81} = \sqrt[4]{3^4} = 3$, weil $3^4 = 81$ ist.
$\sqrt[5]{243} = \sqrt[5]{3^5} = 3$, weil $3^5 = 243$
$\sqrt[n]{a^n} = a$, weil „a zur n-ten Potenz“ gleich a^n ist.

Die Zahl x heißt **Kubikwurzel** einer Zahl a, wenn $x^3 = a$ ist.
Man schreibt: $x = \sqrt[3]{a}$
Die Zahl x heißt **n-te Wurzel** einer Zahl a, wenn $x^n = a$ ist.
Man schreibt: $x = \sqrt[n]{a}$

Für das Rechnen mit dritten, vierten, … n-ten Wurzeln gelten im Wesentlichen dieselben Rechenregeln wie für das Rechnen mit Quadratwurzeln.

Beispiel

Berechne mit dem Taschenrechner!

$\sqrt[3]{2\,744} =$ **14** Tastenfolge:

CLEAR | 3 | $\sqrt[x]{\ }$ | 2 | 7 | 4 | 4 | =

Probe: $14^3 = 2\,744$

57 Berechne mit dem Taschenrechner auf drei Dezimalen genau und mache die Probe!

a) $\sqrt[3]{10} =$ **b)** $\sqrt[3]{100} =$ **c)** $\sqrt[3]{1\,000} =$ **d)** $\sqrt[3]{10\,000} =$ **e)** $\sqrt[3]{100\,000} =$

f) $\sqrt[3]{0{,}1} =$ **g)** $\sqrt[3]{0{,}01} =$ **h)** $\sqrt[3]{0{,}001} =$ **i)** $\sqrt[3]{0{,}0001} =$ **j)** $\sqrt[3]{0{,}00001} =$

58 Berechne die Kantenlänge eines Würfels mit dem gegebenen Volumen $V = a^3$!
Runde die Ergebnisse sinnvoll!

a) V = 10 cm^3 **b)** V = 20 dm^3 **c)** V = 30 mm^3 **d)** V = 40 m^3

59 Berechne mit dem TR und mache die Probe durch Potenzieren!

a) $\sqrt[3]{8} =$ **b)** $\sqrt[3]{27} =$ **c)** $\sqrt[3]{216} =$ **d)** $\sqrt[3]{1\,000} =$ **e)** $\sqrt[3]{3\,375} =$

60 Berechne auf drei Dezimalen genau!

a) $\sqrt[3]{16{,}42} =$ **b)** $\sqrt[3]{267{,}8} =$ **c)** $\sqrt[3]{987{,}5} =$ **d)** $\sqrt[3]{38{,}741} =$

Beispiel

Rechne ohne Taschenrechner und vergleiche die Ergebnisse! Was stellst du fest?

a) $\sqrt[3]{2^2}$ und $\left(\sqrt[3]{2}\right)^2$

$\sqrt[3]{2^2} =$
$= \sqrt[3]{4}$

$\left(\sqrt[3]{2}\right)^2 =$
$= \sqrt[3]{2} \cdot \sqrt[3]{2} =$
$= \sqrt[3]{2 \cdot 2} =$
$= \sqrt[3]{4}$

Formel: $a^2 = a \cdot a$
$\sqrt[3]{a} \cdot \sqrt[3]{b} = \sqrt[3]{a \cdot b}$

Es gilt: $\sqrt[3]{2^2} = \left(\sqrt[3]{2}\right)^2$

b) $\sqrt[3]{a^2}$ und $\left(\sqrt[3]{a}\right)^2$

$\left(\sqrt[3]{a}\right)^2 =$
$= \sqrt[3]{a} \cdot \sqrt[3]{a} =$
$= \sqrt[3]{a \cdot a} =$
$= \sqrt[3]{a^2}$

Es gilt: $\sqrt[3]{a^2} = \left(\sqrt[3]{a}\right)^2$

Für reelle Zahlen a, b ≥ 0 gilt:

$\left(\sqrt[3]{a}\right)^3 = \sqrt[3]{a^3} = a$ $\qquad \sqrt[3]{a^2} = \left(\sqrt[3]{a}\right)^2$ $\qquad \sqrt[3]{a} \cdot \sqrt[3]{b} = \sqrt[3]{a \cdot b}$

$\left(\sqrt[n]{a}\right)^n = \sqrt[n]{a^n} = a$ $\qquad \sqrt[n]{a^r} = \left(\sqrt[n]{a}\right)^r$ $\qquad \sqrt[n]{a} \cdot \sqrt[n]{b} = \sqrt[n]{a \cdot b}$

61 Berechne ohne Taschenrechner!

a) $\sqrt[3]{2} \cdot \sqrt[3]{4} =$ **b)** $\sqrt[3]{9} \cdot \sqrt[3]{3} =$ **c)** $\sqrt[3]{16} \cdot \sqrt[3]{4} =$ **d)** $\sqrt[3]{5} \cdot \sqrt[3]{25} =$ **e)** $\sqrt[3]{36} \cdot \sqrt[3]{6} =$

62 Berechne auf Hundertstel genau!

a) $\sqrt[3]{5} \cdot \sqrt[3]{16} =$ **b)** $\sqrt[3]{7} \cdot \sqrt[3]{9} =$ **c)** $\sqrt[3]{9} \cdot \sqrt[3]{2} =$ **d)** $\sqrt[3]{10} \cdot \sqrt[3]{3,4} =$ **e)** $\sqrt[3]{7,2} \cdot \sqrt[3]{5,1} =$

SK 1 REELLE ZAHLEN

Du bekommst ein SMS von deinem Freund, deiner Freundin:

1	2	3	4	5	6	7	8	9	10	11	12

Führe die folgenden Rechnungen aus! Die Ergebnisse findest du in der Tabelle. Jedem Ergebnis entspricht ein Buchstabe, trage diesen in das der Aufgabennummer entsprechende Kästchen ein! Du erhältst eine Botschaft!

Berechne ohne TR!

1) $\sqrt{36} + \sqrt{49} - \sqrt{64} - \sqrt{121} - \sqrt{144} + \sqrt{169} =$

2) $\sqrt{0{,}25} - \sqrt{36} - \sqrt{1{,}44} + \sqrt{0{,}04} =$

3) $\sqrt{0{,}09} - \sqrt{0{,}81} + \sqrt{0{,}0361} - \sqrt{0{,}01} =$

4) $\sqrt{100} - \sqrt{36} - \sqrt{64} - \sqrt{25} + \sqrt{1} - \sqrt{196} + \sqrt{4} =$

5) $\sqrt{25} \cdot \sqrt{4} \cdot \sqrt{0{,}01} =$

6) $\sqrt{72 \cdot 2} =$

7) $\sqrt{36} \cdot \sqrt{4} - \sqrt{81} : \sqrt{9} + \sqrt{144} \cdot \sqrt{100} =$

8) $\sqrt{27} \cdot \sqrt{3} - \sqrt{45} \cdot \sqrt{5} + \sqrt{32} \cdot \sqrt{2} =$

9) $\sqrt{225} : \sqrt{25} - \sqrt{256} : \sqrt{4} + \sqrt{36} \cdot \sqrt{1} =$

10) $\sqrt{243} : \sqrt{3} - \sqrt{1\,125} : \sqrt{5} - \sqrt{28} \cdot \sqrt{7} =$

11) $\sqrt{16} \cdot \left(\sqrt{45} : \sqrt{5} - \sqrt{40{,}5} \cdot \sqrt{2} - \sqrt{361} \cdot \sqrt{4}\right) =$

12) $\left(\sqrt{100} - \sqrt{256} : \sqrt{16} - \sqrt{324}\right) : \sqrt{9} + \sqrt{400} \cdot \left(\sqrt{49} \cdot \sqrt{25} - \sqrt{16} \cdot \sqrt{81}\right) =$

12	**1**	**129**	**–176**	**–20**	**1**	**–20**	**–5**	**2**	**–0,51**	**–24**	**–6,5**
I	**S**	**C**	**G**	**A**	**S**	**A**	**T**	**H**	**W**	**E**	**U**

LERNZIELKONTROLLE:

KAPITEL A, REELLE ZAHLEN

*) Den Begriff der Quadratwurzel kennen

1) Was ist eine Quadratwurzel? ❑ ❑ ❑

2) Wie hängen Quadrieren und Quadratwurzelziehen zusammen? ❑ ❑ ❑

3) Berechne die Quadratwurzel und begründe das Ergebnis!

a) $\sqrt{81}$ ❑ ❑ ❑ **b)** $\sqrt{0{,}16}$ ❑ ❑ ❑

4) Aus welchen Zahlen kann man die Quadratwurzel ziehen? ❑ ❑ ❑

*) Schranken als Abschätzung für Wurzeln angeben können

5) Wie wird eine Quadratwurzel durch Schranken abgeschätzt?

6) Schätze durch Schranken ab! **a)** $\sqrt{91{,}7}$ ❑ ❑ ❑ **b)** $\sqrt{0{,}08}$ ❑ ❑ ❑

*) Irrationale und rationale Zahlen unterscheiden können

7) Welche Zahlen kann man beim Wurzelziehen erhalten? ❑ ❑ ❑

8) Was ist eine rationale, was ist eine irrationale Zahl? ❑ ❑ ❑

9) Gib die Art der Zahl (rational oder irrational) an!

a) $\sqrt{5}$ ❑ ❑ ❑ **b)** $\sqrt{49}$ ❑ ❑ ❑ **c)** 0,34 ❑ ❑ ❑

d) $\sqrt{\frac{9}{4}}$ ❑ ❑ ❑ **e)** $\frac{4}{5}$ ❑ ❑ ❑ **f)** $0{,}1\dot{6}$ ❑ ❑ ❑

g) 0,555555... ❑ ❑ ❑ **h)** $\sqrt{12}$ ❑ ❑ ❑ **i)** $\sqrt{0{,}01}$ ❑ ❑ ❑

LERNZIELKONTROLLE:

*) Reelle Zahlen kennen

10) Was sind reelle Zahlen? ❑ ❑ ❑

11) Bezüglich welcher Rechenoperationen ist die

a) Menge $\mathbb{N}$ ❑ ❑ ❑ **b)** Menge $\mathbb{Z}$ ❑ ❑ ❑

c) Menge $\mathbb{Q}$ ❑ ❑ ❑ **d)** Menge $\mathbb{R}$ abgeschlossen? ❑ ❑ ❑

*) Irrationale Zahlen abschätzen können

12) Wie können irrationale Zahlen abgeschätzt werden? ❑ ❑ ❑

13) Auf wie viele Dezimalstellen kann man irrationale Zahlen abschätzen? ❑ ❑ ❑

14) Schätze $\sqrt{18}$ auf Hundertstel ab und stelle die Abschätzung auf der Zahlengerade dar! ❑ ❑ ❑

*) Sinnvolles Runden von irrationalen Zahlen

15) Wovon hängt das Runden von Dezimalzahlen ab? ❑ ❑ ❑

16) Wie rundet man bei den verschiedenen Maßeinheiten? ❑ ❑ ❑

*) Mit Quadratwurzeln rechnen können und die Rechengesetze angeben können

17) Was besagen die Vorrangregeln? ❑ ❑ ❑

18) Zu welcher Rechnungsart gehört das Wurzelziehen? ❑ ❑ ❑

19) Berechne!

a) $\sqrt{144} - \sqrt{169} + \sqrt{400} =$ ❑ ❑ ❑

b) $\sqrt{36 + 64} + \sqrt{25 - 9} - \sqrt{48 + 16} =$ ❑ ❑ ❑

c) $\sqrt{25} \cdot \sqrt{4} + \sqrt{81} : \sqrt{9} =$ ❑ ❑ ❑

d) $\sqrt{49} \cdot \left(\sqrt{36} \cdot 2 + \sqrt{225}\right) - \left(\sqrt{361} - \sqrt{900} : \sqrt{25}\right) : \sqrt{169} =$ ❑ ❑ ❑

20) Berechne mit dem TR! (Runde auf Hundertstel!)

a) $\sqrt{251} + \sqrt{34} \cdot \sqrt{56} - \sqrt{69} =$ ❑ ❑ ❑

b) $\sqrt{24{,}4 + 12{,}8} + \sqrt{45{,}7 - 23{,}8} =$ ❑ ❑ ❑

c) $\sqrt{24} \cdot \sqrt{8} + \sqrt{46{,}2 : 12{,}7} =$ ❑ ❑ ❑

d) $\sqrt{36{,}5} \cdot \left(\sqrt{17{,}4} \cdot \sqrt{15} - \sqrt{26}\right) - \sqrt{18{,}5} : \left(\sqrt{10} : \sqrt{5} + \sqrt{8}\right) =$ ❑ ❑ ❑

21) Welche Rechenregeln gelten für die Multiplikation und Division von reellen Zahlen? ❑ ❑ ❑

22) Setze „<" bzw. „>" ein und kontrolliere das Ergebnis mit den angegebenen Zahlen!

a) $\sqrt{a + b} \quad \sqrt{a} + \sqrt{b}$ (Kontrolle: a = 144, b = 25) ❑ ❑ ❑

b) $\sqrt{a - b} \quad \sqrt{a} - \sqrt{b}$ (Kontrolle: a = 100, b = 36) ❑ ❑ ❑

23) Was versteht man unter „partiellem Wurzelziehen"? ❑ ❑ ❑

24) Vereinfache $\sqrt{8x^2y^3}$! ❑ ❑ ❑

25) Berechne und gib die Formel, die du verwendest, an!

a) $\left(4\sqrt{5}\right)^2 =$ ❑ ❑ ❑ **b)** $\left(\frac{a}{2}\sqrt{3}\right)^2 =$ ❑ ❑ ❑

*) Wurzelziehen als Umkehrung des Potenzierens erkennen

26) Was versteht man unter der n-ten Wurzel einer Zahl? ❑ ❑ ❑

27) Gib die inverse Rechenoperation an! (Verwende zur Kontrolle deinen TR!)

a) $3^4 = 81$ ❑ ❑ ❑ **b)** $6^3 = 216$ ❑ ❑ ❑

c) $4^5 = 1\,024$ ❑ ❑ ❑

*) Mit Kubikwurzeln rechnen können

28) Was ist eine Kubikwurzel? Wie wird sie geschrieben? ❑ ❑ ❑

29) Berechne und mache die Probe durch Potenzieren! (Schreibe diese Probe an!)

a) $\sqrt[3]{125} =$ ❑ ❑ ❑ **b)** $\sqrt[3]{2\,744} =$ ❑ ❑ ❑

30) Zeige, dass $\sqrt[3]{27^2}$ und $\left(\sqrt[3]{27}\right)^2$ gleich sind! ❑ ❑ ❑

B ALGEBRA

LERNZIELE:

***) Die Sicherheit beim Arbeiten mit Variablen und Termen steigern**
***) Addition, Subtraktion und Multiplikation von Termen**
***) Rechnen mit Bruchtermen**
***) Termstrukturen erkennen und umformen können**

1 Grundbegriffe

In der dritten Klasse sind die Grundbegriffe für das Rechnen mit Termen ein Teil des Lehrstoffes (Siehe auch „MATHEMATIK POSITIV“ 3. Klasse). Zu Beginn dieses Kapitels werden wichtige Grundbegriffe wiederholt und mit Hilfe einiger Beispiele gefestigt.

Unter einem Term versteht man:
jede reelle Zahl, jede Variable und jeden mathematisch sinnvollen Ausdruck, der aus Zahlen, Variablen und Verknüpfungszeichen besteht.
Man unterscheidet zwischen:

- Monom: eingliedriger Term z. B.: x, $2x$, $3x^3$, $2ab$, $\frac{x}{5}$, $4xy^2$
- Binom: zweigliedriger Term z. B.: $x + y$, $5a - 3b$, $\frac{a}{3} + \frac{b}{5}$
- Polynom: mehrgliedriger Term z. B.: $x^3 + x^2y + xy^2 + y^2$, $7a^2 - 6ab - 8b - 4a + 13$

Außerdem unterscheidet man auch:

- Ganzrationale Terme: Terme, bei denen die Variablen niemals im Nenner vorkommen
  z. B.: $3x - 4y$, $25a^2 + \frac{2a+b}{5}$, $-x^2 + \frac{2y^3-1}{15} - 23$
- Bruchterme: Terme, bei denen die Variablen auch im Nenner vorkommen
  z. B.: $\frac{3x-5}{2+x}$, $\frac{x^2-y^2}{x^2+y^2}$, $\frac{3}{a}$

Beispiel Bestimme den Wert des Terms für die gegebenen Zahlen!

$T(x) = 4x - \frac{3x+2}{4} + \frac{7x}{3}$ Setze für x: − 2, −1, 0, 2 ein!

$T(-2) = 4 \cdot (-2) - \frac{3(-2)+2}{4} + \frac{7(-2)}{3} = -8 - \frac{-4}{4} + \frac{-14}{3} = -8 + 1 - \frac{14}{3} = -7 - \frac{14}{3} = \mathbf{-11\frac{2}{3}}$

$T(-1) = 4 \cdot (-1) - \frac{3(-1)+2}{4} + \frac{7 \cdot (-1)}{3} = -4 - \frac{-1}{4} + \frac{-7}{3} = -\frac{48}{12} + \frac{3}{12} - \frac{28}{12} = \frac{-73}{12} = \mathbf{-6\frac{1}{12}}$

$T(0) = 4 \cdot 0 - \frac{3 \cdot 0 + 2}{4} + \frac{7 \cdot 0}{3} = 0 - \frac{1}{2} + 0 = \mathbf{-\frac{1}{2}}$

$T(2) = 4 \cdot 2 - \frac{3 \cdot 2 + 2}{4} + \frac{7 \cdot 2}{3} = 8 - 2 + \frac{14}{3} = 6 + 4\frac{2}{3} = \mathbf{10\frac{2}{3}}$

63 Bestimme den Wert des Terms für die gegebenen Zahlen!

a) $T(x) = x^3 - 3x^2$ Setze für x: $-2, -\frac{1}{2}, 0, \frac{3}{2}$ ein!

b) $T(x) = \left(-\frac{3}{2}x\right)^2 + \frac{x}{2}$ Setze für x: $-\frac{2}{3}, -\frac{1}{2}, \frac{1}{3}, 2\frac{1}{2}$ ein!

Beispiel Bestimme zuerst die Zahl, die du für die Variable nicht einsetzen darfst und dann den Wert des Terms für die gegebenen Zahlen!

$T(x) = \frac{5x-2}{3x-1}$ Setze für x: $-1, 0, \frac{1}{3}, 1$ ein!

$3x - 1 \neq 0$ Die Division durch Null ist nicht möglich, daher muss man die Werte für x ausschließen, für die der Nenner Null wäre.

$3x \neq 1$

$x \neq \frac{1}{3}$ x muss also ungleich $\frac{1}{3}$ sein, denn wenn man für x den Wert $\frac{1}{3}$ einsetzt, wäre der Nenner gleich Null und das darf nicht sein.

Für die Variable x darf also die Zahl $\frac{1}{3}$ nicht eingesetzt werden.

$T(-1) = \frac{5(-1)-2}{3(-1)-1} = \frac{-7}{-4} = \frac{7}{4}$ $T(0) = \frac{5 \cdot 0 - 2}{3 \cdot 0 - 1} = \frac{-2}{-1} = 2$ $T(1) = \frac{5 \cdot 1 - 2}{3 \cdot 1 - 1} = \frac{3}{2}$

In Bruchtermen kann für die Variable nicht jede beliebige Zahl eingesetzt werden.
Es ist darauf zu achten, dass der Nenner immer ungleich Null sein muss.
Man stellt also fest, welche Zahl für die Variable nicht eingesetzt werden darf.
Alle Zahlen, die man einsetzen darf, werden in einer Menge zusammengefasst.
Diese Menge wird **Definitionsmenge (D)** genannt.

64 Bestimme zuerst die Zahl, die du für die Variable nicht einsetzen darfst und dann den Wert des Terms für die gegebenen Zahlen!

a) $T(x) = \frac{7x}{x-4}$ Setze für x: – 1, 0, 2, 3, 4 ein!

b) $T(a) = \frac{a+2}{3a-5}$ Setze für a: – 1, 0, $\frac{5}{3}$, 2, 4 ein!

c) $T(x) = \frac{3x-2}{x-\frac{1}{3}}$ Setze für x: – 1, 0, $\frac{1}{3}$, $\frac{2}{3}$, 1 ein!

d) $T(a) = \frac{a-5}{3a-2}$ Setze für a: – 1, 0, $\frac{1}{3}$, $\frac{2}{3}$, 1 ein!

e) $T(y) = \frac{7y-1}{\frac{4}{3}-2y}$ Setze für y: – 1, 0, $\frac{1}{3}$, $\frac{2}{3}$, 1 ein!

f) $T(z) = \frac{4z-15}{7-\frac{3}{2}z}$ Setze für z: – 1, 0, $4\frac{1}{3}$, $4\frac{2}{3}$ ein!

Kommen in einem Term mehrere Variable vor, so unterscheidet man zwischen der eigentlichen Variablen (Unbekannten) und den Variablen, die für eine feste Zahl stehen (Formvariablen):

z. B.: $T(x) = \frac{x^2-a}{3x}$ T von x, daher ist x die Unbekannte und a die Formvariable

$T(y) = 4ay^2 - 3by + 5$ T von y, daher ist y die Unbekannte und a, b sind die Formvariablen

Beispiel

Bestimme für den Term $T(x) = \frac{x-a}{3x-2a}$ jene Werte von x in Abhängigkeit von a, für die der Nenner ungleich Null ist, wenn a eine beliebige reelle Zahl ist!

$3x - 2a \neq 0$ | + 2a Der Nenner muss ungleich Null sein.

$3x \neq 2a$ | : 3 Wir bestimmen die Variable x in Abhängigkeit der Formvariablen a.

$x \neq \frac{2a}{3}$

Die Variable x muss ungleich $\frac{2a}{3}$ sein.

Im Term $T(x) = \frac{x-a}{3x-2a}$ kann für die Variable x jede reelle Zahl außer $\frac{2a}{3}$ eingesetzt werden.

Man schreibt dafür:

$\mathbf{x \in \mathbb{R}}$ **mit** $\mathbf{x \neq \frac{2a}{3}}$ „x Element der Menge der reellen Zahlen mit $x \neq \frac{2a}{3}$"

65 Bestimme bei den folgenden Beispielen zuerst die Unbekannte und die Formvariable! Ermittle dann für welche Zahlen aus der Menge der reellen Zahlen die Terme definiert sind!

a) $T(x) = \frac{3-x^2}{2a-x}$ **b)** $T(y) = \frac{2y^2-y+3a}{3a-2y}$

c) $T(a) = \frac{a^3-3a^2b}{4a-3b}$ **d)** $T(u) = \frac{7z-u}{7u+3z}$

Beispiel

Schreibe als Term mit der Variablen x!

a) $\frac{7}{12}$ von x **b)** 15 % von x **c)** x + 30 % von x

$\mathbf{T(x) = \frac{7}{12} \cdot x}$ $\mathbf{T(x) = \frac{15}{100} \cdot x = 0{,}15x}$ $\mathbf{T(x) = x + \frac{30}{100}x = 1{,}3x}$

66 Schreibe als Term von y!

a) $\frac{3}{5}$ von y **b)** das $1\frac{1}{2}$fache von y

c) 5 % von y **d)** 10 % von $\frac{y}{3}$

e) 3y minus 10 % von y **f)** y minus das $2\frac{1}{2}$fache von y

2 Rechnen mit ganzrationalen Termen

Addition und Subtraktion

Beispiel

Vereinfache den gegebenen Term, für die Probe setze für a = 2 und b = 3 ein!

$\frac{5a-b}{3} + \frac{a+3b}{4} - \frac{a-5b}{6} =$ Wir bringen auf gleichen Nenner: kgV(3, 4, 6) = 12

$= \frac{4(5a-b)}{12} + \frac{3(a+3b)}{12} - \frac{2(a-5b)}{12} =$

$= \frac{4(5a-b)+3(a+3b)-2(a-5b)}{12} =$ Auflösen der Klammern, achte auf die Vorzeichenregeln!

$= \frac{20a-4b+3a+9b-2a+10b}{12} =$

$= \frac{21a+15b}{12} = \frac{3(7a+5b)}{12} =$ Kürzen durch den gemeinsamen Faktor 3.

$= \frac{7a+5b}{4}$

Probe:

$T_A = \frac{5\cdot2-3}{3} + \frac{2+3\cdot3}{4} - \frac{2-5\cdot3}{6} =$ T_A ... Term der Angabe

$= \frac{7}{3} + \frac{11}{4} - \frac{-13}{6} = \frac{7}{3} + \frac{11}{4} + \frac{13}{6} = \frac{7\cdot4+11\cdot3+13\cdot2}{12} = \frac{28+33+26}{12} = \frac{87}{12} = \mathbf{\frac{29}{4}}$

$T_E = \frac{7\cdot2+5\cdot3}{4} = \frac{14+15}{4} = \mathbf{\frac{29}{4}}$ T_E ... Term des Ergebnisses

$T_A = T_E$

67 Vereinfache die gegebenen Terme, für die Probe setze jeweils die angegebenen Zahlen ein!

a) $5{,}7x - 3{,}2y + 4{,}1z - 4{,}3x + 5{,}1y - 0{,}2z =$ Probe: x = –1, y = 1, z = –2

b) $\frac{3}{4}a - \frac{1}{3}b + \frac{5}{6}c - \frac{7}{12}a + \frac{8}{12}b - \frac{1}{4}c =$ Probe: a = 2, b = –3, c = 6

c) $\frac{3a-4b}{3} - \frac{a+6b}{4} =$ Probe: a = –1, b = –2

d) $7\frac{3}{4}x - 5\frac{1}{3}y + 11\frac{3}{7}z - 9\frac{1}{3}x + 4\frac{2}{3}y =$ Probe: x = 1, y = –1, z = 7

Beispiel

Vereinfache den gegebenen Term, für die Probe setze a = 2 und b = 1 ein!

$4a^2 - \left\{\frac{1}{3}b^2 - \left[7a^2b - \frac{2}{3}a^2 - \left(\frac{5}{6}b^2 + \frac{1}{2}a^2\right)\right]\right\} =$

$= 4a^2 - \left\{\frac{1}{3}b^2 - \left[7a^2b - \frac{2}{3}a^2 - \frac{5}{6}b^2 - \frac{1}{2}a^2\right]\right\} =$

$= 4a^2 - \left\{\frac{1}{3}b^2 - 7a^2b + \frac{2}{3}a^2 + \frac{5}{6}b^2 + \frac{1}{2}a^2\right\} =$

$= 4a^2 - \frac{1}{3}b^2 + 7a^2b - \frac{2}{3}a^2 - \frac{5}{6}b^2 - \frac{1}{2}a^2 =$

$= 4a^2 - \frac{2}{3}a^2 - \frac{1}{2}a^2 - \frac{1}{3}b^2 - \frac{5}{6}b^2 + 7a^2b =$

$= \frac{24}{6}a^2 - \frac{4}{6}a^2 - \frac{3}{6}a^2 - \frac{2}{6}b^2 - \frac{5}{6}b^2 + 7a^2b =$

$= \mathbf{\frac{17}{6}a^2 - \frac{7}{6}b^2 + 7a^2b}$

Auflösen der Klammern, achte auf das Vorzeichen!

Potenzen mit derselben Basis und demselben Exponenten werden zusammengefasst, dazu werden die einzelnen Brüche auf gleichen Nenner gebracht.

Probe:

$T_A = 4\cdot2^2 - \left\{\frac{1}{3}\cdot1^2 - \left[7\cdot2^2\cdot1 - \frac{2}{3}\cdot2^2 - \left(\frac{5}{6}\cdot1^2 + \frac{1}{2}\cdot2^2\right)\right]\right\} =$

$= 4\cdot4 - \left\{\frac{1}{3} - \left[7\cdot4 - \frac{2}{3}\cdot4 - \left(\frac{5}{6} + \frac{1}{2}\cdot4\right)\right]\right\} = 16 - \left\{\frac{1}{3} - \left[28 - \frac{8}{3} - \left(\frac{5}{6} + 2\right)\right]\right\} =$

$= 16 - \left\{\frac{1}{3} - \left[\frac{168}{6} - \frac{16}{6} - \frac{17}{6}\right]\right\} = 16 - \left\{\frac{2}{6} - \frac{135}{6}\right\} = 16 + \frac{133}{6} = 16 + 22\frac{1}{6} = \mathbf{38\frac{1}{6}}$

$T_E = \frac{17}{6}\cdot2^2 - \frac{7}{6}\cdot1^2 + 7\cdot2^2\cdot1 = \frac{17}{6}\cdot4 - \frac{7}{6} + 7\cdot4 = \frac{68}{6} - \frac{7}{6} + 28 = \frac{61}{6} + 28 = \mathbf{38\frac{1}{6}}$

$T_A = T_E$

68 Vereinfache die Terme, für die Probe setze die gegebenen Zahlen ein!

a) $5a^2 - \frac{1}{2}a^3 - \left\{a^2 - a + \left[a^3 - \frac{a}{2} + \left(a - \frac{3}{2}a^2\right)\right]\right\} =$ Probe: a = 2

b) $x^2 - \frac{1}{5}y^2 - \left\{\frac{3}{2}xy^2 - \left[x^2 - xy^2 - \left(y^2 + \frac{1}{4}x^2\right)\right]\right\} =$ Probe: x = 1, y = 2

Für das Addieren und Subtrahieren von Potenzen gilt:
Es können nur **gleiche Potenzen** (= gleiche Basis **und** gleicher Exponent) zusammengefasst werden. Achte ganz besonders auch auf die Klammerregeln!

Multiplikation von Termen

Beispiel

Berechne die folgenden Produkte!

a) $5x \cdot 7y = \mathbf{35xy}$ **b)** $(-2a) \cdot 3b = \mathbf{-6ab}$ **c)** $\frac{1}{4}x \cdot \frac{1}{3}x = \frac{1}{12}x^2$

d) $x^3 \cdot x^2 = x^5$ **e)** $(3a^2)^3 = 3a^2 \cdot 3a^2 \cdot 3a^2 = 27a^6$ **f)** $(-5x)^2 = 25x^2$

g) $\left(\frac{1}{5}xy\right)^2 = \frac{1}{25}x^2y^2$ **h)** $\left(-\frac{1}{2}\right)^2 \cdot \left(\frac{1}{3}x\right)^3 = \frac{1}{4} \cdot \frac{1}{27}x^3 = \frac{1}{108}x^3$

Potenzen mit derselben Basis werden multipliziert, indem man die Exponenten (Hochzahlen) addiert und die Basis unverändert lässt.

Mit Variablen geschrieben: $a^r \cdot a^s = a^{r+s}$ dabei ist a eine beliebige reelle Zahl ($a \in \mathbb{R}$) und r, s beliebige natürliche Zahlen ($r, s \in \mathbb{N}$; $r, s \neq 0$)

Ein Produkt wird potenziert, indem man die einzelnen Faktoren potenziert.

Mit Variablen geschrieben: $(a \cdot b)^n = a^n b^n$ mit $a, b \in \mathbb{R}$ und $n \in \mathbb{N}$; $n \neq 0$

Ein Quotient wird potenziert, indem man Zähler und Nenner potenziert.

Mit Variablen geschrieben: $\left(\frac{a}{b}\right)^n = \frac{a^n}{b^n}$ mit $a, b \in \mathbb{R}$, $b \neq 0$ und $n \in \mathbb{N}$; $n \neq 0$

Eine Potenz wird potenziert, indem man die Exponenten multipliziert.

Mit Variablen geschrieben: $(a^n)^m = a^{n \cdot m}$ mit $a \in \mathbb{R}$ und $n, m \in \mathbb{N}$ mit $n, m \neq 0$

69 Berechne die folgenden Produkte!

a) $3a \cdot 5b =$ **b)** $(-3x) \cdot 7y =$ **c)** $\frac{1}{5}a \cdot \frac{1}{7}a =$

d) $y^3 \cdot y^2 \cdot y =$ **e)** $(-4b)^2 =$ **f)** $\left(-\frac{1}{7}xy\right)^2 =$

g) $\left(-\frac{1}{3}\right)^2 \cdot \left(\frac{1}{5}x^3\right)^2 =$ **h)** $(0{,}2x)^2 \cdot (-0{,}3y)^3 =$

Beispiel

Berechne die folgenden Produkte, für die Probe setze x = 2, y = 1 und z = 1 ein!

a) $(4x - 2y + 3z) \cdot 3x =$ Jedes Glied des Terms in der Klammer wird mit 3x multipliziert.

$= \mathbf{12x^2 - 6xy + 9xz}$

Probe:

$T_A = (4 \cdot 2 - 2 \cdot 1 + 3 \cdot 1) \cdot 3 \cdot 2 =$
$= (8 - 2 + 3) \cdot 6 = 9 \cdot 6 = \mathbf{54}$

$T_E = 12 \cdot 2^2 - 6 \cdot 2 \cdot 1 + 9 \cdot 2 \cdot 1 =$
$= 12 \cdot 4 - 12 + 18 = 48 + 6 = \mathbf{54}$ $T_A = T_E$

b) $\underline{(2x - y + 3z) \cdot (4x - 2y)}$ Jedes Glied des einen Terms wird mit jedem Glied des anderen Terms multipliziert. Entsprechende Monome werden untereinandergeschrieben, so wird die Rechnung übersichtlicher.

$8x^2 - 4xy + 12xz$
$\underline{\quad - 4xy \qquad + 2y^2 - 6yz}$
$\mathbf{8x^2 - 8xy + 12xz + 2y^2 - 6yz}$

Probe:

$T_A = (2 \cdot 2 - 1 + 3 \cdot 1) \cdot (4 \cdot 2 - 2 \cdot 1) =$
$= (4 - 1 + 3) \cdot (8 - 2) = 6 \cdot 6 = \mathbf{36}$

$T_E = 8 \cdot 2^2 - 8 \cdot 2 \cdot 1 + 12 \cdot 2 \cdot 1 + 2 \cdot 1^2 - 6 \cdot 1 \cdot 1 =$
$= 8 \cdot 4 - 16 + 24 + 2 - 6 = 32 - 16 + 26 - 6 = 58 - 22 = \mathbf{36}$ $T_A = T_E$

70 Berechne die Produkte, für die Probe verwende die gegebenen Zahlen!

a) $(a^2 + 5a - 2) \cdot 2a =$ $a = 1$

b) $(5x + 4xy - 3y^2) \cdot 7x^2y =$ $x = 2, y = 1$

c) $(x^3 + x^2y + 4xy^2 - y^3) \cdot y^2 =$ $x = 2, y = 1$

d) $(x^2 - 3xy + y^2) \cdot 5x^2y =$ $x = 1, y = -1$

Anmerkung: Die Multiplikation von Polynomen wird übersichtlicher, wenn die Polynome nach steigenden bzw. fallenden Potenzen geordnet sind.

z. B.: $x^2y + x^3 + y^3 + xy^2$ … nicht geordnetes Polynom
$x^3 + x^2y + xy^2 + y^3$ … nach fallenden Potenzen von x und steigenden Potenzen von y geordnetes Polynom

71 Berechne die Produkte, für die Probe verwende die gegebenen Zahlen!
Vor der Multiplikation ordne nicht geordnete Polynome!

a) $(a^2 - 2a + 3) \cdot (a + 4)$ $\quad a = 2$

b) $(7 + 2x^2 - 5x) \cdot (3x^2 + 3 - 2x)$ $\quad x = 3$

c) $(x^3 - x^2y + xy^2 - y^3) \cdot (x^2 - xy + y^2)$ $\quad x = 1, y = 2$

d) $(2x^4 + 4x^2 + 3x + 3x^3 + 2) \cdot (x - 1)$ $\quad x = 2$

In den folgenden Beispielen kommen einige Formeln zur Anwendung, die bereits aus der 3. Klasse bekannt sind:

$(a + b)^2 = a^2 + 2ab + b^2$
$(a - b)^2 = a^2 - 2ab + b^2$ $\quad$ mit $a, b \in \mathbb{R}$
$(a + b) \cdot (a - b) = a^2 - b^2$

Beispiel

Berechne die folgenden Produkte, für die Probe verwende geeignete Zahlen aus $\mathbb{R}$!

a) $(2x + y)^2 =$
$= (2x)^2 + 2 \cdot 2x \cdot y + y^2 =$
$= \mathbf{4x^2 + 4xy + y^2}$

Für die Berechnung wird die Formel für $(a + b)^2 = \ldots$ angewandt.

Probe für z. B. $x = 1, y = 2$:
$T_A = (2 \cdot 1 + 2)^2 = 4^2 = \mathbf{16}$
$T_E = 4 \cdot 1^2 + 4 \cdot 1 \cdot 2 + 2^2 = 4 + 8 + 4 = \mathbf{16}$ $\quad T_A = T_E$

b) $\left(\frac{1}{2}x - \frac{1}{3}y\right)^2 =$
$= \left(\frac{1}{2}x\right)^2 - 2 \cdot \frac{1}{2}x \cdot \frac{1}{3}y + \left(\frac{1}{3}y\right)^2 =$
$= \mathbf{\frac{1}{4}x^2 - \frac{1}{3}xy + \frac{1}{9}y^2} =$

Für die Berechnung wird die Formel für $(a - b)^2 = \ldots$ angewandt.

Probe für z. B. $x = 4, y = 3$:
$T_A = \left(\frac{1}{2} \cdot 4 - \frac{1}{3} \cdot 3\right)^2 = (2 - 1)^2 = 1^2 = \mathbf{1}$
$T_E = \frac{1}{4} \cdot 4^2 - \frac{1}{3} \cdot 4 \cdot 3 + \frac{1}{9} \cdot 3^2 = \frac{1}{4} \cdot 16 - 4 + 1 = 4 - 4 + 1 = \mathbf{1}$ $\quad T_A = T_E$

c) $\left(\frac{1}{2}a - \frac{1}{3}b\right) \cdot \left(\frac{1}{2}a + \frac{1}{3}b\right) =$
$= \left(\frac{1}{2}a\right)^2 - \left(\frac{1}{3}b\right)^2 = \mathbf{\frac{1}{4}a^2 - \frac{1}{9}b^2}$

Für die Berechnung wird die Formel für $(a + b) \cdot (a - b) = a^2 - b^2$ angewandt.

Probe für z. B. $a = 4, b = 3$:
$T_A = \left(\frac{1}{2} \cdot 4 - \frac{1}{3} \cdot 3\right) \cdot \left(\frac{1}{2} \cdot 4 + \frac{1}{3} \cdot 3\right) =$
$= (2 - 1) \cdot (2 + 1) = 1 \cdot 3 = \mathbf{3}$
$T_E = \frac{1}{4} \cdot 4^2 - \frac{1}{9} \cdot 3^2 = 4 - 1 = \mathbf{3}$ $\quad T_A = T_E$

72 Berechne die folgenden Produkte unter Verwendung der Formeln für $(a + b)^2$, $(a - b)^2$ und $(a + b)(a - b)$!
Für die Probe verwende geeignete Zahlen aus $\mathbb{R}$!

a) $(1{,}2a + 0{,}3b)^2 =$ $\quad$ **b)** $\left(\frac{1}{5}x - 3y\right)^2 =$ $\quad$ **c)** $\left(\frac{1}{3}a - \frac{1}{7}b\right) \cdot \left(\frac{1}{3}a + \frac{1}{7}b\right) =$

d) $(-2x + 5y)^2 =$ $\quad$ **e)** $(0{,}2a - 0{,}5b)^2 =$ $\quad$ **f)** $\left(1\frac{2}{3}x - 3y\right) \cdot \left(1\frac{2}{3}x + 3y\right) =$

Beispiel

Schreibe das vollständige Quadrat: $\frac{4}{9}x^2 - \frac{2}{3}xy + \frac{1}{4}y^2$ in Potenzform $(a - b)^2$ an!

$\frac{4}{9}x^2 - \frac{2}{3}xy + \frac{1}{4}y^2 =$
$= \left(\frac{2}{3}x\right)^2 - \frac{2}{3}xy + \left(\frac{1}{2}y\right)^2$
$\quad a^2 - 2ab + \quad b^2$

Wir erkennen: $\frac{4}{9}x^2 = \left(\frac{2}{3}x\right)^2$ und $\frac{1}{4}y^2 = \left(\frac{1}{2}y\right)^2$
$\frac{2}{3}x$ entspricht dem a und $\frac{1}{2}y$ entspricht dem b in der Formel $(a - b)^2 = a^2 - 2ab + b^2$. Daher muss, wenn der Term ein vollständiges Quadrat sein soll, $\frac{2}{3}xy$ dem 2ab entsprechen: $2 \cdot \frac{2}{3}x \cdot \frac{1}{2}y = \frac{2}{3}xy$

Es gilt also: $\frac{4}{9}x^2 - \frac{2}{3}xy + \frac{1}{4}y^2 = \mathbf{\left(\frac{2}{3}x - \frac{1}{2}y\right)^2}$

73 Schreibe die gegebenen vollständigen Quadrate in Potenzform an!

a) $\frac{1}{4}a^2 - \frac{2}{3}ab + \frac{4}{9}b^2 =$ **b)** $x^2 - xy + \frac{1}{4}y^2$

c) $x^2 + \frac{6}{5}xy + \frac{9}{25}y^2 =$ **d)** $1{,}44a^2 + 3{,}6ab + 2{,}25b^2 =$

Beispiel

Berechne die dritte Potenz von (x + y)!

$(x + y)^3 =$ — $(x + y)^3 = (x + y)(x + y)(x + y)$
(x + y) muss dreimal als Faktor genommen werden.

$= \underbrace{(x + y)(x + y)}(x + y) =$ — $(x + y)(x + y) = (x + y)^2$ kann entsprechend der Formel $(a + b)^2$ berechnet werden.

$= (x^2 + 2xy + y^2)(x + y) =$ — Das verbleibende Produkt wird multipliziert:

$$\begin{array}{l} (x^2 + 2xy + y^2)(x + y) \\ \hline x^3 + 2x^2y + xy^2 \\ \qquad x^2y + 2xy^2 + y^3 \\ \hline x^3 + 3x^2y + 3xy^2 + y^3 \end{array}$$

$= \mathbf{x^3 + 3x^2y + 3xy^2 + y^3}$

Formeln für die dritte Potenz eines Binoms:

$(a + b)^3 = a^3 + 3a^2b + 3ab^2 + b^3$

$(a - b)^3 = a^3 - 3a^2b + 3ab^2 - b^3$ mit $a, b \in \mathbb{R}$

74 Überprüfe die Formel für $(a - b)^3$ durch Ausmultiplizieren!

Beispiel

Berechne die dritte Potenz der gegebenen Terme mit Hilfe der Formeln für $(a + b)^3$ und $(a - b)^3$!

a) $(2a + 3b)^3 =$
$= (2a)^3 + 3 \cdot (2a)^2 \cdot 3b + 3 \cdot 2a \cdot (3b)^2 + (3b)^3 =$
$= 8a^3 + 3 \cdot 4a^2 \cdot 3b + 3 \cdot 2a \cdot 9b^2 + 27b^3 =$
$= \mathbf{8a^3 + 36a^2b + 54ab^2 + 27b^3}$

Probe für a = 1 und b = 2:
$T_A = (2 \cdot 1 + 3 \cdot 2)^3 = (2 + 6)^3 = 8^3 = \mathbf{512}$
$T_E = 8 \cdot 1^3 + 36 \cdot 1^2 \cdot 2 + 54 \cdot 1 \cdot 2^2 + 27 \cdot 2^3 =$
$= 8 + 36 \cdot 2 + 54 \cdot 4 + 27 \cdot 8 =$
$= 8 + 72 + 216 + 216 = \mathbf{512}$ $\quad T_A = T_E$

b) $\left(\frac{1}{2}x - \frac{1}{3}y\right)^3 =$
$= \left(\frac{1}{2}x\right)^3 - 3 \cdot \left(\frac{1}{2}x\right)^2 \cdot \frac{1}{3}y + 3 \cdot \frac{1}{2}x \cdot \left(\frac{1}{3}y\right)^2 - \left(\frac{1}{3}y\right)^3 =$
$= \frac{1}{8}x^3 - 3 \cdot \frac{1}{4}x^2 \cdot \frac{1}{3}y + 3 \cdot \frac{1}{2}x \cdot \frac{1}{9}y^2 - \frac{1}{27}y^3 =$
$= \mathbf{\frac{1}{8}x^3 - \frac{1}{4}x^2y + \frac{1}{6}xy^2 - \frac{1}{27}y^3}$

Probe für x = 4 und y = 3:
$T_A = \left(\frac{1}{2} \cdot 4 - \frac{1}{3} \cdot 3\right)^3 = (2 - 1)^3 = 1^3 = \mathbf{1}$
$T_E = \frac{1}{8} \cdot 4^3 - \frac{1}{4} \cdot 4^2 \cdot 3 + \frac{1}{6} \cdot 4 \cdot 3^2 - \frac{1}{27} \cdot 3^3 =$
$= \frac{1}{8} \cdot 64 - \frac{1}{4} \cdot 16 \cdot 3 + \frac{1}{6} \cdot 4 \cdot 9 - \frac{1}{27} \cdot 27 =$
$= 8 - 12 + 6 - 1 = 14 - 13 = \mathbf{1}$ $\quad T_A = T_E$

Berechne die dritte Potenz der gegebenen Terme und führe die Probe mit den angegebenen Zahlen durch!

75 **a)** $\left(\frac{1}{3}x - 2\right)^3 =$ x = 3 **b)** $\left(2a - \frac{1}{4}b\right)^3 =$ a = 1, b = 4

76 **a)** $\left(-\frac{1}{2}x - 3y\right)^3 =$ x = 2, y = 1 **b)** $(0{,}2x - 0{,}3)^3 =$ x = 2

77 **a)** $\left(-\frac{1}{5}x - 0{,}5y\right)^3 =$ x = 5, y = 4 **b)** $\left(-\frac{1}{3}a + \frac{1}{4}b\right)^3 =$ a = 3, b = −4

Beispiel

Vereinfache den Term und mache die Probe für $x = 1$!

$(3 - 5x)^3 - (2 - x)(2 - 5x)^2 - 4(3 - 7x) + x^3 =$

Wir verwenden die Formeln für: $(a - b)^3$ und $(a - b)^2$

$= 3^3 - 3 \cdot 3^2 \cdot 5x + 3 \cdot 3 \cdot (5x)^2 - (5x)^3 - (2 - x)[2^2 - 2 \cdot 2 \cdot 5x + (5x)^2] - 12 + 28x + x^3 =$

$= 27 - 27 \cdot 5x + 9 \cdot 25x^2 - 125x^3 - (2 - x)[4 - 20x + 25x^2] - 12 + 28x + x^3 =$

$= 27 - 135x + 225x^2 - 125x^3 - [8 - 40x + 50x^2 - 4x + 20x^2 - 25x^3] - 12 + 28x + x^3 =$

$= 15 - 107x + 225x^2 - 124x^3 - [8 - 44x + 70x^2 - 25x^3] =$

$= 15 - 107x + 225x^2 - 124x^3 - 8 + 44x - 70x^2 + 25x^3 =$

$\mathbf{= 7 - 63x + 155x^2 - 99x^3}$

Probe: $T_A = (3 - 5)^3 - (2 - 1)(2 - 5)^2 - 4(3 - 7) + 1 =$

$= (-2)^3 - 1(-3)^2 - 4(-4) + 1 =$

$= -8 - 9 + 16 + 1 = \mathbf{0}$

$T_E = 7 - 63 + 155 - 99 =$

$= 162 - 162 = \mathbf{0}$

$T_A = T_E$

78 Vereinfache die Terme und mache die Probe mit den angegebenen Zahlen!

a) $(5x + 3y)^3 - (2x - 3y)^2 \cdot (x + 2y) =$ $x = 2, y = 1$

b) $5a \cdot (3a - 2)^2 + (2a - 5)^3 - (3a - 4)^2 \cdot (a + 3) =$ $a = 2$

c) $16x^2 \cdot (3x^2 - x + 1) - (4x^2 + 1)^3 + (8x^3 + 1)^2 =$ $x = -1$

d) $x^4 + (3x - 2)^3 \cdot (x - 3) - x^2 \cdot (2x + 1) \cdot (2x - 1) =$ $x = 1$

SK 2 ALGEBRA – Grundbegriffe, Addition, Subtraktion und Multiplikation von Termen

Was soll das? Du liest weiter:

1	2	3	4	5	6	7	8	9	10	!

Trage die den Ergebnissen entsprechenden Buchstaben oben ein!

1) Welche Zahl darf im Term $T(x) = \frac{3x}{x-2}$ für die Variable x nicht eingesetzt werden?
2) Bestimme $x \in \mathbb{R}$, in Abhängigkeit von a, für die der Nenner des Terms $T(x) = \frac{x+a}{2x-a}$ ungleich Null ist!
3) Vereinfache den gegebenen Term $T(x, y) = \frac{2x-3y}{2} + \frac{x-y}{3} - \frac{x+4y}{4}$!
4) Vereinfache den gegebenen Term $T(x, y) = 2x^2 - \{y^2 - [4x^2y - 3x - (-y^2 + 2x^2)]\}$!
5) Berechne das Produkt: $(x^2 + 4xy - y^2) \cdot 3xy$!
6) Berechne das Produkt: $(x^2 - 3x + 1)(x - 2)$!
7) Schreibe als vollständiges Quadrat $\frac{4}{9}x^2 - \frac{2}{3}x + \frac{1}{4}$ in Potenzform an!
8) Berechne die dritte Potenz: $(3a + b)^3$!
9) Vereinfache den Term: $(x - y)^2 - (y - 3x)(y + 3x)$!
10) Berechne das Quadrat: $(2a - b - c)^2$!

1	2	3	4	5	6
R	**E**	**H**	**D**	**R**	**M**
-2	$+\frac{a}{2}$	$\frac{13x-34y}{12}$	$y^2 - 4x^2y$	$2x^3y + 10x^2y^2 - 3xy^2$	$x^3 - 5x^2 + 7x - 2$
2	$-\frac{a}{2}$	$\frac{17x-10y}{12}$	$4x^2y - 3x$	$3x^3y + 12x^2y^2 - 3xy^3$	$x^3 - 4x^2 + 5x - 2$
G	**F**	**M**	**Z**	**U**	**F**

7	8	9	10
R	**A**	**R**	**T**
$\left(\frac{2}{3}x + \frac{1}{3}\right)^2$	$27a^3 + 27a^2b + 9ab^2 + b^3$	$10x^2 - 2xy$	$4a^2 - b^2 - c^2 - 4ab - 4ac - 4bc$
$\left(\frac{2}{3}x - \frac{1}{2}\right)^2$	$27a^3 + 18a^2b + 3ab^2 + b^2$	$8x^2 - 3xy$	$4a^2 + b^2 + c^2 - 4ab - 4ac + 2bc$
P	**E**	**T**	**K**

Will sich dein Freund, deine Freundin mit dir einen Scherz erlauben?
Der Park ist ein beliebter Treffpunkt. Aber warum sollst du dorthin gehen?

Herausheben gemeinsamer Faktoren

Beispiel

Forme die gegebenen Terme in Produkte um!

a) $\mathbf{3}x + \mathbf{3}y =$ — Wir heben den **gemeinsamen Faktor 3** heraus.
$= \mathbf{3 \cdot (x + y)}$

b) $a^3 - a^2 =$ — Wir heben den **gemeinsamen Faktor a^2** heraus.
$= \mathbf{a^2 \cdot (a - 1)}$

Das Herausheben gemeinsamer Faktoren ist die Umkehrung zum Multiplizieren von Termen.
Durch das Herausheben wird die Struktur eines Terms verändert:

$3x + 3y$ = $3 \cdot (x + y)$

Summe —Herausheben→ Produkt

Summe ←Ausmultiplizieren— Produkt

Aus dem Term mit der **Struktur einer Summe** wird durch Herausheben gemeinsamer Faktoren ein Term mit der **Struktur eines Produkts**.

$a^3 - a^2$ = $a^2 \cdot (a - 1)$

Differenz —Herausheben→ Produkt

Differenz ←Ausmultiplizieren— Produkt

Aus dem Term mit der **Struktur einer Differenz** wird durch Herausheben gemeinsamer Faktoren ein Term mit der **Struktur eines Produkts**.

Durch das Herausheben gemeinsamer Faktoren wird die Termstruktur geändert.

79 Forme die gegebenen Terme durch Herausheben gemeinsamer Faktoren in ein Produkt um!

a) $2u - 2v =$ **b)** $7x + 7y =$ **c)** $12a - 6b =$

d) $x^3 + x^2 =$ **e)** $11a + 11b - 22c =$ **f)** $13u - 26u^2 + 39u^3 =$

g) $1{,}3a - 2{,}6b + 1{,}3c =$ **h)** $2x^2y + 4xy^2 =$ **i)** $a^3b - a^2b^2 + ab^3 =$

Beispiel

Forme folgende Terme durch Herausheben gemeinsamer Faktoren um und mache die Probe durch Ausmultiplizieren!

a) $xa - 3a + xb - 3b =$
$= x \cdot \underline{a} - 3 \cdot \underline{a} + x \cdot \underline{b} - 3 \cdot \underline{b} =$
Es gibt keinen gemeinsamen Faktor in allen vier Gliedern. Je zwei Glieder haben aber einen gemeinsamen Faktor.

$= a \cdot \underline{(x - 3)} + b \cdot \underline{(x - 3)} =$
Nun kann der neu entstandene gemeinsame Faktor $(x - 3)$ herausgehoben werden.

$= \mathbf{(x - 3)(a + b)}$

Probe: $(x - 3)(a + b) =$
$= xa + xb - 3a - 3b =$
$= xa - 3a + xb - 3b$

Ausmultiplizieren: Jedes Glied des einen Terms wird mit jedem Glied des anderen Terms multipliziert. Durch Umordnen erhält man den Term der Angabe.

b) $ax^2 - 2ay^2 + bx^2 - 2by^2 =$
$= \underline{a} \cdot x^2 - 2 \cdot \underline{a} \cdot y^2 + \underline{b} \cdot x^2 - 2 \cdot \underline{b} \cdot y^2 =$
$= a\underline{(x^2 - 2y^2)} + b\underline{(x^2 - 2y^2)} =$
$= \mathbf{(x^2 - 2y^2)(a + b)}$

Probe: $(x^2 - 2y^2)(a + b) =$
$= x^2a + x^2b - 2y^2a - 2y^2b =$
$= ax^2 - 2ay^2 + bx^2 - 2by^2$

Durch Umordnen erhält man den Term der Angabe.

c) $8xu - 24xv + u - 3v =$
$= 8x(u - 3v) + u - 3v =$
$= 8x\underline{(u - 3v)} + 1\underline{(u - 3v)} =$
$= \mathbf{(u - 3v)(8x + 1)}$

Aus den beiden ersten Gliedern kann man 8x herausheben, der verbleibende Term $(u - 3v)$ kann wieder herausgehoben werden, da $u - 3v = 1 \cdot (u - 3v)$ gilt.

Probe: $(u - 3v)(8x + 1) =$
$= 8xu - 24xv + u - 3v$

Gliedweises Ausmultiplizieren, durch Umordnen erhält man den Term der Angabe.

d) $3ax - bx + by - 3ay =$
$= 3 \cdot a \cdot x - b \cdot x + b \cdot y - 3 \cdot a \cdot y =$
$= x(3a - b) + y(b - 3a) =$ — Durch Herausheben von (– 1) erhält man einen gemeinsamen Faktor: $(-1)(-b + 3a) = (-1)(3a - b)$.
$= x(3a - b) + y \cdot (-1)(3a - b) =$
$= x(3a - b) - y(3a - b) =$
$= \mathbf{(3a - b)(x - y)}$

Probe: $(3a - b)(x - y) =$
$= 3ax - 3ay - bx + by =$ — Durch Umordnen erhält man wieder den Term der Angabe.
$= 3ax - bx + by - 3ay$

80 Forme die gegebenen Terme durch Herausheben gemeinsamer Faktoren um! Mache die Probe durch Ausmultiplizieren!

a) $2ax - bx + 2ay - by =$ **b)** $12ax - 16bx - 15ay + 20by =$
c) $a^2x - a^2by^2 + b^2x - b^3y^2 =$ **d)** $(u - v)(x - y) - (v - u)(3xy - 3y^2) =$

Zerlegung von Binomen gleichhoher Potenzen

Bei manchen Binomen kann man durch Zerlegung die Termstruktur verändern.
z. B.: Aus dem Term mit der Struktur einer Differenz wird ein Term mit der Struktur eines Produkts:

$a^2 - b^2$	=	$(a - b)(a + b)$
Differenz		Produkt

Beispiel Wandle die folgenden Binome in Produkte um!

a) $x^2 - y^2 = \mathbf{(x - y)(x + y)}$ — Anwendung der schon bekannten Formel: $a^2 - b^2 = (a - b)(a + b)$

b) $x^2 - 4y^2 =$
$= x^2 - (2y)^2 = \mathbf{(x - 2y)(x + 2y)}$ — $4y^2 = (2y)^2$, Zerlegung nach der Formel

c) $9u^2 - 16v^2 =$
$= (3u)^2 - (4v)^2 = \mathbf{(3u - 4v)(3u + 4v)}$ — $9u^2 = (3u)^2$, $16v^2 = (4v)^2$, Zerlegung nach der Formel

Jede dieser Zerlegungen kann durch Ausmultiplizieren überprüft werden.

81 Wandle die folgenden Binome in Produkte um!

a) $25m^2 - n^2 =$ **b)** $\frac{1}{9}u^2 - \frac{1}{4} =$ **c)** $1 - 9x^2 =$
d) $64r^2 - 225s^2 =$ **e)** $36c^2 - 81d^2 =$ **f)** $\frac{1}{81}s^2 - \frac{1}{25}t^2 =$

Beispiel Wandle das gegebene Binom in ein Produkt um! Mache die Probe durch Ausmultiplizieren!

$50m^2 - 2n^2 =$ — In beiden Gliedern dieses Binoms ist 2 als Faktor enthalten.
$= 2(25m^2 - n^2) =$ — 2 wird herausgehoben, nun kann der verbleibende Faktor mit der Formel $a^2 - b^2 = (a - b)(a + b)$ zerlegt werden.
$= \mathbf{2(5m - n)(5m + n)}$

Beachte: Vor dem Zerlegen überprüfe immer, ob ein gemeinsamer Faktor herausgehoben werden kann!

82 Wandle die folgenden Binome in Produkte um! Mache die Probe durch Ausmultiplizieren!

a) $3 - 27x^2 =$ **b)** $72c^2 - 128d^2 =$ **c)** $\frac{18}{25} - \frac{2}{81}u^2 =$
d) $\frac{3}{49}u^2 - \frac{3}{4} =$ **e)** $242x^2 - 338y^2 =$ **f)** $\frac{5}{27}u^2 - 6\frac{2}{3} =$

Weitere Zerlegungsformeln:

Alle Differenzen von Monomen mit gleichhoher Potenz lassen sich nach folgenden Formeln zerlegen:

$a^3 - b^3 = (a - b)(a^2 + ab + b^2)$

$a^2 - b^2 = (a - b)(a + b)$
$a^4 - b^4 = (a^2)^2 - (b^2)^2 = (a^2 - b^2)(a^2 + b^2) = (a - b)(a + b)(a^2 + b^2)$

Beachte: Die Summe zweier Quadrate $(a^2 + b^2)$ lässt sich nicht zerlegen.

Diese Zerlegungsformeln sind durch Multiplikation zu überprüfen.
Durch Division entstehen diese Formeln (siehe Kapitel: Division von Termen).

Beispiel

Zerlege die Binome mit Hilfe der entsprechenden Formeln und überprüfe die Zerlegung durch Multiplikation!

a) $27x^3 - 64y^3 =$

$27 = 3^3 \Rightarrow 27x^3 = (3x)^3 \quad 64 = 4^3 \Rightarrow 64y^3 = (4y)^3$

Zerlegung nach der Formel $a^3 - b^3$

$= (3x)^3 - (4y)^3 =$

$= (3x - 4y)\left[(3x)^2 + 3x \cdot 4y + (4y)^2\right] =$

$= \mathbf{(3x - 4y)(9x^2 + 12xy + 16y^2)}$

Probe:

$$\begin{array}{l} (9x^2 + 12xy + 16y^2)(3x - 4y) \\ \hline 27x^3 + 36x^2y + 48xy^2 \\ \quad - 36x^2y - 48xy^2 - 64y^3 \\ \hline 27x^3 \qquad\qquad\qquad - 64y^3 \end{array}$$

b) $\frac{1}{6}u^4 - 81v^4 =$

$\frac{1}{16} = \left(\frac{1}{2}\right)^4 \Rightarrow \frac{1}{16}u^4 = \left(\frac{1}{2}u\right)^4 \quad 81 = 3^4 \Rightarrow 81v^4 = (3v)^4$

Zerlegung nach der Formel $a^4 - b^4$

$= \left(\frac{1}{2}u\right)^4 - (3v)^4 =$

$= \left[\left(\frac{1}{2}u\right)^2 - (3v)^2\right]\left[\left(\frac{1}{2}u\right)^2 + (3v)^2\right] =$

$= \mathbf{\left(\frac{1}{2}u - 3v\right)\left(\frac{1}{2}u + 3v\right)\left(\frac{1}{4}u^2 + 9v^2\right)}$

Beachte: Die Summe zweier Quadrate lässt sich nicht zerlegen.

Probe: $\left(\frac{1}{2}u - 3v\right)\left(\frac{1}{2}u + 3v\right)\left(\frac{1}{4}u^2 + 9v^2\right) =$

$= \left(\frac{1}{4}u^2 - 9v^2\right)\left(\frac{1}{4}u^2 + 9v^2\right) =$

$= \frac{1}{16}u^4 - 81v^4$

Für die Multiplikation wird zweimal die Formel $(a - b)(a + b) = a^2 - b^2$ verwendet.

83 Zerlege die Binome mit Hilfe der entsprechenden Formeln!

a) $\frac{1}{8}a^3 - 8b^3 =$ **b)** $625 - 256r^4 =$ **c)** $x^3 - 729y^3 =$

d) $256a^4 - 81b^4 =$ **e)** $8 - \frac{1}{27}a^3 =$ **f)** $8u^3 - 1 =$

Anmerkung: $1^2 = 1,\ 1^3 = 1,\ 1^4 = 1$, usw.

Es lassen sich nicht alle Summen aus Monomen gleichhoher Potenzen zerlegen.
Die Summen aus Monomen mit gleichhohen Potenzen, deren Exponent eine gerade Zahl ist, lassen sich nicht zerlegen.

z. B.: $x^2 + y^2,\quad x^4 + y^4,\quad a^6 + b^6$

Die Summen aus Monomen mit gleichhohen Potenzen, deren Exponent eine ungerade Zahl ist, lassen sich zerlegen.

z. B.: $a^3 + b^3 = (a + b)(a^2 - ab + b^2)$

Diese Zerlegungsformeln sind durch Multiplikation zu überprüfen! Durch Division entstehen diese Formeln (siehe Kapitel: Division von Termen).

Beispiel

Zerlege das folgende Binom und überprüfe die Zerlegung durch Multiplikation!

$x^3 + 27y^3 =$

$27 = 3^3 \Rightarrow 27y^3 = (3y)^3$

Zerlegung nach der Formel $a^3 + b^3$

$= \mathbf{x^3 + (3y)^3} =$

$= (x + 3y)\left[x^2 - x \cdot 3y + (3y)^2\right] =$

$= \mathbf{(x + 3y)(x^2 - 3xy + 9y^2)}$

Probe:

$$\begin{array}{l} (x^2 - 3xy + 9y^2)(x + 3y) \\ \hline x^3 - 3x^2y + 9xy^2 \\ \quad + 3x^2y - 9xy^2 + 27y^3 \\ \hline x^3 \qquad\qquad\qquad + 27y^3 \end{array}$$

84 Zerlege die Binome mit Hilfe der entsprechenden Formeln!

a) $8x^3 + 27y^3 =$ **b)** $27 + \frac{1}{64}a^3 =$ **c)** $1\,000x^3 + \frac{1}{8}y^3 =$

d) $81x^4 - 256 =$ **e)** $\frac{1}{10\,000} - 0{,}0016a^4 =$ **f)** $625r^4 - \frac{16}{81}s^4 =$

Das kleinste gemeinsame Vielfache ganzrationaler Terme

Beispiel

Bestimme das kleinste gemeinsame Vielfache der Zahlen 27 und 36!

27	3	36	2
9	3	18	2
3	3	9	3
1		3	3
		1	

Primfaktorenzerlegung

$27 = 3 \cdot 3 \cdot 3 = \boxed{3^3}$

$36 = 2 \cdot 2 \cdot 3 \cdot 3 = \boxed{2^2} \cdot 3^2$

$\text{kgV}(27, 36) = 2^2 \cdot 3^3 = 4 \cdot 27 = \mathbf{108}$ — Das kgV ist das Produkt aller vorkommenden Primfaktoren, wobei jeder in seiner größten Vielfachheit genommen werden muss.

$108 = 27 \cdot \mathbf{4}$

$108 = 36 \cdot \mathbf{3}$

Wir stellen das kgV als Produkt dar.
Ein Faktor ist die gegebene Zahl, der andere Faktor wird **Erweiterungsfaktor** genannt.

Das kleinste gemeinsame Vielfache (kgV) zweier oder mehrerer Zahlen ist jene kleinste Zahl, in der die angegebenen Zahlen enthalten sind.
Wie oft eine Zahl im kgV enthalten ist gibt der Erweiterungsfaktor an.

85 Bestimme das kgV folgender Zahlen und gib dieses als Produkt an!

a) kgV(60, 72) **b)** kgV(18, 21) **c)** kgV(12, 60, 84)

d) kgV(7, 21, 144) **e)** kgV(36, 50) **f)** kgV(9, 36, 48)

Beispiel

Bestimme das kleinste gemeinsame Vielfache der Zahlen 70 und 39!

70	2	39	3
35	5	13	13
7	7	1	
1			

Die beiden Zahlen haben nur die Zahl 1 als gemeinsamen Teiler, d. h. die beiden Zahlen sind relativ prim zueinander.

$\text{kgV}(70, 39) = 2 \cdot 5 \cdot 7 \cdot 3 \cdot 13 =$
$= 70 \cdot 39 = \mathbf{2\,730}$

Da die beiden Zahlen relativ prim zueinander sind, ist das kgV gleich dem Produkt beider Zahlen.

Sind zwei Zahlen relativ prim zueinander, so ist das kgV gleich dem Produkt der beiden Zahlen.

86 Bestimme das kleinste gemeinsame Vielfache folgender Zahlen!

a) kgV(23, 78) **b)** kgV(17, 57) **c)** kgV(34, 91)

Beispiel

Bestimme das kgV folgender Terme und gib jeweils den Erweiterungsfaktor an!

a) $\text{kgV}(12xyz, 6xyz^2, 48x^2yz)$

$12xyz = 2^2 \cdot \boxed{3} \cdot x \cdot \boxed{y} \cdot z$

$6xyz^2 = 2 \cdot 3 \cdot x \cdot y \cdot \boxed{z^2}$

$48x^2yz = \boxed{2^4} \cdot 3 \cdot \boxed{x^2} \cdot y \cdot z$

Die einzelnen Terme werden zerlegt.
Für das kgV wird jeder Faktor in seiner größten Vielfachheit genommen.

$\text{kgV}(12xyz, 6xyz^2, 48x^2yz) = 2^4 \cdot 3 \cdot x^2 \cdot y \cdot z^2 = \mathbf{48x^2yz^2}$

$48x^2yz^2 = 12xyz \cdot \mathbf{4xz}$

$48x^2yz^2 = 6xyz^2 \cdot \mathbf{8x}$

$48x^2yz^2 = 48x^2yz \cdot \mathbf{z}$

Bestimmung des Erweiterungsfaktors

b) $kgV(a^4 - 12a^3 + 36a^2, a^3 - 36a, a^4 - 6a^3)$

$a^4 - 12a^3 + 36a^2 = a^2 \cdot (a^2 - 12a + 36) =$ Der gemeinsame Faktor wird herausge-

$= a^2 \cdot \boxed{(a-6)^2}$ hoben, dann wird ensprechend der Formel zerlegt.

$a^3 - 36a = a \cdot (a^2 - 36) = a \cdot (a-6)\boxed{(a+6)}$

$a^4 - 6a^3 = \boxed{a^3} \cdot (a-6)$

$kgV(a^4 - 12a^3 + 36a^2, a^3 - 36a, a^4 - 6a^3) = a^3 \cdot (a-6)^2 \cdot (a+6)$

$a^3(a-6)^2(a+6) = a^2(a-6)^2 \cdot \mathbf{a(a+6)}$ Bestimmung des Erweiterungsfaktors

$a^3(a-6)^2(a+6) = a(a-6)(a+6) \cdot \mathbf{a^2(a-6)}$

$a^3(a-6)^2(a+6) = a^3(a-6) \cdot \mathbf{(a-6)(a+6)}$

87 Bestimme das kgV der angegebenen Terme und gib den Erweiterungsfaktor an!

a) $kgV(x^3yz, xy^3z, xyz^3)$
b) $kgV(5ab^2, 10a^2b, 7ab^2)$
c) $kgV(3a^2 + 3ab, 9a^2 + 9ab)$
d) $kgV(7a^2 - 7b^2, 11a - 11b)$
e) $kgV(3a^2 - 6ab + 3b^2, 7a^2 - 7b^2, 3a - 3b)$
f) $kgV(9x^3 - 9xy^2, 18x^2 - 36xy + 18y^2, 9x^3 - 9x^2y)$
g) $kgV(5x^2 + 10xy + 5y^2, 10x^3 - 10xy^2, 5x^3 + 5x^2y)$
h) $kgV(4a^4 - 8a^3 + 4a^2, 4a^4 - 4a^2, 4a^4 + 8a^3 + 4a^2)$
i) $kgV(a^3 - 25a, a^4 - 10a^3 + 25a^2, a^4 - 5a^3)$
j) $kgV(4b^2 - 16, 4b - 8, 4b^2 - 16b + 16)$

SK 3 ALGEBRA – Faktorisieren, Zerlegungen, kgV

Das SMS ist noch nicht zu Ende:

1	2	3		4	5	6	7	,	8	9	10	!

Die Ergebnisse der Rechnungen findest du wieder in der Tabelle. Trage die entsprechenden Buchstaben ein! Forme die gegebenen Terme durch Herausheben gemeinsamer Faktoren um! Welchen gemeinsamen Faktor kannst du herausheben?

1) $7a + 14b - 21c =$ **2)** $2a^2b + 3ab^2 =$ **3)** $2x^2y^3 - 4x^3y^2 =$

Forme die gegebenen Terme durch Herausheben gemeinsamer Faktoren in ein Produkt um!

4) $-2ax + 5bx + 2ay - 5by =$ **5)** $8ax - 6bx - 4ay + 3by =$

6) $48x^2 - 27y^2 =$ **7)** $16x^4 - 81y^4 =$ **8)** $x^3 - 8y^3 =$

Bestimme das kgV!

9) $kgV(a^3 - b^3; a^2 + 2ab + b^2; a^2 - b^2) =$ **10)** $kgV(3x^2 - 27; x^2 - 6x + 9; 4x - 12) =$

1	2	3	4	5	6
Z	**E**	**I**	**B**	**E**	**I**
7	a^2b	$2x^3y^3$	$(x - y)(5b - 2a)$	$(x + 2y)(3b - 4a)$	$3(3x + 4y)(3x - 4y)$
14	ab	$2x^2y^2$	$(x + y)(3b - 2a)$	$(4a - 3b)(2x - y)$	$3(4x - 3y)(4x + 3y)$
W	**U**	**R**	**H**	**A**	**N**

7	8	9	10
K	**A**	**O**	**S**
$(2x - 3y)(2x + 3y)(4x^2 + 9y^2)$	$(x + 2y)(x^2 - 2xy + 4y^2)$	$(a^3 - b^3)(a + b)^2$	$12(x + 3)(x - 3)^2$
$(9y^2 + 4x^2)(3y - 2x)(3y + 2x)$	$(x - 2y)(x^2 + 2xy + 4y^2)$	$(a + b)^2(a - b)^2$	$4(3x + 3)^2(x - 3)$
T	**L**	**L**	**T**

Was soll bei eurer Bank sein? Du schaust dich um und findest einen Zettel unter der Bank. Da ist nur ein Kopf darauf zu sehen, der dir bekannt vorkommt. Es ist dein alter Freund Grips, der dich in den vergangenen Jahren in Mathematik begleitet hat.

3 Rechnen mit Bruchtermen

Der Nenner eines Bruchterms

Beispiel

Welche Bedingungen müssen die Nenner der gegebenen Bruchterme erfüllen?

a) $T(x) = \frac{1}{(2x-1)(x+3)}$ — x ist eine reelle Zahl ($x \in \mathbb{R}$).

$(2x-1)(x+3) \neq 0$ — Der Nenner muss ungleich Null sein. Ein Produkt ist nur dann ungleich Null, wenn beide Faktoren ungleich Null sind.

$2x - 1 \neq 0 \quad x + 3 \neq 0$ — Wir setzen beide Faktoren ungleich Null und

$2x \neq 1 \quad x \neq -3$ — berechnen die Werte für x.

$x \neq \frac{1}{2}$ — Es sind also – 3 und $\frac{1}{2}$ als Werte für x auszuschließen.

$x \in \mathbb{R}$ und $x \neq -3$, $x \neq \frac{1}{2}$

b) $T(x) = \frac{15x-2}{x(x^2-9)}$ — x ist eine reelle Zahl ($x \in \mathbb{R}$).

$x(x^2-9) \neq 0$

$x(x-3)(x+3) \neq 0$

$x \neq 0 \quad x - 3 \neq 0 \quad x + 3 \neq 0$

$x \neq +3 \quad x \neq -3$

Für die Variable x darf also –3, 0 oder + 3 nicht eingesetzt werden.

$x \in \mathbb{R}$ und $x \neq -3$, $x \neq 0$, $x \neq +3$

88 Welche Bedingungen müssen die Nenner der gegebenen Bruchterme erfüllen?
Die Variable x ist eine reelle Zahll ($x \in \mathbb{R}$).

a) $T(x) = \frac{3x+2}{(x+3)^2}$ **b)** $T(x) = \frac{x+1}{4x^2-16}$ **c)** $T(x) = \frac{3x+2}{5x^2+5x}$

d) $T(x) = \frac{1}{(3x-2)(4x+1)}$ **e)** $T(x) = \frac{x^2-1}{x^2-16}$ **f)** $T(x) = \frac{2x}{(x^2-4)(9x^2-16)}$

Beispiel

Welche Bedingungen müssen für die Variablen erfüllt sein, damit in den gegebenen Termen der Nenner ungleich Null ist?

a) $T(a, b) = \frac{2a-b}{a^2-b^2}$ mit $a, b \in \mathbb{R}$

$a^2 - b^2 \neq 0$

$(a-b)(a+b) \neq 0$

$a - b \neq 0 \quad a + b \neq 0$

$a \neq b$ $\quad$ $a \neq -b$ — Für a und b gilt: $a, b \in \mathbb{R}$ und $a \neq b$, $a \neq -b$

b) $T(u, v) = \frac{2u^2-v}{u^2-2uv+v^2}$ mit $u, v \in \mathbb{R}$

$u^2 - 2uv + v^2 \neq 0$

$(u-v)^2 \neq 0$

$u - v \neq 0$

$u \neq v$ — Für u und v gilt: $u, v \in \mathbb{R}$ und $u \neq v$

89 Welche Bedingungen müssen für die Variablen aus $\mathbb{R}$ erfüllt sein, damit in den gegebenen Termen der Nenner ungleich Null ist?

a) $T(u, v) = \frac{3u}{u^2-v^2}$ **b)** $T(a, b) = \frac{7a-3b^2}{4a^2-4ab+b^2}$

c) $T(e, f) = \frac{3e^2-1}{5e^2-5f^2}$ **d)** $T(x, y) = \frac{5x^2+xy}{(x-2y)(x^2-4y^2)}$

Kürzen von Bruchtermen

Beispiel Kürze den Term und bestimme welche Bedingungen für die Variablen erfüllt sein müssen, damit im gegebenen Term der Nenner ungleich Null ist?

$T(x, y) = \frac{5x^3y}{15x^2y^2}$ — x, y sind reelle Zahlen ($x, y \in \mathbb{R}$)

$15x^2y^2 \neq 0$ — Ein Produkt ist nur dann ungleich Null, wenn alle Faktoren ungleich Null sind.

$x^2 \neq 0 \qquad y^2 \neq 0$

$x \neq 0 \qquad y \neq 0$ — Für x und y gilt: $x, y \in \mathbb{R}$ und $x \neq 0$, $y \neq 0$

$T(x, y) = \frac{5x^3y}{15x^2y^2} = \frac{\cancel{5} \cdot \cancel{x} \cdot \cancel{x} \cdot x \cdot \cancel{y} \cdot 1}{\cancel{15} \cdot \cancel{x} \cdot \cancel{x} \cdot \cancel{y} \cdot y \cdot 3} = \frac{x}{3y}$ — Wir zerlegen und kürzen.

90 Kürze den Term und bestimme welche Bedingungen für die Variablen erfüllt sein müssen, damit im gegebenen Term der Nenner ungleich Null ist!

a) $T(a, b, c) = \frac{4a^2b}{16a^3b^2c}$ **b)** $T(x, y, z) = \frac{27x^3y^2z^4}{36xy^3z}$

c) $T(e, f) = \frac{-35e^2f^2}{7ef^3}$ **d)** $T(u, v) = \frac{48u^4v^2}{12u^3}$

Beispiel Kürze den Term und bestimme welche Bedingungen für die Variable erfüllt sein müssen, damit im gegebenen Term der Nenner ungleich Null ist!

a) $T(x) = \frac{15 - 5x}{15x - 15}$ — x ist eine reelle Zahl ($x \in \mathbb{R}$)

$T(x) = \frac{5(3 - x)}{15(x - 1)}$ — Zähler und Nenner werden in Produkte umgewandelt.

$15(x - 1) \neq 0$ — Der Nenner muss ungleich Null sein.

$x - 1 \neq 0$

$\mathbf{x \neq 1}$ — für $x \in \mathbb{R}$

$T(x) = \frac{\cancel{5}(3 - x) \cdot 1}{\cancel{15}(x - 1) \cdot 3}$ — Wir können durch den gemeinsamen Faktor 5 kürzen.

$T(x) = \frac{3 - x}{3(x - 1)}$

b) $T(x, y) = \frac{3x - 6y}{4x(x^2 - 4y^2)}$ — x, y sind reelle Zahlen ($x, y \in \mathbb{R}$).

$T(x, y) = \frac{3(x - 2y)}{4x(x - 2y)(x + 2y)}$ — Zähler und Nenner werden in Produkte umgewandelt.

$4x(x - 2y)(x + 2y) \neq 0$

$4x \neq 0 \qquad x - 2y \neq 0 \qquad x + 2y \neq 0$

$\mathbf{x \neq 0} \qquad \mathbf{x \neq 2y} \qquad \mathbf{x \neq -2y}$

Für x, y gilt: $x, y \in \mathbb{R}$ und $x \neq 0$, $x \neq 2y$, $x \neq -2y$

$T(x, y) = \frac{3\cancel{(x - 2y)}}{4x\cancel{(x - 2y)}(x + 2y)}$ — Wir können durch den gemeinsamen Faktor $(x - 2y)$ kürzen.

$T(x, y) = \frac{3}{4x(x + 2y)}$

91 Kürze den Term und bestimme welche Bedingungen für die Variablen erfüllt sein müssen, damit im gegebenen Term der Nenner ungleich Null ist!

a) $T(x) = \frac{4x(x + 2)}{2(x - 1)(x + 2)}$ **b)** $T(x) = \frac{5x(x - 3)}{5x - 15}$ **c)** $T(x) = \frac{9x^2 - 16}{(3x + 4)(2x - 1)}$

d) $T(x) = \frac{4x(x - 6)}{x^3 - 36x}$ **e)** $T(x) = \frac{x^2 + 3xy}{2x(x^2 - 9y^2)}$ **f)** $T(a, b) = \frac{a^2 - b^2}{(2a - 3b)(a + b)^2}$

g) $T(x, y) = \frac{x^2y - 4y^3}{x^2 - 4xy + 4y^2}$ **h)** $T(x, y) = \frac{6x^2 - 3xy}{(2x - y)^2} \cdot 3x$ **i)** $T(x) = \frac{18x^3 - 8x}{(3x + 2)(3x^3 - 2x^2)}$

Addition und Subtraktion von Bruchtermen

Beispiel

Überprüfe welche Bedingungen für die Variable erfüllt sein müssen, damit im gegebenen Term die Nenner ungleich Null sind und vereinfache die Terme!

a) $\frac{1+x}{x-1} + \frac{3x}{x-1} =$ Für die Probe: $x = 2$

$x - 1 \neq 0$ Der Nenner muss ungleich Null sein.

$x \neq 1$ Für x gilt: $x \in \mathbb{R}$ und $x \neq 1$

$= \frac{1+x+3x}{x-1} = \frac{1+4x}{x-1}$ Die Nenner sind gleich, daher kann man die Zähler sofort addieren.

Probe: $x = 2$

$T_A = \frac{1+2}{2-1} + \frac{3 \cdot 2}{2-1} = 3 + 6 = \mathbf{9}$

$T_E = \frac{1+4 \cdot 2}{2-1} = \mathbf{9}$ $T_A = T_E$

b) $\frac{2x}{x^2-1} - \frac{3x-1}{x+1} - \frac{5}{x} =$ Für die Probe: $x = 3$

Nenner	Erweiterungsfaktor
$x^2 - 1 = (x-1)(x+1)$	x
$x + 1$	$x(x-1)$
x	$(x-1)(x+1)$
HN: $x(x-1)(x+1)$	

Die Brüche haben nicht den gleichen Nenner. Es muss daher ein gemeinsamer Nenner (Hauptnenner = HN) bestimmt werden. Der HN ist das kgV der einzelnen Nenner. Der Erweiterungsfaktor gibt den Faktor an, mit dem die einzelnen Brüche erweitert werden müssen.

$x(x-1)(x+1) \neq 0$ Der Nenner muss ungleich Null sein.

$x \neq 0$ $x - 1 \neq 0$ $x + 1 \neq 0$

$x \neq 1$ $x \neq -1$ Für x gilt: $x \in \mathbb{R}$ und $x \neq 0, x \neq 1, x \neq -1$

$\frac{2x}{x^2-1} - \frac{3x-1}{x+1} - \frac{5}{x} =$

$= \frac{2x \cdot x - (3x-1) \cdot x(x-1) - 5 \cdot (x-1)(x+1)}{x(x-1)(x+1)} =$

Die einzelnen Zähler werden mit dem entsprechenden Erweiterungsfaktor multipliziert. Alles wird auf einen Bruchstrich geschrieben, dabei ist besonders auf die Vorzeichen zu achten.

$= \frac{2x^2 - (3x-1)(x^2-x) - 5(x^2-1)}{x(x-1)(x+1)} =$

$= \frac{2x^2 - (3x^3 - 3x^2 - x^2 + x) - (5x^2 - 5)}{x(x-1)(x+1)} =$

$= \frac{2x^2 - 3x^3 + 3x^2 + x^2 - x - 5x^2 + 5}{x(x-1)(x+1)}$

$= \frac{-3x^3 + x^2 - x + 5}{x(x-1)(x+1)}$

Probe: $x = 3$

$T_A = \frac{2 \cdot 3}{3^2-1} - \frac{3 \cdot 3 - 1}{3+1} - \frac{5}{3} = \frac{6}{8} - \frac{8}{4} - \frac{5}{3} = \frac{3}{4} - 2 - \frac{5}{3} = -\frac{5}{4} - \frac{5}{3} = -\frac{15}{12} - \frac{20}{12} = -\frac{35}{12}$

$T_E = \frac{-3 \cdot 3^3 + 3^2 - 3 + 5}{3(3-1)(3+1)} = \frac{-81 + 9 - 3 + 5}{3 \cdot 2 \cdot 4} = -\frac{70}{24} = -\frac{35}{12}$

$T_A = T_E$

Es können nur gleichnamige Bruchterme addiert bzw. subtrahiert werden.
Der gemeinsame Nenner verschiedener ungleichnamiger Brüche ist das kgV der einzelnen Nenner.

Bestimme immer die Bedingungen (= Definitionsbereich bzw. Definitionsmenge), die für die Variablen erfüllt sein müssen, damit die einzelnen Nenner und der Hauptnenner ungleich Null sind!

92 Überprüfe, welche Bedingungen für die Variable erfüllt sein müssen, damit im gegebenen Term die Nenner ungleich Null sind und vereinfache die Terme!

a) $\frac{1}{x-1} - \frac{2x}{(x-1)(x+1)} + \frac{x}{x+1} =$ Für die Probe: $x = 2$

b) $\frac{x}{x+2} - \frac{x+2}{x} + \frac{6x+8}{x^2+2x} =$ Für die Probe: $x = 1$

c) $\frac{3}{3+x} + \frac{x}{3-x} - \frac{2x^2}{9-x^2} =$ Für die Probe: $x = -1$

d) $\frac{3}{2z^4-2z^2}+\frac{3-2z^2}{2z^3-2z}-\frac{3-z}{2z^2-2z^2}+\frac{z+5}{z^2+z}=$ Für die Probe: z = 3

e) $\frac{y-2}{y+2}+\frac{y+2}{y-2}-\frac{y^2+12}{y^2-4}=$ Für die Probe: y = 3

f) $\frac{2a-4}{9a-12}+\frac{a+19}{24-18a}+\frac{5+2a}{8-6a}=$ Für die Probe: a = 2

g) $\frac{2b-7}{b(b^2-1)}-\frac{1-b}{b^2-b}+\frac{2b-3}{b^2+b}+\frac{4+b}{b^2-b}$ Für die Probe: b = 3

Beispiel

Überprüfe welche Bedingungen für die Variable erfüllt sein müssen, damit im gegebenen Term die Nenner ungleich Null sind und vereinfache die Terme!

$\frac{a+1}{6a^2-2ab}-\frac{1-a}{3ab-9a^2}+\frac{1+2a}{18a^2+6ab}=$

Nenner	Erweiterungsfaktor
$6a^2-2ab = 2a(3a-b)$	$3(3a+b)$
$3ab-9a^2 = 3a(b-3a) =$ $= 3a(-1)(3a-b)$	$2(-1)(3a+b) = (-2)(3a+b)$
$18a^2+6ab = 6a(3a+b)$	$(3a-b)$
HN = 6a(3a – b)(3a + b)	

b – 3a unterscheidet sich von 3a – b nur durch das Vorzeichen. Wir heben (–1) heraus: b – 3a = (–1)(3a – b)

Beachte: Im HN wird (–1) nicht als Faktor angeschrieben. Wenn man den Erweiterungsfaktor des zweiten Bruches bestimmt, muss aber (–1) berücksichtigt werden:

$6a(3a-b)(3a+b) \neq 0$ Wir bestimmen die Bedingungen für die Variablen im HN.

$6a \neq 0$ $3a-b \neq 0$ $3a+b \neq 0$

$\mathbf{a \neq 0}$ $3a \neq b$ $3a \neq -b$

$\mathbf{a \neq \frac{b}{3}}$ $\mathbf{a \neq -\frac{b}{3}}$ Für a, b gilt: $a, b \in \mathbb{R}$ und $a \neq 0, a \neq \frac{b}{3}, a \neq -\frac{b}{3}$

$\frac{a+1}{6a^2-2ab}-\frac{1-a}{3ab-9a^2}+\frac{1+2a}{18a^2+6ab}=$

$=\frac{(a+1)\cdot 3(3a+b)-(1-a)\cdot(-2)(3a+b)+(1+2a)\cdot(3a-b)}{6a(3a-b)(3a+b)}=$

$=\frac{(a+1)(9a+3b)-(1-a)(-6a-2b)+(3a-b+6a^2-2ab)}{6a(3a-b)(3a+b)}=$

$=\frac{9a^2+3ab+9a+3b-(-6a-2b+6a^2+2ab)+3a-b+6a^2-2ab}{6a(3a-b)(3a+b)}=$

$=\frac{9a^2+3ab+9a+3b+6a+2b-6a^2-2ab+3a-b+6a^2-2ab}{6a(3a-b)(3a+b)}=$

$=\mathbf{\frac{9a^2+18a-ab+4b}{6a(3a-b)(3a+b)}}$

Probe: a = 1, b = 2

$T_A=\frac{1+1}{6\cdot 1^2-2\cdot 1\cdot 2}-\frac{1-1}{3\cdot 1\cdot 2-9\cdot 1^2}+\frac{1+2\cdot 1}{18\cdot 1^2+6\cdot 1\cdot 2}=\frac{2}{2}-\frac{0}{-3}+\frac{3}{30}=1+\frac{1}{10}=\mathbf{1\frac{1}{10}}$

$T_E=\frac{9\cdot 1^2+18\cdot 1-1\cdot 2+4\cdot 2}{6\cdot 1\cdot(3\cdot 1-2)(3\cdot 1+2)}=\frac{9+18-2+8}{6\cdot 1\cdot 5}=\frac{33}{30}=\frac{11}{10}=\mathbf{1\frac{1}{10}}$ $\mathbf{T_A = T_E}$

93 Überprüfe welche Bedingungen für die Variable erfüllt sein müssen, damit im gegebenen Term die Nenner ungleich Null sind und vereinfache die Terme! Für die Probe verwende die angegebenen Zahlen!

a) $\frac{a}{a^2-a}+\frac{a}{a+1}+\frac{a+1}{a^2-1}-\frac{a^2+1}{a^2-1}=$ a = 2

b) $\frac{x-y}{x+y}+\frac{x+y}{x-y}-\frac{x^2+3y^2}{x^2-y^2}=$ x = 2, y = 1

c) $\frac{y}{x+y}+\frac{3xy+2x^2}{y^2+xy}-\frac{x+y}{y}=$ x = 1, y = 2

d) $\frac{2x^2}{x^3-x^2y}-\frac{4y}{x^2-y^2}-\frac{3y+x}{xy+y^2}=$ x = 2, y = 1

e) $\frac{r+s}{2(2r-3s)}+\frac{2r^2+rs-3s^2}{12r^2-27s^2}-\frac{3r+4s}{6(2r-3s)}=$ r = 2, s = 1

f) $\frac{4x^3-5y^3}{10xy(x^2-y^2)}+\frac{x+12y}{10x^2-10y^2}-\frac{2x+y}{5y(x-y)}-\frac{y-2x}{2x^2+2xy}=$ x = 2, y = 1

g) $\frac{a+5}{a^2+ab}+\frac{a-3}{2a^3-2a^2b}-\frac{2a^2-3}{2a^3-2ab^2}+\frac{3}{2a^4-2a^2b^2}=$ a = 1, b = 2

h) $\frac{1}{(x-y)(x^2-y^2)}-\frac{1}{x^2+2xy+y^2}+\frac{1}{x^2-2xy+y^2}-\frac{1}{(x+y)^2}=$ x = 2, y = 1

Multiplikation von Bruchtermen

Beispiel

Gib die Bedingungen für die Variablen (reelle Zahlen) an damit die Nenner ungleich Null sind und führe die Rechnungen aus! Führe die Probe mit geeigneten Zahlen durch!

a) $\frac{4a}{5b} \cdot 7c =$

a, b und c sind reelle Zahlen

$5b \neq 0$ Der Nenner muss ungleich Null sein.

$\mathbf{b \neq 0}$ Für a, b und c gilt: a, b, c $\in \mathbb{R}$ mit $b \neq 0$

$= \frac{4a \cdot 7c}{5b} =$ Berechnung entsprechend der Regeln für das Bruchrechnen.

$= \mathbf{\frac{28ac}{5b}}$

Probe: a = 1, b = 2, c = 3

$T_A = \frac{4 \cdot 1}{5 \cdot 2} \cdot 7 \cdot 3 = \frac{4}{10} \cdot 21 = \frac{84}{10} = \mathbf{8{,}4}$

$T_E = \frac{28 \cdot 1 \cdot 3}{5 \cdot 2} = \frac{84}{10} = \mathbf{8{,}4}$

$\mathbf{T_A = T_E}$

b) $-5x^2y \cdot \frac{3x^2}{7ay} =$

x, y und a sind reelle Zahlen.

$7ay \neq 0$ Der Nenner muss ungleich Null sein.

$\mathbf{a \neq 0 \quad y \neq 0}$ Für x, y und a gilt: x, y, a $\in \mathbb{R}$ mit $a \neq 0$, $y \neq 0$

$= -\frac{5x^2y \cdot 3x^2}{7ay} =$ Berechnung entsprechend der Regeln für das Bruchrechnen

$= -\frac{15x^4y}{7ay} =$ und das Rechnen mit Potenzen.

$= \mathbf{-\frac{15x^4}{7a}}$ Kürzen durch den gemeinsamen Faktor y.

Probe: a = 3, x = 1, y = 2

$T_A = -5 \cdot 1^2 \cdot 2 \cdot \frac{3 \cdot 1^2}{7 \cdot 3 \cdot 2} = -10 \cdot \frac{3}{42} = -\frac{10 \cdot 3}{42} = \mathbf{-\frac{5}{7}}$

$T_E = -\frac{15 \cdot 1^4}{7 \cdot 3} = \mathbf{-\frac{5}{7}}$

$\mathbf{T_A = T_E}$

c) $\left(-\frac{4u^2}{3rs}\right)^3 =$

u, r und s sind reelle Zahlen.

$3rs \neq 0$ Der Nenner muss ungleich Null sein.

$\mathbf{r \neq 0 \quad s \neq 0}$ Für u, r und s gilt: u, r, s $\in \mathbb{R}$ mit $r \neq 0$, $s \neq 0$

$= \frac{(-4u^2)^3}{(3rs)^3} =$ Beachte die Regeln für das Rechnen mit Potenzen:

$= \frac{(-4)^3 \cdot (u^2)^3}{3^3r^3s^3} =$ $\left(\frac{a}{b}\right)^n = \frac{a^n}{b^n}$ $\quad (a \cdot b)^n = a^n \cdot b^n \quad (a^n)^m = a^{n \cdot m}$

$= \mathbf{-\frac{64u^6}{27r^3s^3}}$

Probe: u = 1, r = 2, s = 2

$T_A = \left(-\frac{4 \cdot 1^2}{3 \cdot 2 \cdot 2}\right)^3 = \left(-\frac{4}{3 \cdot 4}\right)^3 = \left(-\frac{1}{3}\right)^3 = \mathbf{-\frac{1}{27}}$ Achte auf das Kürzen!

$T_E = -\frac{64 \cdot 1^6}{27 \cdot 2^3 \cdot 2^3} = -\frac{64}{27 \cdot 8 \cdot 8} = \mathbf{-\frac{1}{27}}$

$\mathbf{T_A = T_E}$

94 Gib die Bedingungen für die Variablen (reelle Zahlen) an, damit die Nenner ungleich Null sind und führe die Rechnungen aus! Führe die Probe mit geeigneten Zahlen durch!

a) $\frac{2a}{3b} \cdot 5c =$ **b)** $\frac{7xy}{a^2} \cdot 3a =$ **c)** $6x^2y \cdot \frac{4ay}{a^2x} =$

d) $\left(-\frac{8u}{3vw}\right)^2 =$ **e)** $\left(-\frac{x}{5ab}\right)^3 =$ **f)** $\left(\frac{3ab}{2c}\right)^4 =$

g) $-\frac{15xy^2}{12ab} \cdot \left(-\frac{b^2}{ay^2}\right) =$ **h)** $\frac{8a^2b^3}{10xy} \cdot \frac{25x^3y^2}{12a^3x} =$ **i)** $\left(-\frac{3x^3}{4y^2}\right)^3 \cdot \left(\frac{2y^3}{x^4}\right)^2 =$

Beispiel Gib die Bedingungen für die Variablen (reelle Zahlen) an, damit die Nenner ungleich Null sind und führe die Rechnungen aus! Führe die Probe mit geeigneten Zahlen durch!

a) $\frac{2x-1}{3x+2} \cdot \frac{x+2}{3x-2} =$ — x ist eine reelle Zahl

$3x + 2 \neq 0 \qquad 3x - 2 \neq 0$ — Die Nenner müssen ungleich Null sein.

$3x \neq -2 \qquad 3x \neq 2$

$\mathbf{x \neq -\frac{2}{3}} \qquad \mathbf{x \neq \frac{2}{3}}$ — Für x gilt: $x \in \mathbb{R}$ mit $x \neq -\frac{2}{3}$, $x \neq \frac{2}{3}$

$= \frac{(2x-1)(x+2)}{(3x+2)(3x-2)} =$ — Brüche werden multipliziert, indem man Zähler mit Zähler und Nenner mit Nenner multipliziert.

$= \frac{2x^2 - x + 4x - 2}{9x^2 - 4} =$

$= \mathbf{\frac{2x^2 + 3x - 2}{9x^2 - 4}}$

Probe: $x = 2$

$T_A = \frac{2 \cdot 2 - 1}{3 \cdot 2 + 2} \cdot \frac{2+2}{3 \cdot 2 - 2} = \frac{3}{8} \cdot \frac{4}{4} = \frac{3}{8} \cdot 1 = \mathbf{\frac{3}{8}}$ — Achte auf das Kürzen!

$T_E = \frac{2 \cdot 2^2 + 3 \cdot 2 - 2}{9 \cdot 2^2 - 4} = \frac{8 + 6 - 2}{36 - 4} = \frac{12}{32} = \mathbf{\frac{3}{8}}$

$\mathbf{T_A = T_E}$

b) $\frac{2x+y}{2x-y} \cdot \frac{4x}{4x^2 - y^2} =$ — x, y sind reelle Zahlen

$2x - y \neq 0 \qquad 4x^2 - y^2 \neq 0$ — Die Nenner müssen ungleich Null sein.

$2x \neq y \qquad (2x - y)(2x + y) \neq 0$

$\mathbf{x \neq \frac{y}{2}} \qquad 2x + y \neq 0$

$2x \neq -y$

$\mathbf{x \neq -\frac{y}{2}}$ — Für x, y gilt: x, $y \in \mathbb{R}$ mit $x \neq -\frac{y}{2}$, $x \neq \frac{y}{2}$

$= \frac{\cancel{(2x+y)} \cdot 4x}{(2x-y) \cdot (2x-y) \cdot \cancel{(2x+y)}} =$ — Achte auf das Kürzen!

$= \mathbf{\frac{4x}{(2x-y)^2}}$

Probe: $x = 2$, $y = 1$

$T_A = \frac{2 \cdot 2 + 1}{2 \cdot 2 - 1} \cdot \frac{4 \cdot 2}{4 \cdot 2^2 - 1^2} = \frac{5}{3} \cdot \frac{8}{15} = \frac{1}{3} \cdot \frac{8}{3} = \mathbf{\frac{8}{9}}$

$T_E = \frac{4 \cdot 2}{(2 \cdot 2 - 1)^2} = \frac{8}{3^2} = \mathbf{\frac{8}{9}}$

$\mathbf{T_A = T_E}$

c) $\frac{a^2 - ab}{(a+b)^2} \cdot (4a + 4b) =$ — a, b sind reelle Zahlen

$(a + b)^2 \neq 0$ — Der Nenner muss ungleich Null sein.

$a + b \neq 0$

$\mathbf{a \neq -b}$ — Für a, b gilt: a, $b \in \mathbb{R}$ mit $a \neq -b$

$= \frac{a(a-b) \cdot 4\cancel{(a+b)}}{(a+b)^{\cancel{2}}}$ — Achte auf das Kürzen!

$= \mathbf{\frac{4a(a-b)}{a+b}}$

Probe: $a = 2$, $b = 1$

$T_A = \frac{2^2 - 2 \cdot 1}{(2+1)^2} \cdot (4 \cdot 2 + 4 \cdot 1) = \frac{2}{9} \cdot 12 = \frac{2}{3} \cdot 4 = \mathbf{\frac{8}{3}}$

$T_E = \frac{4 \cdot 2(2-1)}{2+1} = \mathbf{\frac{8}{3}}$

$\mathbf{T_A = T_E}$

Bruchterme werden multipliziert, indem man Zähler mit Zähler und Nenner mit Nenner multipliziert. Kürze vor dem Multiplizieren, wenn dies möglich ist!

95 Gib die Bedingungen für die Variablen (reelle Zahlen) an, damit die Nenner ungleich Null sind und führe die Rechnungen aus! Führe die Probe mit geeigneten Zahlen durch!

a) $\frac{a^3 - a^2b}{3a^2} \cdot \frac{2}{a-b} =$ **b)** $\frac{x^2 - 3x}{3x^2} \cdot \frac{x^2}{x-3} =$ **c)** $\frac{a^3 + 2a^2}{a-2} \cdot \frac{a^2 - 4a + 4}{a^2 + 2a} =$

d) $\frac{r^2 + rs}{r^2 - s^2} \cdot (5r - 5s) =$ **e)** $\frac{a^2b - ab^2}{2a^2 - 4ab + 2b^2} \cdot (4a + 4b) =$ **f)** $\frac{2x^2 - 8}{x^2y + 3xy} \cdot \frac{x^4 - 9x^2}{4x^2 - 16} =$

Division von Termen

Ein Bruch ist nur eine andere Schreibweise für eine Division. Mit Variablen geschrieben kann man das so ausdrücken:

$$\frac{a}{b} = a : b \qquad \text{mit } a, b \in \mathbb{R} \text{ und } b \neq 0$$

Beispiel

Führe folgende Divisionen aus!

a) $3^5 : 3^3 = \frac{3^5}{3^3} = \frac{\cancel{3}\cdot\cancel{3}\cdot\cancel{3}\cdot 3\cdot 3}{\cancel{3}\cdot\cancel{3}\cdot\cancel{3}\cdot 1}$ Die Hochzahl gibt an, wie oft eine Zahl als Faktor

$= 3 \cdot 3 = 3^2$ genommen werden muss. Wir kürzen.

$3^5 : 3^3 = 3^{5-3} = \mathbf{3^2}$ Das gleiche Ergebnis erhält man wenn man die Hochzahlen subtrahiert.

b) $b^4 : b^2 = \frac{b^4}{b^2} = \frac{\cancel{b}\cdot\cancel{b}\cdot b\cdot b}{\cancel{b}\cdot\cancel{b}\cdot 1} = b^2$ mit $b \in \mathbb{R}$ und $b \neq 0$

$b^4 : b^2 = b^{4-2} = \mathbf{b^2}$

c) $x^4 : x^3 = \frac{x^4}{x^3} = \frac{\cancel{x}\cdot\cancel{x}\cdot\cancel{x}\cdot x}{\cancel{x}\cdot\cancel{x}\cdot\cancel{x}\cdot 1} = x$ mit $x \in \mathbb{R}$ und $x \neq 0$

$x^4 : x^3 = x^{4-3} = x^1 = \mathbf{x}$

Aus diesen Beispiel lässt sich folgende Regel ableiten:

Potenzen gleicher Basis werden dividiert, indem man die Hochzahlen subtrahiert und die Basis unverändert lässt.
Mit Variablen geschrieben:

$$a^r : a^s = a^{r-s} \qquad a \in \mathbb{R} \text{ mit } a \neq 0 \text{ und } r, s \in \mathbb{N} \text{ mit } r \geq s$$

Sonderfall: $r = s$

z. B.: $r = s = 3$ $5^3 : 5^3 = \frac{\cancel{5}\cdot\cancel{5}\cdot\cancel{5}\cdot 1}{\cancel{5}\cdot\cancel{5}\cdot\cancel{5}\cdot 1} = 1$ Sindistance die Hochzahlen gleich, so ist der

$5^3 : 5^3 = 5^{3-3} = 5^0$ Quotient gleich 1.

Es muss daher gelten: $5^0 = 1$

Allgemein gilt daher:

Jeder Term hoch Null ist gleich 1.
Mit Variablen geschrieben: $a^0 = 1$ mit $a \in \mathbb{R}$ und $a \neq 0$

Beispiel

Führe folgende Divisionen aus und mache die Probe mit Hilfe der Multiplikation!

a) $15ab : 3a = \mathbf{5b}$ Es ist zu überlegen, wie oft 3a in 15ab enthalten ist, bzw. es ist festzustellen mit welchem Faktor 3a zu multiplizieren ist, um 15ab zu erhalten.
Definitionsbereich: für a, b gilt: $a, b \in \mathbb{R}$ und $\mathbf{a \neq 0}$

Probe: $3a \cdot 5b = 15ab$

b) $8x^2y : 2x = \mathbf{4xy}$ Es ist zu überlegen, wie oft 2x in $8x^2y$ enthalten ist, bzw. mit welchem Faktor 2x zu multiplizieren ist, um $8x^2y$ zu erhalten.
Definitionsbereich: für x, y gilt: $x, y \in \mathbb{R}$ und $\mathbf{x \neq 0}$

Probe: $2x \cdot 4xy = 8x^2y$

c) $(4x^2 + 8xy) : 4x = \mathbf{x + 2y}$ Jeder Summand wird durch 4x dividiert.
Definitionsbereich: für x, y gilt: $x, y \in \mathbb{R}$ und $\mathbf{x \neq 0}$

Probe: $(x + 2y) \cdot 4x = 4x^2 + 8xy$

Ein Polynom wird durch ein Monom dividiert, indem man jedes Glied des Polynoms durch das Monom dividiert.

96 Führe folgende Divisionen aus und mache die Probe mit Hilfe der Multiplikation! Gib auch den Definitionsbereich für die Variablen bezüglich der reellen Zahlen an!

a) $27x^2yz : 3xy =$ **b)** $18u^2v : (-2uv) =$

c) $(-36r^2st) : 4r =$ **d)** $(-75a^3b^2c) : (-15abc) =$

e) $(18a^2b + 9ab^2) : 3ab =$ **f)** $(-44a^4 + 64a^3 - 16a^2) : 4a^2 =$

In der Folge werden wir Polynome durch Polynome dividieren. Dieser Rechenvorgang entspricht dem von Divisionen ganzer Zahlen. Zum besseren Verständnis überlegen wir uns den genauen Rechengang einer Division ganzer Zahlen mit Hilfe eines Zahlenbeispiels:

$$
\begin{array}{l}
14\,061 : 327 = 43 \\
\underline{-13\,08} \\
\quad 981 \\
\quad \underline{-981} \\
\qquad 0
\end{array}
$$

Die Teilprodukte $4 \cdot 327 = 1\,308$ und $3 \cdot 327 = 981$ werden normalerweise nicht angeschrieben. Es wird nur der entsprechende Rest 98 bzw. 0 angeschrieben, an den dann die nächste Stelle angehängt wird, in diesem Beispiel: 98**1**.

$$
\begin{array}{l}
14\,061 : 327 = 43 \\
\quad 981 \\
\qquad 0
\end{array}
$$

Die übliche Art, bei der gleich subtrahiert wird und nur der Rest angeschrieben wird.

Bei der Division von Polynomen werden jedoch immer die Teilprodukte angeschrieben.

Beispiel

Führe folgende Division aus und mache die Probe mit Hilfe der Multiplikation! Gib auch den Definitionsbereich für die Variable bezüglich der reellen Zahlen an!

$$
\begin{array}{l}
(x^4 - 12x^3 + 36x^2) : (x - 6) = \mathbf{x^3 - 6x^2} \\
\underline{\pm x^4 \mp 6x^3} \\
\quad -6x^3 + 36x^2 \\
\quad \underline{\mp 6x^3 \pm 36x^2} \\
\qquad 0 \qquad 0
\end{array}
$$

1. Wir dividieren das erste Glied des Dividenden durch das erste Glied des Divisors. (Womit muss man x multiplizieren, um x^4 zu erhalten? ... mit x^3)

2. Mit dem ersten Glied des Quotienten wird der Divisor multipliziert. Diese Teilprodukte werden unter dem Dividenden so angeschrieben, dass gleiche Potenzen untereinander stehen.

3. Das Teilprodukt wird vom Dividenden subtrahiert (oder nach Änderung der Vorzeichen addiert). Der erhaltene Rest wird angeschrieben.

4. Dann wird das nächste Glied ($+ 36x^2$) herabgeschrieben.

5. Jetzt beginnt man wieder mit dem ersten Schritt....

6. Definitionsbereich für x: $x \in \mathbb{R}$ mit $x \neq 6$

$x - 6 \neq 0$

$\mathbf{x \neq 6}$

7. Probe durch Multiplikation

Probe:

$$
\begin{array}{l}
(x - 6) \cdot (x^3 - 6x^2) \\
\hline
x^4 - 6x^3 \\
\quad - 6x^3 + 36x^2 \\
\hline
x^4 - 12x^3 + 36x^2
\end{array}
$$

97 Führe folgende Divisionen aus und mache die Probe mit Hilfe der Multiplikation! Gib auch den Definitionsbereich für die Variablen bezüglich der reellen Zahlen an!

a) $(a^2 + 6a + 9) : (a + 3) =$ **b)** $(4x^2 - 16x + 16) : (2x - 4) =$

c) $(5a^3 + 10a^2 + 5a) : (a + 1) =$ **d)** $(x^2 + 2x^2y - 6x + 4xy - 16) : (x + 2) =$

e) $(x^3 + x^2 + 3x + 27) : (x + 3) =$ **f)** $(3y^3 + 6y^2 + 6y + 3) : (3y + 3) =$

Beispiel

Führe folgende Division aus und mache die Probe mit Hilfe der Multiplikation!
Gib auch den Definitionsbereich für die Variablen bezüglich der reellen Zahlen an!

$$
\begin{array}{l}
(a^3 + b^3) : (a + b) = \mathbf{a^2 - ab + b^2} \\
\underline{\pm a^3 \pm a^2b} \\
\quad -a^2b \\
\quad \underline{\mp a^2b \mp ab^2} \\
\qquad + ab^2 + b^3 \\
\qquad \underline{\pm ab^2 \pm b^3} \\
\qquad\quad 0 \quad 0
\end{array}
$$

Beachte: Glieder des Dividenden werden erst dann heruntergesetzt, wenn sie gebraucht werden.
In diesem Beispiel betrifft das b^3.

$a + b \neq 0$ Definitionsbereich für a, b:
$a \neq -b$ $a, b \in \mathbb{R}$ mit $a \neq -b$

Probe: $(a^2 - ab + b^2) \cdot (a + b)$

$$\begin{array}{l} a^3 - a^2b + ab^2 \\ \quad + a^2b - ab^2 + b^3 \\ \hline a^3 \qquad\qquad + b^3 \end{array}$$

98 Führe folgende Divisionen aus und mache die Probe durch Multiplikation! Gib auch den Definitionsbereich für die Variablen bezüglich der reellen Zahlen an!

a) $(a^5 + b^5) : (a + b) =$ **b)** $(x^4 - 16) : (x - 2) =$ **c)** $(27x^3 - 1) : (3x - 1) =$

Beispiel

Führe folgende Division durch und mache die Probe mit Hilfe der Multiplikation! Gib auch den Definitionsbereich für die Variable bezüglich der reellen Zahlen an!

$$\begin{array}{l} (8x^5 + 14x^4 + 7x^3 + x^2 + 5x + 1) : (2x^2 + 3x + 1) = 4x^3 + x^2 + \frac{5x+1}{2x^2+3x+1} \\ \underline{\pm 8x^5 \pm 12x^4 \pm 4x^3} \\ \qquad + 2x^4 + 3x^3 + x^2 \\ \qquad \underline{\pm 2x^4 \pm 3x^3 \pm x^2} \\ \qquad\qquad\qquad + 5x + 1 \end{array}$$

1. Dividiere: $8x^5 : 2x^2 = 4x^3$
2. Multipliziere den Divisor mit $4x^3$ und schreibe die Teilprodukte unter die entsprechenden Potenzen des Dividenden!
3. Subtrahiere und schreibe den Rest an!
4. Dividiere: $2x^4 : 2x^2 = x^2$, usw.
5. Im Rest $(5x + 1)$ ist die höchste Potenz niedriger als die höchste Potenz im Divisor. Die Division ist daher abgeschlossen und der Rest $(5x + 1)$ muss entsprechend angeschrieben werden.
   Vergleiche dazu:
   $14 : 5 = 2$ $14 : 5 = 2 + \frac{4}{5}$
   4 Rest

Für alle $x \in \mathbb{R}$ gilt: $2x^2 + 3x + 1 \neq 0$ Definitionsbereich

Probe:

$$(2x^2 + 3x + 1) \cdot \left(4x^3 + x^2 + \frac{5x+1}{2x^2+3x+1}\right) =$$
$$= (2x^2 + 3x + 1) \cdot 4x^3 + (2x^2 + 3x + 1) \cdot x^2 + (2x^2 + 3x + 1) \cdot \frac{5x+1}{2x^2+3x+1} =$$
$$= 8x^5 + 12x^4 + 4x^3 + 2x^4 + 3x^3 + x^2 + 5x + 1 =$$
$$= 8x^5 + 14x^4 + 7x^3 + x^2 + 5x + 1$$

99 Führe folgende Divisionen durch und mache die Probe mit Hilfe der Multiplikation! Gib auch den Definitionsbereich für die Variable bezüglich der reellen Zahlen an!

a) $(12x^5 + 25x^4 + 20x^3 + 10x^2 + 3x + 1) : (3x^3 + 4x^2 + 2x + 1) =$

b) $(6x^6 + 6x^5 + 6x^4 + 10x^3 + 2x^2 + 3) : (3x^3 + 3x + 2) =$

Division von Bruchtermen

Laut den Regeln des Bruchrechnens wird eine Zahl durch einen Bruch dividiert, indem man die Zahl mit dem Kehrwert des Bruches multipliziert. Dieselbe Regel gilt auch für das Rechnen mit Bruchtermen.

Ein Term wird durch einen Bruchterm dividiert, indem man den Term mit dem Kehrwert des Bruchterms multipliziert.

$$\frac{T_1}{T_2} : \frac{T_3}{T_4} = \frac{T_1 \cdot T_4}{T_2 \cdot T_3}$$

Für den Definitionsbereich gilt: $T_2 \neq 0$, $T_3 \neq 0$, $T_4 \neq 0$

Beispiel Führe folgende Divisionen aus, gib den Definitionsbereich der Variablen bezüglich der reellen Zahlen an und mache die Probe durch Einsetzen geeigneter Zahlenwerte und durch Multiplikation!

a) $\frac{7a^3}{5b^2} : \frac{7a}{b} =$

$= \frac{7a^3}{5b^2} \cdot \frac{b}{7a} = \frac{a^2}{5b}$ Es wird mit dem Kehrwert multipliziert und gekürzt.

Für a, b gilt: $a, b \in \mathbb{R}$ und $\mathbf{a \neq 0, b \neq 0}$

Beachte: b kommt im Nenner vor, a wird bei der Berechnung (Kehrwert) auch Faktor im Nenner, daher muss auch $a \neq 0$ gelten.

Probe: a = 1, b = 2

$T_A = \frac{7 \cdot 1^3}{5 \cdot 2^2} : \frac{7 \cdot 1}{2} = \frac{7}{20} \cdot \frac{2}{7} = \mathbf{\frac{1}{10}}$ $T_E = \frac{1^2}{5 \cdot 2} = \mathbf{\frac{1}{10}}$

$\mathbf{T_A = T_E}$

Probe durch Multiplikation: $\frac{7a}{b} \cdot \frac{a^2}{5b} = \frac{7a^3}{5b^2}$

b) $\frac{15x^3y^2}{28uv} : \left(-\frac{3x^2y}{7u^2v}\right) =$

$= -\frac{15x^3y^2 \cdot 7u^2v}{28uv \cdot 3x^2y} =$

$= -\frac{5xyu}{4}$

Dividend und Divisor haben verschiedene Vorzeichen, daher ist das Ergebnis negativ. Mit dem Kehrwert multiplizieren und kürzen.

Definitionsbereich für x, y, u und v: für $x, y, u, v \in \mathbb{R}$ gilt: $\mathbf{x \neq 0,\ y \neq 0,\ u \neq 0,\ v \neq 0}$

Probe: x = 1, y = 2, u = 1, v = 2

$T_A = \frac{15 \cdot 1^3 \cdot 2^2}{28 \cdot 1 \cdot 2} : \left(-\frac{3 \cdot 1^2 \cdot 2}{7 \cdot 1^2 \cdot 2}\right) = \frac{15 \cdot \cancel{4} \cdot 1}{28 \cdot \cancel{2} \cdot 7} : \left(-\frac{3 \cdot 2 \cdot 1}{7 \cdot 1 \cdot 2}\right) = -\frac{15}{14} \cdot \frac{14}{6} = \mathbf{-\frac{5}{2}}$

$T_E = -\frac{5 \cdot 1 \cdot 2 \cdot 1}{4} = \mathbf{-\frac{5}{2}}$

$\mathbf{T_A = T_E}$

Probe durch Multiplikation: $\left(-\frac{3x^2y}{7u^2v}\right) \cdot \left(-\frac{5xyu}{4}\right) = \frac{15x^3y^2u}{28u^2v} = \frac{15x^3y^2}{28uv}$

c) $\frac{x^2 - y^2}{5a^2 - 5b^2} : \frac{x - y}{15(a - b)} =$

Man zerlegt die einzelnen Terme, multipliziert mit dem Kehrwert und kürzt.

$= \frac{\cancel{(x - y)}(x + y) \cdot \cancel{5} \cdot 3 \cdot \cancel{(a - b)}}{\cancel{5} \cdot \cancel{(a - b)}(a + b)\cancel{(x - y)}} = \frac{3(x + y)}{a + b}$

Definitionsbereich für x, y, a und b: für $x, y, a, b \in \mathbb{R}$ gilt: $\mathbf{a \neq \pm b,\ x \neq y}$

Probe: x = 2, y = 1, a = 2, b = 1

$T_A = \frac{2^2 - 1^2}{5 \cdot 2^2 - 5 \cdot 1^2} : \frac{2 - 1}{15(2 - 1)} = \frac{\cancel{3} \cdot 1}{\cancel{15} \cdot 5} : \frac{1}{15} = \frac{1 \cdot 15}{5 \cdot 1} = \mathbf{3}$

$T_E = \frac{3(2 + 1)}{2 + 1} = \mathbf{3}$

$\mathbf{T_A = T_E}$

Probe durch Multiplikation: $\frac{x - y}{15(a - b)} \cdot \frac{3(x + y)}{a + b} = \frac{(x - y)(x + y)}{5(a - b)(a + b)} = \frac{x^2 - y^2}{5a^2 - 5b^2}$

100 Führe folgende Divisionen aus, gib den Definitionsbereich der Variablen bezüglich der reellen Zahlen an und mache die Probe durch Einsetzen geeigneter Zahlenwerte und durch Multiplizieren!

a) $\frac{5x^2y}{7ab} : \frac{xy}{7a} =$

b) $\left(-\frac{12x^2y}{33a^2b^2c}\right) : \frac{2x}{11abc} =$

c) $\frac{125r^2st}{69uvw} : \left(-\frac{25rs^2t}{3u^2vw}\right) =$

d) $\frac{x + y}{x^3y - xy^3} : \frac{2xy}{x - y} =$

e) $\frac{a^2 + 2ab}{a^3 - b^3} : \frac{a + 2b}{a - b} =$

f) $\frac{x - 3y}{a^4 - b^4} : \frac{x^2 - 9y^2}{a^2 + b^2} =$

g) $\frac{r^4 - s^4}{a^3 + b^3} : \frac{r^2 - s^2}{a^2 - ab + b^2} =$

h) $\frac{121a^2 - 144b^2}{18x^2 - 60xy + 50y^2} : \frac{11a + 12b}{9x^2 - 25y^2} =$

i) $\frac{4x - 3y}{12a^2 - 84ab + 147b^2} : \frac{64x^2 - 36y^2}{4a^2 - 49b^2} =$

j) $\frac{25a^2 - 16b^2}{5} : (5a - 4b) =$

Beispiel

Vereinfache die folgenden Doppelbrüche!

a) $\dfrac{\frac{1}{5}+\frac{1}{7}}{\frac{1}{2}+\frac{1}{3}} = \left(\frac{1}{5}+\frac{1}{7}\right) : \left(\frac{1}{2}+\frac{1}{3}\right) =$

Ein Doppelbruch stellt eine Division dar, wobei der

$= \frac{7+5}{35} : \frac{3+2}{6} = \frac{12}{35} : \frac{5}{6} = \frac{12}{35} \cdot \frac{6}{5} = \mathbf{\frac{72}{175}}$

Hauptbruchstrich das Divisionszeichen ersetzt.

b) $\dfrac{\frac{a}{3b}+\frac{1}{2}}{\frac{b-3}{b}} = \left(\frac{a}{3b}+\frac{1}{2}\right) : \frac{b-3}{b} =$

Für a, b gilt: $a, b \in \mathbb{R}$ mit **$b \neq 0$** und **$b \neq 3$**

$= \frac{2a+3b}{6b} \cdot \frac{b}{b-3} = \mathbf{\frac{2a+3b}{6(b-3)}}$

Kürzen durch b

101 Vereinfache die gegebenen Doppelbrüche! Für vorkommende Variable, die reelle Zahlen sind, bestimme den Definitionsbereich!

a) $\dfrac{\frac{7}{9}}{\frac{1}{3}} =$ **b)** $\dfrac{\frac{1}{k}}{1-\frac{1}{k}} =$ **c)** $\dfrac{\frac{4}{5}}{3} =$

d) $\dfrac{\frac{1}{x}-\frac{1}{y}}{\frac{1}{x^2}-\frac{1}{y^2}} =$ **e)** $\dfrac{\frac{1}{3}-\frac{1}{2}}{2-\frac{1}{2}\cdot\frac{1}{3}} =$ **f)** $\dfrac{x-\frac{1}{x}}{x+\frac{1}{x}} =$

g) $\dfrac{\frac{a+2}{a}}{a^2-4} =$ **h)** $\dfrac{\frac{1}{3}-\frac{x}{2}}{\frac{2-3x}{5}} =$ **i)** $\dfrac{3-\frac{5c}{3}}{\frac{c+1}{6}} =$

Verbindung der vier Grundrechnungsarten mit Bruchtermen

Führe folgende Rechnungen aus! Für vorkommende Variable, die alle reelle Zahlen sind, bestimme den Definitionsbereich!

Die folgenden Aufgaben stellen eine besondere Herausforderung dar. Versuche dennoch, Sie zu lösen! Wenn du einige dieser Aufgaben lösen kannst, bist du ein Profi beim Rechnen mit Bruchtermen.

102 **a)** $\left(\frac{4a}{b}+\frac{2b}{a}\right) : \frac{6a^2+3b^2}{ab} =$ **b)** $\left(\frac{2x+2y}{y}-\frac{2x+2y}{x}\right) \cdot \frac{xy}{x^2-y^2} =$

c) $\left(\frac{2r}{r^2+rs}-\frac{2s^2}{r^3-rs^2}+\frac{2s}{r^2-rs}\right) : \frac{1}{r^2-s^2} =$ **d)** $\frac{xy}{x+y} : \frac{y^2}{x+y} + \frac{x^3+x^2y}{2x+2y} : \frac{xy}{2} =$

e) $\frac{3}{r^2-rs} \cdot \frac{r(r-s)}{r+s} - \frac{2r}{r^2+rs} : \frac{r-s}{r+s} =$ **f)** $\dfrac{\frac{x}{y}-\frac{2x}{2y+x}}{\frac{4y^3-yx^2}{2x^2}} =$

103 **a)** $\frac{cd-d^2}{c^2+2cd+d^2} \cdot \left[\frac{c^2+d^2}{(c-d)(c+d)^2}-\frac{c}{(c+d)^2}+\frac{c^2+2cd}{d(c^2-d^2)}\right] =$

b) $\left[\frac{a^2+2ab}{b(a^2-b^2)}-\frac{a}{(a+b)^2}+\frac{a^2+b^2}{(a-b)(a+b)^2}\right] : \frac{a^2+2ab+b^2}{ab-b^2} =$

104 **a)** $\frac{2x}{xy-y^2}-\frac{2y}{x^3-xy}-\frac{x+y}{x\cdot y}+\frac{y}{x^3-xy^2} =$ **b)** $\frac{x}{xy^2-y^3}-\frac{1}{x^2-xy}-\frac{1}{y^2}+\frac{x}{x^2y^2-y^4} =$

105 **a)** $\frac{x(x-y)}{x+y} \cdot \frac{3}{x^2-xy} - \frac{2}{x-y} : \frac{x^2+xy}{x+y} =$ **b)** $\left(\frac{a}{2a+2b}-\frac{b}{2a+2b}\right) : \frac{ab}{a^2-b^2} =$

106 **a)** $\dfrac{\frac{9x^2-y^2}{x^2-y^2}}{\frac{6x-2y}{3x+3y}} =$ **b)** $\dfrac{\frac{2x-y}{x+3y}}{\frac{4x^2-y^2}{x^2-9y^2}} =$

SK 4 ALGEBRA – Rechnen mit Bruchtermen

Du drehst den Zettel um. Darauf steht:

1	2	3		4	5	6

7	8	9	10	11	12	13	14	15	
									!

Was interessieren dich jetzt noch diese kindischen Abenteuer! Du willst den Zettel wegwerfen, steckst ihn aber doch ein.

Kürze bzw. vereinfache die Terme!

1) $T(x) = \frac{3x^2 + 6x}{2(x-3)(x+2)}$

2) $T(x) = \frac{32x^3 - 2x}{(4x^2 - x)(8x + 2)}$

3) $T(x) = \frac{4x}{x+1} - \frac{2x-1}{x^2-1} - \frac{2}{x-1}$

4) $T(x) = \frac{x-3}{x+3} - \frac{x+3}{x-3} + \frac{13x}{x^2-9}$

Berechne die Produkte!

5) $\left(\frac{4x^2}{2y^3}\right)^3 \cdot \left(\frac{3y}{x^3}\right)^2 =$

6) $\frac{xy - x^2}{(x+y)^2} \cdot (3x + 3y) =$

7) $\frac{3y^2 - 12}{xy^2 + 5xy} \cdot \frac{y^4 - 25y^2}{5y^2 - 20} =$

Führe die Divisionen aus!

8) $(-33x^5 + 22x^4 - 55x^3) : (-11x^2) =$

9) $(6x^5 - 7x^4 + 4x^3 - x^2 + x - 2) : (3x^2 - 2x + 1) =$

10) $\frac{27x^3y^4z}{3ab} : \left(-\frac{9xy^3}{2a}\right) =$

Berechne!

11) $\frac{xy - y^2}{(x+y)^2} \cdot \left[\frac{x^2 - y^2}{(x-y)(x+y)^2} - \frac{x}{x^2 + 2xy + y^2}\right] =$

12) $(3x + 4y) : \frac{9x^2 - 16y^2}{4y} =$

13) $\frac{x^2 - 2xy}{x^2 - y^2} : \frac{x}{x+y} =$

14) $\frac{a}{ab^2 - b^3} + \frac{1}{a^2 - ab} - \frac{ab + b^2}{b^2a^2 - b^4} =$

15) $\frac{\frac{a-2b}{a+3b}}{\frac{a^2 - 4b^2}{a^2 - 9b^2}} =$

Trage die den Ergebnissen entsprechenden Buchstaben oben ein!

1	2	3	4	5	6	7
A	**E**	**F**	**Z**	**A**	**F**	**A**
$\frac{3x}{2(x-3)}$	$\frac{x}{4x-1}$	$\frac{4x^2 - 8x - 1}{x^2 - 1}$	$\frac{x}{x^2 - 9}$	$\frac{18}{xy^2}$	$\frac{3x - y}{x - y}$	$\frac{3y(y-5)}{5x}$
$\frac{x}{x-3}$	1	$\frac{4x^2 + 4x - 1}{x+1}$	$\frac{2x}{x+3}$	$\frac{72}{y^7}$	$\frac{3x(y-x)}{x+y}$	$\frac{y^2 - 5y}{3x}$
F	**U**	**N**	**K**	**U**	**M**	**G**

8	9	10	11	12	13	14	15
E	**E**	**R**	**T**	**E**	**U**	**S**	**I**
$2x^3 + x^2 - 3x$	$2x^3 - x^2 + \frac{x-2}{3x^2 - 2x + 1}$	$-\frac{2xy^2z}{ab}$	$\frac{y^2(x-y)}{(x+y)^4}$	$\frac{4y}{3x - 4y}$	$\frac{x - 2y}{x - y}$	$\frac{2a^2 - b + 2ab}{b^2(a+b)}$	$\frac{a - 2b}{a + 3b}$
$3x^3 - 2x^2 + 5x$	$2x^3 - x^2 + \frac{x+3}{3x^2 - 2x + 1}$	$-\frac{2x^2yz}{b}$	$\frac{y(x+y)}{x-y}$	$\frac{x + 2y}{x - 2y}$	$\frac{y - 2x}{x + y}$	$\frac{a^2 + b^2 - ab}{ab^2(a-b)}$	$\frac{a - 3b}{a + 2b}$
B	**U**	**N**	**S**	**A**	**R**	**E**	**R**

LERNZIELKONTROLLE:

Kapitel B, Algebra

*) Gundbegriffe der Algebra kennen

1) Was versteht man unter einem Term? ☐ ☐ ☐

2) Was versteht man unter den Begriffen

a) Monom, ☐ ☐ ☐

b) Binom, ☐ ☐ ☐

c) Polynom? ☐ ☐ ☐

3) Erkläre die Begriffe:

a) ganzrationaler Term ☐ ☐ ☐

b) Bruchterm ☐ ☐ ☐

4) Worauf ist beim Rechnen mit Bruchtermen zu achten? ☐ ☐ ☐

*) Addition, Subtraktion und Multiplikation von Termen

5) Wie werden ganzrationale Terme addiert bzw. subtrahiert? ☐ ☐ ☐

6) Schreibe die folgenden „Formeln" als Satz an!

a) $a^r \cdot a^s = a^{r+s}$ ☐ ☐ ☐

b) $(a \cdot b)^n = a^n \cdot b^n$ ☐ ☐ ☐

c) $\left(\frac{a}{b}\right)^n = \frac{a^n}{b^n}$ ☐ ☐ ☐

d) $(a^n)^m = a^{n \cdot m}$ ☐ ☐ ☐

7) Berechne die folgenden Potenzen bzw. Produkte! Verwende dafür die entsprechenden Formeln!

a) $(2x - 5y)^2$ ☐ ☐ ☐

b) $(3x + y)^3$ ☐ ☐ ☐

c) $(4x - 3y)(4x + 3y)$ ☐ ☐ ☐

d) $\left(\frac{2}{3}x - \frac{1}{5}y\right) \cdot \left(\frac{2}{3}x + \frac{1}{5}y\right)$ ☐ ☐ ☐

8) Schreibe das vollständige Quadrat $\left(x^2 - xy + \frac{1}{4}y^2\right)$ in Potenzform an! ☐ ☐ ☐

*) Termstrukturen erkennen und umformen können

9) Wie kann man Termstrukturen verändern? ☐ ☐ ☐

10) Zerlege die gegebenen Terme, verwende dafür die entsprechenden Formeln!

a) $8 - \frac{1}{27}z^3 =$ ☐ ☐ ☐

b) $81 - \frac{1}{16}u^4 =$ ☐ ☐ ☐

11) Was ist das kleinste gemeinsame Vielfache zweier oder mehrerer Terme? ☐ ☐ ☐

12) Was versteht man unter dem Erweiterungsfaktor? ☐ ☐ ☐

13) Wann sind zwei Zahlen relativ prim und wie berechnet man dann das kgV dieser Zahlen? ☐ ☐ ☐

14) Bestimme das kgV!

a) $kgV(12ab^2, 27a^2b, 9a^2b^2)$ ☐ ☐ ☐

b) $kgV(b^3 - 16b, b + 4, 3b^2 - 24b + 48)$ ☐ ☐ ☐

*) Rechnen mit Bruchtermen

15) Wodurch kürzt man Bruchterme? ☐ ☐ ☐

16) Welche Bruchterme können addiert bzw. subtrahiert werden? ☐ ☐ ☐

17) Wie werden Bruchterme multipliziert? ☐ ☐ ☐

18) Wie werden Bruchterme dividiert? ☐ ☐ ☐

19) Was ist ein Doppelbruch und wie kann man ihn vereinfachen? ☐ ☐ ☐

20) Schreibe die „Formel" $a^r : a^s = a^{r-s}$ als Satz an! ☐ ☐ ☐

21) Wie werden Polynome dividiert? ☐ ☐ ☐

C Lineare Gleichungen und Ungleichungen in einer Variablen

L E R N Z I E L E :

*) **Lineare Gleichungen in einer Variablen lösen können**
*) **Lösen von Ungleichungen**
*) **Fehlerabschätzungen**

1 Lineare Gleichungen mit ganzrationalen Termen

Beispiel

Löse die gegebenen Gleichungen und mache die Probe! Was fällt dir auf?

a) $x - 1 = 2 \quad | + 1$ Auf beiden Seiten der Gleichung wird 1 addiert.

$\mathbf{x = 3}$

Probe:

$T_l = 3 - 1 = \mathbf{2}$ T_l . . . linker Term der Gleichung

$T_r = \mathbf{2}$ $\quad T_l = T_r$ $\quad T_r$ ... rechter Term der Gleichung

b) $2x - 4 = 2 \quad | + 4$ Auf beiden Seiten der Gleichung wird 4 addiert.

$2x = 6 \quad | : 2$ Auf beiden Seiten der Gleichung wird durch 2 dividiert.

$\mathbf{x = 3}$

Probe:

$T_l = 2 \cdot 3 - 4 = 6 - 4 = \mathbf{2}$

$T_r = \mathbf{2}$ $\quad T_l = T_r$

c) $\frac{1}{2}x + 1 = \frac{5}{2} \quad | \cdot 2$ Auf beiden Seiten der Gleichung wird mit 2 multipliziert.

$x + 2 = 5 \quad | - 2$ Auf beiden Seiten der Gleichung wird 2 subtrahiert.

$\mathbf{x = 3}$

Probe: $T_l = \frac{1}{2} \cdot 3 + 1 = \frac{3}{2} + \frac{2}{2} = \mathbf{\frac{5}{2}}$

$T_r = \mathbf{\frac{5}{2}}$ $\quad T_l = T_r$

Die drei Gleichungen haben dieselbe Lösung.

Terme der Form $ax + b = c$ mit $a \neq 0$ werden **lineare Gleichungen in der Unbekannten** (Variablen) **x** genannt. a, b und c stehen für feste reelle Zahlen und heißen **Formvariable**. Eine Gleichung lösen heißt, für die Unbekannte (Variable) x jene reelle Zahl zu finden, die in die Gleichung eingesetzt, diese zu einer wahren Aussage macht. Gleichungen, die zur selben Lösung führen, werden äquivalente Gleichungen genannt.

Gleichungen werden mit Hilfe von Äquivalenzumformungen gelöst, das heißt sie werden in eine Form gebracht, aus der die Lösung direkt abgelesen werden kann.

Äquivalenzumformungen:
Eine Gleichung geht in eine äquivalente Gleichung über, wenn
*) auf beiden Seiten der Gleichung dieselbe Zahl addiert oder subtrahiert wird,
*) auf beiden Seiten der Gleichung mit derselben von Null verschiedenen Zahl multipliziert wird,
*) auf beiden Seiten der Gleichung durch dieselbe von Null verschiedene Zahl dividiert wird.

Sonderfälle von linearen Gleichungen:
Löse die gegebenen Gleichungen!

1) $2x + 5 - x = x + 7 - 2$

$x + 5 = x + 5 \quad | - 5$

$x = x$

Diese Gleichung hat **beliebig viele Lösungen**, denn für die Variable x kann jede beliebige Zahl eingesetzt werden.

2) $2x + 1 - x = x + 7 - 2$

$x + 1 = x + 5 \quad | - 1$

$x = x + 4$

Diese Gleichung hat **keine Lösung**, denn es gibt keine Zahl, die in die Gleichung eingesetzt, diese zu einer wahren Aussage macht.

Beispiel

Löse die gegebenen Gleichungen und mache die Probe!

$$\frac{x-2}{6}+\frac{3x+27}{8}=\frac{2-x}{12}-\frac{3}{2} \quad | \cdot 24$$

Um die Gleichung bruchfrei zu machen, wird mit dem gemeinsamen Nenner multipliziert. Der gemeinsame Nenner, auch Hauptnenner (HN), ist das kgV aller vorkommenden Nenner: kgV(2, 6, 8, 12) = 24

$$4(x-2)+3(3x+27)=2(2-x)-12\cdot 3$$
Auflösen der Klammern

$$4x-8+9x+81=4-2x-36$$
Zusammenfassen auf beiden Seiten

$$13x+73=-2x-32 \quad | +2x$$
$$15x+73=-32 \quad | -73$$
$$15x=-105 \quad | :15$$
$$x=-7$$

Die Zahl −7 ist Lösung der Gleichung.

Probe: $T_l=\frac{-7-2}{6}+\frac{3\cdot(-7)+27}{8}=-\frac{9}{6}+\frac{6}{8}=-\frac{3}{2}+\frac{3}{4}=\frac{-6+3}{4}=\mathbf{-\frac{3}{4}}$

$T_r=\frac{2-(-7)}{12}-\frac{3}{2}=\frac{9}{12}-\frac{3}{2}=\frac{3}{4}-\frac{3}{2}=\frac{3-6}{4}=\mathbf{-\frac{3}{4}}$

$T_l(-7)=T_r(-7)$

107 Löse die gegebenen Gleichungen und mache die Probe!

a) $\frac{x+2}{2}=\frac{x+4}{3}$ **b)** $\frac{x+2}{2}-\frac{x-3}{3}=\frac{x-2}{2}$

c) $\frac{2x-4}{3}-\frac{3}{12}=\frac{x+2}{4}$ **d)** $\frac{5x-4}{2}-\frac{x-1}{2}=\frac{3}{4}-\frac{3x-2}{4}$

e) $\frac{3x-4}{3}+\frac{8}{15}+2x-1=\frac{x+5}{5}$ **f)** $\frac{x-2}{2}+x=2-\frac{x-2}{3}$

g) $\frac{4x+5}{4}-\frac{2x+1}{3}=\frac{5x+10}{8}-\frac{1}{8}-\frac{3x-5}{6}$ **h)** $\frac{2x-3}{15}-\frac{4x-9}{20}=\frac{8x-27}{30}-\frac{16x-81}{24}-\frac{9}{40}$

Beispiel

Löse die gegebene Gleichung und mache die Probe! Für die Formvariable m gilt: $m \in \mathbb{R}$ und $m \neq 0$.

$$15m(x-m)-7m(3x-m)=7m^2$$
$$15mx-15m^2-21mx+7m^2=7m^2$$
Wir lösen die Klammern auf und fassen zusammen.

$$-8m^2-6mx=7m^2 \quad | +8m^2$$
Wir formen äquivalent um

$$-6mx=15m^2 \quad | :(-6m)$$
Es darf durch (− 6m) dividiert werden, da laut Angabe $m \neq 0$ ist.

$$x=\frac{15m^2}{-6m}$$
$$x=-\frac{5}{2}m$$

$-\frac{5}{2}$m ist die Lösung der Gleichung.

Probe: $T_l=15m\left(-\frac{5}{2}m-m\right)-7m\cdot\left[3\cdot\left(-\frac{5}{2}m\right)-m\right]=15m\cdot\left(-\frac{7}{2}m\right)-7m\cdot\left(-\frac{17}{2}m\right)=-\frac{105}{2}m^2+\frac{119}{2}m^2=$
$=\frac{14}{2}m^2=\mathbf{7m^2}$

$T_r=\mathbf{7m^2}$ $T_l\left(-\frac{5}{2}m\right)=T_r\left(-\frac{5}{2}m\right)$

108 Löse die gegebenen Gleichungen in der Unbekannten (Variablen) x und mache die Probe!

a) $7x=3u-(5u-x)$ $u \in \mathbb{R}$

b) $9x-7r=3s-(7r-6s)$ $r, s \in \mathbb{R}$

c) $5x-2(3u+x)=2(4u-2x)$ $u \in \mathbb{R}$

d) $2(x-b)=12(0{,}5x+3b)$ $b \in \mathbb{R}$

e) $3x(x-a)=5(x-a)(x+a)-2(x-a)^2$ $a \in \mathbb{R}$ und $a \neq 0$

f) $3(x-4a)+2x(x+3a)=x(2x+6a)$ $a \in \mathbb{R}$

Beispiel

Löse die Gleichung in der Unbekannten (Variablen) x und mache die Probe!
Für die Formvariable u gilt: $u \in \mathbb{R}$ und $u \neq 0$.

$$(x+u)^2-(-x-u)(-x+u)=4u$$
$$x^2+2ux+u^2-(x^2-ux+ux-u^2)=4u$$
$$x^2+2ux+u^2-x^2+u^2=4u$$
Wir lösen die Klammern auf und fassen zusammen.

$$2ux+2u^2=4u \quad | -2u^2$$
Wir formen in eine äquivalente Gleichung um.

$$2ux=4u-2u^2$$
$$2ux=2u(2-u) \quad | :2u$$
$u \neq 0$, daher darf dividiert werden.

$$x=2-u$$

(2 − u) ist die Lösung der Gleichung.

Probe: $T_l=(2-u+u)^2-[-(2-u)-u][-(2-u)+u]=2^2-(-2)(-2+2u)=4-(4-4u)=\mathbf{4u}$
$T_r=\mathbf{4u}$

$T_l(2-u)=T_r(2-u)$

109 Löse die gegebenen Gleichungen in der Unbekannten (Variablen) x und mache die Probe!

a) $(x + a)^2 - (x - a)(x + a) = 2a$ $\quad a \in \mathbb{R}$ mit $a \neq 0$

b) $(x - b)^2 - 2(x - b)(x + b) = 12b - (x - b)^2$ $\quad b \in \mathbb{R}$ mit $b \neq 0$

c) $4a - \{3x - 2b + [9a - x - (b - a)]\} = 16a - b$ $\quad a, b \in \mathbb{R}$

d) $3a - 2b + \{9x - 24a + [a - b - (a - x)]\} = 3a - (-7x - b)$ $\quad a, b \in \mathbb{R}$

2 *Lineare Gleichungen mit Bruchtermen*

Beispiel

Löse die gegebene Gleichung und mache die Probe!

$\frac{21}{x} = 7$

Es ist der Definitionsbereich für die Variable x zu erstellen, da x im Nenner vorkommt.
Für x gilt: $x \in \mathbb{R}$ und $\mathbf{x \neq 0}$

$$\begin{aligned} \tfrac{21}{x} &= 7 \quad &| \cdot x \\ 21 &= 7x \quad &| : 7 \\ 3 &= x \\ x &= 3 \end{aligned}$$

3 ist Lösung der Gleichung.

Probe: $T_l = \frac{21}{3} = \mathbf{7}$

$T_r = \mathbf{7}$ $\qquad$ $\mathbf{T_l(3) = T_r(3)}$

110 Löse die gegebene Gleichung und mache die Probe! Bestimme immer den Definitionsbereich für die Variable!

a) $\frac{3}{x} = \frac{6}{5}$ $\qquad$ **b)** $\frac{2}{5x} = \frac{7}{10}$ $\qquad$ **c)** $\frac{4}{3} = 1 - \frac{2}{y}$ $\qquad$ **d)** $\frac{5}{x-2} = 7$

Beispiel

Löse die gegebenen Gleichungen und mache die Probe! Bestimme immer den Definitionsbereich für die Variable!

a) $\frac{1}{x-3} - 2 = \frac{1}{2x-6}$

Nenner	Erweiterungsfaktor
x – 3	2
1	2(x – 3)
2x – 6 = 2(x – 3)	1
HN : 2(x – 3)	

Wir bestimmen den Hauptnenner (HN) und die Erweiterungsfaktoren.
Beachte: Der zweite Nenner ist 1 $\left(2 = \frac{2}{1}\right)$.

$$\begin{aligned} 2(x-3) &\neq 0 \\ x - 3 &\neq 0 \\ x &\neq 3 \end{aligned}$$

Definitionsbereich:
Für x gilt: $x \in \mathbb{R}$ und $\mathbf{x \neq 3}$

$\frac{1}{x-3} - 2 = \frac{1}{2x-6} \quad | \cdot \text{HN}$

Wir lösen die Gleichung durch Äquivalenzumformung, durch die Multiplikation mit dem HN wird sie bruchfrei.

$$\begin{aligned} 1 \cdot 2 - 2 \cdot 2(x - 3) &= 1 \cdot 1 \\ 2 - 4(x - 3) &= 1 \\ 2 - 4x + 12 &= 1 \\ -4x + 14 &= 1 \quad &| -14 \\ -4x &= -13 \quad &| : (-4) \\ x &= \tfrac{13}{4} \end{aligned}$$

$\frac{13}{4}$ **ist Lösung der Gleichung.**

Probe: $T_l = \frac{1}{\frac{13}{4} - 3} - 2 = \frac{1}{\frac{13}{4} - \frac{12}{4}} - 2 = \frac{1}{\frac{1}{4}} - 2 = 4 - 2 = \mathbf{2}$

$T_r = \frac{1}{2 \cdot \frac{13}{4} - 6} = \frac{1}{\frac{13}{2} - \frac{12}{2}} = \frac{1}{\frac{1}{2}} = \mathbf{2}$ $\qquad$ $\mathbf{T_l\left(\tfrac{13}{4}\right) = T_r\left(\tfrac{13}{4}\right)}$

b) $\frac{x^2+9}{x^2-4} - \frac{x}{x+2} = \frac{5}{x-2}$

Nenner	Erweiterungsfaktor
$x^2 - 4 = (x-2)(x+2)$	1
$x + 2$	$x - 2$
$x - 2$	$x + 2$
HN : (x – 2)(x + 2)	

Wir bestimmen HN und die Erweiterungsfaktoren.

$$(x-2)(x+2) \neq 0$$
$$x - 2 \neq 0 \qquad x + 2 \neq 0$$
$$x \neq 2 \qquad x \neq -2$$

Definitionsbereich:
Für x gilt: $x \in \mathbb{R}$ und $\mathbf{x \neq 2,\ x \neq -2}$

$$\frac{x^2+9}{x^2-4} - \frac{x}{x+2} = \frac{5}{x-2} \quad | \cdot \text{HN}$$

Wir lösen die Gleichung durch Äquivalenzumformung, durch die Multiplikation mit dem HN wird sie bruchfrei.

$$(x^2+9) \cdot 1 - x \cdot (x-2) = 5 \cdot (x+2)$$
$$x^2 + 9 - x^2 + 2x = 5x + 10$$
$$2x + 9 = 5x + 10 \quad | -5x$$
$$-3x + 9 = 10 \quad | -9$$
$$-3x = 1 \quad | :(-3)$$
$$x = -\frac{1}{3}$$

$\mathbf{-\frac{1}{3}}$ **ist Lösung der Gleichung.**

Probe: $T_l = \frac{\left(-\frac{1}{3}\right)^2+9}{\left(-\frac{1}{3}\right)^2-4} - \frac{\left(-\frac{1}{3}\right)}{\left(-\frac{1}{3}\right)+2} = \frac{\frac{1}{9}+\frac{81}{9}}{\frac{1}{9}-\frac{36}{9}} - \frac{-\frac{1}{3}}{-\frac{1}{3}+\frac{6}{3}} = -\frac{82}{35} + \frac{1}{5} = -\frac{82}{35} + \frac{7}{35} = -\frac{75}{35} = \mathbf{-\frac{15}{7}}$

$T_r = \frac{5}{\left(-\frac{1}{3}\right)-2} = \frac{5}{-\frac{1}{3}-\frac{6}{3}} = \frac{5}{-\frac{7}{3}} = \mathbf{-\frac{15}{7}}$

$T_l\left(-\frac{1}{3}\right) = T_r\left(-\frac{1}{3}\right)$

111 Löse die gegebenen Gleichungen und mache die Probe! Bestimme immer den Definitionsbereich für die Variable!

a) $\frac{x+13}{x-5} = \frac{3x+8}{x-5}$

b) $\frac{x+4}{6-x} + \frac{x-4}{6+x} = \frac{24}{36-x^2}$

c) $\frac{40}{x^2-25} + \frac{x-5}{x+5} = \frac{x+5}{x-5}$

d) $\frac{5-20x}{6(6x-5)} + \frac{1}{x} = \frac{1}{2} - \frac{19x+5}{18x-15}$

e) $\frac{3x+5}{x+4} = \frac{6x-11}{2x-5}$

f) $\frac{5x^2+3x+3}{5x+3} = \frac{7x^2-3x+3}{7x-3}$

g) $\frac{5-20x}{24x+32} = \frac{3}{8} + \frac{x-2}{6x+8} - \frac{1}{3x+4}$

h) $\frac{1}{8x+12} - \frac{3(2x+1)}{4x^2-9} = \frac{1}{6-4x}$

i) $\frac{1}{x-1} = \frac{3}{x+1} - \frac{2}{x+2}$

j) $\frac{1}{x-2} - \frac{1}{x} = \frac{2}{x^2-2x}$

Beispiel Löse die gegebene Gleichung in der Variablen x und mache die Probe! Bestimme immer den Definitionsbereich! Für die Formvariable a gilt: $a \in \mathbb{R}$ und $a \neq 2$.

$\frac{5}{x-a} - \frac{3}{x+a} = \frac{ax+4a^2}{x^2-a^2}$

Nenner	Erweiterungsfaktor
$x - a$	$x + a$
$x + a$	$x - a$
$x^2 - a^2 = (x-a)(x+a)$	1
HN : (x – a)(x + a)	

Bestimmung des Hauptnenners und der Erweiterungsfaktoren.

$$(x-a)(x+a) \neq 0$$
$$x - a \neq 0 \qquad x + a \neq 0$$
$$x \neq a \qquad x \neq -a$$

Definitionsbereich:
Für x gilt: $x \in \mathbb{R}$ und $\mathbf{x \neq a,\ x \neq -a}$
und $\mathbf{a \neq 2}$ laut Angabe

$\frac{5}{x-a} - \frac{3}{x+a} = \frac{ax+4a^2}{x^2-a^2}$ | · HN

$5 \cdot (x+a) - 3 \cdot (x-a) = 1 \cdot (ax + 4a^2)$

$5x + 5a - 3x + 3a = ax + 4a^2$

$2x + 8a = ax + 4a^2$ | – ax — Alle Monome, die die Variable x enthalten,

$2x - ax + 8a = 4a^2$ | – 8a — werden auf eine Seite gebracht.

$2x - ax = 4a^2 - 8a$ — Wir heben x heraus.

$x(2-a) = 4a^2 - 8a$ | : (2 – a) — Man darf durch (2 – a) dividieren, da laut

$x = \frac{4a^2-8a}{2-a}$ — Angabe $a \neq 2$ und daher $2 - a \neq 0$ ist.

$x = \frac{4a(a-2)\cdot(-1)}{(2-a)\cdot 1}$ — Wir zerlegen den Zähler und kürzen.

$x = -4a$ — **–4a ist die Lösung der Gleichung.**

Probe: $T_l = \frac{5}{-4a-a} - \frac{3}{-4a+a} = -\frac{5}{5a} + \frac{3}{3a} = -\frac{1}{a} + \frac{1}{a} = \mathbf{0}$

$T_r = \frac{a(-4a)+4a^2}{(-4a)^2-a^2} = \frac{-4a^2+4a^2}{16a^2-a^2} = \frac{0}{15a^2} = \mathbf{0}$ **$T_l(-4a) = T_r(-4a)$**

112 Löse die gegebenen Gleichungen in der Variablen x und mache die Probe! Bestimme immer den Definitionsbereich! Beachte die Angaben für die Formvariablen!

a) $\frac{x-a}{4x+a} = \frac{x+a}{4x+7a}$ $a \neq 0$ **b)** $\frac{1}{x-a} - \frac{4}{(x-a)^2} = \frac{1}{x}$ $a \neq 4$

c) $\frac{x}{(x-u)^2} - \frac{4u}{x^2-u^2} = \frac{1}{x+u}$ $u \neq 0$ **d)** $\frac{1}{x^2-ax} - \frac{1}{x^2+ax} = \frac{a}{x^2-a^2}$ $a \neq 0$

Beispiel Löse folgende Formeln nach jeder darin vorkommenden Variablen auf!

a) $V = \frac{r^2\pi h}{3}$ | · 3 — Formel für das Volumen des Drehkegels

$3V = r^2\pi h$ | : πh — Wir lösen nach r auf.

$\frac{3V}{\pi h} = r^2$ | $\sqrt{\ }$

$\mathbf{r = \sqrt{\frac{3V}{\pi h}}}$

$V = \frac{r^2\pi h}{3}$ | · 3 — Wir lösen nach h auf.

$3V = r^2\pi h$ | : πr^2

$\frac{3V}{\pi r^2} = h$

$\mathbf{h = \frac{3V}{\pi r^2}}$

b) $\frac{1}{R} = \frac{1}{R_1} + \frac{1}{R_2}$ — Formel zur Berechnung des Gesamtwiderstandes bei Parallelschaltung

$\frac{1}{R} = \frac{1}{R_1} + \frac{1}{R_2}$ | · RR_1R_2 — Die Gleichung wird bruchfrei gemacht.

$R_1R_2 = RR_2 + RR_1$ — Wir lösen nach R auf.

$R_1R_2 = R(R_2 + R_1)$ | : $(R_2 + R_1)$

$\frac{R_1R_2}{R_2+R_1} = R$

$\mathbf{R = \frac{R_1R_2}{R_1+R_2}}$

$R_1R_2 = RR_2 + RR_1$ | $-RR_1$ — Wir lösen nach R_1 auf.

$R_1R_2 - RR_1 = RR_2$

$R_1(R_2 - R) = RR_2$ | : $(R_2 - R)$

$\mathbf{R_1 = \frac{RR_2}{R_2-R}}$

$R_1R_2 = RR_2 + RR_1$ | $-RR_2$ — Wir lösen nach R_2 auf.

$R_1R_2 - RR_2 = RR_1$

$R_2(R_1 - R) = RR_1$ | : $(R_1 - R)$

$\mathbf{R_2 = \frac{RR_1}{R_1-R}}$

113 Löse folgende Gleichungen nach jeder darin vorkommenden Variablen auf!

a) $c^2 = a^2 + b^2$ **b)** $M = r\,\pi\,s$ **c)** $h^2 = p \cdot q$

d) $O = ab + ah_1 + bh_2$ **e)** $e^2 = a^2 + b^2$ **f)** $V = \frac{1}{3}abh$

g) $\frac{1}{g} + \frac{1}{b} = \frac{1}{f}$ **h)** $s = \frac{g}{2}t^2$ **i)** $A = \frac{a+c}{2} \cdot h$

3 Textaufgaben mit linearen Gleichungen

Lineare Textaufgaben findest du auch im Buch „Mathematik positiv“, Band 3.
Bei der Lösung von Textaufgaben kannst du dich an folgenden Plan halten:

1. Lies den Text genau durch und finde heraus, was du berechnen sollst! Danach entscheide, wofür du eine Variable einsetzen musst! Oft gibt es dafür mehrere Möglichkeiten.
2. „Übersetze“ den Text in mathematische Zeichen!
3. Stelle die Gleichung auf (= Ansatz)!
4. Löse die Gleichung!
5. Mache die Probe mit Hilfe des Angabetextes!
6. Beantworte die im Text gestellte Aufgabe mit einem Satz (= Antwort)!

Zahlen suchen

114 Vermindert man eine Zahl um ihr Viertel, so erhält man 51. Berechne die Zahl!

115 Die Summe aus dem Drittel, dem Sechstel und dem Neuntel einer Zahl ist um 7 kleiner als die gesuchte Zahl.

116 Die Zahl 60 ist in vier Summanden so zu zerlegen, dass jeder folgende Summand um 2 kleiner ist als der vorhergehende Summand. Berechne die einzelnen Summanden!

Beispiel Eine zweiziffrige Zahl hat 6 Einer. Vertauscht man die Ziffern, so erhält man das $\frac{7}{4}$fache der ursprünglichen Zahl. Berechne die Zahl!

Ziffern Z	E	Wert der Zahl	Probe
x	6	$x \cdot 10 + 6 = 10x + 6$	$36 \cdot \frac{7}{4} = 63$
6	x	$6 \cdot 10 + x = 60 + x$	63

x steht für eine Ziffer ausgenommen Null. Für den Wert der Zahl muss der Stellenwert berücksichtigt werden. Wenn x an der Zehnerstelle steht, muss x mit 10 multipliziert werden, um den richtigen Stellenwert zu erhalten.

$$
\begin{aligned}
60 + x &= \tfrac{7}{4} \cdot (10x + 6) && |\cdot 4\\
240 + 4x &= 70x + 42 && |-70x\\
240 - 66x &= 42 && |-240\\
-66x &= -198 && |:(-66)\\
x &= 3
\end{aligned}
$$

Der Ansatz lässt sich mit Hilfe der Überlegungen aus der Tabelle aufstellen.

Die Zehnerziffer der ursprünglichen Zahl ist 3, die Zahl lautet daher 36.

Die Probe ist mit Hilfe des Angabetextes übersichtlich innerhalb der Tabelle durchzuführen.

117 Die Ziffernsumme einer zweiziffrigen Zahl ist 7. Vermehrt man die Zahl um 27, so erhält man die Zahl mit vertauschten Ziffern. Wie heißt die ursprüngliche Zahl?

118 Die Ziffernsumme einer zweiziffrigen Zahl ist 8. Vertauscht man die Ziffern, so ist die neue Zahl um 3 größer als das Vierfache der ursprünglichen Zahl. Wie lautet die ursprüngliche Zahl?

119 Die Zehnerziffer einer dreiziffrigen Zahl ist 5, Einer- und Hunderterziffer sind gleich. Vertauscht man die Zehner- und die Einerziffer, so entsteht eine um 18 größere Zahl. Wie lautet die ursprüngliche Zahl?

120 Die Zehnerziffer einer zweiziffrigen Zahl ist um 2 kleiner als die Einerziffer. Vertauscht man die Ziffern, so ist die neue Zahl um 52 größer als die Hälfte der ursprünglichen Zahl. Wie lautet die ursprüngliche Zahl?

Verteilungsaufgaben

Beispiel

Der Betrag von 6 000 € soll unter drei Personen A, B und C so aufgeteilt werden, dass B $1\frac{1}{2}$-mal so viel wie C und A $1\frac{2}{3}$-mal so viel wie B bekommt. Wie viel erhält jede Person?

x	Anteil von C
$1\frac{1}{2} \cdot x$	Anteil von B ($1\frac{1}{2}$-mal so viel wie C)
$1\frac{2}{3} \cdot \left(1\frac{1}{2} \cdot x\right)$	Anteil von A ($1\frac{2}{3}$-mal so viel wie B)
6 000 €	aufzuteilende Summe

$$x + 1\frac{1}{2} \cdot x + 1\frac{2}{3} \cdot \left(1\frac{1}{2} \cdot x\right) = 6\,000 \qquad \text{Ansatz}$$
$$x + \frac{3}{2}x + \frac{5}{3} \cdot \frac{3}{2}x = 6\,000$$
$$x + \frac{3}{2}x + \frac{5}{2}x = 6\,000$$
$$x + \frac{8}{2}x = 6\,000$$
$$x + 4x = 6\,000$$
$$5x = 6\,000 \qquad |:5$$
$$x = 1\,200 \qquad \text{Der Anteil von C ist 1 200 €.}$$

Probe:

1 200 €	Anteil von C
$1\,200\,€ \cdot \frac{3}{2} = 1\,800\,€$	Anteil von B
$1\,800\,€ \cdot \frac{5}{3} = 3\,000\,€$	Anteil von A
6 000 €	aufzuteilende Summe

Die 6 000 € werden wie folgt aufgeteilt: **Auf A entfallen 3 000 €, auf B 1 800 € und auf C 1 200 €.**

121 Der Betrag von 16 800 € soll auf drei Preisträger aufgeteilt werden. Der zweite Preis ist halb so hoch wie der erste, und der dritte Preis ist die Hälfte vom zweiten Preis. Wie hoch sind die einzelnen Preise?

122 Der Betrag von 3 580 € soll unter drei Personen A, B und C aufgeteilt werden. A erhält $\frac{6}{5}$-mal so viel wie B weniger 220 €; C erhält $\frac{5}{11}$-mal so viel wie A und B zusammen und noch 60 € dazu. Wie viel erhält jeder?

123 Der Betrag von 94 950 € soll auf fünf Personen so aufgeteilt werden, dass jede folgende Person um die Hälfte mehr als die vorhergehende Person erhält. Wie viel erhält jede der Personen?

124 Anna, Florian und Edith besitzen zusammen 240 €. Edith hat $1\frac{1}{3}$-mal soviel wie Florian und Anna hat um 10 € weniger als Florian. Wie viel Euro hat jedes der Kinder?

Mischungsaufgaben

Beispiel

Berechne wie viel Prozent Alkohol eine Mischung aus 12 Liter 80 %-igem mit 4 Liter 64 %-igem Alkohol enthält!

Für solche **Mischungsaufgaben** ist das Aufstellen einer Tabelle sehr wichtig. In dieser Tabelle ist immer der Ansatz der Gleichung enthalten. Dabei wird der reine Alkohol (in Liter) der 1. Sorte und der 2. Sorte mit der Mischung verglichen.

	Menge in Liter (l)	Alkoholgehalt in %	reiner Alkohol in Liter (l)	Probe Alkohol in Liter
1. Sorte	12	80	$\frac{12}{100} \cdot 80$	$\frac{12 \cdot 80}{100} = 9{,}60$
2. Sorte	4	64	$\frac{4}{100} \cdot 64$	$\frac{4 \cdot 64}{100} = 2{,}56$
Mischung	16	x	$\frac{16}{100} \cdot x$	$\frac{16 \cdot 76}{100} = 12{,}16$

(1. Sorte + 2. Sorte: +)

$$\frac{12}{100} \cdot 80 + \frac{4}{100} \cdot 64 = \frac{16}{100} \cdot x \quad | \cdot 100 \qquad \text{Ansatz}$$
$$12 \cdot 80 + 4 \cdot 64 = 16 \cdot x \quad | : 16$$
$$12 \cdot 5 + 4 \cdot 4 = x$$
$$60 + 16 = x$$
$$x = 76$$

Die Probe ist übersichtlich innerhalb der Tabelle durchzuführen.

Die Mischung hat einen Alkoholgehalt von 76 %.

125 Berechne, wie viel Prozent Alkohol eine Mischung aus 70 Liter 55 %-igem mit 40 Liter 22 %-igem Alkohol enthält!

126 Berechne, wie viel Liter 88 %-igen Alkohol man mit 3 Liter 66 %-igem Alkohol mischen muss, um 82 %-igen Alkohol zu erhalten!

127 15 Liter 40 %-ige Salpetersäure wird mit 5 Liter Wasser verdünnt. Welche Konzentration hat die so entstandene Salpetersäure?

128 20 kg einer 25 %-igen Salzlösung werden mit 10 kg einer 22 %-igen Salzlösung vermischt. Welchen Prozentgehalt hat die Mischung?

Beispiel

Wie viel Gramm Gold vom Feingehalt 0,920 muss man mit 300 g Gold vom Feingehalt 0,750 verschmelzen, um Gold vom Feingehalt 0,840 zu erhalten? (Unter „Feingehalt“ versteht man den Anteil reinen Metalls Gold – pro Einheit, z. B.: Gramm – in Tausendstel gemessen.)

	Menge in Gramm (g)	Feingehalt	Reines Gold in Gramm (g)	Probe reines Gold in g
1. Sorte	x	$\frac{920}{1\,000}$	$\frac{x}{1\,000} \cdot 920$	$\frac{337{,}5}{1\,000} \cdot 920 = 310{,}5$
2. Sorte	300	$\frac{750}{1\,000}$	$\frac{300}{1\,000} \cdot 750$	$\frac{300}{1\,000} \cdot 750 = 225{,}0$
Mischung	x + 300	$\frac{840}{1\,000}$	$\frac{x+300}{1\,000} \cdot 840$	$\frac{637{,}5}{1\,000} \cdot 840 = 535{,}5$

(1. Sorte + 2. Sorte: +)

$\frac{x}{1\,000} \cdot 920 + \frac{300}{1\,000} \cdot 750 = \frac{x+300}{1\,000} \cdot 840 \quad | \cdot 1\,000$ Ansatz

$920x + 300 \cdot 750 = (x + 300) \cdot 840$

$920x + 225\,000 = 840x + 252\,000 \quad | -225\,000$

$920x = 840x + 27\,000 \quad | -840x$

$80x = 27\,000 \quad | :80$

$x = 337{,}5$

Probe: siehe Tabelle!

Man braucht 337,5 g Gold vom Feingehalt 0,920.

129 Wie viel Gramm Gold vom Feingehalt 0,840 muss man mit 150 g Gold vom Feingehalt 0,630 verschmelzen, um Gold vom Feingehalt 0,790 zu erhalten?

130 Zu 200 g Siber mit dem Feingehalt 0,900 wurden 40 g einer anderen Sorte zugesetzt. Die Mischung hat einen Feingehalt von 0,800. Welchen Feingehalt hat die 2. Sorte?

131 Wie viel Gramm Kupfer muss man mit 480 g Silber vom Feingehalt 0,900 verschmelzen, um Silber vom Feingehalt 0,800 zu erhalten?

Leistungsberechnungen

Beispiel

Ein Wasserbecken hat zwei Zuflussrohre. Das Becken kann vom Rohr R_1 in 6 Stunden und vom Rohr R_2 in 4 Stunden gefüllt werden. In welcher Zeit wird das Becken gefüllt, wenn beide Rohre zugleich offen sind?

Beachte: Das Becken hat ein Volumen V. Wenn R_1 das Becken in 6 Stunden füllt, dann fließt pro Stunde durch dieses Rohr ein Sechstel des Volumens: $\frac{V}{6}$.

Rohr	Leistung in einer Stunde (1 h)	Betriebsdauer in Stunden h	Leistung in der Betriebsdauer	Probe
R_1	$\frac{V}{6}$	x	$\frac{V}{6} \cdot x$	$\frac{V}{6} \cdot \frac{12}{5} = \frac{2}{5}V$
R_2	$\frac{V}{4}$	x	$\frac{V}{4} \cdot x$	$\frac{V}{4} \cdot \frac{12}{5} = \frac{3}{5}V$

(Probe: +)

x … gesuchte Öffnungszeit

Sind beide Rohre x Stunden offen, so ist das Becken voll. Die rechte Seite der Gleichung ist daher das Volumen V.

$\frac{V}{6} \cdot x + \frac{V}{4} \cdot x = V \quad | :V$ Wir dividieren die Gleichung durch V (= Volumen).

$\frac{1}{6} \cdot x + \frac{1}{4} \cdot x = 1 \quad | \cdot 12$ Wir multiplizieren mit dem gemeinsamen Nenner.

$2x + 3x = 12$

$5x = 12 \quad | :5$

$x = \frac{12}{5}$

Probe: siehe Tabelle!

$\frac{12}{5}\,h = 2\frac{2}{5}\,h = 2\frac{24}{60}\,h = 2\,h\ 24\,min$

Sind beide Rohre offen, ist das Becken in 2 h 24 min gefüllt.

132 Ein Stausee hat zwei Zuflüsse. Der eine Zufluss wird den Stausee in 18 Tagen, der zweite in 12 Tagen füllen. Wie lange dauert die Füllung des Stausees, wenn beide Zuflüsse zugleich offen sind?

133 Drei Arbeiter A, B und C sind für eine Arbeit eingesetzt. Sie beenden diese Arbeit in 4 Tagen. Von A allein würde die Arbeit in 10 Tagen, von B allein in 12 Tagen erledigt werden.

a) Berechne wie lange C alleine brauchen würde!

b) Wie lange würden A und C zusammen für diese Arbeit brauchen?

134 Vier Arbeiter A, B, C und D können eine Arbeit in 36 Tagen erledigen. A allein würde 198 Tage, B allein 132 Tage und C allein 165 Tage für die Arbeit brauchen. Berechne:

a) wie viele Tage D allein für die Arbeit brauchen würde,

b) in wie vielen Tagen die Arbeit von B, C und D erledigt sein würde!

135 Ein Wasserbecken kann durch drei Rohre gefüllt werden. Das erste Rohr füllt das Becken in 12 Stunden, das zweite in 16 Stunden und das dritte in 24 Stunden. In wie vielen Stunden wird das Becken zur Hälfte gefüllt sein, wenn zuerst nur das erste Rohr geöffnet ist, nach 2 Stunden das zweite und nach einer weiteren Stunde das dritte Rohr geöffnet wird?

Hinweis: Setze für die Öffnungsdauer des ersten Rohres x!

136 Ein Schwimmbecken hat zwei Zuflussrohre und ein Abflussrohr. Das erste Zuflussrohr allein füllt das Becken in 4 Stunden, das zweite in 6 Stunden; das Abflussrohr leert das Becken in 3 Stunden. Wie lange dauert die Füllung des Beckens, wenn alle 3 Rohre gleichzeitig offen sind?

Bewegungsaufgaben

Beispiel

Zwei Orte A und B liegen 210 km voneinander entfernt. Um 9 Uhr 45 fährt von A ein Eilzug mit der Geschwindigkeit von 60 km/h in Richtung B. Um 11 Uhr 30 fährt ein Personenzug von B in Richtung A ab und begegnet dem Eilzug um 12 Uhr 30.

a) Wie groß ist die Geschwindigkeit des Personenzuges?

b) In welcher Entfernung von A liegt der Treffpunkt (T) der beiden Züge?

Für solche **„Wegaufgaben"** fertigt man zuerst eine **Skizze** an. Danach kann man alle bekannten Werte in eine **Tabelle** eintragen. Den Ansatz der Gleichung kann man dann aus der Tabelle ablesen.
Die Gleichung dafür ist aus dem Physikunterricht bekannt:
Weg (s) = Geschwindigkeit (v) mal Zeit (t) **s = v · t**

Skizze:

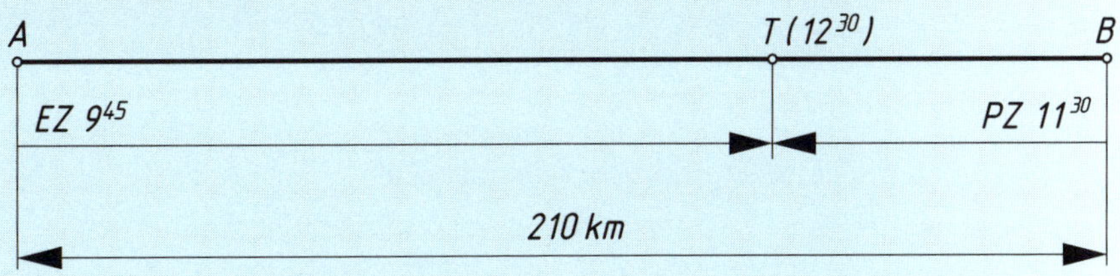

	Geschwindigkeit (**v**) in km/h	Zeit (**t**) bis zum Treffpunkt in Stunden (h)	Weg (**s**) in km	Probe: Weg in km
Eilzug	60	$2\frac{3}{4}$	$60 \cdot 2\frac{3}{4}$	$\frac{60 \cdot 11}{4} = 165$
Personenzug	x	1	$x \cdot 1$	$45 \cdot 1 = 45$
			210	210

(+)

$$60 \cdot 2\tfrac{3}{4} + x \cdot 1 = 210$$
$$60 \cdot \tfrac{11}{4} + x = 210$$
$$165 + x = 210 \quad | -165$$
$$x = 45$$

Ansatz: Die von den beiden Zügen zurückgelegten Wege ergeben zusammen 210 km.

Die Probe ist übersichtlich innerhalb der Tabelle durchzuführen.

Antwort: **a)** **Der Personenzug fährt mit 45 km/h.**

b) **Die beiden Züge treffen einander 165 km von A entfernt.**

137 Hans und Trude fahren mit den Fahrrädern von zwei Orten, die 176 km voneinander entfernt sind, einander entgegen. Hans fährt mit einer Geschwindigkeit von 18,6 km/h und Trude mit einer Geschwindigkeit von 16,6 km/h. In welcher Entfernung von ihren Ausgangsorten treffen die beiden einander und wie lange fahren sie bis zum Treffpunkt?

138 Vom Ort A fährt ein Personenzug mit einer Geschwindigkeit von 45 km/h nach Ort B.
Von B fährt sechs Minuten später ein Schnellzug Richtung A mit einer Geschwindigkeit von 72 km/h ab.
Die Züge begegnen einander in der Mitte der Strecke von A nach B.
Wie weit sind A und B voneinander entfernt?

Beachte: 6 min = $\frac{6}{60}$ h

139 Um 10 Uhr fährt ein Radfahrer mit 16 km/h vom Ort A nach dem 54 km entfernt liegenden Ort B ab. Um 11 Uhr fährt ein Auto mit 60 km/h von B in Richtung A ab. Berechne, wann und in welcher Entfernung von A die beiden einander treffen!

4 Lineare Ungleichungen in einer Variablen

Definition der Ungleichung

Zwischen zwei beliebigen reellen Zahlen x und a können folgende Beziehungen bestehen:

1) $x = a$ — Gleichung

2) $x \neq a$ — $x < a$ (x „kleiner" a), $x > a$ (x „größer" a) — Ungleichungen

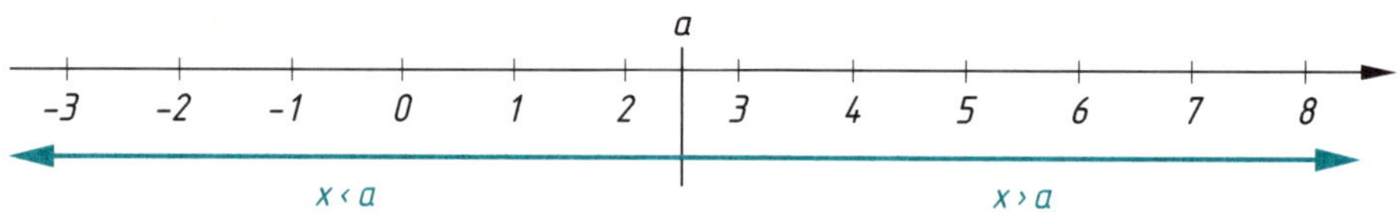

Links von a liegen alle Werte x, die kleiner als a sind.

Rechts von a liegen alle Werte x, die größer als a sind.

Ausdrücke der Form $x < a$, $x > a$, aber auch $x \leq a$, $x \geq a$ bezeichnet man als Ungleichung.

Beachte: $x \leq a$ bedeutet: „x ist kleiner oder gleich a"
$x \geq a$ bedeutet: „x ist größer oder gleich a"

Auch zwischen Termen T_1, T_2 bestehen die selben Beziehungen:

1) $T_1 = T_2$ — Gleichung

2) $T_1 < T_2$, $T_1 \leq T_2$, $T_1 > T_2$, $T_1 \geq T_2$ — Ungleichungen

Das Lösen von Ungleichungen mit ganzrationalen Termen

Ungleichungen werden auf dieselbe Art wie Gleichungen gelöst. Durch Äquivalenzumformungen wandelt man Ungleichungen in äquivalente Ungleichungen um:

1. Auf beiden Seiten der Ungleichung wird dieselbe reelle Zahl addiert:
aus **a < b** folgt: **a + c < b + c** und umgekehrt.

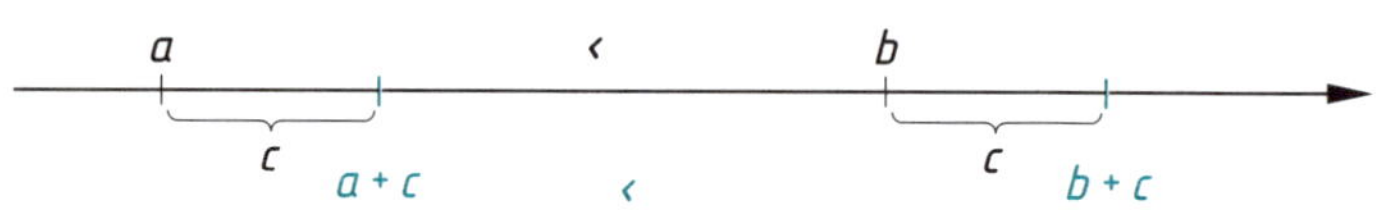

z. B.:

$$\begin{aligned} 2 &< 4 && \mid +3 \\ 2+3 &< 4+3 \\ 5 &< 7 && \text{wahre Aussage} \end{aligned}$$

2. Auf beiden Seiten der Ungleichung wird dieselbe reelle Zahl subtrahiert:
aus **a < b** folgt: **a – c < b – c** und umgekehrt.

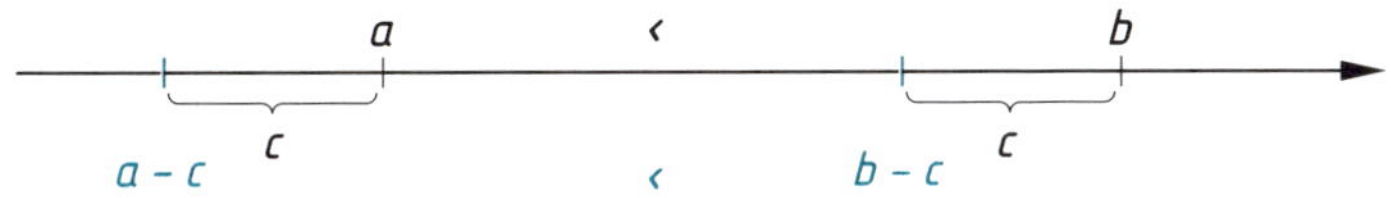

z. B.: $3 \leq 4 \quad | -2$
$3-2 \leq 4-2$
$1 \leq 2$ wahre Aussage

3. Auf beiden Seiten der Ungleichung wird mit derselben reellen Zahl größer Null multipliziert:
aus **a < b** folgt: **a · c < b · c** und umgekehrt, für **c > 0**.

z. B.: $3 < 7 \quad | \cdot 2$
$3 \cdot 2 < 7 \cdot 2$
$6 < 14$ wahre Aussage

4. Auf beiden Seiten der Ungleichung wird durch dieselbe reelle Zahl größer Null dividiert:
aus **a < b** folgt: **a : c < b : c** und umgekehrt, für **c > 0**.

z. B.: $3 < 7 \quad | : 2$
$\frac{3}{2} < \frac{7}{2}$ wahre Aussage

5. Multipliziert man eine Ungleichung mit einer negativen reellen Zahl, so kehrt sich das Ungleichheitszeichen um:
aus **a < b** folgt: **a · c > b · c** und umgekehrt, für **c < 0**.

z. B.: $3 < 5 \quad | \cdot (-1)$
$-3 > -5$ wahre Aussage

Vergleiche: $3 < 5$ aber $-3 > -5$ (–3 liegt rechts von –5)!

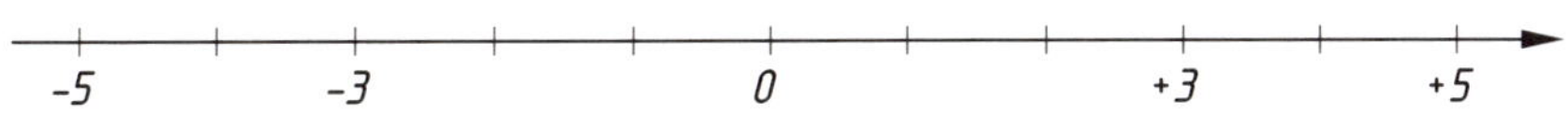

6. Dividiert man eine Ungleichung durch eine negative reelle Zahl, so kehrt sich das Ungleichheitszeichen um:
aus **a < b** folgt: **a : c > b : c** und umgekehrt, für **c < 0**.

z. B.: $2 < 8 \quad | : (-2)$
$-1 > -4$ wahre Aussage

Vergleiche auf der Zahlengeraden!

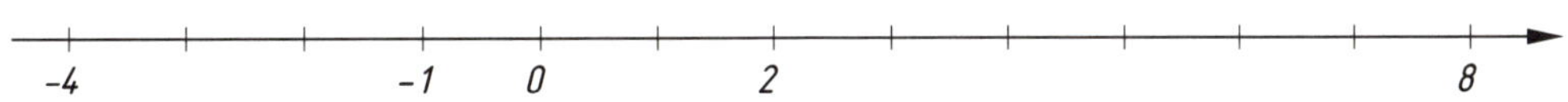

Beispiel

Löse die folgenden Ungleichungen!

a) $x - 3 > 5 \quad | +3$
$\mathbf{x > 8}$ — Jede reelle Zahl größer 8, für x eingesetzt, macht die Ungleichung zu einer wahren Aussage.

b) $x + 2 < 1 \quad | -2$
$\mathbf{x < -1}$ — Jede reelle Zahl kleiner (–1), für x eingesetzt, macht die Ungleichung zu einer wahren Aussage.

c) $-\frac{x}{3} \leq 5 \quad | \cdot (-3)$
$\mathbf{x \geq -15}$ — Jede reelle Zahl größer oder gleich (–15), für x eingesetzt, macht die Ungleichung zu einer wahren Aussage.

140 Löse folgende Ungleichungen! Die Unbekannte (Variable) x ist eine reelle Zahl ($x \in \mathbb{R}$)!

a) $x - 4 > 3$ **b)** $\frac{x}{9} > -2$ **c)** $x + 2 < 5$

d) $-3x < 7$ **e)** $4x < 26$ **f)** $-\frac{x}{7} > 1$

Beispiel

Löse folgende Ungleichung! Die Unbekannte (Variable) x ist eine reelle Zahl ($x \in \mathbb{R}$).
Führe auch Kontrollen durch!

$$\frac{x-1}{3} - \frac{2x-3}{2} > \frac{6x-5}{5} \qquad | \cdot 30 \qquad \text{Multiplikation mit dem Hauptnenner}$$

$$(x-1)\cdot 10 - (2x-3)\cdot 15 > (6x-5)\cdot 6$$

$$10x - 10 - 30x + 45 > 36x - 30$$

$$-20x + 35 > 36x - 30 \qquad | -35$$

$$-20x > 36x - 65 \qquad | -36x$$

$$-56x > -65 \qquad | :(-56)$$

Beachte: Beim Dividieren durch eine negative Zahl kehrt sich das Ungleichheitszeichen um!

$$\mathbf{x < \frac{65}{56}}$$

Jede reelle Zahl kleiner $\frac{65}{56}$ ist Lösung dieser Ungleichung.

Kontrollen: Bei Ungleichungen kann man keine Probe wie bei der Gleichung machen, da es in der Regel mehr als eine Lösung gibt. Man macht eine Kontrolle (Stichprobe) mit einer Zahl, die laut Rechnung Lösung der Ungleichung ist und eine Kontrolle mit einer Zahl, die nicht Lösung ist.

x = 1 ist Lösung weil $1 < \frac{65}{56} = 1\frac{9}{56}$

$$\frac{1-1}{3} - \frac{2-3}{2} > \frac{6-5}{5}$$

$$0 + \frac{1}{2} > \frac{1}{5}$$

$$\frac{1}{2} > \frac{1}{5} \quad \text{wahre Aussage}$$

x = 2 ist keine Lösung, weil $2 > 1\frac{9}{56}$

$$\frac{2-1}{3} - \frac{4-3}{2} > \frac{12-5}{5}$$

$$\frac{1}{3} - \frac{1}{2} > \frac{7}{5}$$

$$\frac{2-3}{6} > \frac{7}{5}$$

$$-\frac{1}{6} > \frac{7}{5} \quad \text{falsche Aussage}$$

141 Löse folgende Ungleichungen! Die Unbekannte (Variable) x ist eine reelle Zahl ($x \in \mathbb{R}$).
Führe auch Kontrollen durch!

a) $\frac{1}{3} - 0{,}2x < 4x - 2$
b) $0{,}4x - 1{,}1 \leq -2{,}7x + 3{,}4$
c) $-\frac{4}{5}x \geq 12$
d) $2x - 15 < \frac{14x-6}{3} - 5$
e) $\frac{3x+1}{2} - \frac{4x+1}{3} \geq 2 - \frac{x}{3}$
f) $x - \frac{x+1}{4} > \frac{x-1}{2} + \frac{x+4}{3} + \frac{5}{12}$
g) $\frac{5-3x}{15} < 4x - 2$
h) $\frac{x+7}{3} - \frac{3x}{8} < \frac{4-x}{4}$

142 Löse folgende Ungleichungen! Die Unbekannte (Variable) x ist eine reelle Zahl ($x \in \mathbb{R}$).
Führe auch Kontrollen durch!

a) $\frac{x-5}{2} < \frac{7x-3}{6}$
b) $\frac{3x-5}{3} < 6x - \frac{13x-9}{10}$
c) $(x-2)^2 + (2x-3)(2x+3) \geq (x-2)(5x-1) + 10$
d) $(3x+2)(2x-5) + (4-x)(5+3x) < (3x+2)(x-5) - 16$
e) $\frac{(x-2)^2}{4} + \frac{(x+2)^2}{3} < \frac{(2x-4)^2}{3} - \frac{(x-2)(3x+1)}{4} + \frac{16}{3}$

Textungleichungen

Beispiel

Der Umfang eines Rechtecks beträgt 56 cm. Die Breite ist um mindestens 4 cm kürzer als die Länge.
Welche Länge muss das Rechteck mindestens haben?

x	Für die Länge setzen wir die Variable x. Da x eine Maßangabe für eine Länge ist, muss x eine **positive** reelle Zahl sein.
$u = 2(a + b)$	Formel für den Umfang des Rechtecks
$\frac{u}{2} = a + b$	Die Summe von Länge und Breite ist gleich dem halben Umfang.
$b = \frac{u}{2} - a$	
$\frac{u}{2} = \frac{56}{2} = 28$	Gegebene Größe
$28 - x$	Breite des Rechtecks, x = a
$x - (28 - x)$	Differenz von Länge und Breite
$x - (28 - x) \geq 4$	**Ansatz:** Da die Breite um mindestens 4 cm (d. h. 4 cm oder mehr) kürzer als die Länge ist, muss man die Differenz größer oder gleich 4 ansetzen.

$$x - 28 + x \geq 4 \qquad | +28$$

$$2x \geq 32 \qquad | :2$$

$$x \geq 16$$

Da bei dieser Ungleichung auch der Fall der Gleichheit ($x \geq 16$) gegeben ist, kann man eine Probe durchführen: Länge: 16 cm
Breite: 16 cm – 4 cm = 12 cm, aber auch 28 cm – 16 cm = 12 cm
$u = 2(16 + 12) = 2 \cdot 28 = 56$

Die Länge muss mindestens 16 cm lang sein.

Löse die folgenden Aufgaben und führe jeweils ein Kontrolle bzw. eine Probe durch!

143 Der Umfang eines Rechtecks beträgt 58 cm. Die Breite ist um mindestens 5 cm kürzer als die Länge. Welche Länge muss das Rechteck mindestens haben?

144 Der Umfang eines Rechtecks beträgt 80 m. Die Länge ist um mindestens 2 m länger als die Breite. Welche Breite kann das Rechteck höchstens haben?

145 Ein gleichschenkliges Dreieck hat einen Umfang von 40 cm. Die Basis des Dreiecks ist um mindestens 5 cm kürzer als ein Schenkel. Welche Länge hat die Basis höchstens?

146 Ein gleichschenkliges Dreieck hat einen Umfang von 38 cm. Ein Schenkel ist mindestens um 1 cm länger als die Basis. Welche Länge hat der Schenkel mindestens?

147 Ein gleichschenkliges Dreieck hat einen Umfang von 79 cm. Ein Schenkel ist mindestens um 14 cm länger als die Basis. Welche Länge hat die Basis höchstens?

148 Vermehrt man eine natürliche Zahl um ihr Viertel, so erhält man eine Zahl, die größer als 15 ist. Berechne die Zahl!

149 Vermindert man ein Fünftel einer natürlichen Zahl um ein Zehntel dieser Zahl, so erhält man eine Zahl, die größer als 13 ist. Berechne diese Zahl!

150 Im Supermarkt kosten 1 kg Erdäpfel 1,12 € . Bei einem Bauern erhält man dieselbe Sorte um 1,08 € zuzüglich einer Liefergebühr von 15 €. Ab welcher Menge ist der Einkauf beim Bauern billiger?

151 Ein Angestellter hat die Wahl eine Gehaltserhöhung von 2,5 % oder von 50 € zu bekommen. Ab welchem Gehalt wird die prozentuelle Gehaltserhöhung besser sein?

Abschätzung von Fehlern

Beispiel

Franz und Helmut schätzen die Masse zweier gleich großer Kugeln. Franz hat eine Kugel aus Holz und Helmut eine aus Eisen zu schätzen. Franz schätzt die Masse seiner Kugel auf 15 dag, tatsächlich hat die Holzkugel aber eine Masse von 18 dag. Helmut behauptet seine Kugel hätte eine Masse von 2 kg, tatsächlich hat die Eisenkugel aber eine Masse von 1,97 kg.
Beide Burschen haben sich um 3 dag verschätzt. Haben beide gleich gut geschätzt?

		Franz	Helmut
Geschätzter Wert	a	15 dag	200 dag
Gewogener Wert (Sollwert)	z	18 dag	197 dag
Differenz (absoluter Fehler)	a – z	– 3 dag	3 dag
Relativer Fehler = Verhältnis zwischen absolutem Fehler (a – z) und Sollwert (z)	$\frac{a-z}{z}$	$\frac{15-18}{18} = \frac{-3}{18} = -\frac{1}{6} = -0{,}167$	$\frac{200-197}{197} = \frac{3}{197} = 0{,}015$
Prozentueller Fehler = = relativer Fehler mal 100		–16,7 %	1,5 %

Franz und Helmut haben sich beide um 3 dag „verschätzt". Franz hat „zu viel" und Helmut „zu wenig" geschätzt. Da zum Vergleich der Fehler nur die Abweichung vom Sollwert interessant ist, werden die (absoluten) Beträge der Fehler $|a-z|$ und $\left|\frac{a-z}{z}\right|$ genommen.
Obwohl die beiden Burschen den gleichen absoluten Schätzfehler von 3 dag gemacht haben, hat **Helmut besser geschätzt** (relativer Fehler = 0,015 bzw. prozentueller Fehler = 1,5 %) **als Franz** (relativer Fehler = 0,167 bzw. prozentueller Fehler = 16,7 %).

Fehlerabschätzung – Näherungswerte
Unter dem absoluten Fehler versteht man die Differenz von geschätztem Wert (a) und dem genauen Wert, dem Sollwert (z): **absoluter Fehler =** $|a-z|$

Unter dem relativen Fehler versteht man das Verhältnis von absolutem Fehler zum Sollwert (z): **relativer Fehler =** $\left|\frac{a-z}{z}\right|$

Der relative Fehler in Prozenten angegeben: **prozentueller Fehler =** $\left|\frac{a-z}{z}\right| \cdot 100\,\%$

In der Industrie gibt man für den möglichen absoluten Fehler **Schranken** an:
z. B.: Länge einer Schraube: 9 mm ≤ tatsächliche Länge (l = 10 mm) ≤ 11 mm
d. h.: der Messwert darf vom genauen Wert höchstens 1 mm abweichen.
Man spricht bei der Abweichung vom Sollwert auch von einer **Toleranzgrenze**:
z. B.: Die Schraube hat eine Länge von (10±1) mm.

152 Hans schätzt die Breite eines Flusses mit 158 m, Christa schätzt die Höhe eines Baumes mit 38 m. Die Breite des Flusses beträgt aber tatsächlich an dieser Stelle 161 m und der Baum wird mit 41 m gemessen. Wer von beiden hat besser geschätzt?

153 Wie viel Kilogramm können in einem 25 kg – Sack Futtermittel maximal bzw. minimal enthalten sein, wenn die Abweichung vom Sollwert ±4 % betragen darf?

154 Für die Zahl $\frac{5}{6}$ wird ein Näherungswert von 0,83 verwendet. Berechne den absoluten und den prozentuellen Fehler dieses Näherungswertes!

155 Bei der Erzeugung von Schrauben mit einer durchschnittlichen Länge von 20 mm wird eine Abweichung von ±4 % in der Länge toleriert. Gib die Schranken an, die die mögliche Abweichung vom Sollwert der Länge definieren!

SK 5 LINEARE GLEICHUNGEN UND UNGLEICHUNGEN IN EINER VARIABLEN

Schon wieder erreicht dich ein SMS:

1	2	3	4	5	6	7	8	9	10	11	12	!

Was soll der Unsinn? Da fällt dir ein: Als ihr jünger wart, habt ihr euch Geheimbotschaften mit Zitronensaft geschrieben.

Löse folgende Gleichungen:

1) $\frac{2x-3}{3} = \frac{2x+5}{4}$ **2)** $5x = 6a - (2a - x)$ **3)** $\frac{x+7}{x+3} = \frac{x-4}{x-2}$

4) $(x - b)^2 + (x - b)(x + b) = 2(x^2 + 4b)$ **5)** $(x - 4)^2 - (x + 3)(x - 2) = 5(5 - 2x)$

6) Löse die Gleichung $O = 2(ab + ac + bc)$ nach der Variablen a auf!

7) Vermehrt man eine Zahl um ihr Drittel, so erhält man 48. Berechne die Zahl!

8) Ein Preis von 1 900 € ist auf drei Preisträger so zu verteilen, dass der folgende immer um ein Drittel weniger erhält als der vorhergehende! Wie hoch ist der dritte Preis?

9) Gib die größte Zahl x an, für die die Ungleichung $4 + 7x \leq 3(3 - x)$ zu einer wahren Aussage führt!

10) Der Umfang eines Rechtecks beträgt 24 cm. Die Breite ist um mindestens 2 cm kürzer als die Länge. Welche Länge muss das Rechteck mindestens haben?

11) Vermindert man eine Zahl um zwei Drittel dieser Zahl, so erhält man eine Zahl, die mindestens 8 ist. Für welche kleinste Zahl ist diese Bedingung richtig?

12) Ein Angestellter hat die Wahl eine Gehaltserhöhung von 3 % oder von 60 € zu bekommen. Ab welchem Gehalt wird die prozentuelle Gehaltserhöhung besser sein?

Die Ergebnisse der Rechnungen findest du wieder in der Tabelle.
Trage die entsprechenden Buchstaben oben ein!

1	2	3	4	5	6
Z	**I**	**S**	**R**	**O**	**R**
13,5	a	$\frac{2}{3}$	– 4	3	$\frac{O-bc}{2b-2c}$
12,3	2a	$\frac{1}{3}$	5	15	$\frac{O-2bc}{2b+2c}$
W	**A**	**T**	**S**	**E**	**N**

7	8	9	10	11	12
E	**N**	**H**	**U**	**F**	**T**
36	400	$\frac{1}{3}$	8 cm	24	2 000
32	600	$\frac{1}{2}$	7 cm	7	2 500
S	**C**	**S**	**A**	**T**	**Z**

L E R N Z I E L K O N T R O L L E :

Kapitel C, Lineare Gleichungen und Ungleichungen in einer Variablen

*) Lineare Gleichungen in einer Variablen lösen können

1) Was versteht man unter dem Lösen einer linearen Gleichung? ❑ ❑ ❑

2) Was ist der Unterschied zwischen einer Variablen (Unbekannte) und einer Formvariablen? ❑ ❑ ❑

3) Löse die Gleichung in der Variablen x und führe die Probe durch!
$2x(2x + a) - 4x(x - a) = (x - 2a)^2 - (x - a)(x + a)$ mit $a \neq 0$ ❑ ❑ ❑

4) Was ist beim Lösen von Gleichungen mit Bruchtermen zu beachten? ❑ ❑ ❑

5) Löse und führe die Probe durch! Bestimme auch die Werte, die für x nicht eingesetzt werden dürfen!
$\frac{3x - 6}{x - 3} - \frac{2x + 12}{x - 3} = \frac{30 - 4x}{3x - 9}$ ❑ ❑ ❑

6) Wie geht man beim Lösen von Textaufgaben vor? ❑ ❑ ❑

*) Lösen von Ungleichungen

7) Worauf ist beim Lösen von Ungleichungen, im Vergleich zum Lösen von Gleichungen, zu achten? ❑ ❑ ❑

8) Wie kann man die Lösung von Ungleichungen darstellen? ❑ ❑ ❑

9) Löse die Ungleichung und führe Kontrollen durch!
$3 - \frac{x - 2}{2} \leq \frac{16x - 33}{6}$ ❑ ❑ ❑

*) Fehlerabschätzungen

10) Welche Fehler unterscheidet man? ❑ ❑ ❑

11) Warum verwendet man beim Vergleich von Fehlern die absoluten Beträge? ❑ ❑ ❑

D FUNKTIONEN

LERNZIELE:

*) Den Funktionsbegriff kennen
*) Den Grafen einer Funktion zeichnen können
*) Den Grafen der Funktion deuten können
*) Verschiedene Arten von Funktionen kennen und zeichnen können, Besonderheiten dieser Funktionen angeben können
*) Den Grafen der linearen homogenen und inhomogenen Funktionen aus der Wertetabelle und der Funktionsgleichung zeichnen können
*) Die Funktionsgleichungen der linearen Funktionen aus dem Grafen ablesen können

1 Definition und Festlegen einer Funktion

Grafische Darstellung einer Funktion

Beispiel

Das folgende Diagramm zeigt die Niederschlagsmengen an bestimmten Tagen:

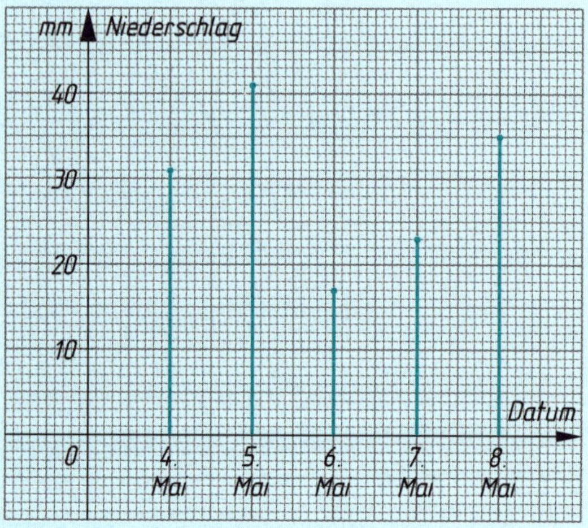

Trage die Niederschlagsmengen in eine Tabelle ein!

Datum	4.5.	5.5.	6.5.	7.5.	8.5.
Niederschlag in mm	31	41	17	23	35

Tabelle:
Aus dem Diagramm kann man die Niederschlagsmenge erkennen, z. B. am 4. Mai gab es 31 mm Niederschlag. Diese Werte trägt man in die Tabelle (Zuordnungstabelle) ein.

Aus dem Diagramm kann man ablesen, welche Niederschlagsmenge an welchem Tag gemessen wurde.
Man sagt auch:

*) Jedem **Tag x** ist eine bestimmte **Niederschlagsmenge y eindeutig zugeordnet** (Vergleiche die Angaben im Koordinatensystem: auf der x-Achse ist das Datum, auf der y-Achse der Niederschlag in mm aufgetragen.)
*) Die **Niederschlagsmenge y ist abhängig vom Tag x**. x ist die unabhängige Variable, y ist die (von x) abhängige Variable.
*) mathematisch formuliert: Die **Niederschlagsmenge y** ist eine **Funktion vom Tag x**.
mathematisch geschrieben: $y = f(x)$ (sprich: „y ist eine Funktion von x“)

Eine Funktion ist eine eindeutige Zuordnung.

Weitere Beispiele für eindeutige Zuordnungen (Funktionen):

*) Jeder Ware wird ein Preis eindeutig zugeordnet. (Der Preis ist von der Ware abhängig. Der Preis ist eine Funktion der Ware.)
*) Jeder Tageszeit wird die Temperatur eindeutig zugeordnet. (Die Temperatur ist von der Tageszeit abhängig, die Temperatur ist eine Funktion der Tageszeit)
*) Jedem Quadrat mit der Seitenlänge a wird eindeutig der Umfang u zugeordnet, der Umfang u ist von der Seitenlänge a abhängig, der Umfang u ist eine Funktion der Seitenlänge a.
*) Jeder Strecke AB wird eindeutig eine Länge zugeordnet, die Länge ist von der Strecke abhängig, die Länge ist eine Funktion der Strecke.

Beispiel

Welche Funktion ist dargestellt? Was kann man daraus ablesen?

Begriffserklärung: Euro/ECU (= European Currency Unit = Europäische Währungseinheit)
ECU ist eine künstlich geschaffene Europäische Währungseinheit, die sich aus allen Währungen der Mitgliedstaaten zusammensetzt. Diese Währungseinheit wurde am 13. März 1979 eingeführt. Der Kurswert des ECU für die jeweilige Landeswährung wird täglich aufgrund seines Wechselkurses zum US-Dollar bekanntgegeben. Bei der im Vertrag von Maastrich beschlossenen Währungsunion sollte der ECU zum einheitlichen europäischen Zahlungsmittel werden, sein Name wurde aber abgeändert. Unsere neue Währung heißt EURO. (Quelle: Microsoft Encarta 98 Enzyklopädie, „ECU")

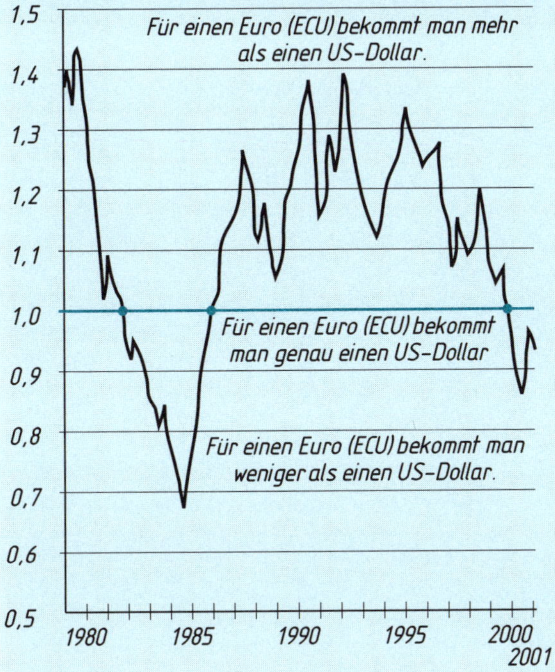

Quelle: Österreichs Wirtschaft im Überblick, 2001/2002

In diesem Grafen wird der Wechselkurs zwischen dem US-Dollar und dem Euro (ECU) dargestellt.
Der Wechselkurs ist als Funktion (eindeutige Zuordnung) des Jahres dargestellt.
Das jeweilige Jahr ist die unabhängige Variable, der Wechselkurs die abhängige Variable. Auf der y-Achse sind die US-Dollar angegeben.

Aus dem Grafen kann man erkennen:
In den Jahren 1983, 1987 und 1998 hat ein ECU/Euro genau einem US-Dollar entsprochen. Bis zum Jahr 1983 bzw. zwischen 1987 und 1998 hätte man für einen ECU/Euro mehr als einen US-Dollar bekommen (Der Funktionsgraf liegt oberhalb der 1 US-Dollar Marke). In der übrigen Zeit war der ECU/Euro weniger als einen Dollar wert. Im Jahr 2001, bei der Einführung des Euro als offizielles europäisches Zahlungsmittel lag der Euro unter der 1 US-Dollar-Marke.

156 Welche Funktionen (eindeutige Darstellungen) sind dargestellt? Was sagen sie aus?

a) Mittlere Tageshöchsttemperaturen in °C von Sardinien:

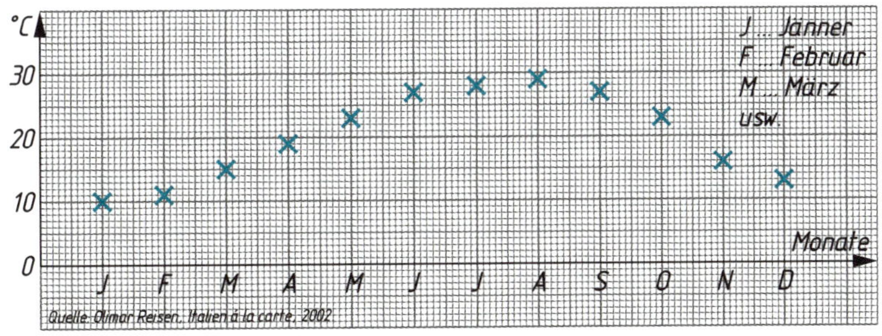

b) Lichtgeschwindigkeit:

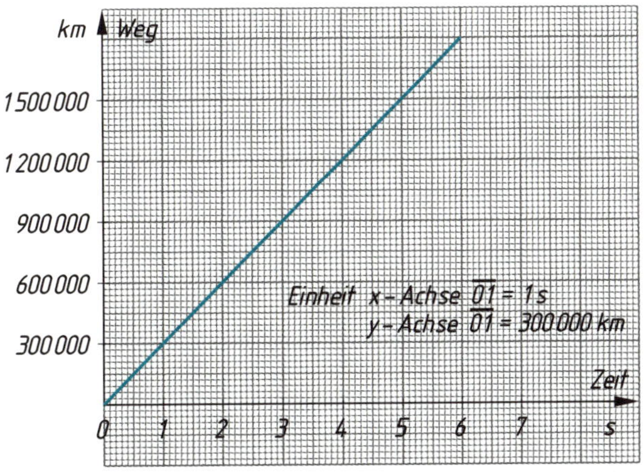

Beispiel

In einer Zuordnungstabelle sind die Umsätze eines Eisgeschäftes angegeben:

Datum	**1.7.**	**2.7.**	**3.7.**	**4.7.**
Umsätze in €	400	600	200	400

$E_{Umsätze}$: 100 € ≙ 1 cm
E_{Tage} : 1 Tag ≙ 1 cm

Zeichne das zugehörige Diagramm! Was kann man daraus ablesen?

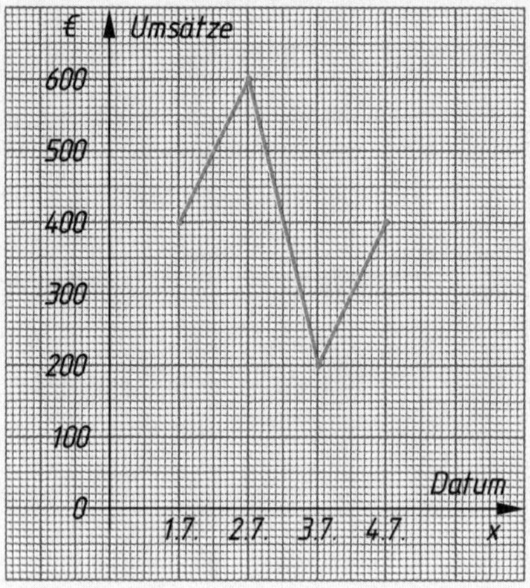

1. Einheiten E für die Umsätze und Tage bestimmen, damit diese im Koordinatensystem eingetragen werden können.

2. Zeichnen der Achsen des Diagramms und beschriften der Achsen. Dann trägt man die Funktionswerte ein: Jedem Tag ist ein Umsatz zugeordnet.

   Wenn man die Funktionswerte der Reihe nach verbindet, kann man die Veränderung des Umsatzes von einem Tag auf den nächsten besser erkennen.

   Man erkennt: Der **höchste Umsatz** (= der größte Funktionswert) war am **2. Juli**, wahrscheinlich ein heißer Sommertag.

Beispiel

Der Wasserstand der Donau in Wien ist zu verschiedenen Zeitpunkten gemessen und in einer Zuordnungstabelle angegeben worden:

Uhrzeit	**6**	**8**	**10**	**12**	**14**	**16**	**18**	**20**
Wasserstand in cm	610	615	621	628	640	642	641	641

Zeichne ein Diagramm und gib den Wasserstand der Donau um 13 Uhr an!

$E_{Stunden}$: 2 Stunden ≙ 1 cm
$E_{Wasserstand}$: 1 cm ≙ 1 mm

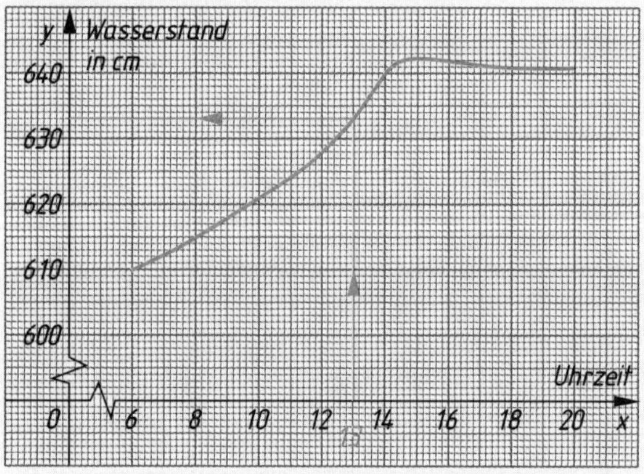

Um 13 Uhr war der Wasserstand 633 cm.

1. **Einheiten E** für die Stunden und den Wasserstand. 1 cm Wasserhöhe entspricht 1 mm im Koordinatensystem.
2. Man zeichnet die Achsen des Diagramms und beschriftet sie. Da nur Wasserstände über 600 cm vorkommen, beginnen wir auf der y-Achse bei 600 cm. Auf der x-Achse beginnen wir bei 6 Uhr. Dann tragen wir die (Funktions-)Werte ein. Das heißt, **jedem Zeitpunkt x wird der Wasserstand y zugeordnet.**
3. Der **Wasserstand** der Donau **ändert sich laufend.** Man verbindet die gezeichneten Punkte durch eine Kurve und liest den Wasserstand von 13 Uhr aus dem Diagramm ab.

Das Diagramm (Funktionsgraf) in diesem Beispiel lässt sich auch mit Hilfe eines Tabellenkalkulationsprogramms (z. B. Microsoft Excel) erstellen. Gib die Werte in eine Tabelle ein und markiere die Wasserstände! Mit Hilfe des Diagramm-Assistenten kannst du das gewünschte Diagramm erstellen. Wähle einen entsprechenden Diagrammtyp (z. B. Linie) aus! Danach drücke „FERTIG STELLEN“ und der Graf wird auf dem Bildschirm dargestellt. Du kannst diesen natürlich auch auf einem angeschlossenen Drucker ausdrucken.

	A	B	C
1	6	610	
2	8	615	
3	10	621	
4	12	628	
5	14	640	
6	16	642	
7	18	641	
8	20	641	
9			

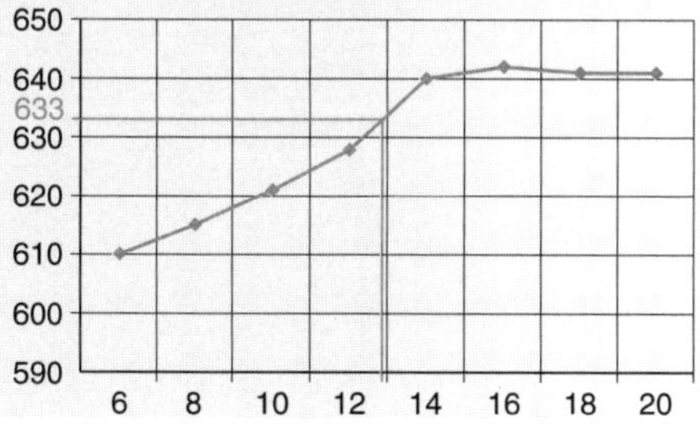

In diesen Beispielen wurden Zuordnungen (Funktionen) grafisch dargestellt. Diese grafische Darstellung einer Funktion heißt Graf der Funktion.

Bei einer Funktion wird jedem x-Wert ein y-Wert zugeordnet. Der Graf einer Funktion ist die grafische Darstellung der Funktion. Der Graf der Funktion kann eine Kurve, ein Streckenzug oder mehrere Punkte sein.

Beispiel

Fritz hat 50 Englischvokabeln gelernt Wenn er diese nicht wiederholt, kann er nach einem Tag nur mehr die Hälfte der Vokabeln, nach zwei Tagen nur mehr $\frac{2}{5}$, nach drei Tagen um weitere 2 Vokabeln weniger. Nach vier Tagen wird pro Tag ein weiteres Wort vergessen. Wie viele Vokabeln kann Fritz nach einer Woche?

a) Gib in einem Diagramm die Anzahl der gemerkten Vokabeln an!

b) Wenn du die Möglichkeit hast, einen Computer zu verwenden, dann löse die Aufgabe mit einem Tabellenkalkulationsprogramm (z. B. Microsoft Excel) und stelle damit die Werte auch grafisch dar!

	A	B	C
1	0	50	
2	1	=B1*0,5	
3	2	=B1*0,4	
4	3	=(B3-2)	
5	4	=(B4-1)	
6	5	=(B5-1)	
7	6	=(B6-1)	
8	7	=(B7-1)	
9			

	A	B	C
1	0	50	
2	1	25	
3	2	20	
4	3	18	
5	4	17	
6	5	16	
7	6	15	
8	7	14	
9			

Du musst in der entsprechenden Zelle eine Formel (wird durch „=“ angedeutet) für die Berechnung angeben:

z. B.: in der Zelle B2: =B1*0,5

d. h. der Inhalt der Zelle B1 wird mit $\frac{1}{2} = 0,5$ multipliziert,

in der Zelle B3: =B1*0,4

d. h. der Inhalt der Zelle B1 wird mit $\frac{2}{5} = 0,4$ multipliziert, usw.

in der Zelle B4: =B3–2

d. h. der Inhalt der Zelle B3 wird um 2 vermindert

in der Zelle B5: =B4–1

d. h. der Inhalt der Zelle B4 wird um 1 vermindert usw.

Hast du z. B. 50 als Ausgangszahl eingegeben, so rechnet der Computer sofort die entsprechende Anzahl der gemerkten Vokabeln aus.

Für das Diagramm (Funktionsgraf) kannst du den Diagramm-Assistenten verwenden. Markiere zuerst die Zahlen, die du im Diagramm darstellen willst! Drücke dann das Zeichen für den Assistenten und wähle einen entsprechenden Diagrammtyp (z. B. Säule) aus! Danach drücke „FERTIG STELLEN“ und der Graf wird auf dem Bildschirm dargestellt!

	A	B	C
1	0	50	
2	1	25	
3	2	20	
4	3	18	
5	4	17	
6	5	16	
7	6	15	
8	7	14	
9			

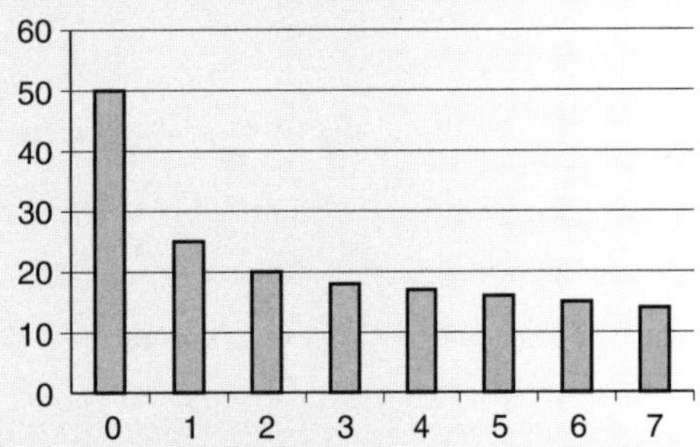

Der Vorteil des Tabellenkalkulationsprogramms ist es, dass du nach Eingabe der Anzahl der ursprünglich gelernten Vokabeln sofort die gemerkten nach 1, 2, 3, ... Tagen erhältst und sich auch die Grafik entsprechend verändert, vorausgesetzt es wird die gleiche „Vergessenskurve“ angenommen.

Anmerkung: Wenn du in der Excel-Tabelle die Zellen mit der Anzahl der Vokabeln markierst und anschließend in FORMAT – ZELLEN – ZAHLEN die Anzahl der Dezimalstellen auf 0 stellst, dann rundet das Programm die Zahlen auf Ganze.

157 Gib mit Hilfe der Excel-Tabelle aus dem Musterbeispiel an, wie viele Vokabeln man sich bei gleicher Vergessenskurve nach einer Woche gemerkt hat, wenn man **a)** 20 **b)** 40 **c)** 70 Vokabeln gelernt hat! Zeichne auch den entsprechenden Grafen der Funktion!

158 Eva wirft einen Ball senkrecht in die Höhe. In einer Zuordnungstabelle ist angegeben, welche Höhe der Ball nach 1, 2, 3, 4 Sekunden erreicht hat:

Zeit nach Sekunden	**0**	**1**	**2**	**3**	**4**
Höhe in m	0	4	6	4	0

Erkläre, dass eine Funktion vorliegt! Zeichne den Grafen!

159 In der Zuordnungstabelle ist der Anhalteweg eines PKW bei verschiedenen Geschwindigkeiten angegeben. Erkläre, dass eine Funktion vorliegt und zeichne den Grafen!

Geschwindigkeit in km/h	**25**	**50**	**75**	**100**	**125**	**150**
Anhalteweg in m	13,75	40	78,75	130	193,75	270

Funktionsgleichung, Funktionsgraf

Beispiel

1 kg Äpfel kostet 1,20 €.

a) Gib in einer Wertetabelle die Preise für 2 kg, 3 kg, 4 kg, 5 kg an!

b) Gib eine „Formel" für die Zuordnung Warenmenge – Preis an!

a) **Wertetabelle:** Man berechnet die Preise für die entsprechenden Warenmengen und gibt sie in einer Tabelle an.

Warenmenge in kg	Preis in €
1	$1 \cdot 1{,}2 = 1{,}2$
2	$2 \cdot 1{,}2 = 2{,}4$
3	$3 \cdot 1{,}2 = 3{,}6$
4	$4 \cdot 1{,}2 = 4{,}8$
5	$5 \cdot 1{,}2 = 6$

b) „Formel" für die Berechnung des Preises bei gegebener Warenmenge:

Preis = Preis pro kg mal Warenmenge in kg

y = 1,20 · x

y ... Preis in €
x ... Warenmenge in kg

Aus der **Wertetabelle** erkennt man:

*) Jeder Warenmenge ist ein Preis zugeordnet.

*) Der Preis ist abhängig von der gekauften Warenmenge, x ist die unabhängige Variable (die Warenmenge kann vom Käufer bestimmt werden), y ist die von x abhängige Variable (der Preis ist von der Warenmenge bei gleichbleibendem Kilopreis abhängig)

*) Der **Preis y ist eine Funktion der Warenmenge x: y = f(x)**

Die **„Formel"** $y = 1{,}20 \cdot x$

*) beschreibt die Zuordnung und

*) ist eine Vorschrift, wie man den Preis einer gekauften Warenmenge berechnen kann.

*) Diese Zuordnungsvorschrift heißt **Funktionsgleichung**.

Die Rechenvorschrift $1{,}2 \cdot x$ heißt **Funktionsterm**, man schreibt auch
$f: x \mapsto 1{,}2 \cdot x$ (sprich: „x wird 1,2x zugeordnet")

Eine Funktion ist durch eine **Zuordnungsvorschrift** festgelegt.
Die **Funktionsgleichung** bzw. der **Funktionsterm** ist eine mathematische Beschreibung der Zuordnungsvorschrift.

Beispiel 10 dag Wurst kosten 1,80 €.

a) Gib die Funktionsgleichung und den Funktionsterm für die Zuordnung Warenmenge – Preis an!

b) Erstelle die Wertetabelle für die Preise 5 dag, 10 dag, 20 dag und 40 dag!

c) Stelle die Zuordnung Warenmenge – Preis grafisch dar (= Zeichne den Grafen der Funktion)!

d) Lies aus der Zeichnung den Preis für 30 dag ab!

a) **Funktionsgleichung**

Zuordnungsvorschrift: Preis = Preis pro dag mal Warenmenge (in dag)

Funktionsgleichung: **$y = 0{,}18 \cdot x$**

10 dag Wurst kosten 1,80 €.
1 dag Wurst kostet 0,18 €.

Funktionsterm: f: $x \mapsto 0{,}18\,x$

b) **Wertetabelle:**

Warenmenge in dag	Preis in €
5	$0{,}18 \cdot 5 = 0{,}90$
10	$0{,}18 \cdot 10 = 1{,}80$
20	$0{,}18 \cdot 20 = 3{,}60$
40	$0{,}18 \cdot 40 = 7{,}20$

Wir setzen für die Variable x in der Funktionsgleichung ein und berechnen y.

c) **Graf der Funktion:** Einheiten: 1 dag ≙ 1 mm, 1 € ≙ 1 cm

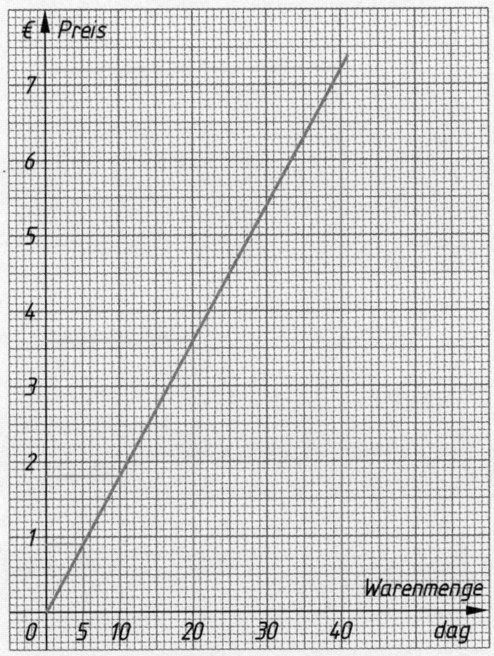

Die gezeichneten Funktionswerte liegen auf einer Geraden. Die Warenmenge x und der Preis y stehen in einem direkten Verhältnis (je mehr man kauft, umso teurer wird es). Der Proportionalitätsfaktor ist 0,18.

d) Ablesen von Funktionswerten:

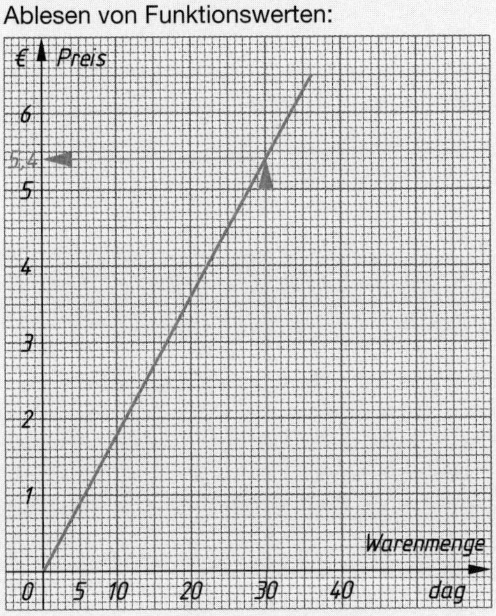

Der Funktionswert von x = 30 wird aus dem Grafen abgelesen.

$x = 30 \quad f(30) = 5{,}40$
$f(30)$ … Funktionswert für $x = 30$

30 dag Wurst kosten 5,40 €.

Der Graf dieser Funktion ist eine gerade Linie (Gerade). Die Funktion f: $y = 0{,}18\,x$ wird als **lineare Funktion** bezeichnet.

Der Graf einer linearen Funktion ist eine Gerade.

160 10 dag Käse kosten 1,2 €. Gib die Funktionsgleichung und den Funktionsterm für die Zuordnung Warenmenge – Preis an! Erstelle dann eine Wertetabelle für die Preise von 10 dag und 50 dag! Zeichne den Grafen der Funktion und lies aus dem Grafen die Preise von 15 dag, 25 dag und 60 dag ab!

161 1 Liter Mineralwasser kostet 0,35 €. Gib die Funktionsgleichung und den Funktionsterm für die Zuordnung Warenmenge – Preis an! Erstelle dann eine Wertetabelle für die Preise von 0 l, 6 l, 48 l! Wähle geeignete Einheiten und zeichne den Grafen der Funktion! Lies aus dem Grafen die Preise für 12 l, 18 l, 24 l, 30 l Mineralwasser ab!

Beispiel

Zeichne den Grafen der Funktionen!

a) f: $y = 2x$ im Intervall $-1 \leq x \leq 4$, $x \in \mathbb{Z}$ **b)** f: $y = 2x$ im Intervall $-1 \leq x \leq 4$, $x \in \mathbb{R}$

a) **Funktionsgleichung**: $y = 2x$
Wertetabelle:

x	y
–1	–2
0	0
1	2
2	4
3	6
4	8

Den Werten –1, 0, 1, 2, 3, 4 wird durch die Funktionsgleichung $y = 2x$ der Funktionswert zugeordnet.

Graf der Funktion:

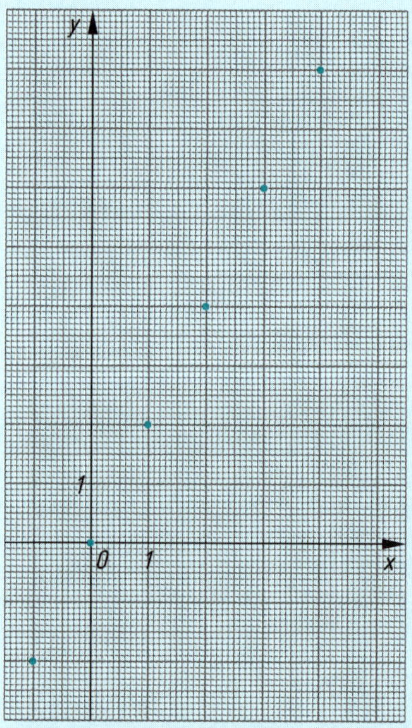

Der Graf dieser Funktion ist ein Punktgraf, bestehend aus den Punkten (–1|–2), (0|0), (1|2), (2|4), (3|6), (4|8)

Zur Kontrolle: Alle Punkte des Grafen liegen auf einer Geraden (Trägergerade).

b) **Funktionsgleichung**: $y = 2x$

Wertetabelle:
Jedem x aus dem Intervall [–1 ; 4] wird ein Wert y zugeordnet. Die reellen Zahlen stellen im Intervall [–1 ; 4] einen „lückenlosen" Abschnitt der Zahlengerade dar. Da es in dem Intervall unendlich viele reelle Zahlen (unendlich viele x-Werte) gibt, muss es zu jedem x einen y-Wert geben. Man erhält unendlich viele Punkte, die auf einer Geraden liegen.
(Vergleiche dazu **a)**: Die Punkte liegen auf einer Trägergeraden.)

$y = 2x$ ist die Gleichung einer linearen Funktion.
Der Graf jeder linearen Funktion ist eine Gerade. Jede Gerade ist durch zwei Punkte festgelegt. Es genügt daher, zwei Funktionswerte auszurechnen.

x = –1: Intervallanfang
x = 4: Intervallende

x	y
–1	–2
4	8

Graf der Funktion:

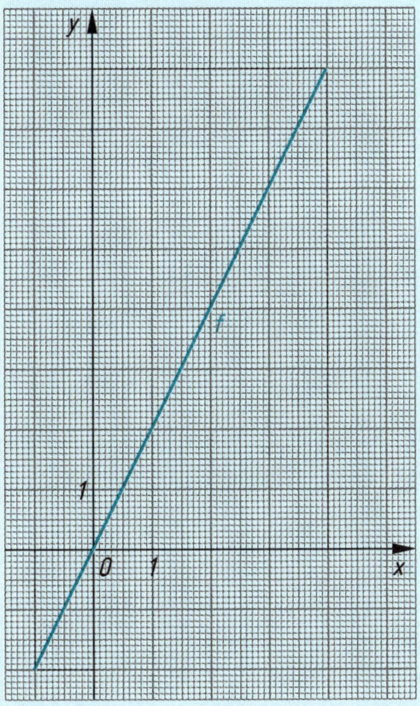

Auf Grund des angegebenen Intervalls zeichnet man einen Ausschnitt der Geraden zwischen den Punkten (–1|–2) und (4|8).

162 Zeichne die Funktionsgrafen in den angegebenen Intervallen!

a) f: $y = x$ Intervall: $-3 \leq x \leq 2, x \in \mathbb{Z}$ **b)** f: $y = x$ Intervall: $-3 \leq x \leq 2, x \in \mathbb{R}$

c) f: $y = \frac{1}{2}x$ Intervall: $-4 \leq x \leq 6, x \in \mathbb{Z}$ **d)** f: $y = \frac{1}{2}x$ Intervall: $-4 \leq x \leq 6, x \in \mathbb{R}$

163 Zeichne die Funktionsgrafen in den angegebenen Intervallen! Stelle zuerst die Funktionsgleichungen für die verschiedenen Werte von k auf! Was kann man erkennen?

a) f: $y = k \cdot x$ (1) $k = 1$ (2) $k = 2$ (3) $k = 3$ Intervall: $-3 \leq x \leq 3, x \in \mathbb{R}$

b) f: $y = k \cdot x$ (1) $k = -1$ (2) $k = -\frac{1}{2}$ (3) $k = -2$ Intervall: $-2 \leq x \leq 2, x \in \mathbb{R}$

Beispiel

1 kg Erdäpfel kostet 0,40 €. Für die Zustellung werden 2 € verrechnet.

a) Gib die Funktionsgleichung und den Funktionsterm für die Zuordnung Warenmenge – Preis an!

b) Erstelle die Wertetabelle für die Preise von 50 kg und 150 kg Erdäpfel!

c) Zeichne den Grafen der Funktion! Lies aus der Zeichnung die Preise für 30 kg und 80 kg ab!

a) Funktionsgleichung:
Zuordnungsvorschrift:

Preis =	Preis pro kg	mal	Warenmenge	plus	Zustellgebühr
y =	0,40	·	x	+	2

Funktionsgleichung:
$y = 0{,}40 \cdot x + 2$

y ... Preis
x ... Warenmenge in kg

0,40 € ... Preis pro kg
2 € ... Zustellgebühr

Funktionsterm:
f: $x \mapsto 0{,}40\,x + 2$

b) Wertetabelle:

Warenmenge x in kg	Preis y in €
50	$0{,}40 \cdot 50 + 2 = 22$ €
150	$0{,}40 \cdot 150 + 2 = 62$ €

In der Funktionsgleichung wird für die Variable x die Warenmenge in kg eingesetzt und der Preis y berechnet.

c) **Graf:**

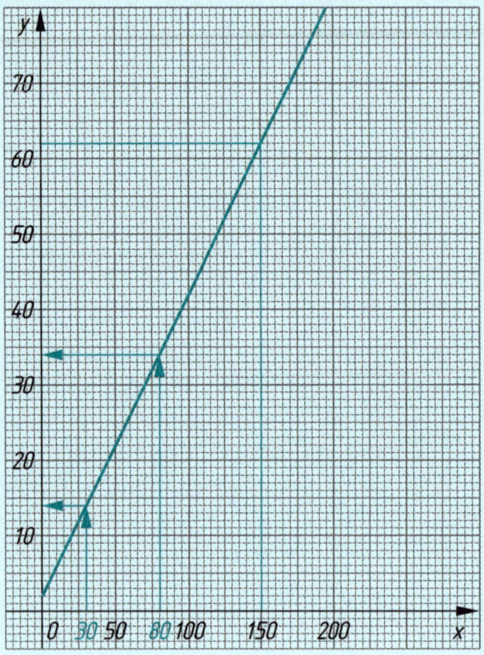

Einheiten: 100 kg ≙ 2 cm
1 € ≙ 1 mm

x = 30: f(30) = 14
30 kg Erdäpfel kosten mit Zustellung 14 €.
x = 80: f(80) = 34
80 kg Erdäpfel kosten mit Zustellung 34 €.

164 1 kg Zwiebel kostet 0,44 €, für die Zustellung werden 5 € berechnet. Gib die Funktionsgleichung und den Funktionsterm für die Zuordnung Warenmenge – Preis an! Erstelle eine Wertetabelle für 50 kg und 100 kg! Zeichne den Grafen der Funktion und lies aus der Zeichnung die Preise für 25 kg und 75 kg ab!

165 Für die Fahrt mit dem Taxi wird pro km 1,50 € verrechnet. Die Grundgebühr (inklusive Funktaxizuschlag) beträgt 2 €.
Gib die Funktionsgleichung und den Funktionsterm für die Zuordnung gefahrene Kilometer – Preis an! Erstelle die Wertetabelle für 5 und 20 gefahrene Kilometer! Zeichne den Grafen der Funktion und lies aus der Zeichnung die Preise für 15, 22 und 25 gefahrene Kilometer ab!

Beispiel

Zeichne den Grafen der Funktion f: $y = \frac{1}{2}x + 3$ im Intervall: $-2 \le x \le 4$, $x \in \mathbb{R}$!

Funktionsgleichung: $y = \frac{1}{2}x + 3$

Wertetabelle:

$y = \frac{1}{2}x + 3$ ist eine lineare Funktion. Der Graf jeder linearen Funktion ist eine Gerade. Jede Gerade ist durch zwei Punkte festgelegt. Es genügt daher, zwei Funktionswerte auszurechnen.

x	y
−2	$\frac{1}{2} \cdot (-2) + 3 = 2$
4	$\frac{1}{2} \cdot 4 + 3 = 5$

x = −2: Intervallanfang

x = 4: Intervallende

Graf der Funktion:

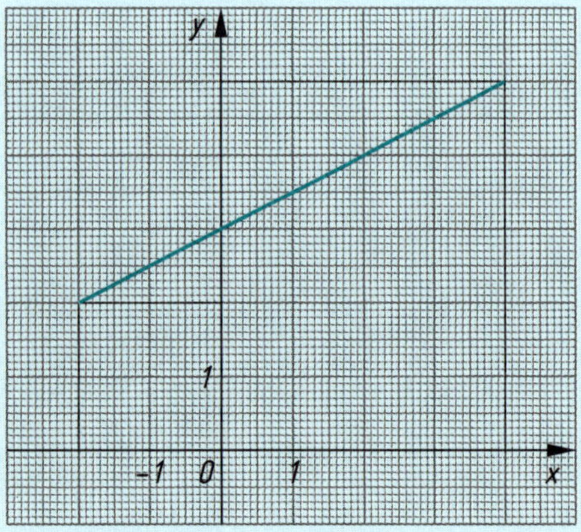

Zwischen zwei reellen Zahlen können unendlich viele reelle Zahlen angegeben werden.
Jedem der unendlich vielen x-Werte wird ein y-Wert zugeordnet. Der Graf ist daher eine unendliche Punktmenge (Gerade). Auf Grund des angegebenen Intervalls zeichnen wir nur einen Ausschnitt dieser Geraden.

166 Zeichne die Funktionsgrafen in den angegebenen Intervallen!

a) f: $y = x + 1$ Intervall: $-2 \leq x \leq 3,\ x \in \mathbb{R}$

b) f: $y = 2x - 3$ Intervall: $-1 \leq x \leq 3,\ x \in \mathbb{R}$

c) f: $y = \frac{1}{2}x + 2$ Intervall: $-4 \leq x \leq 2,\ x \in \mathbb{R}$

d) f: $y = 0{,}5x - 3$ Intervall: $0 \leq x \leq 6,\ x \in \mathbb{R}$

167 Zeichne die Funktionsgrafen in den angegebenen Intervallen! Stelle zuerst die Funktionsgleichung für die verschiedenen Werte von k und d auf!

a) f: $y = kx + d,\ k = \frac{1}{2},\ d = -3$ Intervall: $-4 \leq x \leq 0,\ x \in \mathbb{R}$

b) f: $y = kx + d,\ k = -2,\ d = 3$ Intervall: $0 \leq x \leq 2,\ x \in \mathbb{R}$

Beispiel

Zeichne den Grafen der Funktion f: $y = 150x$ im Intervall: $-2 \leq x \leq 1,\ x \in \mathbb{R}$!

Funktionsgleichung:

Funktionsgraf:

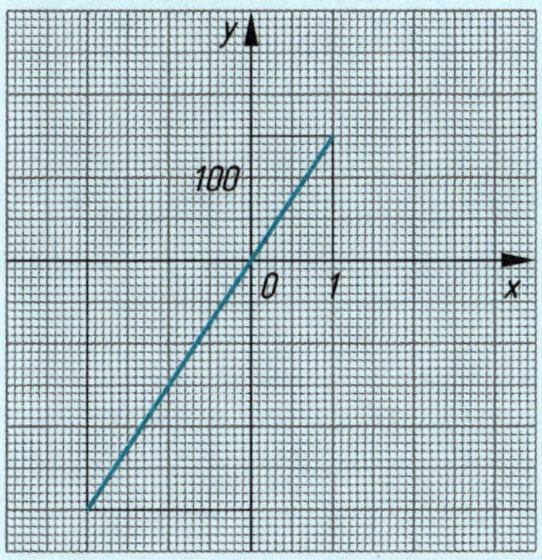

Wertetabelle:

x	y
−2	−300
1	150

Man wählt geeignete Einheiten:
Einheiten: x-Achse: $\overline{01} \triangleq 1$ cm,
y-Achse: $\overline{01} \triangleq 0{,}01$ cm, d. h. $100 \triangleq 1$ cm

168 Zeichne die Funktionsgrafen in den angegebenen Intervallen! Wähle auf den Achsen geeignete Einheiten!

a) f: $y = 200x$ Intervall: $-3 \leq x \leq 1,\ x \in \mathbb{R}$

b) f: $y = 300x + 500$ Intervall: $-3 \leq x \leq 1,\ x \in \mathbb{R}$

c) f: $y = -400x + 200$ Intervall: $-5 \leq x \leq 0,\ x \in \mathbb{R}$

d) f: $y = -500x - 100$ Intervall: $-3 \leq x \leq 0,\ x \in \mathbb{R}$

Beispiel

Zeichne den Grafen der Funktion f: $y = x^2 - 2$ im Intervall: $-2 \leq x \leq 2,\ x \in \mathbb{R}$!

Funktionsgleichung: $y = x^2 - 2$ **Einheiten:** x-Achse: 1 cm, y-Achse: 1 cm

Wertetabelle:

x	y
−2	2
−1,5	0,25
−1	−1
−0,5	−1,75
0	−2
0,5	−1,75
1	−1
1,5	0,25
2	2

Funktionsgraf:

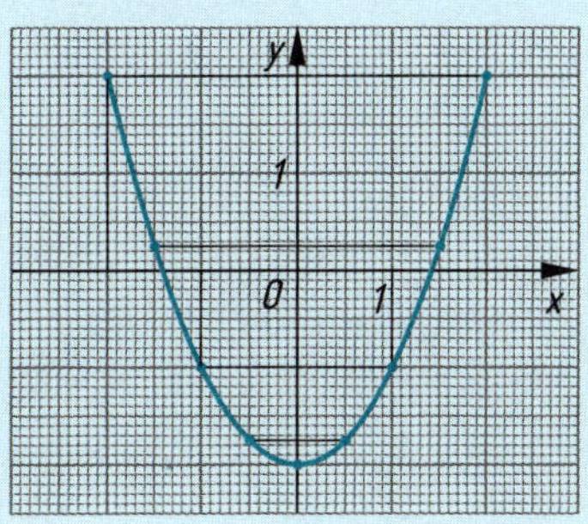

1. Man zeichnet zuerst die berechneten Punkte in das Koordinatensystem. Diese Punkte liegen auf keiner Geraden.
Die Funktion **f: $y = x^2 - 2$ ist eine nichtlineare Funktion.**

2. Man verbindet die Punkte zu einer Kurve.

Im letzten Beispiel wurde der Graf einer nichtlinearen Funktion gezeichnet. Im Funktionsterm kommt die Variable x als Potenz mit dem Exponenten 2 vor (x kommt „quadratisch" vor). Eine solche Funktion wird als quadratische Funktion bezeichnet. Der Graf einer quadratischen Funktion ist eine Kurve.

169 Zeichne die Grafen der Funktionen ($x \in \mathbb{R}$)!

a) f: $y = x^2 + 1$ $(-2 \leq x \leq 2)$

b) f : $y = x^2 - 1$ $(-2 \leq x \leq 2)$

c) f: $y = 3x^2 - 1$ $(-2 \leq x \leq 2)$

d) f : $y = -x^2 + 1$ $(-3 \leq x \leq 3)$

e) f: $y = x^2 + x + 1$ $(-3 \leq x \leq 2)$

f) f : $y = x^2 - x + 2$ $(-2 \leq x \leq 3)$

Anmerkung zu e) und f): Auch diese Funktionen bezeichnet man als quadratische Funktionen, weil der höchste vorkommende Exponent 2 ist.

Beispiel Zeichne den Grafen der Funktion f: $y = \sqrt{x}$ ($x \in \mathbb{R}_0^+$) im Intervall $0 \leq x \leq 5$!

Funktionsgleichung: $y = \sqrt{x}$

Wertetabelle:

x	y
0	0
0,5	0,71...
1	1
2	1,41...
3	1,73...
4	2
5	2,23...

Damit die Funktion genauer gezeichnet werden kann, setzen wir für x auch nicht ganzzahlige Werte ein; die Funktionswerte berechnen wir mit dem TR.

Funktionsgraf:

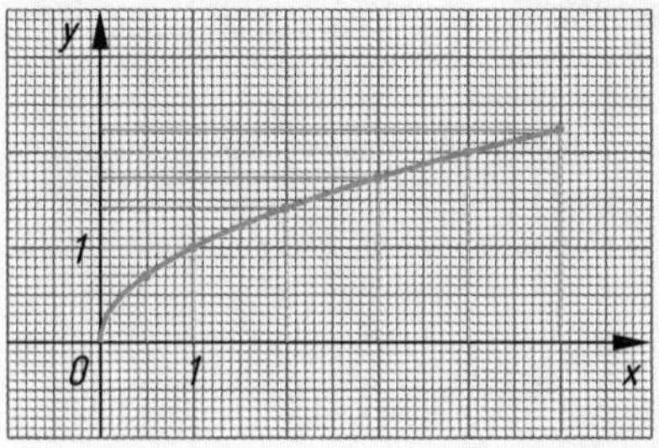

1. Man zeichnet zuerst die berechneten Punkte im Koordinatensystem. Diese Punkte liegen auf keiner Geraden. Die Funktion f: $y = \sqrt{x}$ ist eine nichtlineare Funktion.
2. Man verbindet die Punkte zu einer Kurve.

Anmerkung: Die Funktion f: $y = \sqrt{x}$ heißt Quadratwurzelfunktion.

170 Zeichne die Grafen der Funktionen ($x \in \mathbb{R}_0^+$)!

a) f: $y = \sqrt{3x}$ $(0 \leq x \leq 8)$ **b)** f: $y = -\sqrt{3x}$ $(0 \leq x \leq 8)$ **c)** f: $y = \sqrt{x-2}$ $(2 \leq x \leq 7)$

Beispiel Zeichne den Grafen der Funktion f: $y = \frac{1}{x+1}$ im Intervall $-3{,}5 \leq x \leq 1{,}5$ ($x \in \mathbb{R}$)!

Definitionsmenge: $x \neq -1$

Der Nenner eines Bruchs muss von Null verschieden sein, daher muss $x \neq -1$ sein.

Wertetabelle:

x	y
−3,5	−0,4
−3	−0,5
−2,5	−0,66...
−2	−1
−1,5	−2
−1,25	−4
−1	----
−0,75	4
−0,5	2
0	1
0,5	0,66...
1	0,5
1,5	0,4

Funktionsgraf:

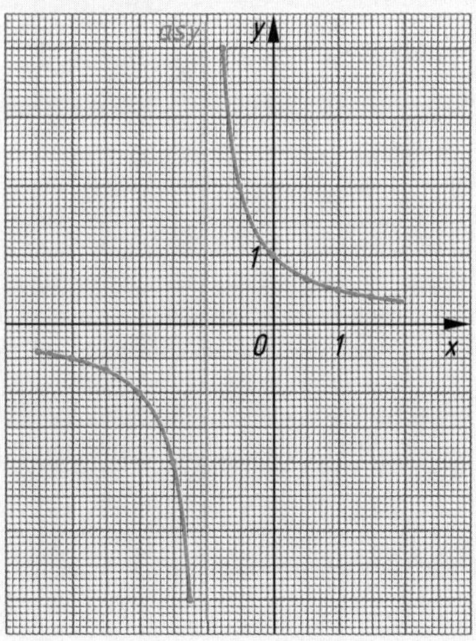

1. Man zeichnet zuerst die berechneten Punkte in das Koordinatensystem. Diese Punkte liegen auf keiner Geraden.
   Wenn man die Punkte verbindet, erhält man **zwei Kurven**.
   Für $x = -1$ gibt es keinen Funktionswert (**Definitionslücke**).
2. Alle Punkte der Zeichenebene mit der x-Koordinate „−1" bilden eine zur y-Achse parallele Gerade.
   Der Funktionsgraf (beide Kurven) wird durch diese Gerade getrennt und nähert sich dieser von beiden Seiten.
   Diese Gerade heißt **Asymptote (asy)**.

Im letzten Beispiel wurde der Graf einer Funktion gezeichnet, die durch einen Bruchterm gegeben ist. Eine solche Funktion bezeichnet man als rational gebrochene Funktion.

Eine Funktion heißt **rational gebrochen**, wenn der Funktionsterm ein Bruchterm ist. Bei jeder rational gebrochenen Funktion ist die Definitionsmenge zu bestimmen. An der Stelle der Definitionslücke gibt es eine Asymptote, das ist eine Gerade, die zur y-Achse parallel ist. Der Graf der Funktion nähert sich der Asymptote an.

171 Zeichne die Grafen der rational gebrochenen Funktionen! Bestimme immer zuerst die Definitionsmenge, zeichne die Asymptoten und dann den Funktionsgrafen ($x \in \mathbb{R}$)!

a) f: $y = \frac{1}{x-2}$ $(-3 \le x \le 5)$ **b)** f: $y = \frac{1}{3x}$ $(-4 \le x \le 4)$

c) f: $y = \frac{1}{x+3}$ $(-4 \le x \le 2)$ **d)** f: $y = -\frac{1}{2x}$ $(-2 \le x \le 2)$

Beispiel

Für die Berechnung des zurückgelegten Weges gilt:

$s = v \cdot t$ s ... Weg, v ... Geschwindigkeit, t ... Zeit

Erstelle die Funktionsgleichung und zeichne den Funktionsgrafen im Intervall $0\text{ s} \le t \le 10\text{ s}$ (s: Sekunden)! Die durchschnittliche Geschwindigkeit ist v = 4 m/s.

Zuordnungsvorschrift:

Weg (s) = Geschwindigkeit (v) mal Zeit (t)

Funktionsgleichung:

s: Weg in m
v: 4 m/s
t: Zeit in Sekunden

$s = 4 \cdot t$ Wenn man in die Funktionsgleichung verschiedene Werte von t einsetzt, ändert sich der Weg s. Das heißt, **der Weg s ist abhängig von der Zeit t.**

s: abhängige Variable
t: unabhängige Variable (t ist wählbar, s wird als abhängige Variable berechnet)

$s = f(t)$ Man sagt auch: **Der Weg s ist eine Funktion der Zeit.**

$f(t) = 4 \cdot t$

Wertetabelle:

t in s	s in m
0	0
10	40

s = 4t ist eine lineare Funktion. Der Graf jeder linearen Funktion ist eine Gerade. Jede Gerade ist durch zwei Punkte festgelegt. Es genügt daher, zwei Funktionswerte auszurechnen.

Funktionsgraf:

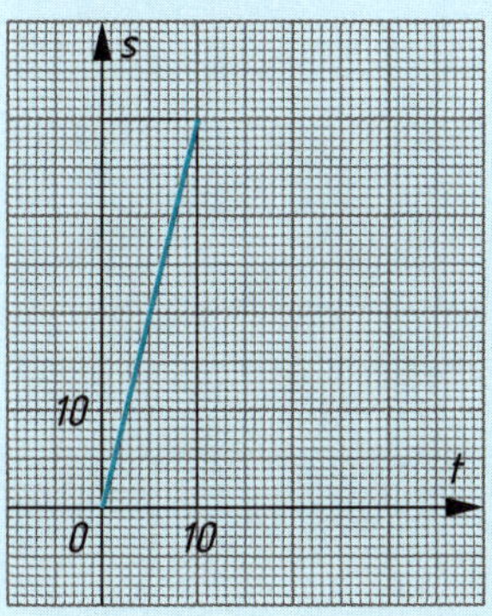

Einheiten:
t-Achse: 1 mm
s-Achse: 1 mm

172 Für die Berechnung des zurückgelegten Weges gilt: Weg (s) = Geschwindigkeit (v) mal Zeit (t).

a) Erstelle die Funktionsgleichung für: Der Weg s ist eine Funktion der Zeit t (v = 6 m/s)! Zeichne den Funktionsgrafen im Intervall $0\text{ s} \le t \le 10\text{ s}$ (t: Zeit in Sekunden)!

b) Erstelle die Funktionsgleichung für: Der Weg s ist eine Funktion der Geschwindigkeit v (Zeit t = 8s)! Zeichne den Funktionsgrafen im Intervall $0\text{ m/s} \le v \le 10\text{ m/s}$ (v: Geschwindigkeit in m/s)!

c) Erstelle die Funktionsgleichung für: Die Zeit t ist eine Funktion des Weges s (v = 8 m/s)! Zeichne den Funktionsgrafen im Intervall $0\text{ m} \le s \le 8\text{m}$ (s: Weg in m)!

173 Für die Berechnung des Umfangs eines Quadrats gilt: $u = 4s$ (u: Umfang, s: Seitenlänge).

a) Erstelle die Funktionsgleichung für: Der Umfang u ist eine Funktion der Seitenlänge s! Zeichne den Funktionsgrafen im Intervall $0\ m \leq s \leq 10\ m$ (s: Seitenlänge in m)!

b) Erstelle die Funktionsgleichung für: Die Seitenlänge s ist eine Funktion des Umfangs u! Zeichne den Funktionsgrafen im Intervall $0\ m \leq u \leq 10\ m$ (u: Umfang in m)!

174 Für die Berechnung des Umfangs und des Flächeninhalts eines Kreises gilt: $u = 2r\pi$, $A = r^2\pi$.

a) Erstelle die Funktionsgleichung für: Der Umfang u des Kreises ist eine Funktion des Radius r! Zeichne den Funktionsgrafen im Intervall $0\ cm \leq r \leq 10\ cm$ (r: Radius in cm)!

b) Erstelle die Funktionsgleichung für: Der Radius r des Kreises ist eine Funktion des Umfangs u! Zeichne den Funktionsgrafen im Intervall $0\ cm \leq u \leq 5\ cm$ (u: Umfang in cm)!

c) Erstelle die Funktionsgleichung für: Der Flächeninhalt A ist eine Funktion des Radius r! Zeichne den Funktionsgrafen im Intervall $0\ cm \leq r \leq 5\ cm$ (r: Radius in cm)!

d) Erstelle die Funktionsgleichung für: Der Radius r ist eine Funktion des Flächeninhalts A! Zeichne den Funktionsgrafen im Intervall $0\ cm^2 \leq A \leq 50\ cm^2$ (A: Flächeninhalt in cm^2)!

Anleitung: Bestimme die Funktionswerte mit dem TR und runde sinnvoll!

175 Für die Berechnung der Fallhöhe eines Körpers beim freien Fall gilt: $s = \frac{g}{2}t^2$.

s: Fallhöhe in m, das ist jener Weg, den ein Körper im freien Fall nach t Sekunden zurückgelegt hat.
g: Erdbeschleunigung in m/s^2,
t: Fallzeit in Sekunden.

Wenn wir die Erdbeschleunigung mit $\approx 10\ m/s^2$ annehmen, gilt: $s = 5t^2$.

a) Erstelle eine Funktionsgleichung für: Die Fallhöhe s ist eine Funktion der Fallzeit t! Zeichne den Funktionsgrafen im Intervall $0\ s \leq t \leq 5\ s$ (t: Fallzeit in Sekunden)!

b) Erstelle die Funktionsgleichung für: Die Fallzeit t ist eine Funktion der Fallhöhe s! Zeichne den Funktionsgrafen im Intervall $0\ m \leq s \leq 10\ m$ (s: Fallhöhe in m)!

176 Für die Berechnung des Reaktionsweges r eines PKW gilt: $r = \frac{3}{10} \cdot v$.

r: Der Reaktionsweg in Meter ist jener Weg, den das Auto zurücklegt, bis der Fahrer auf die erkannte Gefahr reagiert.
v: Geschwindigkeit in km/h

1) Erstelle die Funktionsgleichung für: Der Reaktionsweg r ist eine Funktion der Geschwindigkeit v!

2) Zeichne den Funktionsgrafen im Intervall $0\ km/h \leq v \leq 130\ km/h$ (v: Geschwindigkeit in km/h)!

3) Lies vom Funktionsgrafen den Reaktionsweg r bei 30 km/h, 50 km/h, 70 km/h und 100 km/h ab!

177 Für die Berechnung des Bremsweges b eines PKW gilt: $b = \left(\frac{1}{10} \cdot v\right)^2$.

b: Der Bremsweg in Meter ist jener Weg, den das Auto vom Einsetzen des Bremsens bis zum Stillstand zurücklegt.
v: Geschwindigkeit in km/h

1) Erstelle eine Funktionsgleichung für: Der Bremsweg b ist eine Funktion der Geschwindigkeit v!

2) Zeichne den Funktionsgrafen im Intervall $0\ km/h \leq v \leq 130\ km/h$!

3) Lies vom Funktionsgrafen den Bremsweg b bei 30 km/h, 50 km/h, 70 km/h und 100 km/h ab!

178 Für die Berechnung des Anhalteweges a eines PKW gilt:
Anhalteweg a = Reaktionsweg r + Bremsweg b.

$a = \frac{3}{10} \cdot v + \left(\frac{1}{10} \cdot v\right)^2$

a: Anhalteweg in Meter, das ist jener Weg, den das Auto vom Zeitpunkt des Erkennens der Gefahr durch den Fahrer bis zum Stillstand des PKW zurücklegt.
v: Geschwindigkeit in km/h

1) Erstelle die Funktionsgleichung für: Der Anhalteweg a ist eine Funktion der Geschwindigkeit v!

2) Zeichne den Funktionsgrafen im Intervall $0\ km/h \leq v \leq 130\ km/h$!

3) Lies vom Funktionsgrafen den Anhalteweg bei 30 km/h, 50 km/h, 70 km/h und 100 km/h ab!

179 Für die Berechnung des Umfangs u eines Rechtecks gilt: $u = 2 \cdot (a + b)$.

1) Erstelle die Funktionsgleichung für: Bei gegebenem Umfang u (u = 10 cm) ist die Länge der Seite a abhängig von der Länge der Seite b!

2) Gib die Funktionsart an! **3)** Zeichne den Funktionsgrafen!

4) Lies vom Funktionsgrafen die Länge der Seite a ab, wenn b = 2 cm bzw. b = 4 cm ist!

Anleitung: Beim Zeichnen des Funktionsgrafen beachte, dass die Länge der Seite $b \geq 0$ sein muss.

180 Für die Berechnung des Flächeninhalts A eines Rechtecks gilt: $A = a \cdot b$.

1) Erstelle die Funktionsgleichung für: Bei gegebenem Flächeninhalt A ($A = 12\ cm^2$) ist die Länge der Seite b abhängig von der Länge der Seite a!

2) Gib die Funktionsart an! **3)** Zeichne den Funktionsgrafen!

4) Lies vom Funktionsgrafen die Länge der Seite b ab, wenn die Seite a = 2 cm, 4 cm bzw. 6 cm ist!

2 Die lineare Funktion

Die homogene lineare Funktion

Beispiel

Ein Schwimmbecken wird mit Wasser gefüllt. Pro Stunde fließen 2 hl Wasser zu.

a) Wie viel Wasser ist nach 0 h, 1 h, 2 h, 3 h, 4 h in das Becken geflossen?

b) Gib die Funktionsgleichung für die zugeflossene Wassermenge als Funktion der Zeit an!

c) Zeichne den Funktionsgrafen!

a) Wertetabelle:

t in h	w in hl
0	0
1	$1 \cdot 2 = 2$
2	$2 \cdot 2 = 4$
3	$3 \cdot 2 = 6$
4	$4 \cdot 2 = 8$

Die zugeflossene Wassermenge w ist abhängig von der Zeit t. Je mehr Zeit verstrichen ist, desto mehr Wasser ist zugeflossen (direkt proportional). Zum Zeitpunkt 0 ist noch kein Wasser zugeflossen.

b) Funktionsgleichung:
Wassermenge w = Zuflussmenge z pro Stunde mal Zeit t in Stunden

$w = z \cdot t$ z = 2: 2 hl fließen pro Stunde zu

w = 2t

c) Funktionsgraf:

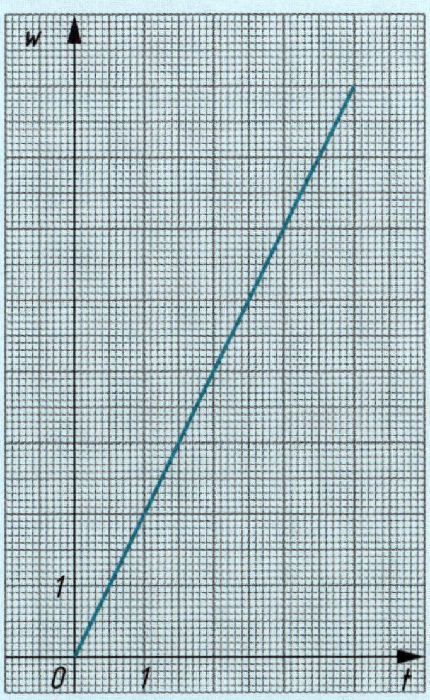

Da zum Zeitpunkt 0 noch kein Wasser zugeflossen ist, geht der Graf durch den Ursprung des Koordinatensystems.

In diesem Beispiel ist die Funktionsgleichung w = 2t.
Die Zuflussmenge ist eine angegebene Größe, sie ändert sich nicht, ist also eine Konstante. Die Wassermenge w ist von der Zeit t abhängig (w = 2t).

Allgemein schreibt man eine solche Funktionsgleichung:

y = k · x y … abhängige Variable x … unabhängige Variable k … Konstante

Die Funktion mit der Funktionsgleichung **y = k · x** nennt man **homogene lineare Funktion**.
Der **Graf** einer homogenen linearen Funktion ist eine **Gerade durch den Ursprung**.

181 Zeichne die Funktionsgrafen der homogenen linearen Funktionen im angegebenen Intervall!

a) f: $y = 3x$ $\quad -2 \le x \le 1,\ x \in \mathbb{R}$ **b)** f: $y = \frac{1}{2}x$ $\quad -4 \le x \le 3,\ x \in \mathbb{R}$

Beispiel

Gegeben sind die homogenen linearen Funktionen:

a) f: $y = 3x$ $\quad (x \in \mathbb{R})$ **b)** f: $y = \frac{1}{2}x$ $\quad (x \in \mathbb{R})$ **c)** f: $y = k \cdot x$ $\quad (x \in \mathbb{R})$

Gib den Wert von k an! Berechne den Funktionswert für x = 1 (man sagt: „an der Stelle x = 1“)!

a) $y = 3x \Rightarrow$ **k = 3**

1. Man liest k aus der homogenen linearen Gleichung y = kx ab.

x	y
1	$3 \cdot 1 = 3$

2. Man bestimmt den Funktionswert an der Stelle 1.

b) $y = \frac{1}{2}x \Rightarrow$ **$k = \frac{1}{2}$**

x	y
1	$\frac{1}{2} \cdot 1 = \frac{1}{2}$

c) $y = k \cdot x$

x	y
1	k

Aus den Berechnungen kann man Folgendes erkennen:
Der Funktionswert für x = 1 einer homogenen linearen Funktion ist immer k.
Jede homogene lineare Funktion geht durch den Punkt Q(1|k).

Der Graf jeder homogenen linearen Funktion f: y = kx ist eine Gerade.
Der Graf jeder homogenen linearen Funktion geht durch den Ursprung und durch den Punkt Q(1|k)

Beispiel

Zeichne den Grafen der homogenen linearen Funktion $(x \in \mathbb{R})$!

a) $y = \frac{1}{2}x$

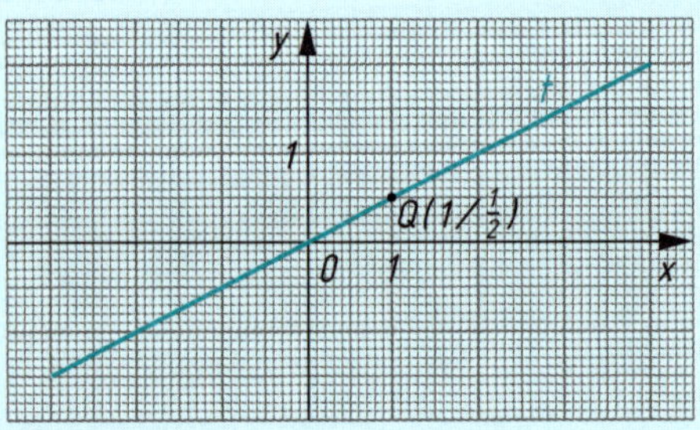

1. Man bestimmt k aus der Funktionsgleichung: $k = \frac{1}{2}$.
2. Der Graf der homogenen linearen Funktion geht durch den Ursprung und den Punkt $Q\left(1\middle|\frac{1}{2}\right)$.
3. Zeichnen des Grafen. (Der Ausschnitt ist beliebig.)

b) $y = -2x$

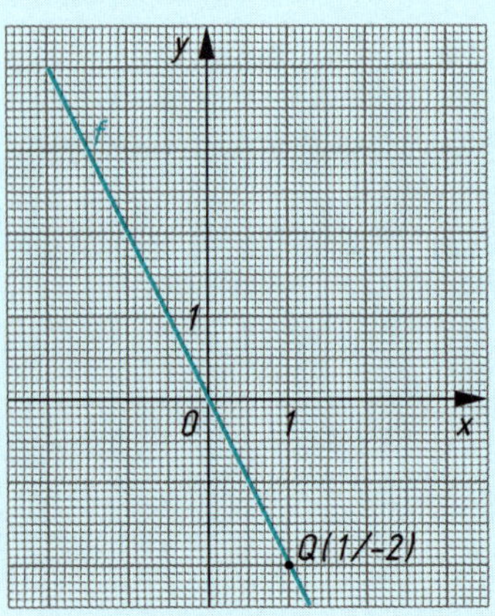

1. Man bestimmt k aus der Funktionsgleichung: k = −2.
2. Der Graf geht durch (0|0) und Q(1|−2).

182 Zeichne die Grafen der homogenen linearen Funktionen im Intervall $-2 \leq x \leq 2$!

a) f: $y = 3x$ $(x \in \mathbb{R})$ **b)** f: $y = -3x$ $(x \in \mathbb{R})$

c) f: $y = 4x$ $(x \in \mathbb{R})$ **d)** f: $y = \frac{1}{4}x$ $(x \in \mathbb{R})$

Beispiel

Zeichne die Grafen der homogenen linearen Funktionen!

a) $y = 2x$ $(x \in \mathbb{R})$ **b)** $y = -2x$ $(x \in \mathbb{R})$

Zeichne das Steigungsdreieck ein und gib die Größe des Steigungswinkels an!

a) $y = 2x$

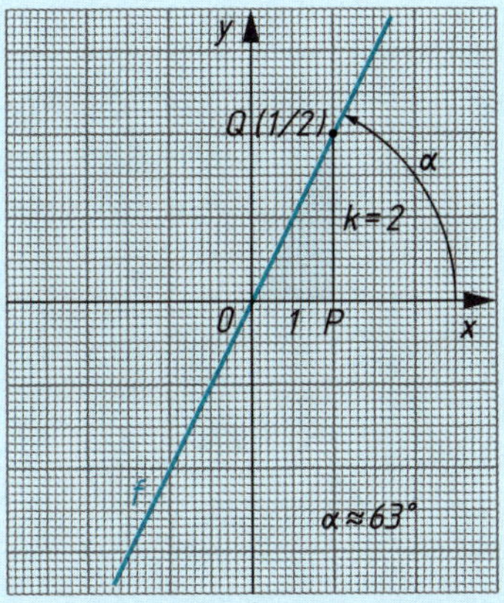

Man zeichnet den Grafen der homogenen linearen Funktion. Der Graf der Funktion ist durch die Punkte O(0|0) und Q(1|2) festgelegt. Das Dreieck Δ OPQ heißt Steigungsdreieck. Der Winkel a heißt Steigungswinkel. Dieser Winkel im Steigungsdreieck wird immer von der positiven x-Achse aus gemessen. Ist $k > 0$, wird der Winkel in mathematisch positiver Richtung (gegen den Uhrzeigersinn) gemessen.

$k > 0$ bedeutet, dass die Gerade steigt: Je größer der x-Wert, desto größer auch der y-Wert.

b) $y = -2x$

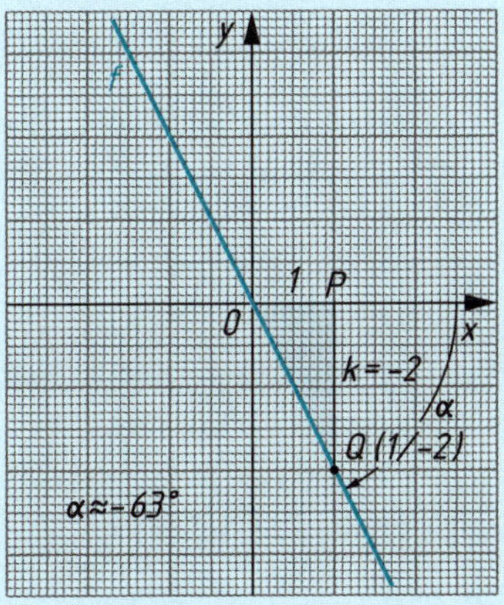

Ist $k < 0$, wird der Winkel in mathematisch negativer Richtung (im Uhrzeigersinn) gemessen.

$k < 0$ bedeutet, dass die Gerade fällt: Je größer der x-Wert, desto kleiner ist der entsprechende y-Wert.

Die Zahl k gibt die Steigung (den Anstieg) des Grafen der linearen Funktion an.
Für $k > 0$ steigt die Gerade; der Steigungswinkel α ist positiv ($0° < \alpha < 90°$).
Für $k < 0$ fällt die Gerade; der Steigungswinkel α ist negativ ($-90° < \alpha < 0°$).

183 Zeichne den Grafen der homogenen linearen Funktionen $(x \in \mathbb{R})$!

a) f: $y = 3x$ **b)** f: $y = -4x$ **c)** f: $y = 6x$ **d)** f: $y = -\frac{5}{2}x$

Gib die Steigung k und den Steigungswinkel an!

Beispiel Zeichne die Grafen der homogenen linearen Funktionen ($x \in \mathbb{R}$)!

a) $y = \frac{3}{4}x$

$k = \frac{3}{4}$

1. Aus der Funktionsgleichung kann man den Anstieg erkennen. Der Anstieg ist kleiner als 1. Der Graf der Funktion geht also durch den Ursprung (0|0) und durch den Punkt $Q\left(1\middle|\frac{3}{4}\right)$. Da die beiden Punkte sehr knapp beisammen sind, ist es sinnvoller, einen anderen Konstruktionsweg zu finden. (Die Zeichnung könnte sonst ungenau werden.)

$\overline{OP} : \overline{PQ} = 1 : k =$

$= 1 : \frac{3}{4} =$

$= (4 \cdot 1) : \left(\frac{3}{4} \cdot 4\right) =$

$= 4 : 3$

$\overline{OP'} : \overline{P'Q'} = 4 : 3$

2. Zur Konstruktion des Grafen verwendet man ein dem ursprünglichen Dreieck ähnliches Steigungsdreieck. Man berechnet das Verhältnis der Katheten $\overline{OP} : \overline{PQ}$ im Steigungsdreieck OPQ. Durch Erweitern erhält man das Verhältnis 4 : 3.

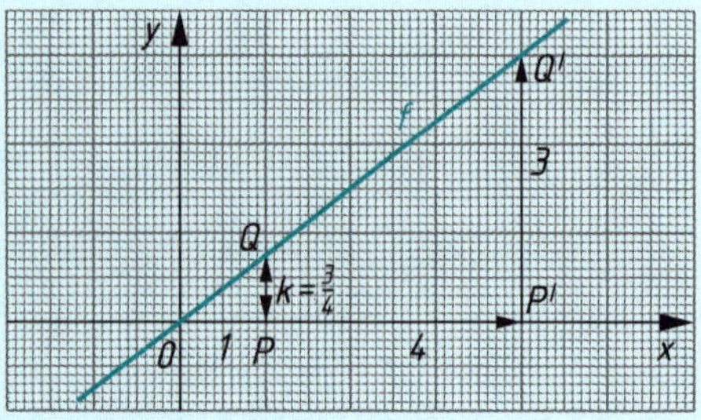

3. Man zeichnet den Grafen der homogenen linearen Funktion mit Hilfe des ähnlichen Dreiecks.

b) $y = -0{,}2\,x$

$k = -0{,}2 = -\frac{2}{10} = -\frac{1}{5}$

1. Man liest k aus der Funktionsgleichung ab.

$1 : k = 1 : \left(-\frac{1}{5}\right) = 5 : (-1)$

2. Man bestimmt das Verhältnis und erweitert.

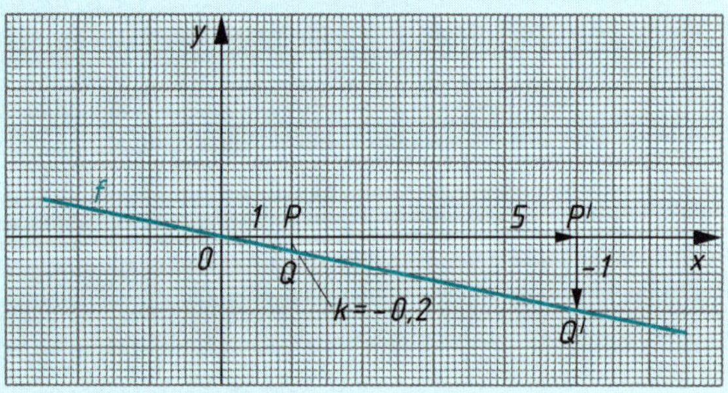

3. Zeichnen des Grafen der homogenen linearen Funktion mit Hilfe des ähnlichen Dreiecks.
Beachte: k ist negativ!

184 Zeichne den Grafen der homogenen linearen Funktionen!

a) f: $y = \frac{1}{3}x$ ($x \in \mathbb{R}$) **b)** f: $y = -0{,}4\,x$ ($x \in \mathbb{R}$)

c) f: $y = -\frac{1}{6}x$ ($x \in \mathbb{R}$) **d)** f: $y = 0{,}3\,x$ ($x \in \mathbb{R}$)

Gib die Steigung k und den Steigungswinkel an!

185 Die zurückgelegte Wegstrecke ist eine (homogene) lineare Funktion der Zeit ($s = v \cdot t$). Die Geschwindigkeit ist gegeben durch v = 10 km/h.

1) Stelle die Funktionsgleichung auf!

2) Zeichne den Funktionsgrafen im Intervall $0 \leq t \leq 3$ (t in Stunden)!

3) Lies vom Funktionsgrafen den Weg für $t_1 = 0{,}5$ h, $t_2 = 1{,}5$ h und $t_3 = 2{,}5$ h ab!

186 Der Kaufpreis y einer Ware ist eine (homogene) lineare Funktion der gekauften Warenmenge x. Preis der Ware: 1 kg kostet 3 €.

1) Stelle die Funktionsgleichung auf!

2) Zeichne den Funktionsgrafen im Intervall $0 \leq x \leq 2{,}5$ (x in kg)!

3) Lies vom Funktionsgrafen die Preise von 0,5 kg und 1,5 kg ab!

Beispiel

Lies aus dem Grafen der folgenden Funktionen die Funktionsgleichung ab!

a)

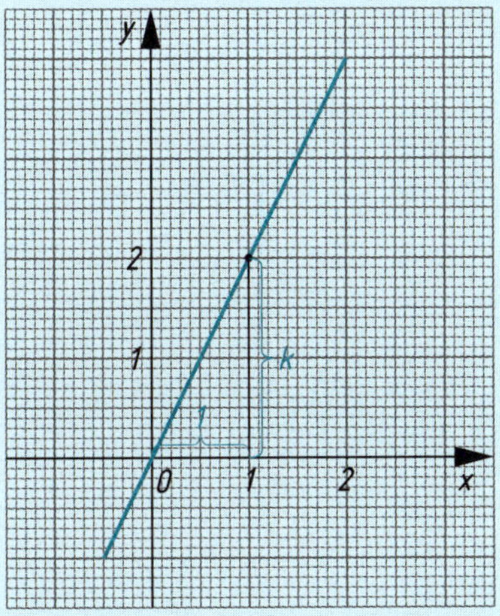

Dieser Graf geht durch den Punkt O(0|0) und ist eine Gerade, es liegt also eine lineare homogene Funktion vor.
Eine Funktion dieser Art hat als Gleichung $y = k \cdot x$.
Um den Wert von k zu bestimmen, liest man den Funktionswert an der Stelle x = 1 ab, da jede lineare homogene Funktion durch den Punkt Q(1|k) verläuft.
$f(1) = 2 \Rightarrow k = 2$
Funktionsgleichung: **$y = 2x$**

b)

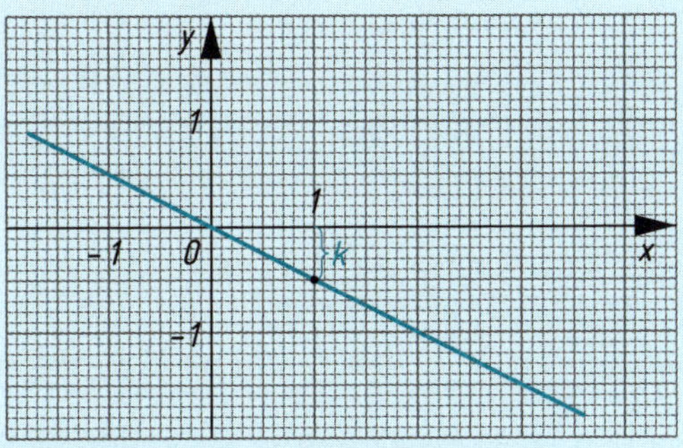

Es liegt auch hier eine lineare homogene Funktion vor, der Graf fällt, der Anstieg k ist also negativ.
An der Stelle x = 1 ist $f(1) = -0{,}5$, also $k = -0{,}5$.
Funktionsgleichung: **$y = -0{,}5\,x$**

c)

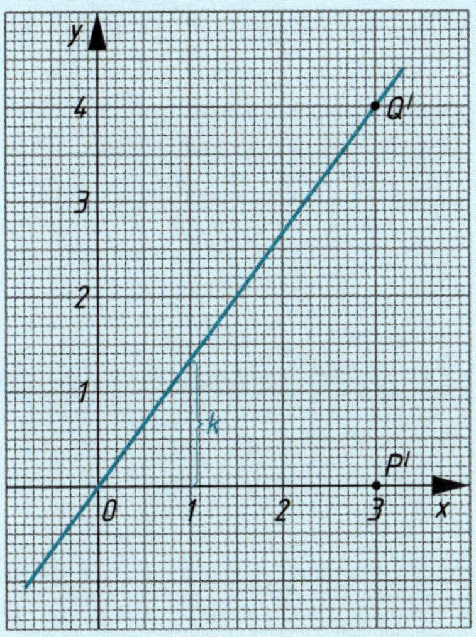

Aus dem ähnlichen Dreieck OP′Q′ lässt sich der Anstieg ablesen.
Die Katheten in diesem Dreieck verhalten sich wie 3 : 4.
Dieses Verhältnis kann man in das Verhältnis 1 : k verwandeln:

$3 : 4 = 1 : \frac{4}{3} \Rightarrow k = \frac{4}{3}$

Funktionsgleichung: **$y = \frac{4}{3}x$**

187 Lies aus den Grafen der Funktionen die Funktionsgleichung ab!

a)

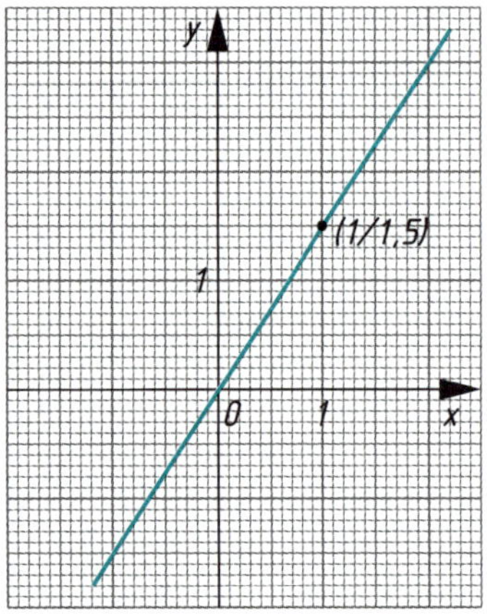

b)

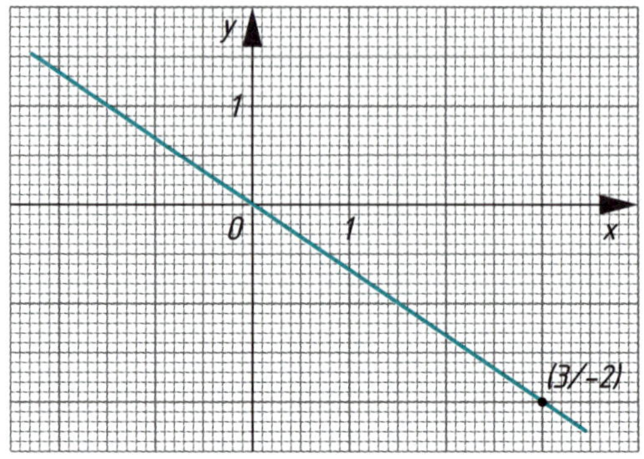

c)

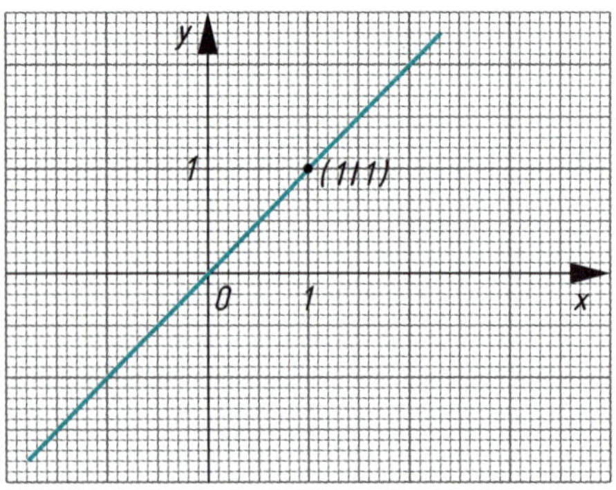

d)

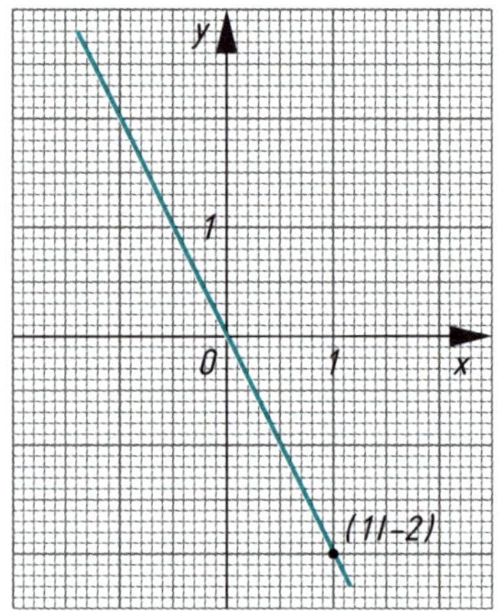

Beispiel

Auf einem Verkehrsschild ist angezeigt, dass eine Straße eine Steigung von 15 % hat. Stelle diesen Sachverhalt als Funktion dar und zeichne den Grafen dieser Funktion!

Eine Steigung von 15 % bedeutet, dass die Straße um 15 m ansteigt, wenn die Horizontalentfernung 100 m beträgt. (Vergleiche die Skizze!)

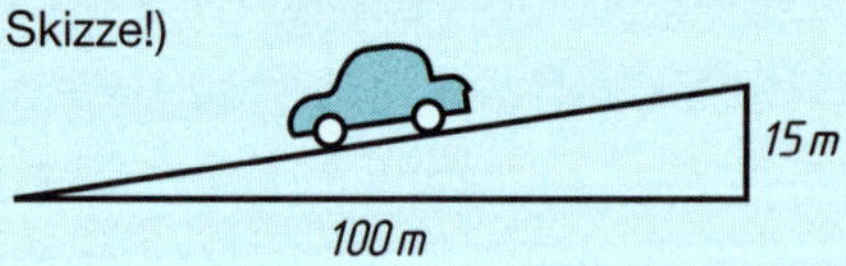

Für die Steigung k benötigt man das Verhältnis der Katheten des Steigungsdreiecks:

$100 : 15 = 1 : \frac{15}{100} \Rightarrow k = \frac{15}{100}$

Funktionsgleichung: $\mathbf{y = \frac{15}{100}x}$

Graf: Einheit auf der x-Achse: 10 m ≙ 1cm
y-Achse: 10 m ≙ 1cm

Zur Konstruktion verwendet man das ähnliche Dreieck, das die Katheten 100 in x-Richtung und 15 in y-Richtung hat.

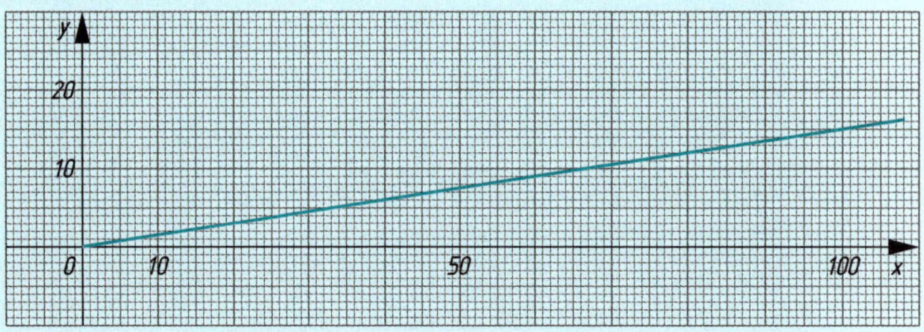

188 Eine Straße hat ein Gefälle von 10 %. Stelle diesen Sachverhalt als Funktion dar und zeichne den Grafen!

Die inhomogene lineare Funktion

Beispiel

Zeichne die Grafen der Funktionen f: y = 1,2x (x ∈ ℝ) und g: y = 1,2x + 2 (x ∈ ℝ) in ein Koordinatensystem! Erstelle eine Wertetabelle! Was kann man erkennen?

Wertetabelle: f: y = 1,2x

x	y = f(x)
−3	−3,6
0	0
1	1,2

g: y = 1,2x + 2

x	y = g(x)
−3	−3,6 + 2 = −1,6
0	0 + 2 = 2
1	1,2 + 2 = 3,2

Funktionsgraf:

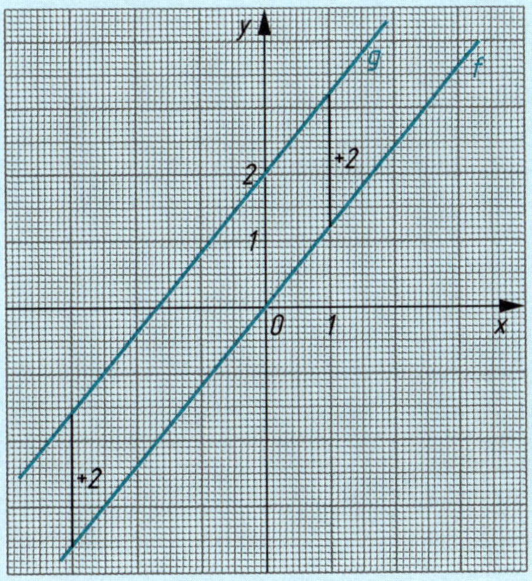

f(x) ... Funktionswert der Funktion f an der Stelle x

g(x) ... Funktionswert der Funktion g an der Stelle x

Man kann erkennen:
Die Grafen der Funktionen sind zueinander parallel.
Die Differenz d der Funktionswerte [g(x) − f(x)] ist für gleiche x-Werte immer gleich groß:
d = g(x) − f(x)

Die Funktion f: y = 1,2x ist eine homogene lineare Funktion. Der Graf jeder homogenen linearen Funktion geht durch den Ursprung.

Die Funktion g: y = 1,2x + 2 bezeichnet man als inhomogene lineare Funktion. Allgemein schreibt man für solche Funktionen y = kx + d.

Der Graf jeder inhomogenen linearen Funktion y = kx + d ist eine Gerade, die parallel zum Grafen der entsprechenden homogenen linearen Funktion y = kx ist.
Der Graf der inhomogenen linearen Funktion geht durch den Punkt P(0|d) und hat denselben Anstieg k wie die zugehörige homogene lineare Funktion.

<table>
<tr><th rowspan="2"></th><th colspan="2">Lineare Funktion</th></tr>
<tr><th>homogen</th><th>inhomogen</th></tr>
<tr><td>Funktionsgleichung</td><td>y = kx</td><td>y = kx + d   k, d ∈ ℝ
d ≠ 0</td></tr>
<tr><td>Anstieg</td><td>k</td><td>k</td></tr>
<tr><td>Graf geht durch den Punkt</td><td>Ursprung O(0|0)</td><td>P(0|d)
d ... Abschnitt (Abstand)
auf der y-Achse</td></tr>
<tr><td></td><td>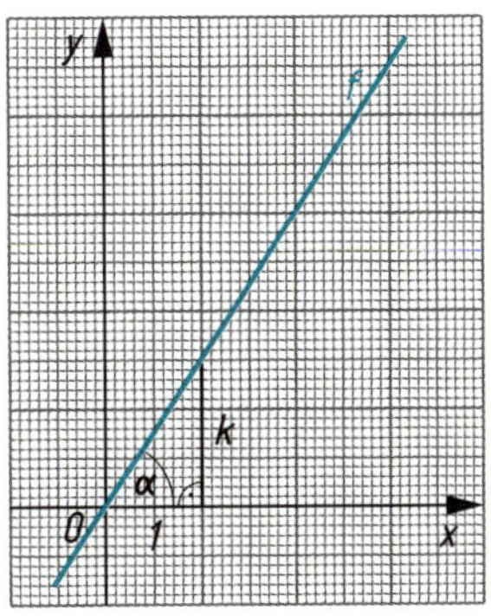

α ... Steigungswinkel</td><td>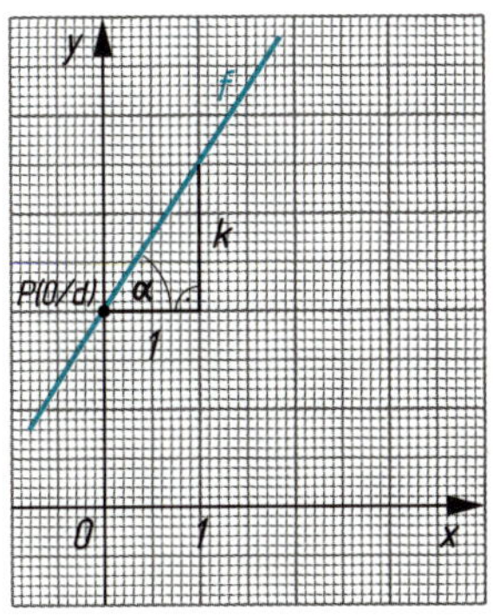

α ... Steigungswinkel</td></tr>
</table>

189 Zeichne die Grafen der inhomogenen linearen Funktionen ($x \in \mathbb{R}$)!

a) f: $y = 2x + 3$ **b)** f: $y = 3x - 1$ **c)** f: $y = 1{,}5x + 2$

d) f: $y = -2{,}5x + 3$ **e)** f: $y = -3x - 2$ **f)** f: $y = 1{,}4x - 3$

Beispiel

Zeichne den Grafen der inhomogenen linearen Funktion f: $y = \frac{1}{2}x + 3$ ($x \in \mathbb{R}$)!
Gib die Werte von k und d an!

Anleitung: Verwende zur Zeichnung ein ähnliches Dreieck als Steigungsdreieck und gib den Steigungswinkel an!

$d = 3$ $d = 3 \Rightarrow P(0|3)$

$k = \frac{1}{2}$

Funktionsgraf:

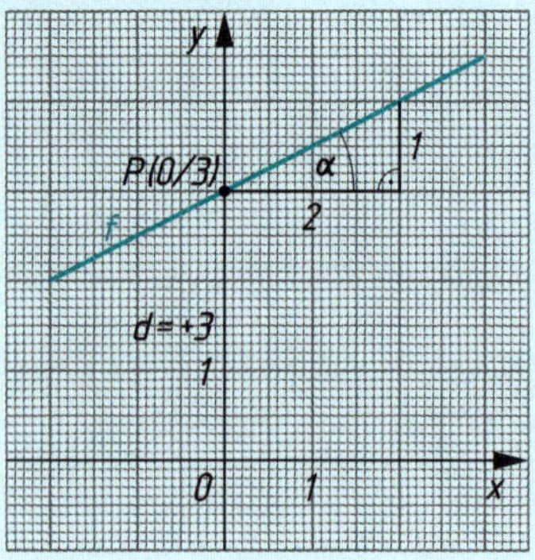

1. Man trägt den Abschnitt d auf der y-Achse auf.
2. Man zeichnet ein zum Steigungsdreieck ähnliches Dreieck im Punkt P(0|3) ein: $1 : k = 1 : \frac{1}{2} = 2 : 1$

   Zeichnen des Grafen der Funktion.
3. Messen des Steigungswinkels α: $\alpha = 27°$.

190 Zeichne die Grafen der inhomogenen linearen Funktionen ($x \in \mathbb{R}$)!

a) f: $y = 3x - 2$ **b)** f: $y = 0{,}3x + \frac{5}{2}$ **c)** f: $y = 4x - 3$

d) f: $y = -0{,}2x - 1{,}5$ **e)** f: $y = 2x + 0{,}8$ **f)** f: $y = x - 2$

g) f: $y = 0{,}9x - 2$ **h)** f: $y = -0{,}8x + 3$ **i)** f: $y = -x + \frac{1}{2}$

191 In einem Tennisverein zahlt man eine einmalige Einschreibgebühr E und einen jährlichen Mitgliedsbeitrag von M Euro.

a) Erstelle eine Funktionsgleichung für den Preis y in Abhängigkeit von der Anzahl der Jahre x!

b) Berechne den Preis für die Mitgliedschaft für **1)** 5 Jahre, **2)** 10 Jahre, wenn die Einschreibgebühr 220 € und der jährliche Mitgliedsbeitrag 110 € beträgt!

c) Stelle diesen Sachverhalt grafisch dar!

Beispiel

Zeichne den Grafen der inhomogenen linearen Funktion f: $y = 2$ ($x \in \mathbb{R}$)!

Anleitung: Bestimme k und d!

$y = 2$

$y = k \cdot x + d$ 1. Gleichung der inhomogenen linearen Funktion.

$y = 0 \cdot x + 2$ 2. Durch „Umformen“ kann man k und d ablesen.

$k = 0$ Der Graf der Funktion hat den Anstieg 0, der Graf der Funktion ist also zur x-Achse parallel,

$d = 2$ Abstand $d = 2$.

3. Zeichnen des Grafen, der zur x-Achse parallel ist.

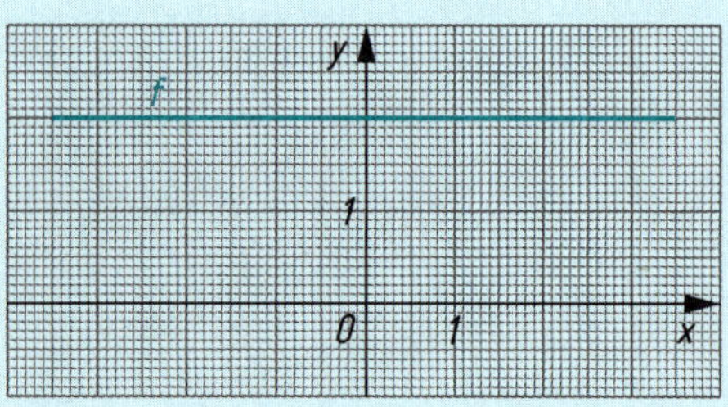

> Der Graf der inhomogenen linearen Funktion
> f: $y = c$ ($c \in \mathbb{R}$) heißt konstante Funktion.
> f: $y = c$ ($c \in \mathbb{R}$) ist eine zur x-Achse parallele Gerade.

192 Zeichne die Grafen der inhomogenen linearen Funktionen ($x \in \mathbb{R}$)!

a) f: $y = 3$ **b)** f: $y = -3$ **c)** f: $y = \frac{1}{2}$ **d)** f: $y = -\frac{1}{2}$

Beispiel Lies vom Grafen der Funktion die Funktionsgleichung ab!

a)

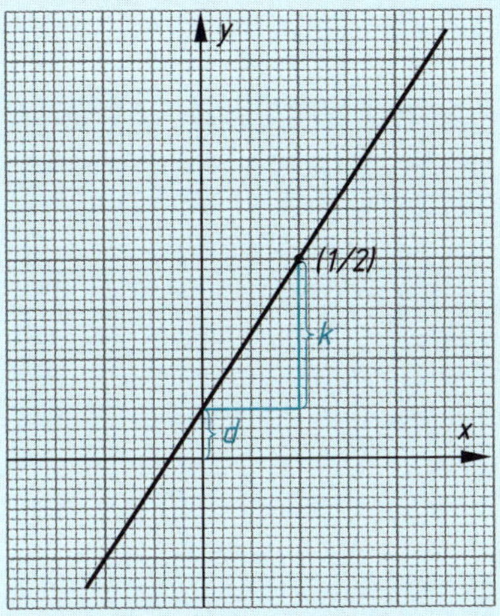

Es liegt eine lineare inhomogene Funktion vor, da der Graf eine Gerade ist und diese Funktion nicht durch den Ursprung verläuft. Die Gleichung so einer Funktion ist: $y = kx + d$.
Der Graf jeder linearen Funktion geht durch den Punkt P(0|d). Auf der y-Achse kann man also d ablesen: $d = 0{,}5$.
k ist jener Wert, um den der Funktionsgraf steigt, wenn x um 1 größer wird:
$k = 1{,}5$
Im Intervall [0 ; 1] steigt der Funktionswert von 0,5 auf 2:
$f(0) = 0{,}5$
$f(1) = 2$
Das Steigungsdreieck hat als Katheten 1 in x-Richtung und k in y-Richtung.

Funktionsgleichung: **$y = 1{,}5x + 0{,}5$**

b)

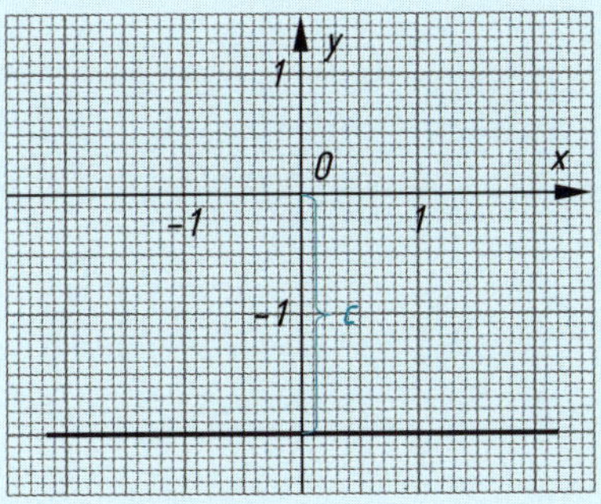

Der Graf der Funktion ist eine Parallele zur x-Achse, es liegt also eine konstante Funktion vor. Allgemein hat eine konstante Funktion die Gleichung $y = c$.
In diesem Beispiel ist $c = -2$ (Vergleiche die y-Koordinate des Schnittpunkts der Geraden mit der y-Achse)

Funktionsgleichung: **$y = -2$**

193 Lies vom Grafen der Funktionen die Funktionsgleichung ab!

a)

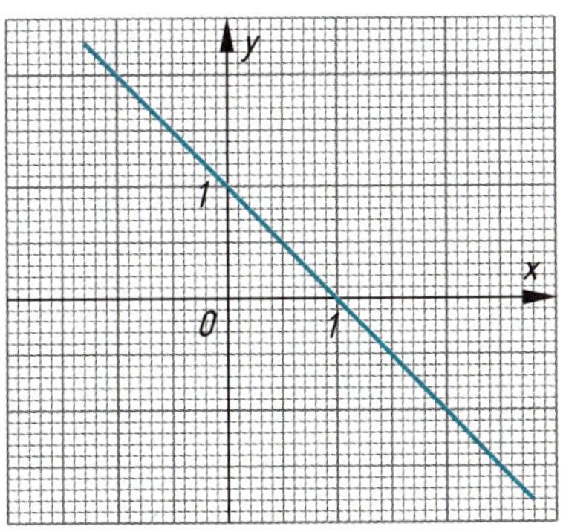

b)

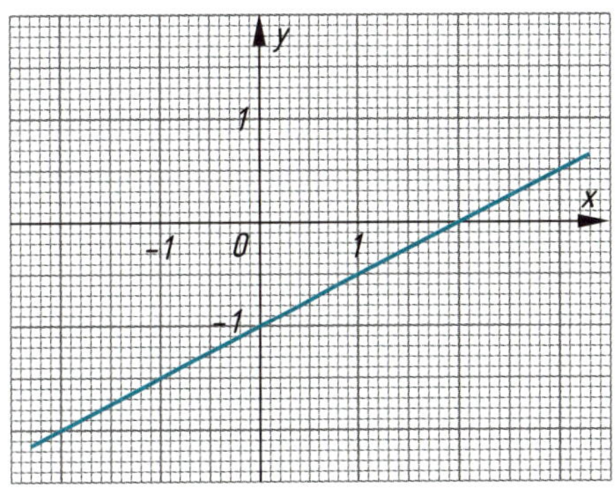

c)

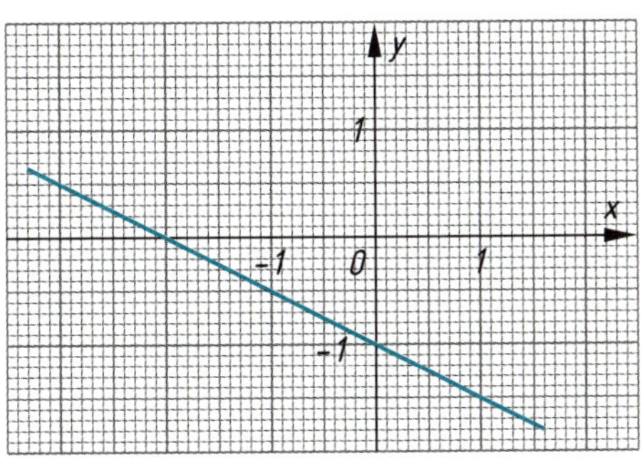

d)

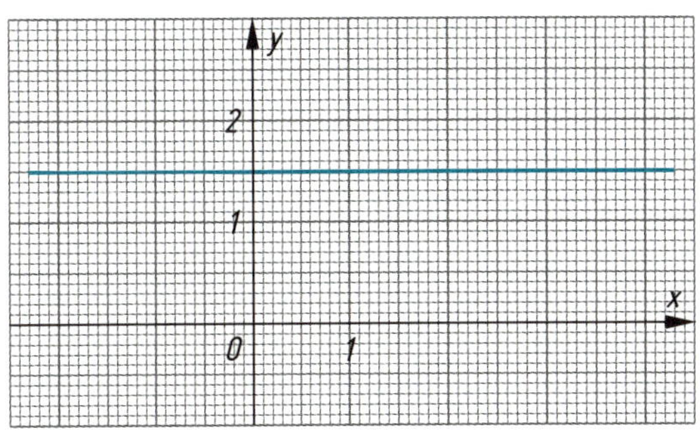

SK 6 FUNKTIONEN

Der eingetrocknete Zitronensaft wurde sichtbar durch:

1	2	3	4	5	6	7	8	9	10	11	12	13	14	15

Welche Funktionsgleichungen gehören zu welchen Grafen? Ordne den Zeichnungen die richtigen Funktionsgleichungen zu und trage dann den entsprechenden Buchstaben im Lösungsfeld ein!

E	R	F	K	A	M	E	N
$y = -\frac{1}{3}x$	$y = \frac{1}{x}$	$y = -x - 1$	$y = x^2 + 1$	$y = x - 1$	$y = \frac{1}{x-2}$	$y = 1$	$y = -x$

Z	E	M	L	E	I	D
$y = 3x + 1$	$y = x^2$	$y = -x^2$	$y = x$	$y = -1$	$y = x - 0{,}5$	$y = \sqrt{x}$

1)
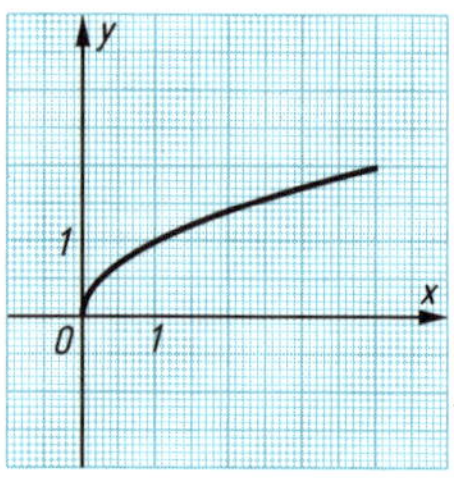

2)
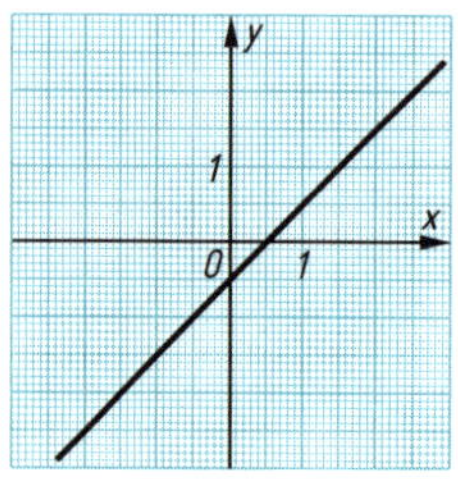

3)
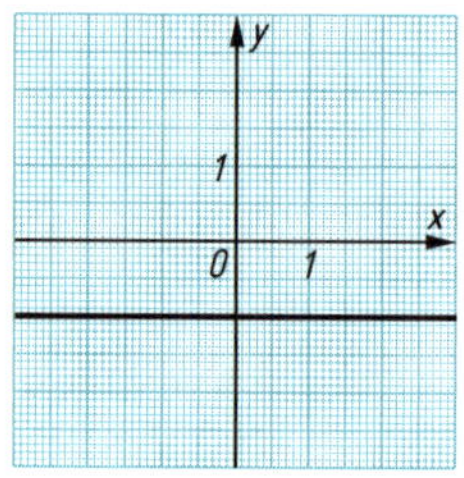

4)
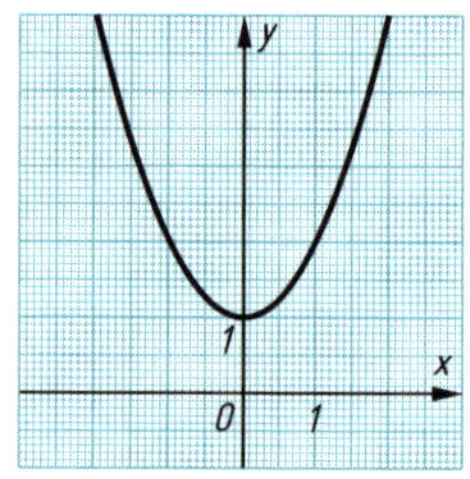

5)
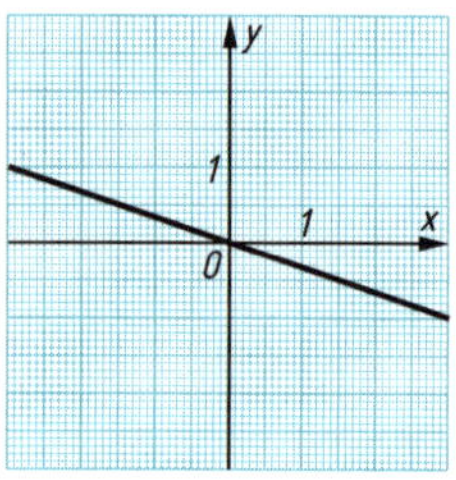

6)
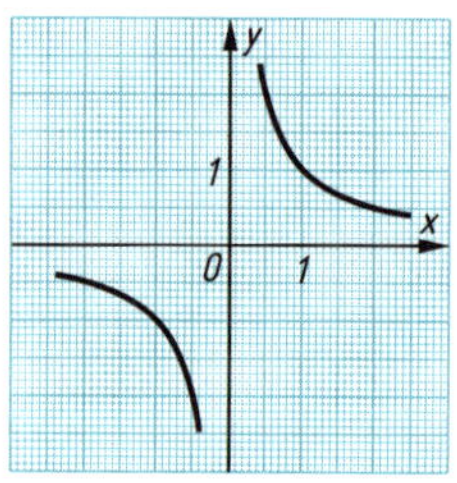

7)
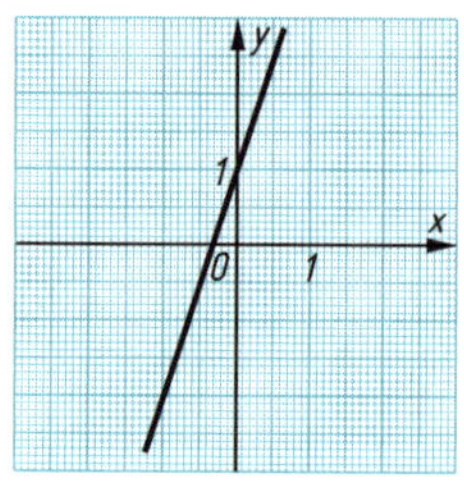

8)
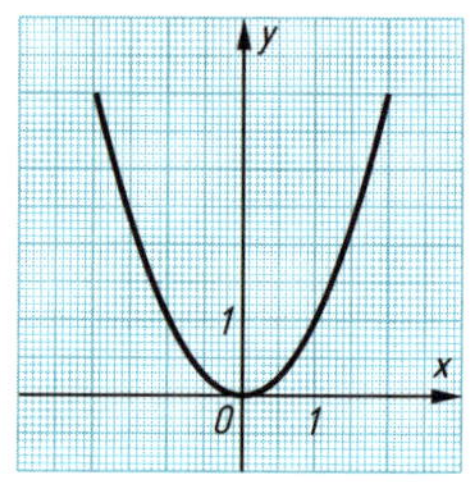

9)
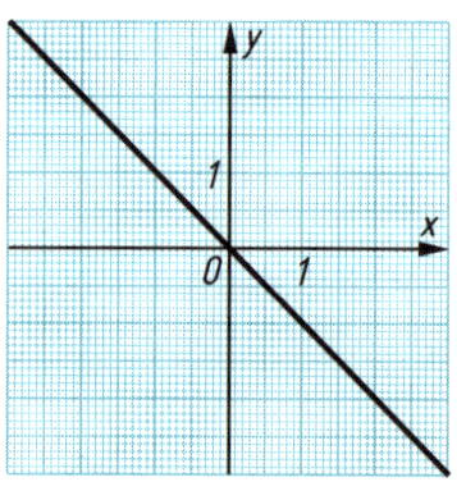

10)
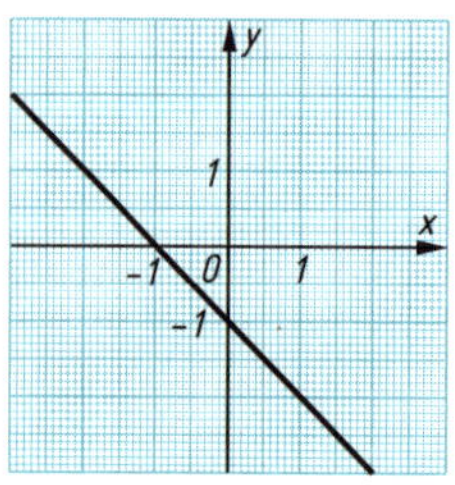

11)
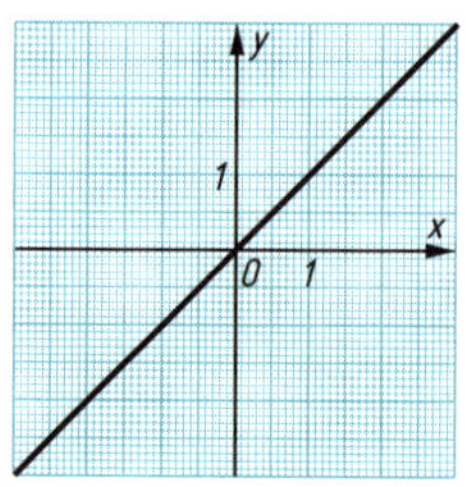

12)
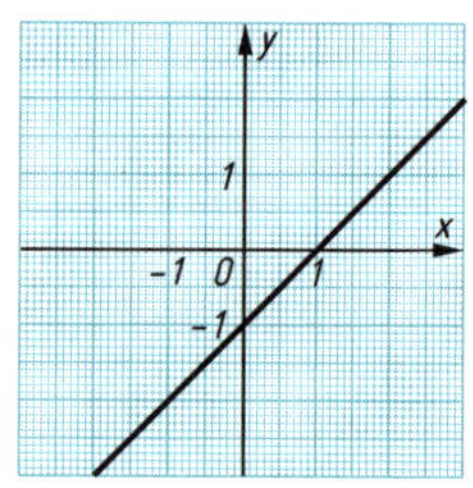

13)
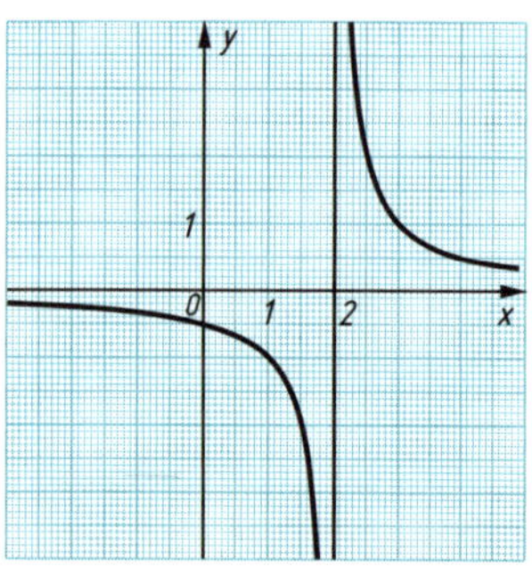

14)
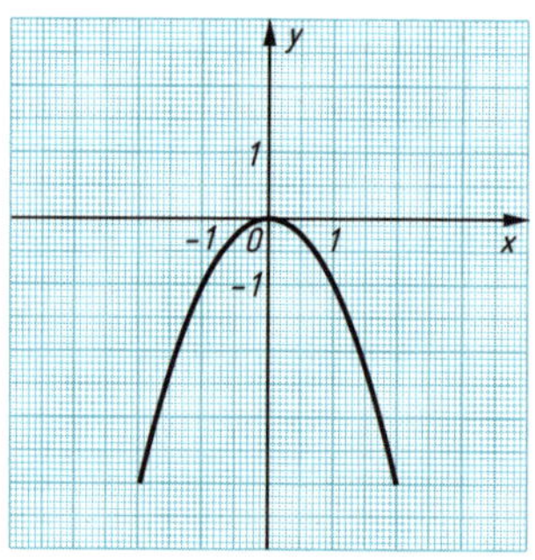

15)
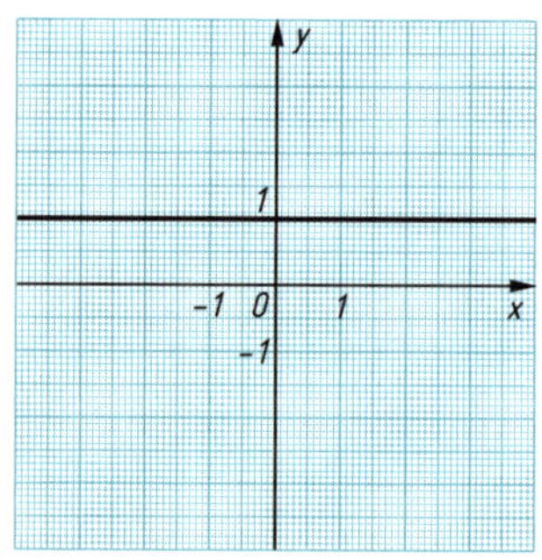

Ja, wenn man das Papier über eine Kerzenflamme hielt, erschien eine braune Schrift!
Du hast den Zettel noch! Na, dann versuchst du eben das Blatt über eine Flamme zu halten.

Kapitel D, Funktionen

*) Den Funktionsbegriff kennen

1) Was versteht man unter einer Funktion? ☐ ☐ ☐

2) Gib zwei Beispiele für Funktionen an! ☐ ☐ ☐

3) Welche Möglichkeiten gibt es, eine Funktion festzulegen? ☐ ☐ ☐

*) Den Grafen einer Funktion zeichnen können

4) Pro Minute fließen in ein Becken 50 l Wasser.

- **a)** Stelle die Funktionsgleichung für die Wassermenge im Becken auf! ☐ ☐ ☐
- **b)** Zeichne den Grafen dieser Funktion, wenn das Becken maximal 1 000 l Wasser fasst! (Wähle geeignete Einheiten!) ☐ ☐ ☐
- **c)** Lies aus dem Grafen ab, wie lange es dauert, bis 650 l Wasser im Becken sind! ☐ ☐ ☐
- **d)** Lies aus dem Grafen ab, wie viel Liter Wasser in 7 Minuten zugeflossen sind! ☐ ☐ ☐

*) Den Grafen der Funktion deuten können

5) Schallgeschwindigkeit

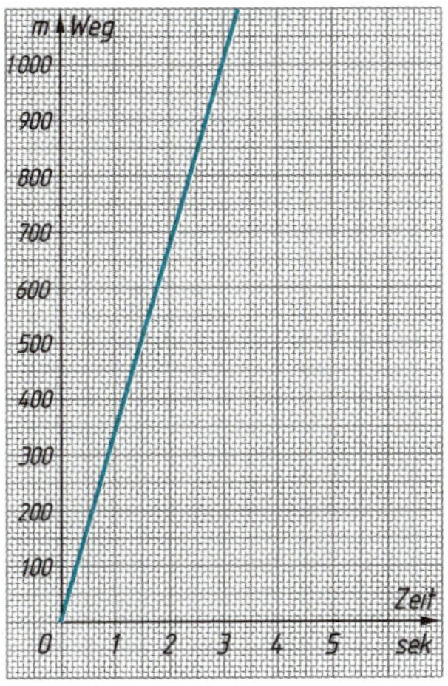

Welche Zuordnung liegt vor? ☐ ☐ ☐

Wie lautet die Funktionsgleichung? ☐ ☐ ☐

Wie lange braucht der Schall für ungefähr einen Kilometer? ☐ ☐ ☐

*) Verschiedene Arten von Funktionen kennen und zeichnen können, Besonderheiten dieser Funktionen angeben können

Zeichne die Grafen der folgenden Funktionen und benenne sie! Was kann man über die einzelnen Funktionen bzw. deren Grafen aussagen?

6) $y = \sqrt{2x}$ ☐ ☐ ☐ **7)** $y = x^2 - 3$ ☐ ☐ ☐ **8)** $y = \frac{1}{x-1}$ ☐ ☐ ☐

9) $y = \frac{1}{3}x - 2$ ☐ ☐ ☐ **10)** $y = 0{,}5x$ ☐ ☐ ☐ **11)** $y = -1{,}5$ ☐ ☐ ☐

*) Den Grafen der linearen homogenen und inhomogenen Funktionen aus der Wertetabelle und der Funktionsgleichung zeichnen können

12) Wie lautet die Gleichung einer linearen homogenen Funktion? ☐ ☐ ☐

13) Welche Eigenschaften hat eine lineare homogene Funktion? ☐ ☐ ☐

14) Wann steigt eine lineare homogene Funktion? Wann fällt sie? ☐ ☐ ☐

15) Wie lautet die Gleichung einer linearen inhomogenen Funktion? ☐ ☐ ☐

16) Welche Eigenschaften hat eine lineare inhomogene Funktion? ☐ ☐ ☐

17) Wann steigt eine lineare inhomogene Funktion? Wann fällt sie? ☐ ☐ ☐

18) Was bedeutet k? ☐ ☐ ☐ **19)** Was bedeutet d? ☐ ☐ ☐

20) Erstelle eine Wertetabelle und zeichne die Grafen der folgenden Funktionen in einem geeigneten Intervall für $x \in \mathbb{R}$!

- **a)** $y = 2x - 3$ ☐ ☐ ☐ **b)** $y = -\frac{2}{3}x$ ☐ ☐ ☐

21) Zeichne die Grafen direkt aus der Funktionsgleichung (d, k)!

- **a)** $y = -\frac{1}{2}x + 2$ ☐ ☐ ☐ **b)** $y = 2x - 1$ ☐ ☐ ☐

*) Die Funktionsgleichung der linearen Funktion aus dem Grafen ablesen können

22) Gib die Funktionsgleichung zu den folgenden Funktionen an und begründe!

a)

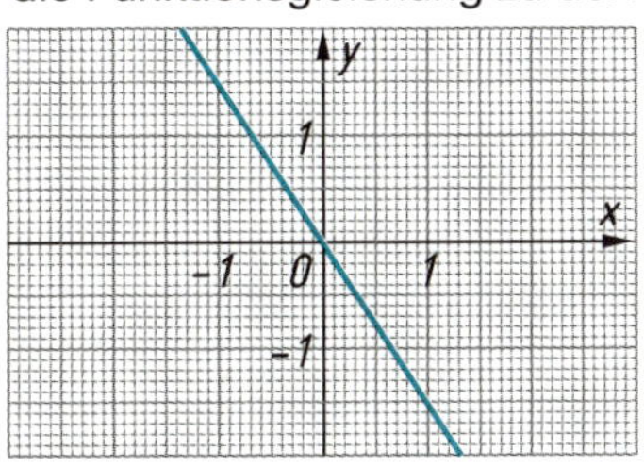

☐ ☐ ☐

b)

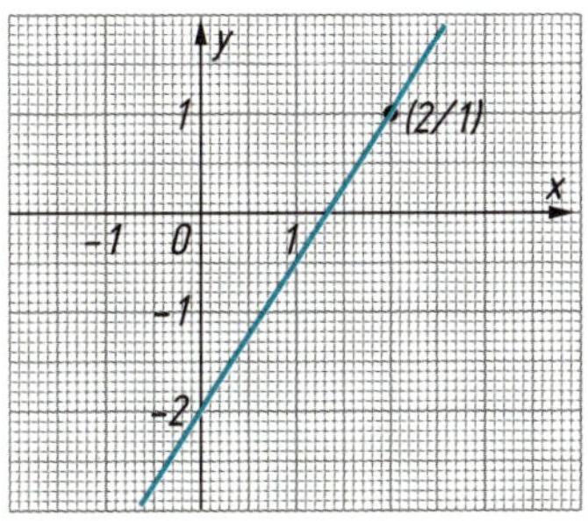

☐ ☐ ☐

E LINEARE GLEICHUNGEN IN ZWEI VARIABLEN

LERNZIELE:

*) Lineare Gleichungen in zwei Variablen aufstellen können
*) Lineare Gleichungen in zwei Variablen rechnerisch und grafisch lösen können
*) Lineare Gleichungssysteme in zwei Variablen aufstellen können
*) Lineare Gleichungssysteme in zwei Variablen rechnerisch und grafisch lösen können

1 Eine lineare Gleichung in zwei Variablen

Beispiel

Eva und Peter stellen ein Zahlenrätsel auf. Eva sagt: „Ich denke mir zwei natürliche Zahlen x, y. Das Doppelte der ersten Zahl vermehrt um das Dreifache der zweiten Zahl ergibt 15. Welche Zahlen sind das, wenn x und y nicht null sein sollen?

Peter löst dieses Rätsel mit einer Gleichung:

x 1. natürliche Zahl
y 2. natürliche Zahl

Ansatz:

$2x + 3y = 15 \quad | -2x$

Peter stellt eine **Gleichung** mit zwei Variablen (Unbekannten) auf und **berechnet daraus y.**

$3y = -2x + 15 \quad | :3$

$y = -\frac{2}{3}x + 5$

Peter findet durch Probieren die Lösungen.

$x = 3$: $y = -\frac{2}{3} \cdot 3 + 5 = -2 + 5 = 3$ — x muss eine natürliche Zahl sein, die durch 3 teilbar ist,

$x = 6$: $y = -\frac{2}{3} \cdot 6 + 5 = -4 + 5 = 1$ — denn nur dann ist auch y eine natürliche Zahl.

Zahlen $x > 6$ braucht man nicht einsetzen, weil sich daraus ein $y < 0$ ergeben würde.

Peter hat das Rätsel gelöst:

Ist die erste Zahl x = 3, dann ist auch die zweite Zahl y = 3.
Ist die erste Zahl x = 6, dann muss die zweite Zahl y = 1 sein.

Die Lösung besteht also aus den geordneten Zahlenpaaren: (3; 3) und (6; 1).

Eine lineare Gleichung in zwei Variablen (Unbekannten) hat als Lösung **geordnete Zahlenpaare (x; y).**
Die Menge aller geordneter Zahlenpaare, die Lösung der Gleichung sind, wird **Lösungsmenge** genannt.
In diesen Zahlenpaaren ist die Reihenfolge festgelegt:
Die erste Zahl stellt den x-Wert, die zweite Zahl den y-Wert dar.

Beachte: (6; 1) ≠ (1; 6)
(6; 1) heißt: x = 6 und y = 1
(1; 6) heißt: x = 1 und y = 6

194 Vermehrt man das Dreifache einer natürlichen Zahl (> 0) um das Fünffache einer anderen natürlichen Zahl, so erhält man 70. Gib alle Zahlenpaare natürlicher Zahlen an, die diese Bedingung erfüllen!

195 Berechne alle Möglichkeiten, einen Geldbetrag von 18 € mit 1 €-Münzen und 2 €-Münzen zu bezahlen.

Anleitung: x: Anzahl der 1 €-Münzen
y: Anzahl der 2 €-Münzen

196 In einer Jugendherberge gibt es Vier- und Sechsbettzimmer, insgesamt sind es 46 Betten. Berechne alle Möglichkeiten, wie viele Vier- und Sechsbettzimmer es sein könnten!

197 Ein Zug hat zwei- und vierachsige Wagons, insgesamt 26 Achsen. Gib alle Möglichkeiten an, aus wie vielen zwei- und wie vielen vierachsigen Wagons der Zug zusammengesetzt sein könnte!

Beispiel Stelle die Lösung der Gleichung $2x + 3y = 15$ grafisch dar und gib die Lösungsmenge dieser Gleichung an! Für die Variablen gilt: x, y sind reelle Zahlen ($x \in \mathbb{R}$, $y \in \mathbb{R}$).

Funktionsgleichung:

$$2x + 3y = 15 \quad | -2x$$
$$3y = -2x + 15 \quad | :3$$
$$y = -\tfrac{2}{3}x + 5$$

Wir formen die Gleichung um.

Funktionsterm: $f: x \mapsto -\tfrac{2}{3}x + 5$

Graf der Funktion:

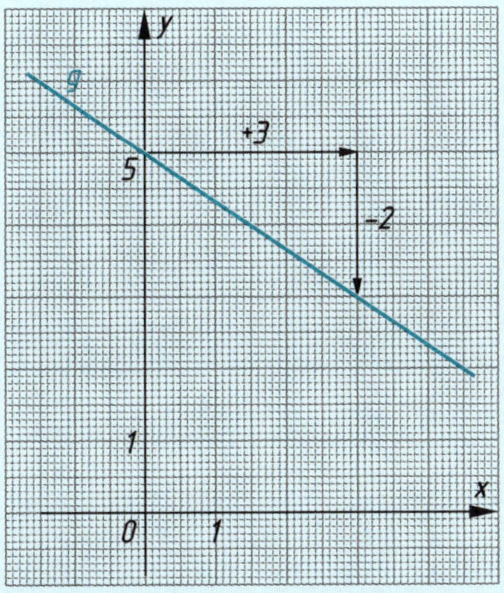

Einheiten: x – Achse: 1 cm
y – Achse: 1 cm

Wir zeichnen den Grafen der inhomogenen Funktion: **Zuerst d = 5 (Abschnitt auf der y – Achse), dann das Steigungsdreieck** mit dem Anstieg $\mathbf{k = -\tfrac{2}{3}}$

Jedem x-Wert wird genau ein y-Wert zugeordnet.
Der Graf dieser Funktion ist eine Gerade (g).
Die Gerade besteht aus unendlich vielen Punkten.

Alle Punkte der Geraden sind Lösung der gegebenen Gleichung.

Lösungsmenge:
Die Lösung der Gleichung ist jeder Punkt der Geraden. Ein Punkt ist durch die Angabe seiner Koordinaten festgelegt. Die Lösung der Gleichung ist das Koordinatenpaar jedes Punktes dieser Geraden:

$\mathbf{L = \{(x; y) \mid y = -\tfrac{2}{3}x + 5\}}$ **mit** $\mathbf{x \in \mathbb{R}, y \in \mathbb{R}}$

y ist die von x abhängige Unbekannte, für jedes $x \in \mathbb{R}$ kann das zugehörige $y \in \mathbb{R}$ errechnet werden.

Jede lineare Gleichung mit zwei Variablen kann als Gerade grafisch dargestellt werden.
Alle Punkte (x; y) dieser Geraden stellen Lösungen der Gleichung dar.

198 Stelle die Lösungen der Gleichungen grafisch dar und gib die Lösungsmengen an!
Für die Variablen gilt: $x \in \mathbb{R}$, $y \in \mathbb{R}$.

a) $3x + 4y = 12$ **b)** $2x - 3y = 9$ **c)** $5x + 3y = 12$ **d)** $-6x + 5y = 15$

Beispiel Stelle die lineare Gleichung mit zwei Variablen $3x + 5y = 10$ in expliziter Form dar!

$$3x + 5y = 10 \quad | -3x$$
$$5y = -3x + 10 \quad | :5$$
$$\mathbf{y = -\tfrac{3}{5}x + 2}$$

Unter **expliziter Form** der „Geradengleichung“ versteht man die Darstellung der Gleichung in der Form:

$\mathbf{y = kx + d}$ mit $k, d \in \mathbb{R}$

Beispiel Stelle die lineare Gleichung mit zwei Variablen $y = \tfrac{3}{5}x + 4$ in impliziter Form dar!

$$y = \tfrac{3}{5}x + 4 \quad | -\tfrac{3}{5}x$$
$$-\tfrac{3}{5}x + y = 4 \quad | -4$$
$$-\tfrac{3}{5}x + y - 4 = 0 \quad | \cdot(-5)$$
$$\mathbf{3x - 5y + 20 = 0}$$

Unter **impliziter Form** der „Geradengleichung“ versteht man die Darstellung der Gleichung in der Form:

$\mathbf{ax + by + c = 0}$ mit $a, b, c \in \mathbb{R}$

Wir kennen zwei Darstellungsformen linearer Gleichungen mit zwei Variablen:

Explizite Form:	$\mathbf{y = kx + d}$	mit $k, d \in \mathbb{R}$
Implizite Form:	$\mathbf{ax + by + c = 0}$	mit $a, b, c \in \mathbb{R}$

199 Stelle die lineare Gleichung mit zwei Variablen in expliziter Form dar!

a) $4x + 5y - 15 = 0$ **b)** $3x - 7y + 14 = 0$ **c)** $4x - 7y = 10$ **d)** $5x + 9y = 13$

200 Stelle die lineare Gleichung mit zwei Variablen in impliziter Form dar!

a) $y = 5x - 3$ **b)** $y = \frac{2}{3}x + 7$

c) $y = -\frac{3}{4}x - 8$ **d)** $y = \frac{4}{5}x + 9$

201 Stelle die Lösungen der linearen Gleichungen mit zwei Variablen grafisch dar! Gib die Lösungsmengen dieser Gleichungen an!
Für die Variablen gilt: x, y sind reelle Zahlen ($x \in \mathbb{R}$, $y \in \mathbb{R}$)

a) $y = 2x + 3$ **b)** $y = 3x + 4$

c) $y = -\frac{3}{4}x - 2$ **d)** $y = -\frac{2}{7}x + 3$

202 Stelle die Lösungen der linearen Gleichungen mit zwei Variablen grafisch dar!
Gib die Lösungsmengen dieser Gleichungen an!
Für die Variablen gilt: x, y sind reelle Zahlen ($x \in \mathbb{R}$, $y \in \mathbb{R}$).

a) $3x + 5y + 8 = 0$ **b)** $5x - 3y + 2 = 0$

c) $6x - 3y - 4 = 0$ **d)** $7x + 5y + 3 = 0$

203 Stelle die Lösungen der linearen Gleichungen mit zwei Variablen grafisch dar!
Gib die Lösungsmengen dieser Gleichungen an!
Für die Variablen gilt: x, y sind reelle Zahlen ($x \in \mathbb{R}$, $y \in \mathbb{R}$).

a) $y = 3x + 20$ **b)** $y = -4x + 30$

c) $y = \frac{3}{5}x - 15$ **d)** $y = -\frac{4}{7}x + 40$

Anleitung: Wähle folgende Einheiten: x-Achse: 1 mm; y-Achse: 1 mm!

204 Stelle die Lösungen der linearen Gleichungen mit zwei Variablen grafisch dar!
Gib die Lösungsmengen dieser Gleichungen an!
Für die Variablen gilt: x, y sind reelle Zahlen ($x \in \mathbb{R}$, $y \in \mathbb{R}$).

a) $3x + 5y + 100 = 0$ **b)** $7x - 4y - 200 = 0$ **c)** $5x - 6y + 180 = 0$

Anleitung: Wähle folgende Einheiten: x-Achse: 1 mm; y-Achse: 1 mm!

205 Gib in Form einer Gleichung an und ermittle mindestens drei ganzzahlige Lösungen!

a) Das Dreifache einer reellen Zahl vermindert um das Vierfache einer anderen reellen Zahl ergibt 12.

b) Das Doppelte einer reellen Zahl vermehrt um das Dreifache einer anderen reellen Zahl ergibt 12.

206 Gib in Form einer Gleichung an und ermittle mindestens drei ganzzahlige Lösungen!

a) Die Hälfte einer reellen Zahl ist das Fünffache einer anderen reellen Zahl.

b) Der Quotient zweier verschiedener reeller Zahlen ist 5.

Beispiel

Zeichne die Geraden, die durch die linearen Gleichungen gegeben sind und gib jeweils die Lösungsmenge an!

a) $x = 2$

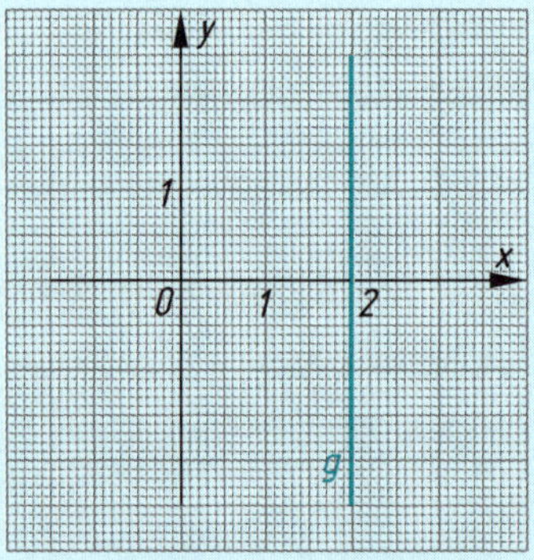

Die Gerade enthält **alle Punkte,** deren **x-Wert 2** ist.
Die Gerade $x = 2$ ist daher zur **y – Achse parallel.**

$L = \{(x; y) \mid x = 2\}$ mit $y \in \mathbb{R}$

b) $y = -1$

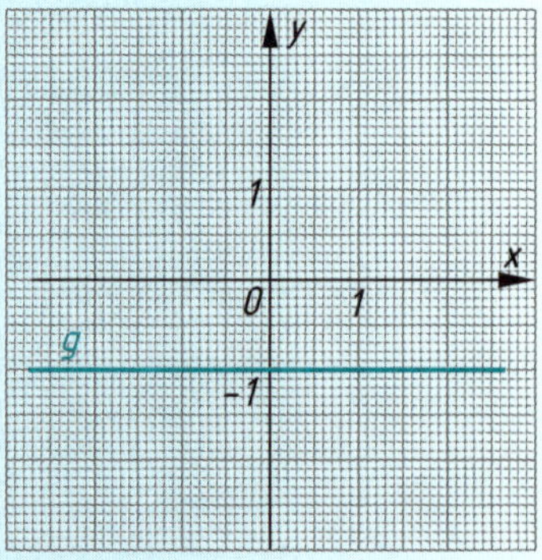

Die Gerade enthält **alle Punkte,** deren **y-Wert −1** ist.
Die Gerade $y = -1$ ist daher zur **x – Achse parallel.**
Eine **Gerade**, die zur **x – Achse parallel** ist, hat den Anstieg **k = 0.**

$L = \{(x; y) \mid y = -1\}$ mit $x \in \mathbb{R}$

Eine Gerade mit der Gleichung $x = c$ mit $c \in \mathbb{R}$ ist zur y-Achse parallel.
Eine Gerade mit der Gleichung $y = c$ mit $c \in \mathbb{R}$ ist zur x-Achse parallel;
sie hat den Anstieg $k = 0$.

207 Zeichne die Geraden, die durch lineare Gleichungen angegeben sind und gib die Lösungsmengen für $x, y \in \mathbb{R}$ an!

a) $x = 3$ **b)** $x = -3$ **c)** $x = 0$

d) $y = 4$ **e)** $y = -4$ **f)** $y = 0$

2 Systeme zweier linearer Gleichungen in zwei Variablen

Grafische Lösungsverfahren

Beispiel

Gegeben sind die linearen Gleichungen mit $x \in \mathbb{R}$ und $y \in \mathbb{R}$:

I: $4x - 5y = -11$
II: $3x + 2y = 9$

Ermittle grafisch die Lösungsmenge dieses Gleichungssystems und kontrolliere das Messergebnis durch eine Rechnung!

Wir stellen die linearen Gleichungen in **expliziter Form** dar:

I: $4x - 5y = -11 \quad | -4x$
$-5y = -4x - 11 \quad | :(-5)$
$y = \frac{4}{5}x + \frac{11}{5}$

II: $3x + 2y = 9 \quad | -3x$
$2y = -3x + 9 \quad | :2$
$y = -\frac{3}{2}x + \frac{9}{2}$

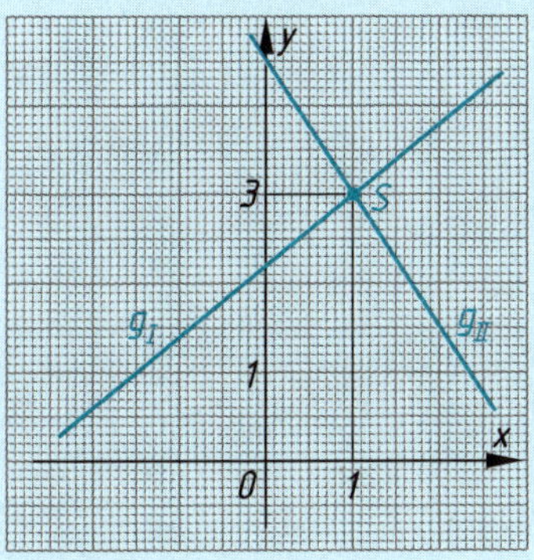

Für die Gerade g_I: $y = \frac{4}{5}x + \frac{11}{5}$ gilt: $k = \frac{4}{5}$, $d = \frac{11}{5}$

Für die Gerade g_{II}: $y = -\frac{3}{2}x + \frac{9}{2}$ gilt: $k = -\frac{3}{2}$, $d = \frac{9}{2}$

Der Schnittpunkt S ist Punkt der Geraden g_I und Punkt der Geraden g_{II}. Wir messen die Koordinaten des Punktes S(1|3). Das Zahlenpaar (1; 3) erfüllt die Gleichungen I und II.

L = {(1; 3)}

Probe:

I: $T_l = 4 \cdot 1 - 5 \cdot 3 =$
$= 4 - 15 = \mathbf{-11}$
$T_r = \mathbf{-11}$
$\mathbf{T_l = T_r}$

II: $T_l = 3 \cdot 1 + 2 \cdot 3 =$
$= 3 + 6 = \mathbf{9}$
$T_r = \mathbf{9}$
$\mathbf{T_l = T_r}$

Wir setzen die Werte des Zahlenpaares in die 1. und in die 2.Gleichung ein, um das Messergebnis zu überprüfen.

208 Ermittle grafisch die Lösungsmengen der Gleichungssysteme und kontrolliere die Messergebnisse durch eine Rechnung!

a) I: $4x - 5y = 10$
II: $3x + 4y = 23$

b) I: $7x + 2y = 13$
II: $4x - 3y = 24$

c) I: $4x - 2y = 7$
II: $2x + 4y = 11$

d) I: $3x - y = 4$
II: $4x + y = 10$

e) I: $2x - 5y = 11$
II: $x - y = 4$

f) I: $x - 2y = 7$
II: $3x + y = -7$

Beispiel Ermittle grafisch die Lösungsmenge des linearen Gleichungssystems! Was fällt dir auf?

I: $4x - 3y = 1$
II: $4x - 3y = -3$

Wir formen die linearen Gleichungen in die explizite Form der Geradengleichung um:

I: $4x - 3y = 1 \quad | -4x$
$-3y = -4x + 1 \quad | :(-3)$
$y = \frac{4}{3}x - \frac{1}{3}$

II: $4x - 3y = -3 \quad | -4x$
$-3y = -4x - 3 \quad | :(-3)$
$y = \frac{4}{3}x + 1$

Graf der linearen Funktionen:

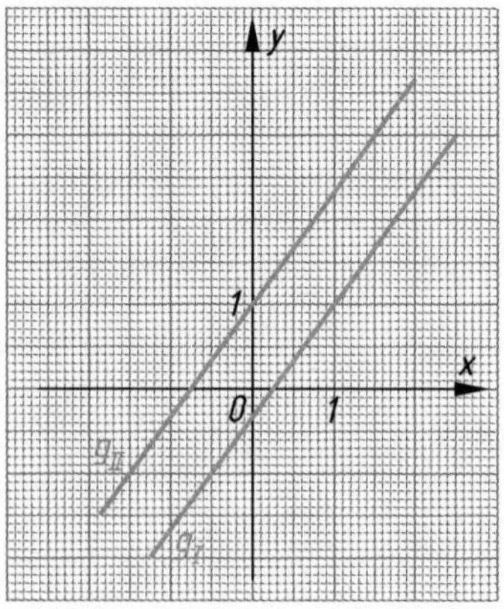

Für die Gerade g_I: $y = \frac{4}{3}x - \frac{1}{3}$ gilt: $k = \frac{4}{3}$, $d = -\frac{1}{3}$
Für die Gerade g_{II}: $y = \frac{4}{3}x + 1$ gilt: $k = \frac{4}{3}$, $d = 1$

Die **Geraden g_I und g_{II}** haben den **gleichen Anstieg** $k = \frac{4}{3}$, die Abschnitte auf der y-Achse sind verschieden.

Die Geraden g_I und g_{II} sind zueinander parallel, die Geraden haben keinen Schnittpunkt; das Gleichungssystem hat also keine Lösung. Man sagt dazu **„Die Lösung ist die leere Menge"** und schreibt **L = { }**.

Ein **Gleichungssystem** von zwei linearen Gleichungen mit zwei Variablen hat genau dann **keine Lösung**, wenn die **Geraden** zueinander **parallel** sind, das heißt, wenn die Geraden den **gleichen Anstieg**, aber **verschiedene Abschnitte auf der y-Achse haben.**

Beispiel Ermittle grafisch die Lösungsmenge des linearen Gleichungssystems! Was fällt dir auf?

I: $y = 2x + 1$
II: $4x - 2y = -2$

Wir formen die lineare Gleichung II in die explizite Form der Geradengleichung um:

I: $y = 2x + 1$

II: $4x - 2y = -2 \quad | -4x$
$-2y = -4x - 2 \quad | :(-2)$
$y = 2x + 1$

Graf der linearen Funktionen:

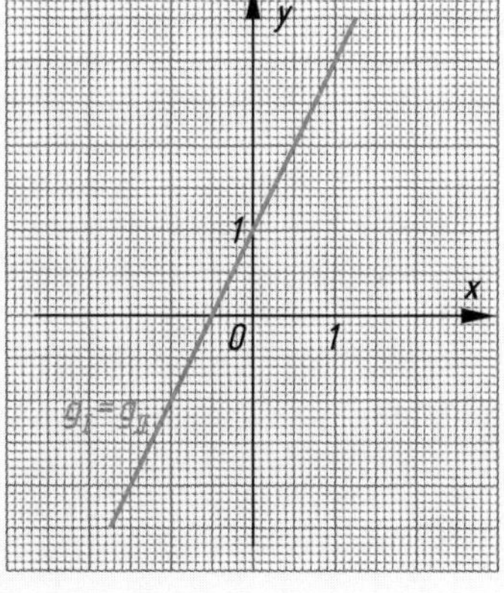

Für die Gerade g_I: $y = 2x + 1$ gilt: $k = 2$, $d = 1$
Für die Gerade g_{II}: $y = 2x + 1$ gilt: $k = 2$, $d = 1$

Die **Geraden g_I und g_{II}** haben den **gleichen Anstieg** $k = 2$ und die **gleichen Abschnitte auf der y-Achse.**

Die Geraden g_I und g_{II} fallen zusammen, das heißt, sie sind identisch. Jeder Punkt der Geraden g_I ist auch Punkt der Geraden g_{II}.

Das Gleichungssystem hat unendlich viele Lösungen.

$L = \{(x; y) \mid y = 2x + 1\}$ mit $x \in \mathbb{R}$ und $y \in \mathbb{R}$

Ein **Gleichungssystem** von zwei linearen Gleichungen mit zwei Variablen hat genau dann **unendlich viele Lösungen**, wenn die **Geraden identisch** sind, das heißt, wenn die Geraden den **gleichen Anstieg** und **gleiche Abschnitte auf der y-Achse** haben.

209 Ermittle grafisch die Lösungsmengen der Gleichungssysteme und gib die Lösungsmengen an!

a) I: $y = 3x - 2$
II: $y = -4x + 5$

b) I: $y = 3x - 2$
II: $y = 3x + 2$

c) I: $y = 3x + 2$
II: $2y = 6x + 4$

Rechnerische Lösungsverfahren

Beispiel

Löse das Gleichungssystem ($x, y \in \mathbb{R}$)!

I: $3x + 5y = 47$
II: $x = y - 3$

In der Gleichung II ist die Variable x durch y – 3 ausgedrückt.

I: $3 \cdot (y - 3) + 5y = 47$
$3y - 9 + 5y = 47$
$-9 + 8y = 47 \quad | +9$
$8y = 56 \quad | :8$
$y = 7$

Wir ersetzen in der Gleichung I die Variable x durch (y – 3).

II: $x = 7 - 3$
$x = 4$

Wir setzen in der Gleichung II für y = 7 ein und berechnen x.

L = {(4; 7)}

Probe:

I: $T_l = 3 \cdot 4 + 5 \cdot 7 =$
$= 12 + 35 = \mathbf{47}$
$T_r = \mathbf{47}$
$T_l = T_r$

II: $T_l = \mathbf{4}$
$T_r = 7 - 3 = \mathbf{4}$
$T_l = T_r$

Wir setzen für x = 4 und y = 7 in die Angabezeile der Gleichungen ein.

Einsetzungsmethode (Substitutionsmethode):
In einer der beiden Gleichungen wird eine Variable durch die andere ausgedrückt. Der so erhaltene Term wird in der zweiten Gleichung eingesetzt. Die dadurch entstandene Gleichung in einer Variablen wird dann gelöst.

210 Löse die Gleichungssysteme mit der Einsetzungsmethode und führe die Probe aus! Die Variablen stehen für reelle Zahlen.

a) I: $4x - 3y = 1$
II: $y = 5 - 4x$

b) I: $3c - 2b = 7$
II: $c = 21 - 4b$

c) I: $7c + 3d = 4$
II: $2d = -8 + 6c$

d) I: $3d + 4c = 4$
II: $3c = -47 + 4d$

e) I: $5e - 2f = 6$
II: $5e + 7f = 69$

f) I: $3f - 4g = 44$
II: $2f + 5g = -9$

Beispiel

Löse das Gleichungssystem ($x, y \in \mathbb{R}$)!

I: $y = -5x + 34$
II: $y = 3x - 14$

In jeder Gleichung ist die Variable y durch x ausgedrückt. Wir setzen die Terme gleich und berechnen x.

$-5x + 34 = 3x - 14 \quad | -3x$
$-8x + 34 = -14 \quad | -34$
$-8x = -48 \quad | :(-8)$
$x = 6$

aus I: $y = (-5) \cdot 6 + 34$
$y = 4$

Wir berechnen die Variable y durch Einsetzen in der Gleichung I.

$L = \{(6; 4)\}$

Probe:

I: $T_l = \mathbf{4}$
$T_r = (-5) \cdot 6 + 34 = \mathbf{4}$
$T_l = T_r$

Wir setzen für $x = 6$ und $y = 4$ in die Angabezeile der Gleichungen ein.

II: $T_l = \mathbf{4}$
$T_r = 3 \cdot 6 - 14 = \mathbf{4}$
$T_l = T_r$

Gleichsetzungsmethode (Komparationsmethode):
In jeder der beiden Gleichungen wird dieselbe Variable durch die andere ausgedrückt. Die so erhaltenen Terme für eine Variable werden gleichgesetzt. Die dadurch entstandene Gleichung in einer Variablen wird dann gelöst.

211 Löse die Gleichungssysteme mit der Gleichsetzungsmethode und führe die Probe aus! Die Variablen stehen für reelle Zahlen.

a) I: $a = 3b + 5$
II: $a = 7b + 1$

b) I: $b = 5c - 39$
II: $b + 2c = 17$

c) I: $2x = 3y + 9$
II: $2x = 5y + 3$

Beispiel

Löse das Gleichungssystem ($x, y \in \mathbb{R}$)!

I: $3x + y = 4$
II: $2x - y = 1$

Die **Koeffizienten** von y unterscheiden sich in den beiden Gleichungen nur durch das Vorzeichen.

I: $3x + y = 4$
II: $2x - y = 1$ } +

Wir addieren die beiden Gleichungen, dadurch fällt y weg (d. h. y wird eliminiert).

$5x = 5 \quad | :5$
$x = 1$

Wir erhalten eine Gleichung in der Variablen x.

I: $3 \cdot 1 + y = 4$
$3 + y = 4 \quad | -3$
$y = 1$

Wir setzen den Zahlenwert von x in die Gleichung II ein und berechnen y.

$L = \{(1; 1)\}$

Probe:

I: $T_l = 3 \cdot 1 + 1 =$
$= 3 + 1 = \mathbf{4}$
$T_r = \mathbf{4}$
$T_l = T_r$

Wir setzen für $x = 1$ und $y = 1$ in die Angabezeile der Gleichungen ein.

II: $T_l = 2 \cdot 1 - 1 =$
$= 2 - 1 = \mathbf{1}$
$T_r = \mathbf{1}$
$T_l = T_r$

Beispiel

Löse das Gleichungssystem ($x, y \in \mathbb{R}$)!

I: $6x + 5y = 1$
II: $4x + 7y = -3$

Wir multiplizieren beide Gleichungen so, dass **gleiche Koeffizienten** bei einer Variablen **entstehen** (z. B.: bei x). Wir bilden das kgV der beiden Koeffizienten: kgV(6, 4) = 12.

I: $6x + 5y = 1 \quad | \cdot 2$
II: $4x + 7y = -3 \quad | \cdot 3$

Wir multiplizieren die Gleichung I mit 2, weil $2 \cdot 6 = 12$. Die Gleichung II wird mit 3 multipliziert, weil $3 \cdot 4 = 12$.

I: $12x + 10y = 2$
II: $12x + 21y = -9 \quad | \cdot (-1)$

Wir multiplizieren die Gleichung II mit (–1), um bei der Variablen x entgegengesetzte Vorzeichen zu erhalten. Wenn wir nun die beiden Gleichungen addieren, erhalten wir eine Gleichung in einer Variablen.

I: $12x + 10y = 2$
II: $-12x - 21y = 9$ } +

$-11y = 11 \quad | : (-11)$
$y = -1$

Den errechneten Zahlenwert für y setzen wir in die Gleichung I ein und berechnen x.

I: $6x + 5 \cdot (-1) = 1$
$6x - 5 = 1 \quad | +5$
$6x = 6 \quad | :6$
$x = 1$

L = {(1; –1)}

Probe:

Wir setzen für x = 1 und y = –1 in die Angabezeile der Gleichungen ein.

I: $T_l = 6 \cdot 1 + 5 \cdot (-1) =$
$= 6 - 5 = \mathbf{1}$
$T_r = \mathbf{1}$
$T_l = T_r$

II: $T_l = 4 \cdot 1 + 7 \cdot (-1) =$
$= 4 - 7 = \mathbf{-3}$
$T_r = \mathbf{-3}$
$T_l = T_r$

Additionsmethode (Methode der gleichen Koeffizienten):
Beide Gleichungen werden so multipliziert, dass die Koeffizienten einer Variablen Gegenzahlen werden. Durch Addition der Gleichungen wird eine Variable eliminiert und man erhält eine Gleichung in einer Variablen.

212 Löse die Gleichungssysteme mit der Additionsmethode und führe die Probe aus! Die Variablen stehen für reelle Zahlen.

a) I: $-3x + 5y = 21$
II: $7x - 5y = -1$

b) I: $4x - 3y = 18$
II: $5x + 6y = 3$

c) I: $7x + 3y = 31$
II: $3y + 5 = 2x$

d) I: $-5d - 6e = 19$
II: $16e + 5d = -59$

e) I: $7e + 3f = 40$
II: $19e + 2f = 127$

f) I: $2f + 3g = -7$
II: $3f + 14g = -1$

g) I: $9g + 4h = \frac{5}{2}$
II: $5g + 6h = -\frac{1}{2}$

h) I: $2h - 4g = 2$
II: $5h - 12g = \frac{17}{3}$

i) I: $2x + 3y = \frac{1}{4}$
II: $3x - 4y = \frac{5}{2}$

213 Bei der Lösung der gegebenen Gleichungssysteme überlege zuerst, welche Methode für die Lösung dieses Beispiels die geeignetste ist! Die Variablen stehen für reelle Zahlen. Führe auch eine Probe durch!

a) I: $3x - 5y = 11$
II: $y = 4x - 26$

b) I: $4x - 7y = -22$
II: $3x - 5y = -15$

c) I: $c = 8d - 9$
II: $c = 4d - 1$

d) I: $5e + 6f = 61$
II: $6f = 5e + 11$

e) I: $3g + 8h = 66$
II: $4g + 3h = 19$

f) I: $4x = 3y - 33$
II: $2y - 26 = 4x$

Beispiel

Löse grafisch und rechnerisch folgende Gleichungssysteme ($x, y \in \mathbb{R}$)!

a) I: $2x - 3y = 15$
II: $4x - 6y = 18$

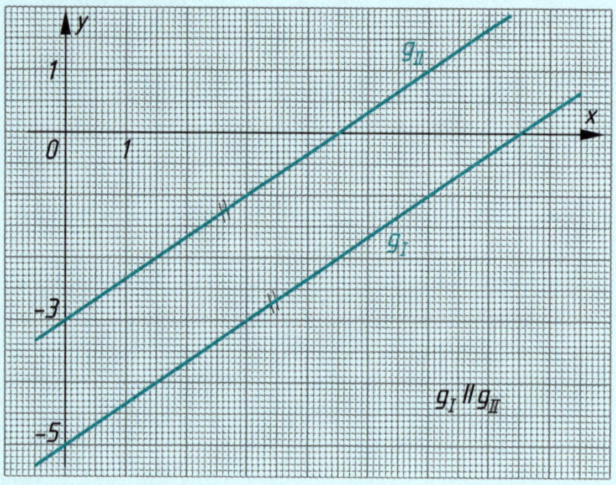

Wir konstruieren die dazugehörenden Geraden:

$$2x - 3y = 15$$
$$-3y = -2x + 15 \quad | : (-3)$$
$$g_I: \quad y = \tfrac{2}{3}x - 5$$
$$4x - 6y = 18$$
$$-6y = -4x + 18 \quad | : (-6)$$
$$g_{II}: \quad y = \tfrac{2}{3}x - 3$$

rechnerische Lösung:

$$\text{I: } 2x - 3y = 15 \quad | \cdot (-2)$$
$$\text{II: } 4x - 6y = 18$$

$$\left.\begin{array}{ll}\text{I:} & -4x + 6y = -30 \\ \text{II:} & 4x - 6y = 18\end{array}\right\} +$$
$$0 = -12 \quad \text{f. A.}$$

Es gibt kein Paar (x; y), das das Gleichungssystem erfüllt: Die Grafen beider Gleichungen sind parallel. **L = { }**

b) I: $2x - 3y = 15$
II: $4x - 6y = 30$

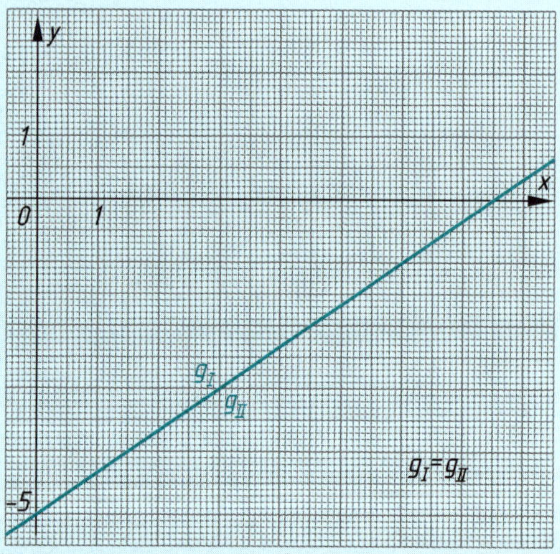

Wir konstruieren die dazugehörenden Geraden:

$$2x - 3y = 15$$
$$-3y = -2x + 15 \quad | : (-3)$$
$$g_I: \quad y = \tfrac{2}{3}x - 5$$
$$4x - 6y = 30$$
$$-6y = -4x + 30 \quad | : (-6)$$
$$g_{II}: \quad y = \tfrac{2}{3}x - 5$$

rechnerische Lösung:

$$\text{I: } 2x - 3y = 15 \quad | \cdot (-2)$$
$$\text{II: } 4x - 6y = 30$$

$$\left.\begin{array}{ll}\text{I:} & -4x + 6y = -30 \\ \text{II:} & 4x - 6y = 30\end{array}\right\} +$$
$$0 = 0 \quad \text{w. A.}$$

Die beiden Gleichungen sind ident. Dividiert man die zweite Gleichung durch 2, so erhält man die erste Gleichung. Dieses Gleichungssytem hat unendlich viele Lösungen:

$L = \{(x; y) \mid y = \tfrac{2}{3}x - 5\}$ mit $x, y \in \mathbb{R}$

214 Löse grafisch und rechnerisch folgende Gleichungssysteme ($x, y \in \mathbb{R}$)!

a) I: $x - 2y = 5$
II: $-x + 2y = 7$

b) I: $3x - 4y = 5$
II: $6x - 8y = 10$

c) I: $\tfrac{2}{3}x - y = 1$
II: $-2x + 3y = -3$

d) I: $x - \tfrac{1}{2}y = \tfrac{3}{2}$
II: $2x - y = 5$

Beispiel

Löse das Gleichungssystem und führe die Probe aus ($x, y \in \mathbb{R}$)!

$$\begin{array}{ll} \text{I:} & 4x - 3y = 2x + y + 34 \\ \text{II:} & 3x - 5y = 2(x + 2y) + 17x + 15 \end{array}$$

$$\begin{array}{lll} \text{I:} & 4x - 3y = 2x + y + 34 & | - 2x - y \\ \text{II:} & 3x - 5y = 2x + 4y + 17x + 15 & | - 19x - 4y \end{array}$$

Wir vereinfachen jede Gleichung des Systems.

$$\begin{array}{lll} \text{I:} & 2x - 4y = 34 & | \cdot 8 \\ \text{II:} & -16x - 9y = 15 & \end{array}$$

Wir lösen das Gleichungssystem nach der Methode der gleichen Koeffizienten.

$$\begin{array}{ll} \text{I:} & 16x - 32y = 272 \\ \text{II:} & -16x - 9y = 15 \end{array}$$

$$\begin{array}{ll} -41y = 287 & | : (-41) \\ y = -7 & \end{array}$$

x wird eliminiert, aus der verbleibenden Gleichung wird y berechnet.

$$\begin{array}{ll} \text{I: } 2x - 4 \cdot (-7) = 34 & \\ 2x + 28 = 34 & | - 28 \\ 2x = 6 & | : 2 \\ x = 3 & \end{array}$$

In die Gleichung I wird der y-Wert eingesetzt und x berechnet.

L = {(3; −7)}

Probe: Wir setzen für x = 3 und y = −7 in die **Angabezeile** der Gleichungen ein:

I: $T_l = 4 \cdot 3 - 3 \cdot (-7) =$
$= 12 + 21 = \mathbf{33}$
$T_r = 2 \cdot 3 + (-7) + 34 =$
$= 6 - 7 + 34 = \mathbf{33}$
$T_l = T_r$

II: $T_l = 3 \cdot 3 - 5 \cdot (-7) =$
$= 9 + 35 = \mathbf{44}$
$T_r = 2 \cdot [3 + 2 \cdot (-7)] + 17 \cdot 3 + 15 =$
$= 2 \cdot (3 - 14) + 51 + 15 = 2 \cdot (-11) + 66 = \mathbf{44}$
$T_l = T_r$

215 Löse die Gleichungssysteme und führe die Probe aus ($a, b \in \mathbb{R}$)!

a) I: $4 \cdot (3a - 5b) + 4 = 3 \cdot (7a + 6b - 2) - 23a$
II: $2 \cdot (7a - 6b + 5) - 3 = 4 \cdot (2a - 3b + 4) + 2a - 1$

b) I: $(15a - 3b + 12) \cdot 4 + 8b = 5 \cdot (3a + 2b + 7) + 21a + 28b$
II: $(6a - 4b + 7) \cdot 3 - 12a = 7 \cdot (3a - 2b + 3) - 8b$

c) I: $4 \cdot (3a + 4b + 5) - 2 = 2 \cdot (-4a - 3b + 12) + 21$
II: $2 \cdot (5a + 3b + 1) - 7 = 4 \cdot (a + b + 1) - 17$

Beispiel

Löse die Gleichungssysteme und führe die Probe aus ($u, v \in \mathbb{R}$)!

$$\begin{array}{ll} \text{I:} & \frac{3u - 4v}{2} = \frac{5u - 3v}{3} - \frac{11}{6} \\ \text{II:} & \frac{2u - 7v}{4} = -4\frac{3}{5} - \frac{u - v}{5} \end{array}$$

Beide Gleichungen werden bruchfrei gemacht, indem man jede Gleichung mit dem gemeinsamen Nenner multipliziert.

$$\begin{array}{lll} \text{I:} & \frac{3u - 4v}{2} = \frac{5u - 3v}{3} - \frac{11}{6} & | \cdot 6 \\ \text{II:} & \frac{2u - 7v}{4} = -\frac{23}{5} - \frac{u - v}{5} & | \cdot 20 \end{array}$$

kgV(2, 3, 6) = 6
kgV(4, 5) = 20

$$\begin{array}{ll} \text{I:} & 3 \cdot (3u - 4v) = 2 \cdot (5u - 3v) - 11 \\ \text{II:} & 5 \cdot (2u - 7v) = 4 \cdot (-23) - 4 \cdot (u - v) \end{array}$$

$$\begin{array}{lll} \text{I:} & 9u - 12v = 10u - 6v - 11 & | - 10u + 6v \\ \text{II:} & 10u - 35v = -92 - 4u + 4v & | + 4u - 4v \end{array}$$

$$\begin{array}{lll} \text{I:} & -u - 6v = -11 & | \cdot 14 \\ \text{II:} & 14u - 39v = -92 & \end{array}$$

$$\begin{array}{ll} \text{I:} & -14u - 84v = -154 \\ \text{II:} & 14u - 39v = -92 \end{array}$$

$$\begin{array}{ll} -123v = -246 & | : (-123) \\ v = 2 & \end{array}$$

$$\begin{array}{lll} \text{I:} & -u - 6 \cdot 2 = -11 & | + 12 \\ & -u = 1 & \\ & u = -1 & \end{array}$$

L = {(−1; 2)}

Probe: Wir setzen für u = –1 und v = 2 in die **Angabezeile** der Gleichungen ein:

I: $T_l = \frac{3 \cdot (-1) - 4 \cdot 2}{2} =$

$= \frac{-3-8}{2} = \mathbf{-\frac{11}{2}}$

$T_r = \frac{5 \cdot (-1) - 3 \cdot 2}{3} - \frac{11}{6} =$

$= \frac{-5-6}{3} - \frac{11}{6} = \frac{-22-11}{6} = -\frac{33}{6} = \mathbf{-\frac{11}{2}}$

$\mathbf{T_l = T_r}$

II: $T_l = \frac{2 \cdot (-1) - 7 \cdot 2}{4} =$

$= \frac{-2-14}{4} = -\frac{16}{4} = \mathbf{-4}$

$T_r = -4\frac{3}{5} - \frac{-1-2}{5} = -4\frac{3}{5} + \frac{3}{5} = \mathbf{-4}$

$\mathbf{T_l = T_r}$

216 Löse die Gleichungssysteme und führe die Probe durch! Die Variablen stehen für reelle Zahlen.

a) I: $\frac{3a-5b}{5} - \frac{2a+3b}{4} = 9\frac{3}{20}$
II: $\frac{7a+3b}{3} - \frac{3a-4b}{7} = -\frac{5}{21}$

b) I: $\frac{4e-3f}{7} - \frac{3f-4e}{14} = \frac{3e-4f}{2} + 1\frac{3}{14}$
II: $\frac{e-4f}{5} - \frac{6e-3f}{10} = \frac{2e-8f}{15} + 2\frac{1}{10}$

c) I: $\frac{4h-3g}{15} - \frac{3g+2h}{5} = \frac{4g-7h}{10} - \frac{11}{30}$
II: $\frac{5g+2h}{3} - \frac{5h-2g}{4} + g = \frac{3h-4g}{12} + h + 2\frac{1}{3}$

Beispiel

Löse das Gleichungssystem und mache die Probe (x, y ∈ ℝ)!

I: $\frac{3y-7}{x+3} = \frac{8}{5}$
II: $(4x-3) : (y-4) = 5 : 1$

Der Nenner des Bruches, aber auch der Divisor der zweiten Gleichung muss jeweils ungleich Null sein. Wir bestimmen zuerst den Definitionsbereich:

$x + 3 \neq 0 \qquad y - 4 \neq 0$
$x \neq -3 \qquad y \neq 4$

Für x, y gilt: x, y ∈ ℝ und $\mathbf{x \neq -3, y \neq 4}$

I: $\frac{3y-7}{x+3} = \frac{8}{5}$ | $\cdot (x+3) \cdot 5$ — Die Gleichungen werden bruchfrei gemacht.
II: $(4x-3) : (y-4) = 5 : 1$ | $\cdot (y-4) \cdot 1$ — Multiplikation mit den gemeinsamen Nennern.

I: $5 \cdot (3y-7) = 8 \cdot (x+3)$ — Auflösen der Klammern
II: $(4x-3) \cdot 1 = 5 \cdot (y-4)$

I: $15y - 35 = 8x + 24$ | $-8x + 35$ — Umformen der Gleichungen: Die Variablen
II: $4x - 3 = 5y - 20$ | $-5y + 3$ — werden auf die linke Seite gebracht.

I: $-8x + 15y = 59$
II: $4x - 5y = -17$ | $\cdot 2$ — Additionsmethode

I: $-8x + 15y = 59$
II: $8x - 10y = -34$

$5y = 25$ | $: 5$
$y = 5$

II: $4x - 3 = 5 \cdot 5 - 20$ — y-Wert in die Gleichung I einsetzen und x-Wert berechnen.
$4x - 3 = 25 - 20$
$4x = 8$
$x = 2$
$\mathbf{L = \{(2; 5)\}}$

Probe: Wir setzen für x = 2 und y = 5 in die **Angabezeile** der Gleichungen ein:

I: $T_l = \frac{3 \cdot 5 - 7}{2+3} =$

$= \frac{15-7}{5} = \mathbf{\frac{8}{5}}$

$T_r = \mathbf{\frac{8}{5}}$

$\mathbf{T_l = T_r}$

II: $T_l = (4 \cdot 2 - 3) : (5 - 4) =$

$= (8 - 3) : 1 = \mathbf{5 : 1}$

$T_r = \mathbf{5 : 1}$

$\mathbf{T_l = T_r}$

217 Bestimme zuerst die Bedingungen für die Variablen! Löse die Gleichungssysteme und mache die Probe (x, y ∈ ℝ)!

a) I: $\frac{4x-8}{4y-12} = 1$
II: $\frac{5y-2}{3x+6} = \frac{6}{5}$

b) I: $(5x + 3y) : (7x - 14) = 7 : 6$
II: $(3x - 5y) : (8y - 6) = 1 : 2$

Beispiel

Gegeben sind die Punkte A(−3|5) und B(2|1). Ermittle die Gleichung der Geraden g, deren Graf durch die Punkte A und B geht!

g:	$y = kx + d$	Die allgemeine Gleichung der Geraden.
$A \in g$:	$5 = k \cdot (-3) + d$	Die Koordinaten der Punkte A und B müssen die
$B \in g$:	$1 = k \cdot 2 + d$	Geradengleichung erfüllen.
	$5 = -3k + d$	
	$1 = 2k + d \quad \vert \cdot (-1)$	
	$5 = -3k + d$	Lösung mit der Additionsmethode.
	$-1 = -2k - d$	
	$4 = -5k \quad \vert : (-5)$	
	$-\frac{4}{5} = k$	
	$1 = 2 \cdot \left(-\frac{4}{5}\right) + d$	Berechnung von d aus einer der beiden Gleichungen.
	$1 = -\frac{8}{5} + d \quad \vert + \frac{8}{5}$	
	$\frac{13}{5} = d$	
	g: $y = -\frac{4}{5}x + \frac{13}{5}$	

218 Stelle die Gleichung der Geraden auf, die durch die Koordinaten von zwei Punkten gegeben ist!

a) C(3|4), D(−2|5) **b)** E(4|−7), F(3|8)

c) G(−9|−3), H(2|7) **d)** J(5|0), K(0|5)

Textaufgaben

Für die Erstellung der Gleichungen aus dem Text beachte die selben Regeln wie bei den Textgleichungen mit einer Variablen! Die aufgestellten Gleichungssysteme löse dann mit Hilfe einer der in diesem Kapitel besprochenen Methoden!

Aufgaben über Zahlenbeziehungen

Beispiel

Die Summe aus einer natürlichen Zahl und dem Dreifachen einer anderen natürlichen Zahl ist 45. Die Differenz aus dem Drittel der ersten Zahl und der zweiten Zahl ist 1. Berechne die beiden Zahlen!

x erste natürliche Zahl
y zweite natürliche Zahl

Wir bezeichnen die gesuchten natürlichen Zahlen mit den Variablen x und y.

Ansatz:

Gleichung I:	x	1. Zahl
	$3y$	Dreifaches der 2. Zahl
	$x + 3y$	Summe
Gleichung II:	$\frac{x}{3}$	Drittel der 1. Zahl
	y	2. Zahl
	$\frac{x}{3} - y$	Differenz

I: $x + 3y = 45$

II:	$\frac{x}{3} - y = 1 \quad \vert \cdot 3$	Bruchfrei machen der zweiten Gleichung.
I	$x + 3y = 45$	
II:	$x - 3y = 3$ (+)	Lösung des Systems mit der Additionsmethode.
	$2x = 48$	
	$x = 24$	
I:	$24 + 3y = 45$	Einsetzen der erhaltenen Zahl 24 in die Gleichung I und
	$3y = 21$	Berechnung der zweiten Zahl.
	$y = 7$	**Die gesuchten Zahlen sind 7 und 24.**

Probe nach dem Text:

Die Summe aus der 1. Zahl (24) und dem Dreifachen der 2. Zahl (3 · 7 = 21): 24 + 21 = 45 w. A.

Die Differenz aus dem Drittel der 1. Zahl (24 : 3 = 8) und der 2. Zahl (7): 8 − 7 = 1 w. A.

Welche Zahlen erfüllen die in den Beispielen 219 bis 224 angegebenen Bedingungen?

219 Die Summe zweier Zahlen ist 197, ihre Differenz beträgt 67.

220 Das Doppelte einer Zahl ist um 1 größer als eine zweite Zahl. Vermehrt man das Vierfache der ersten Zahl um das Siebenfache der zweiten Zahl, so erhält man 7.

221 Die Summe aus dem Sechstel einer Zahl und dem Fünftel einer zweiten Zahl ist 52. Die Summe aus dem Achtel der ersten Zahl und dem Zwölftel der zweiten Zahl ist 31.

222 Dividiert man eine natürliche Zahl durch 9, so erhält man eine zweite natürliche Zahl, die Summe der beiden natürlichen Zahlen ist 40.

Aufgaben aus der Geometrie

Beispiel

Die Seiten eines Rechtecks verhalten sich wie 5 : 4. Verlängert man die längere Seite um 4 cm und verkürzt die kürzere Seite um 4 cm, so wird der Flächeninhalt um 24 cm^2 kleiner. Wie lauten die Seitenlängen des ursprünglichen Rechtecks?

Wir bezeichnen die gesuchten Seitenlängen mit den Variablen x und y.

	Gleichung	Umformung	Erläuterung
I:	$x : y = 5 : 4$		Die Seiten verhalten sich wie 5 : 4.
II:	$(x + 4) \cdot (y - 4) = xy - 24$		$x \cdot y$ ist der Flächeninhalt des ursprünglichen Rechtecks.
I:	$\frac{x}{y} = \frac{5}{4}$	$\mid \cdot 4y$	Multiplikation mit dem gemeinsamen Nenner.
II:	$xy + 4y - 4x - 16 = xy - 24$	$\mid - xy + 16$	
I:	$4x = 5y$	$\mid - 5y$	
II:	$-4x + 4y = -8$		
I:	$4x - 5y = 0$	} +	Lösung nach der Additionsmethode.
II:	$-4x + 4y = -8$		
	$-y = -8$		
	$y = 8$		
I:	$4x = 5 \cdot 8$		
	$4x = 40$		
	$x = 10$		

Die Seitenlängen des ursprünglichen Rechtecks sind x = 10 cm und y = 8 cm.

Probe:

Die Seiten verhalten sich wie 5 : 4.	$10 : 8 = 5 : 4$	w. A.
Der Flächeninhalt des ursprünglichen Rechtecks:	$10 \cdot 8 = 80$	$A = 80\ cm^2$
Der Flächeninhalt des neuen Rechtecks:	$14 \cdot 4 = 56$	$A_1 = 56\ cm^2$
	Differenz	$24\ cm^2$ w. A.

223 Verlängert man eine Seite eines Rechtecks um 3 cm und verkürzt die zweite Seite um 2 cm, so nimmt der Flächeninhalt um 16 cm^2 zu. Verlängert man aber die zweite Seite um 3 cm und verkürzt die erste Seite um 2 cm, so nimmt der Flächeninhalt um 9 cm^2 ab. Berechne die Seitenlängen des ursprünglichen Rechtecks!

224 Verlängert man die Diagonale e einer Raute um 7 cm und die Diagonale f um 3 cm, so nimmt der Flächeninhalt um 207 cm^2 zu. Verkürzt man die Diagonale e um 7 cm und verlängert man die Diagonale f um 7 cm, so nimmt der Flächeninhalt um 14 cm^2 zu.

Anleitung: $A_{Raute} = \frac{e \cdot f}{2}$

225 Verlängert man die Kathete a eines rechtwinkligen Dreiecks um 5 cm und verkürzt die Kathete b um 5 cm, so wird die Fläche um 145 cm^2 größer. Verkürzt man die Kathete a um 5 cm und verlängert die Kathete b um 8 cm, so wird der Flächeninhalt um 110 cm^2 kleiner.
Berechne den Flächeninhalt und die Länge der Hypotenuse des ursprünglichen Dreiecks!

Mischungsaufgaben

Bei den folgenden Mischungsaufgaben wird angenommen, dass sich das Volumen der Mischung als Summe der Volumina der einzelnen Sorten (Flüssigkeiten) ergibt und beim Mischungsvorgang konstant bleibt.

Beispiel

Es werden zwei Alkoholsorten gemischt. Nimmt man 7 Liter der Sorte A und 4 Liter der Sorte B, so erhält man eine 43 %-ige Alkoholsorte. Mischt man 12 Liter der Sorte A mit 21 Liter der Sorte B, so erhält man eine 34 %-ige Alkoholsorte.

x Alkoholgehalt der Sorte A in % y Alkoholgehalt der Sorte B in %

$\frac{x}{100}$ l	Alkoholanteil (reiner Alkohol) eines Liters der Sorte A
$\frac{y}{100}$ l	Alkoholanteil (reiner Alkohol) eines Liters der Sorte B
$\frac{x}{100} \cdot 7$ l	Alkoholanteil (reiner Alkohol) in 7 Liter der Sorte A
$\frac{y}{100} \cdot 4$ l	Alkoholanteil (reiner Alkohol) in 4 Liter der Sorte B
$\frac{x}{100} \cdot 7\text{ l} + \frac{y}{100} \cdot 4$ l	reiner Alkohol in der Mischung M_1
$\frac{43}{100} \cdot 11$ l	reiner Alkohol in der Mischung M_2

Die selben Überlegungen machen wir für die zweite Mischung M_2. Entnimm die Werte der Tabelle!

	Menge in Liter	Alkoholgehalt in %	reiner Alkohol in Liter	Probe
Sorte A	7	x	$\frac{x}{100} \cdot 7$	$\frac{55}{100} \cdot 7 = \frac{385}{100}$
Sorte B	4	y	$\frac{y}{100} \cdot 4$	$\frac{22}{100} \cdot 4 = \frac{88}{100}$
Mischung M_1	11	43	$\frac{43}{100} \cdot 11$	$\frac{43}{100} \cdot 11 = \frac{473}{100}$
Sorte A	12	x	$\frac{x}{100} \cdot 12$	$\frac{55}{100} \cdot 12 = \frac{660}{100}$
Sorte B	21	y	$\frac{y}{100} \cdot 21$	$\frac{22}{100} \cdot 21 = \frac{462}{100}$
Mischung M_2	12 + 21 = 33	34	$\frac{34}{100} \cdot 33$	$\frac{34}{100} \cdot 33 = \frac{1\,122}{100}$

Aus der Spalte reiner Alkohol in Liter ergeben sich die Gleichungen:

$$\begin{array}{lrcl|l}
\text{I:} & \frac{7 \cdot x}{100} + \frac{4 \cdot y}{100} & = & \frac{11 \cdot 43}{100} & \cdot 100 \\
\text{II:} & \frac{12 \cdot x}{100} + \frac{21 \cdot y}{100} & = & \frac{33 \cdot 34}{100} & \cdot 100 \\
\hline
\text{I:} & 7x + 4y & = & 473 & \\
\text{II:} & 12x + 21y & = & 1\,122 & :3 \\
\hline
\text{I:} & 7x + 4y & = & 473 & \cdot 7 \\
\text{II:} & 4x + 7y & = & 374 & \cdot (-4) \\
\hline
\text{I:} & 49x + 28y & = & 3\,311 & \\
\text{II:} & -16x - 28y & = & -1\,496 & \\
\hline
 & 33x & = & 1\,815 & :33 \\
 & x & = & 55 &
\end{array}$$

Die Sorte A enthält 55 % Alkohol.

$$\begin{array}{lrcl|l}
\text{I:} & 7 \cdot 55 + 4y & = & 473 & \\
 & 385 + 4y & = & 473 & -385 \\
 & 4y & = & 88 & :4 \\
 & y & = & 22 &
\end{array}$$

Die Sorte B enthält 22 % Alkohol.

Die Probe ist übersichtlich innerhalb der Tabelle durchzuführen!

226 Es werden zwei Alkoholsorten gemischt. Nimmt man 12 Liter der Sorte A und 4 Liter der Sorte B, so erhält man eine 76 %-ige Alkoholsorte. Mischt man aber 8 Liter der Sorte A mit 8 Liter der Sorte B, so erhält man eine 64 %-ige Alkoholsorte. Berechne den Prozentgehalt der Sorten A und B!

227 Eine Mischung von 16 Liter Schwefelsäure der Sorte A und 5 Liter der Sorte B ergibt eine 68 %-ige Schwefelsäure. Mischt man aber 42 Liter der Sorte A und 21 Liter der Sorte B, so erhält man eine 70 %-ige Schwefelsäure. Berechne die Konzentration der Sorten A und B!

228 Wie viel Liter Wasser muss man mit 80 %-igem Alkohol mischen, um 160 Liter 35 %-igen Alkohol zu erhalten?

229 Es wird Silber von verschiedenem Feingehalt gemischt. Nimmt man 600 g der Sorte A und 150 g der Sorte B, so erhält man eine Silberlegierung vom Feingehalt 0,900. Mischt man aber 780 g der Sorte A und 845 g der Sorte B, so erhält man eine Legierung vom Feingehalt 0,880. Berechne den Feingehalt der Sorten A und B! (Siehe auch Textgleichungen in einer Variablen!)

Leistungsaufgaben

Beispiel

Ein Wasserbecken kann durch zwei Rohre in 30 Minuten gefüllt werden. Wird das zweite Rohr erst 20 Minuten nach dem ersten Rohr geöffnet, so dauert es dann noch 15 Minuten, bis das Becken voll ist. Wie lange dauert es, bis das Becken durch jedes Rohr allein gefüllt wird?

Rohr I füllt das Becken in x Minuten, daher fließt pro Minute der x-te Teil des Beckenvolumens (V) durch das Rohr I: $\frac{V}{x}$ pro Minute

Rohr II füllt das Becken in y Minuten, daher fließt pro Minute der y-te Teil des Beckenvolumens (V) durch das Rohr II: $\frac{V}{y}$ pro Minute

	Zufluss in 1 Minute	Zufluss in 30 Minuten	Probe	Zufluss in gegebener Zeit	Probe
Rohr I	$\frac{V}{x}$	$\frac{V}{x} \cdot 30$	$\frac{V}{40} \cdot 30 = \frac{3}{4} \cdot V$	$\frac{V}{x} \cdot 35$	$\frac{V}{40} \cdot 35 = \frac{7}{8} \cdot V$
Rohr II	$\frac{V}{y}$	$\frac{V}{y} \cdot 30$	$\frac{V}{120} \cdot 30 = \frac{1}{4} \cdot V$	$\frac{V}{y} \cdot 15$	$\frac{V}{120} \cdot 15 = \frac{1}{8} \cdot V$
		V	$\frac{3}{4} \cdot V + \frac{1}{4} \cdot V = V$	V	$\frac{7}{8} \cdot V + \frac{1}{8} \cdot V = V$

I: $\frac{V}{x} \cdot 30 + \frac{V}{y} \cdot 30 = V \quad | : V$ Die Gleichungen lassen sich aus der Tabelle ablesen.

II: $\frac{V}{x} \cdot 35 + \frac{V}{y} \cdot 15 = V \quad | : V$

I: $\frac{1}{x} \cdot 30 + \frac{1}{y} \cdot 30 = 1$

II: $\frac{1}{x} \cdot 35 + \frac{1}{y} \cdot 15 = 1 \quad | \cdot (-2)$

I: $\frac{1}{x} \cdot 30 + \frac{1}{y} \cdot 30 = 1$

II: $-\frac{1}{x} \cdot 70 - \frac{1}{y} \cdot 30 = -2$

$-40 \cdot \frac{1}{x} = -1 \quad | \cdot (-x)$

$40 = x$ **Rohr I füllt das Becken in 40 Minuten.**

I: $\frac{1}{40} \cdot 30 + \frac{1}{y} \cdot 30 = 1 \quad | -\frac{3}{4}$ $\quad \frac{30}{40} = \frac{3}{4}$

$\frac{1}{y} \cdot 30 = \frac{1}{4} \quad | \cdot 4y$

$120 = y$

$y = 120$ **Rohr II füllt das Becken in 120 Minuten.**

Die Probe ist übersichtlich innerhalb der Tabelle durchzuführen!

230 Zur Füllung eines Schwimmbeckens werden zwei Zuflüsse verwendet. Ist der erste Zufluss 5 Minuten und der zweite Zufluss 15 Minuten geöffnet, so werden $\frac{2}{5}$ des Beckens gefüllt. Ist aber der erste Zufluss 15 Minuten und der zweite 5 Minuten geöffnet, so sind $\frac{2}{3}$ des Beckens gefüllt. Wie lange braucht jeder Zufluss allein zur Füllung des Beckens?

231 Ein Staubecken kann durch zwei Zuflüsse in 20 Tagen gefüllt werden. Durch Bauarbeiten war einer der Zuflüsse 15 Tage gesperrt. Das Staubecken wurde also 15 Tage lang durch einen Zufluss allein gespeist. Danach wurde auch der zweite Zufluss wieder geöffnet, und 10 Tage später war das Becken voll. Wie lange braucht jeder Zufluss alleine zur Füllung des Beckens?

232 Zwei Arbeiter (C und D) können in zwei Tagen die Hälfte einer Arbeit erledigen. Arbeitet C zuerst einen Tag alleine und dann mit D gemeinsam weitere zwei Tage, so werden $\frac{2}{3}$ der Arbeit fertig gestellt. Wie lange braucht jeder alleine für die ganze Arbeit?

233 Eine Arbeit kann von zwei Arbeitern in $4\frac{4}{5}$ Tagen beendet werden. Arbeitet der erste Arbeiter zuerst 4 Tage allein, so brauchen dann beide zur Vollendung der Arbeit noch $2\frac{2}{5}$ Tage. Wie lang braucht jeder Arbeiter allein für die gesamte Arbeit?

SK 7 LINEARE GLEICHUNGEN IN ZWEI VARIABLEN

Wirklich, da steht:

1	2	3	4		5	6	7		8	9	10	11

Die Ergebnisse der Rechnungen findest du wieder in der Tabelle, trage die entsprechenden Buchstaben ein!

1) Stelle die Gleichung $2x - 7y + 3 = 0$ in expliziter Form dar!

2) Stelle die Gleichung $y = -\frac{3}{10}x + \frac{6}{5}$ in impliziter Form dar!

Löse die gegebenen Gleichungssysteme!

3) I: $3x - 2y = 8$
II: $x - y = 1$

4) I: $y = 2x - 3$
II: $y = -0{,}5x + 2$

5) I: $y = 4x - 3$
II: $x - 3y = -2$

6) I: $x + 5y = 19$
II: $y = 3x - 9$

7) I: $16x + 45y = 193$
II: $27x + 20y = 46$

8) Wie lautet die Gleichung der Geraden, die durch die Koordinaten der Punkte A(−2|3) und B(6|0) gegeben ist?

9) Die Summe zweier Zahlen ist 60, ihr Quotient 2. Wie lautet die kleinere der beiden Zahlen?

10) Die Summe zweier Zahlen ist 89, ihre Differenz ist 23. Wie heißt die größere Zahl?

11) Verlängert man in einer Raute die Diagonale e um 5 cm und die Diagonale f um 2 cm, so nimmt der Flächeninhalt um 35 cm^2 zu. Verkürzt man aber e um 4 cm und f um 2 cm, so nimmt der Flächeninhalt um 22 cm^2 ab. Wie lange ist die längere Diagonale der ursprünglichen Raute?

10	(1; 1)	$3x + 8y = 18$	(4; 3)	(−2; 5)	56	(6; 5)	$3x + 10y - 12 = 0$	20	$y = \frac{2}{7}x + \frac{3}{7}$	(2; 1)
E	I	C	N	S	F	M	O	A	K	M

Unsinn! Dein Freund, deine Freundin macht es aber spannend. Ein Treffen?

LERNZIELKONTROLLE:

Kapitel E, zwei lineare Gleichungen in zwei Variablen

***) Lineare Gleichungen in zwei Variablen rechnerisch und grafisch lösen können**

1) Was versteht man unter der Lösung einer linearen Gleichung in zwei Variablen? ☐ ☐ ☐

2) Wie kann man eine lineare Gleichung in zwei Variablen grafisch darstellen? ☐ ☐ ☐

3) Welche zwei Darstellungsformen einer Gleichung in zwei Variablen gibt es? ☐ ☐ ☐

4) Stelle die Lösungen der Gleichung: $2x - 3y = 9$ grafisch dar und gib die Lösungsmenge an! ☐ ☐ ☐

***) Lineare Gleichungen in zwei Variablen aufstellen können**

5) Wie geht man beim Aufstellen von linearen Gleichungen vor? ☐ ☐ ☐

6) Worauf darf man beim Lösen von Textgleichungen nicht vergessen? ☐ ☐ ☐

***) Lineare Gleichungssysteme in zwei Variablen rechnerisch und grafisch lösen können**

7) Wann hat ein Gleichungssystem von zwei linearen Gleichungen in zwei Variablen
a) genau eine Lösung, ☐ ☐ ☐ **b)** keine Lösung, ☐ ☐ ☐
c) unendlich viele Lösungen? ☐ ☐ ☐

8) Wie kann man die Lösung eines Gleichungssystem von zwei linearen Gleichungen in zwei Variablen grafisch darstellen bzw. veranschaulichen? ☐ ☐ ☐

9) Welche rechnerischen Methoden gibt es für die Lösung eines Gleichungssystems von zwei Gleichungen in zwei Variablen? ☐ ☐ ☐

10) Löse das Gleichungssystem, wähle dazu die geeignetste Lösungsart und erkläre deine Wahl!

a) I: $x = 3y + 5$
II: $x = 7y + 1$ ☐ ☐ ☐

b) I: $y = \frac{4}{3}x - \frac{1}{3}$
II: $4x + y = 5$ ☐ ☐ ☐

c) I: $3x - 2y = 7$
II: $x + 4y = 21$ ☐ ☐ ☐

***) Lineare Gleichungssysteme in zwei Variablen aufstellen können**

11) Stelle die Gleichung der Geraden auf, die durch die Koordinaten der Punkte A(−3|5) und B(7|−3) gegeben ist! ☐ ☐ ☐

F STATISTIK

LERNZIELE:

*) Mittelwerte berechnen und deuten können
*) Streuungsmaße kennen und berechnen können
*) Zusammenhang zweier Merkmale (Punktwolke) grafisch darstellen und interpretieren können

Mittelwerte

Beispiel

Die folgende Grafik zeigt die Erwerbstätigen in der Land- und Forstwirtschaft in Europa 1999:

Von 100 Erwerbstätigen arbeiten in der Land- und Forstwirtschaft (einschließlich Fischerei):

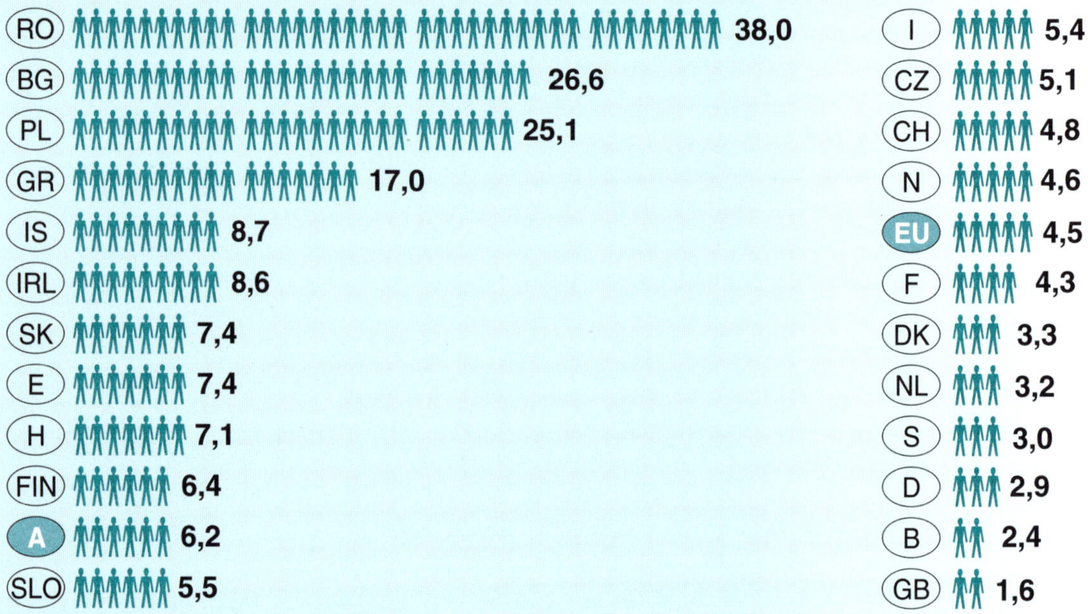

a) Berechne die absolute, relative und prozentuelle Häufigkeit ohne Berücksichtigung des EU-Mittelwerts!

b) Berechne das arithmetische Mittel, den Modalwert und den Zentralwert!

c) Gib die Spannweite an!

d) Gib die Quartile an!

e) Zeichne ein Kastenschaubild!

a) Häufigkeiten

Es treten 22 verschiedene Häufigkeiten auf, die man der Größe nach geordnet anschreibt.

absolute Häufigkeit h_i = Anzahl der Merkmalsausprägungen:

Aus der Grafik erkennt man, dass mit Ausnahme von 7, 4 jede Zahl nur einmal vorkommt.
7,4 hat eine absolute Häufigkeit von 2 (kommt zweimal vor).
Vergleiche dazu auch Mathematik positiv, 3. Klasse, Kapitel G Statistik!

relative Häufigkeit $r_i = \frac{\text{absolute Häufigkeit}}{\text{Stichprobenumfang}}$:

Für alle Werte außer 7,4 gilt: $r_i = \frac{1}{23}$. Insgesamt gibt es 23 Länder (= Stichprobenumfang).

$\frac{h_i}{23} = \frac{1}{23}$ Die Werte außer 7,4 kommen mit einer relativen Häufigkeit von $\frac{1}{23}$ vor.

Für 7,4 gilt: $r = \frac{2}{23}$ 7,4 kommt zweimal vor.

Die relative Häufigkeit des Auftretens von 7,4 ist $\frac{2}{23}$.

prozentuelle Häufigkeit $p_i = r_i \cdot 100$ %:

Für alle Werte außer 7,4 gilt: $p_i = \frac{1}{23} \cdot 100 = 4{,}347... = 4{,}3$

Alle Werte außer 7,4 kommen mit einer prozentuellen Häufigkeit von 4,3 % vor.

Für 7,4 gilt: $p = \frac{2}{23} \cdot 100 = 8{,}695... = 8{,}7$

7,4 kommt mit einer prozentuellen Häufigkeit von 8,7 % vor.

b) Mittelwerte

arithmetisches Mittel: $\overline{x} = \frac{\text{Summe der Einzelwerte}}{\text{Anzahl der Einzelwerte}}$

$$\overline{x} = \frac{1{,}6 + 2{,}4 + 2{,}9 + 3{,}0 + 3{,}2 + 3{,}3 + 4{,}3 + 4{,}6 + 4{,}8 + 5{,}1 + 5{,}4 + 5{,}5 + 6{,}2 + 6{,}4 + 7{,}1 + 2 \cdot 7{,}4 + 8{,}6 + 8{,}7 + 17{,}0 + 25{,}1 + 26{,}6 + 38{,}0}{23}$$

$\overline{x} = \frac{204{,}6}{23} = 8{,}895...$

$\overline{x} = 8{,}9$

8,9 von 100 Erwerbstätigen arbeiten durchschnittlich in der Land- und Forstwirtschaft.

Modalwert m:

Der am häufigsten vorkommende Wert wird Modalwert m genannt.

$m = 7{,}4$ Nur dieser Wert kommt öfter vor!

Anmerkung: Treten mehrere Werte gleich häufig auf, so gibt es mehrere Modalwerte.

Zentralwert:

Die Mitte der geordneten Messwerte heißt Zentralwert z.

$z = 5{,}5$ Die Werte sind geordnet, der 12. Wert liegt genau in der Mitte.

Anmerkung: Ist die Anzahl der Messwerte gerade, so ist der Zentralwert das arithmetische Mittel der beiden innersten Werte.

c) Spannweite R

Für die Spannweite braucht man den größten Wert (x_{max} ... Maximum) und den kleinsten gemessenen Wert (x_{min} ... Minimum).

$x_{max} = 38{,}0$ $x_{min} = 1{,}6$

$R = x_{max} - x_{min}$

$R = 38 - 1{,}6$

$R = 36{,}4$ Zwischen dem Land mit der kleinsten Anzahl an Erwerbstätigen in der Land- und Forstwirtschaft und dem Land mit der größten Anzahl ist der Unterschied (Spanne) 36,4 Erwerbstätige.

d) Quartile

Teilt man eine geordnete Liste in vier gleiche Teile, so werden die Werte für ein Viertel, zwei Viertel (= ein Halbes) und drei Viertel *Quartile* q_1, q_2, q_3 genannt.

25% aller Werte sind höchstens q_1

50% aller Werte sind höchstens q_2

75% aller Werte sind höchstens q_3

Aus einer geordneten Liste werden die Quartile abgelesen:

1,6 2,4 2,9 3,0 3,2 3,3 4,3 4,6 4,8 5,1 5,4 5,5 6,2 6,4 7,1 7,4 7,4 8,6 8,7 17,0 25,1 26,6 38,0

x_{min} q_1 $z = q_2$ q_3 x_{max}

$q_1 = 3{,}3$ $q_2 = 5{,}5$ $q_3 = 8{,}6$

Mit Hilfe der Quartilen kann man folgende Aussagen treffen:

Im „unteren" Viertel der Erwerbstätigen, die in der Land- und Forstwirtschaft arbeiten, liegen die Länder Groß Britannien, Belgien, Deutschland, Schweden und die Niederlande.

In der Hälfte der Länder arbeiten 5,5 oder weniger von 100 Erwerbstätigen in der Land- und Forstwirtschaft.

In einem Viertel der Länder arbeiten 8,6 oder mehr von 100 Erwerbstätigen in der Land- und Forstwirtschaft.

Beachte: Wenn eine Quartile als Listenelement auftritt, wird es keinem Viertel zugeordnet.

e) Kastenschaubild

In einem Kastenschaubild stellt man x_{min}, x_{max}, R, q_1, $q_2 = z$, q_3 mit Hilfe einer Zahlengerade grafisch dar:

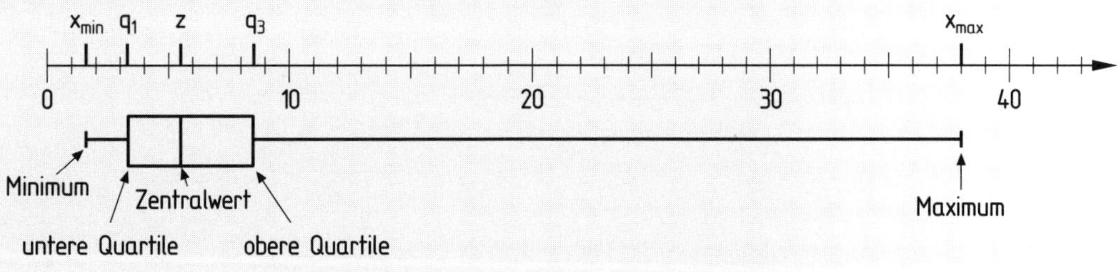

Anmerkung: Ist die Anzahl der zu untersuchenden Messwerte ungerade, kann die geordnete Liste nicht in zwei „gleich große Hälften“ zerlegt werden. Der Zentralwert könnte zu „beiden Hälften“ gezählt werden. Man vereinbart:
Für die Berechnung des unteren und oberen Quartils wird der Zentralwert nicht berücksichtigt.

z. B. –5 –4 –2 1 5 8 12 17 20

$q_1 = \frac{-4 + (-2)}{2}$ $q_2 = z$ $q_3 = \frac{12 + 17}{2}$

$q_1 = -3$ $q_2 = 5$ $q_3 = 14{,}5$

In diesem Beispiel wurden verschiedene Mittelwerte berechnet, die Ergebnisse waren verschieden.
Beim arithmetischen Mittel werden alle Merkmalsausprägungen in ihrer Anzahl berücksichtigt.
Beim Zentralwert – der Mitte der geordneten Werte – werden die sogenannten Ausreißer nicht berücksichtigt. Im letzten Beispiel war 38,0 eine sehr große Zahl im Vergleich zu den übrigen Werten. Durch diese Zahl ist das arithmetische Mittel größer als der Zentralwert geworden.
Je nachdem, welche Aussagen man treffen möchte, muss man einen der Mittelwerte berechnen.

234 Suche aus der Grafik zum letzten Beispiel die EU-Staaten und verfahre wie im Musterbeispiel! Die EU-Staaten (Stand 2002) sind: Griechenland, Irland, Spanien, Finnland, Österreich, Italien, Frankreich, Dänemark, Niederlande, Schweden, Deutschland, Belgien, Groß Britannien. Die Werte für Portugal und Luxemburg sind in der Grafik nicht angegeben, sie können daher nicht berücksichtigt werden.

235 Berechne aus der folgenden Tabelle die Mittelwerte (arithmetisches Mittel, Zentralwert, Median, Quartile) für die Geburtenrate je 1 000 Einwohner und die Frauenerwerbsquote der angegeben Länder! Fertige für die Berechnung jeweils eine geordnete Liste an!
Gib auch die Spannweite an und zeichne ein Kastenschaubild!

Land	Geburten-rate	Frauener-werbsquote
Belgien	10	58
Dänemark	12	75
Deutschland	9	63
Finnland	11	70
Frankreich	12	60
Griechenland	9	48
Großbritannien und Nordirland	12	67
Irland	14	53
Island	16	81
Italien	9	45

Land	Geburten-rate	Frauener-werbsquote
Luxemburg	12	61
Niederlande	11	63
Norwegen	13	76
Österreich	10	62
Polen	11	60
Portugal	10	65
Schweden	10	73
Schweiz	11	70
Spanien	9	48
Tschechien	9	69
Türkei	22	31
Ungarn	10	51

Frauenerwerbsquote ... erwerbstätige Frauen (in %) aller Frauen im Alter von 15 bis 65 Jahren
Geburtenrate: je 1 000 Einwohner
Quelle: OECD, UNICEF 2000

Streuungsmaße

Unter der Abweichung versteht man in der Statistik die Differenz aus einer Merkmalsausprägung x_i und einem vorgegebenen Wert $\overline{x}$ oder z. Die durchschnittliche Abweichung wird als Streuung bezeichnet. Man unterscheidet:

1) Mittlere absolute Abweichung: Streuung um den Zentralwert z: d_z

2) Standardabweichung: Streuung um das arithmetische Mittel x: $s_{\overline{x}}$

Beispiel

Berechne die **a)** mittlere absolute Abweichung,

b) Standardabweichung für die Werte des letzten Musterbeispiels!

Im letzten Musterbeispiel wurden $\overline{x}$ und z berechnet: $\overline{x} = 8{,}9$, $z = 5{,}5$

i	x_i	$x_i - z$	$\lvert x_i - z \rvert$	$x_i - \overline{x}$	$(x_i - \overline{x})^2$
1	1,6	–3,9	3,9	–7,3	53,29
2	2,4	–3,1	3,1	–6,5	42,25
3	2,9	–2,6	2,6	–6	36
4	3,0	–2,5	2,5	–5,9	34,81
5	3,2	–2,3	2,3	–5,7	32,49
6	3,3	–2,2	2,2	–5,6	31,36
7	4,3	–1,2	1,2	–4,6	21,16
8	4,6	–0,9	0,9	–4,3	18,49
9	4,8	–0,7	0,7	–4,1	16,81
10	5,1	–0,4	0,4	–3,8	14,44
11	5,4	–0,1	0,1	–3,5	12,25
12	5,5	0	0	–3,4	11,56
13	6,2	0,7	0,7	–2,7	7,29
14	6,4	0,9	0,9	–2,5	6,25
15	7,1	1,6	1,6	–1,8	3,24
16	7,4	1,9	1,9	–1,5	2,25
17	7,4	1,9	1,9	–1,5	2,25
18	8,6	3,1	3,1	–0,3	0,09
19	8,7	3,2	3,2	–0,2	0,04
20	17,0	11,5	11,5	8,1	65,61
21	25,1	19,6	19,6	16,2	262,44
22	26,6	21,1	21,1	17,7	313,29
23	38,0	32,5	32,5	29,1	846,81
Summe			117,9		1834,47

Auch bei diesem Beispiel kann man das Tabellenkalkulationsprogramm EXCEL einsetzen:

	A	B	C	D	E	F
1	i	xi	xi - z	lxi - zl	xi - x'	(xi-x')^2
2	1	1,6	=B2-5,5	=ABS(C2)	=B2-8,9	=E2^2
3	2	2,4				
4						

Anmerkung: Statt $\overline{x}$ wird z. B. x' geschrieben.

1. Schreibe in A2 und A3 die Zahlen 1 und 2! Markiere die beiden Zellen! Gehe mit dem Cursor in die rechte untere, als schwarzes Quadrat gekennzeichnete, Ecke! Die Form des Cursors ändert sich. Klicke mit der linken Maustaste das Quadrat an und ziehe bei gedrückter Maustaste bis zur Zelle A24! Es entsteht eine Spalte mit den Zahlen von 1 bis 23.

2. Gib in der Spalte B die Erwerbstätigen in der Land- und Forstwirtschaft in Europa ein (x_i)! Markiere anschließend die Zellen! In FORMAT - ZELLEN - ZAHL kannst du die Anzahl der Dezimalstellen z. B. auf 1 einstellen!

3. Gib in C2 die Formel für die Berechnung von x_i - z ein: =B2 – 5,5!
Am Bildschirm erscheint sofort die Zahl –3,9. Markiere anschließend die Zelle C2! Durch STRG C wird die Formel kopiert. Dann markiere die Zellen C3 bis C24 (sie erscheinen schwarz unterlegt) und drücke STRG V um die Formel einzufügen! Das Programm errechnet alle fehlenden Zahlen.

4. Gib in D2 die Formel für die Berechnung von $|x_i - z|$ ein: =ABS(C2)! Es erscheint die Zahl 3,9. Markiere wieder diese Zelle, kopiere die Formel (STRG C) und füge sie wie in Punkt 3 in die restlichen Zellen mit STRG V ein!

5. Die Summe aller $|x_i - z|$ bekommst du indem du alle Summanden (D2 bis D24) markierst und anschließend das Summenzeichen Σ drückst.

6. Eingabe der Formel für $x_i - \overline{x}$ in E2: =B2 – 8,9. Kopiere die Formel in die entsprechenden Zellen!

7. Eingabe der Formel für $|x_i - \overline{x}|^2$ in F2: = E2^2.
Kopieren der Formel und Einfügen in die ensprechenden Zellen.

8. Bilde die Summe aller $(xi - \overline{x})^2$ wie in 5.!

Berechnung der mittleren absoluten Abweichung:

$$d_z = \frac{|x_1 - z| + |x_2 - z| + \ldots + |x_{23} - z|}{23}$$

$$d_z = \frac{117{,}9}{23} = 5{,}126\ \ldots$$

$$\mathbf{d_z = 5{,}1}$$

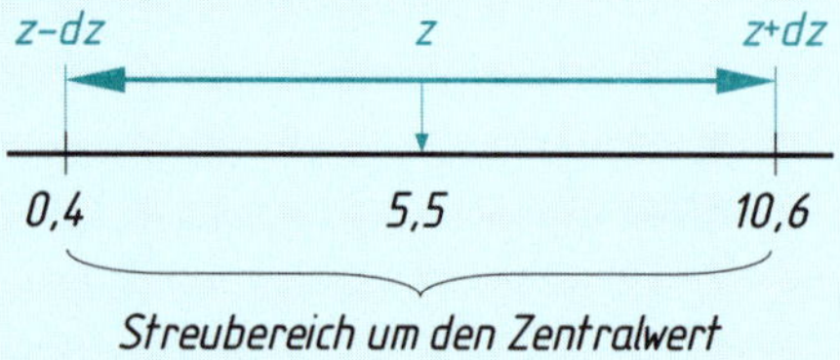

Die mittlere absolute Abweichung ist das arithmetische Mittel der Absolutbeträge der einzelnen Abweichungen vom Zentralwert.

Berechnung der Standardabweichung:

$$s_{\overline{x}} = \sqrt{\frac{(x_1 - \overline{x})^2 + (x_2 - \overline{x})^2 + \ldots + (x_{23} - \overline{x})^2}{23}}$$

$$s_{\overline{x}} = \sqrt{\frac{1\,834{,}47}{23}} = \sqrt{79{,}759\ \ldots} = 8{,}930\ \ldots$$

$$\mathbf{s_{\overline{x}} = 8{,}93}$$

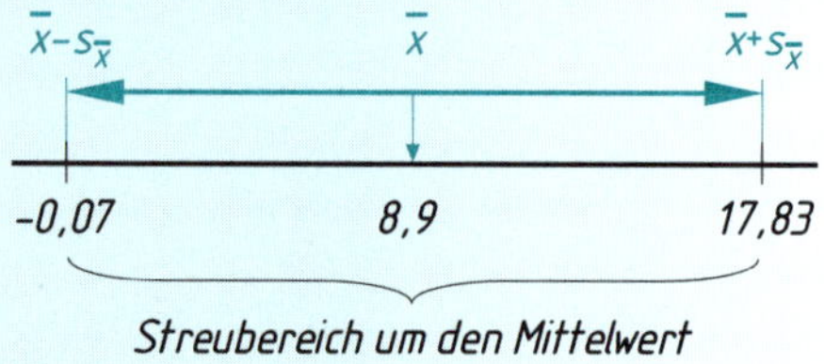

Die Standardabweichung ist die Wurzel aus dem arithmetischen Mittel der Quadrate der einzelnen Abweichungen vom Mittelwert.

Streuungsmaß (für n-Werte):

1) Streuung um den Zentralwert z (mittlere absolute Abweichung):

$$d_z = \frac{|x_1 - z| + |x_2 - z| + \ldots + |x_n - z|}{n}$$

Streubereich: $[z - d_z; z + d_z]$

2) Streuung um das arithmetische Mittel $\overline{x}$ (Standardabweichung):

$$s_{\overline{x}} = \sqrt{\frac{(x_1 - \overline{x})^2 + (x_2 - \overline{x})^2 + \ldots + (x_n - \overline{x})^2}{n}}$$

Streubereich: $[\overline{x} - s_x, \overline{x} + s_x]$

Die Varianz ist das Quadrat der Standardabweichung $(s_{\overline{x}})^2$.

236 Berechne die mittlere absolute Abweichung und die Standardabweichung für das Beispiel 234!

Punktwolkendiagramm

Das Punktwolkendiagramm gibt einen Zusammenhang zweier Merkmale an. (Vergleiche auch Mathematik positiv, 3. Klasse, Kapitel G Statistik!)

Beispiel

Europäische OECD–Staaten auf einen Blick:

	Beschäftigte in % 1999		Jugendarbeitslosigkeit 1999 (unter 25 Jahren) in % der jugendlichen Erwerbspersonen	
	Landwirtschaft	Industrie	Frauen	Männer
Belgien	2	25	22	23
Dänemark	3	27	11	10
Deutschland	3	35	8	10
Finnland	6	28	22	21
Frankreich	4	25	30	24
Griechenland	17	23	39	21
Großbritannien	2	26	11	15
Irland	9	29	8	9
Island	9	25	4	4
Italien	6	31	38	29
Luxemburg	2	24	7	6
Niederlande	3	21	8	7
Norwegen	5	22	10	10
Österreich	6	32	6	6
Polen	18	31	32	28
Portugal	14	35	11	8
Schweden	3	25	14	15
Schweiz	5	26	6	6
Slowakei	7	39	–	–
Spanien	7	31	37	22
Tschechien	6	47	19	16
Türkei	45	21	12	16
Ungarn	7	34	11	13

Quelle: Der Fischer Weltalmanach 2002, S. 27 f. (Daten wurden auf Ganze gerundet!)

a) Um die Beschäftigten zu vergleichen, bezeichnet man die Beschäftigten in der Landwirtschaft mit x und die Beschäftigten in der Industrie mit y.

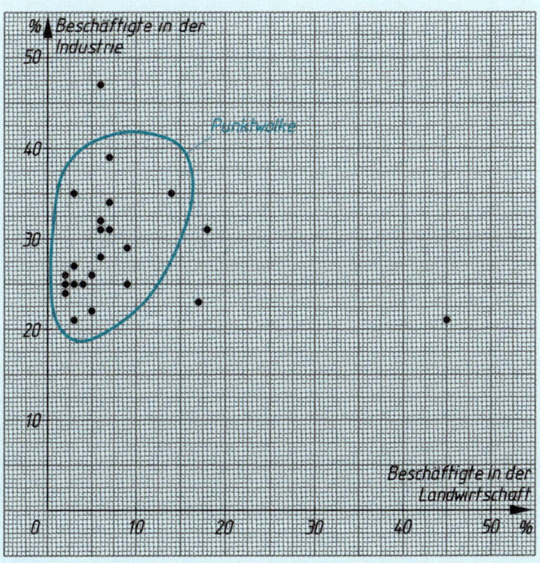

Diese Punkte $(x_1|y_1)$, $(x_2|y_2)$, ... werden in ein rechtwinkliges Koordinatensystem eingezeichnet. Die sich so ergebende Menge von Punkten bildet eine Punktwolke.
Die Daten der Beschäftigten der einzelnen Länder ergeben also Punkte:
Belgien (2|25), Dänemark (3|27), Deutschland (3|35), ...

Einheiten: x-Achse: 10 % ≙ 2 cm
y-Achse: 10 % ≙ 2 cm

Einzeichnen der Punkte in ein Koordinatensystem.

Statistische „Ausreißer" sind Tschechien, die Türkei, Griechenland und Polen.

b) Um die jugendlichen Arbeitslosen zu vergleichen, nimmt man an, dass die arbeitslosen Frauen mit x und die arbeitslosen Männer mit y bezeichnet werden. Diese Punkte $(x_1|y_1)$, $(x_2|y_2)$, ... werden in ein rechtwinkliges Koordinatensystem eingezeichnet. Die sich so ergebende Menge von Punkten bildet eine Punktwolke.
Die Daten der Arbeitslosen der einzelnen Länder ergeben also Punkte:
Belgien (22|23), Dänemark (11|10), Deutschland (8|10), ...

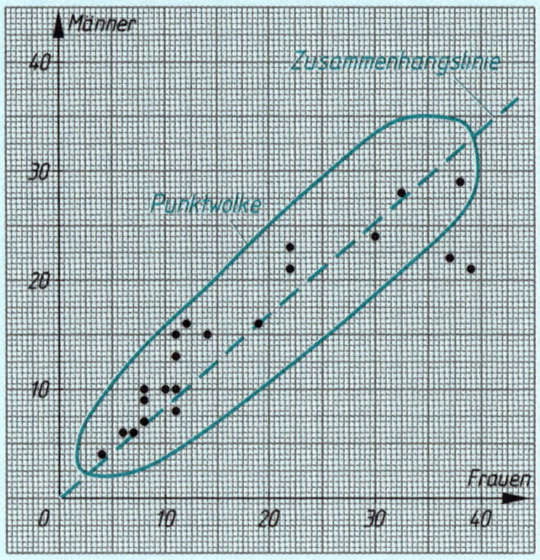

Einheiten: x-Achse: 10 % ≙ 2 cm
y-Achse: 10 % ≙ 2 cm

Einzeichnen der Punkte in ein Koordinatensystem.

Die Punkte häufen sich entlang einer geraden Linie: linearer Zusammenhang.

Statistische Ausreißer sind Griechenland und Spanien, da zwischen den männlichen und weiblichen Arbeitslosen nicht derselbe Zusammenhang besteht, wie in den übrigen angegebenen Ländern.

Beachte: Von der Slowakei liegen keine Werte vor.

SK 8 STATISTIK

Ein Treffen? Wann? Mit wem?

1	2	3		4	5	6		7	8	9	10	!

Du spielst mit. Du gehst ins Cafe. Die Kellnerin zwinkert dir zu.
Es ist 11 Uhr. Wer wird kommen?

Folgende Grafik gibt die ökologischen Agrarbetriebe in Prozent aller Agrarbetriebe in einzelnen europäischen Staaten an.
Die Ergebnisse der Fragen findest du in der Tabelle.
Trage die entsprechenden Buchstaben ein!

12,6	2,2	16	2,9	4	0,6	3,3	1,3	14	5,2
F	R	H	E	N	U	Z	L	E	H

Berechne:
(Fertige eine geordnete Liste an!)

1) das arithmetische Mittel $\overline{x}$,
2) den Zentralwert z,
3) die Spannweite R,
4) die untere Quartile q_1,
5) die obere Quartile q_3,
6) die mittlere absolute Abweichung,
7) die Standardabweichung!
8) Wie viele Länder liegen im Streubereich um z?
9) Wie viele Länder liegen im Streubereich um $\overline{x}$?
10) Wie viele Länder liegen im „unteren“ Viertel?

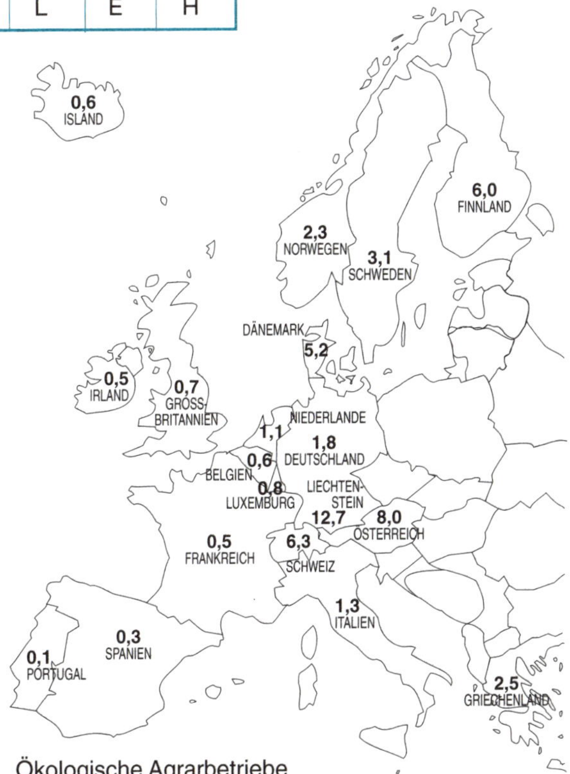

Ökologische Agrarbetriebe
in Prozent aller Agrarbetriebe

Quelle: Der Fischer Almanach 2002, Grafik XVIII

LERNZIELKONTROLLE:

KAPITEL F, STATISTIK

*) Mittelwerte berechnen und deuten können
*) Streuungsmaße kennen und berechnen können

1) Folgende Grafik zeigt die Anzahl der Kernkraftwerke. In der Tabelle werden die Kernkraftwerksblöcke in den EU–Staaten und in den EU–Beitrittskandidatenländern angegeben: Gib auch jeweils die Formel zur Berechnung an!

Anzahl der Kernkraftwerksblöcke		
EU 15		**145**
davon:	Frankreich	59
	Großbritannien	35
	Deutschland	19
	Schweden	11
	Spanien	9
	Belgien	7
	Finnland	4
	Niederlande	1
EU Beitrittskandidaten		**25**
davon:	Bulgarien	6
	Slowakei	6
	Tschechien	5
	Ungarn	4
	Litauen	2
	Slowenien	1
	Rumänien	1

Übrige Länder	**268**
USA	104
Japan	53
Russland	29
Korea	16
Kanada	14
Indien	14
Ukraine	13
Taiwan	6
Schweiz	5
China	3
Südafrika	2
Pakistan	2
Argentinien	2
Brasilien	2
Mexiko	2
Armenien	1

a) Berechne die absolute, relative und prozentuelle Häufigkeit der Kernkraftwerksblöcke in den einzelnen Ländern, gemessen an der Gesamtzahl der Kernkraftwerksblöcke in den EU-Staaten! ☐ ☐ ☐

b) Berechne das arithmetische Mittel, den Modalwert und den Zentralwert für die EU-Länder mit Kernkraftwerksblöcken! ☐ ☐ ☐

c) Gib die Spannweite an! ☐ ☐ ☐

d) Gib die Quartile an! ☐ ☐ ☐

e) Zeichne ein Kastenschaubild! ☐ ☐ ☐

f) Berechne die mittlere absolute Abweichung und die Standardabweichung für diese Werte! ☐ ☐ ☐

*) Zusammenhang zweier Merkmale (Punktwolke) grafisch darstellen und interpretieren können

2) Stelle die Staatseinnahmen und Staatsausgaben der einzelnen Länder gegenüber! Was kann man erkennen? ☐ ☐ ☐

	Staatseinnahmen in % des BIP 1999	**Staatsausgaben in % des BIP 1999**
Belgien	48	48
Dänemark	55	52
Deutschland	45	45
Finnland	49	46
Frankreich	48	49
Griechenland	50	48
Großbritannien	39	38
Irland	35	29
Island	38	34
Italien	45	45
Luxemburg	45	38

	Staatseinnahmen in % des BIP 1999	**Staatsausgaben in % des BIP 1999**
Niederlande	44	43
Norwegen	51	44
Österreich	47	47
Polen	42	40
Portugal	39	38
Schweden	57	55
Schweiz	34	34
Slowakei	54	56
Spanien	37	36
Tschechien	39	37
Ungarn	30	30

BIP ... Brutto-Inlandsprodukt, das ist der Wert aller Güter (Sachgüter und Dienstleistungen), die innerhalb eines Jahres in einem Land erzeugt werden.

Quelle: Der Fischer Weltalmanach 2002, S. 27; Zahlen sind auf Ganze gerundet.

G

DER PYTHAGOREISCHE LEHRSATZ

LERNZIELE:

- *) **Kathetensatz und Höhensatz kennen**
- *) **Den Lehrsatz von Pythagoras ableiten und verstehen können**
- *) **Konstruktion von Strecken mit Hilfe der Lehrsätze**
- *) **Den Lehrsatz des Pythagoras für Berechnungen in ebenen Figuren nutzen können**
- *) **Den Lehrsatz des Pythagoras für Berechnungen in Prismen und Pyramiden nutzen können**

Mach dich fit für Mathe

Dreieck

Die **Kongruenzsätze** geben die Bestimmungsstücke an, damit ein Dreieck eindeutig konstruierbar ist:

Ein Dreieck ist eindeutig konstruierbar, wenn die drei Seitenlängen (a, b und c) gegeben sind. Alle Dreiecke mit denselben Seitenlängen sind deckungsgleich (kongruent).
Dreiecke sind kongruent, wenn sie in ihren Seitenlängen übereinstimmen
(Seiten-Seiten-Seiten-Satz: SSS-Satz).

Ein Dreieck ist eindeutig konstruierbar, wenn zwei Seiten und der Winkel, der von diesen Seiten eingeschlossen wird, gegeben sind. (z. B.: Seiten c, b und der Winkel α)
Dreiecke sind kongruent, wenn sie in zwei Seiten und dem eingeschlossenen Winkel übereinstimmen
(Seiten-Winkel-Seiten-Satz: SWS-Satz).

Ein Dreieck ist eindeutig konstruierbar, wenn eine Seite und die beiden anliegenden Winkel gegeben sind. (z. B.: Seite c und die Winkel α und β)
Dreiecke sind kongruent, wenn sie in einer Seite und den beiden anliegenden Winkeln übereinstimmen
(Winkel-Seiten-Winkel-Satz: WSW-Satz).

Ein Dreieck ist eindeutig konstruierbar, wenn zwei Seiten und der Winkel, der der längeren Seite gegenüber liegt, gegeben sind.
Dreiecke sind kongruent, wenn sie in zwei Seiten und dem Winkel, der der längeren Seite gegenüber liegt, übereinstimmen (Seiten-Seiten-Winkel-Satz: SSW-Satz).

Flächeninhalt des Dreiecks

$A = \frac{1}{2} \cdot a \cdot h_a = \frac{1}{2} \cdot b \cdot h_b = \frac{1}{2} \cdot c \cdot h_c$
Flächeninhalt des Dreiecks = $\frac{1}{2}$ mal Seite mal zugehöriger Höhe

Ähnliche Dreiecke

Bereits aus der 3. Klasse ist der Begriff Ähnlichkeit bekannt.

Zwei Dreiecke heißen ähnlich, wenn die einander entsprechenden Winkel gleich groß sind.
Man schreibt: $\Delta A_1B_1C_1 \sim \Delta A_2B_2C_2$

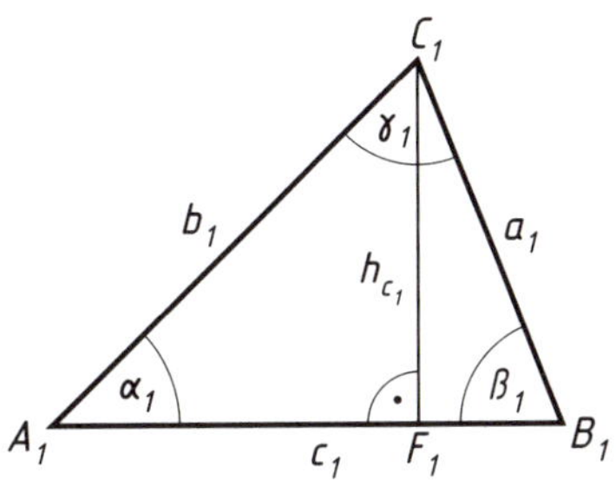

$\alpha_1 = \alpha_2,\ \beta_1 = \beta_2,\ \gamma_1 = \gamma_2$

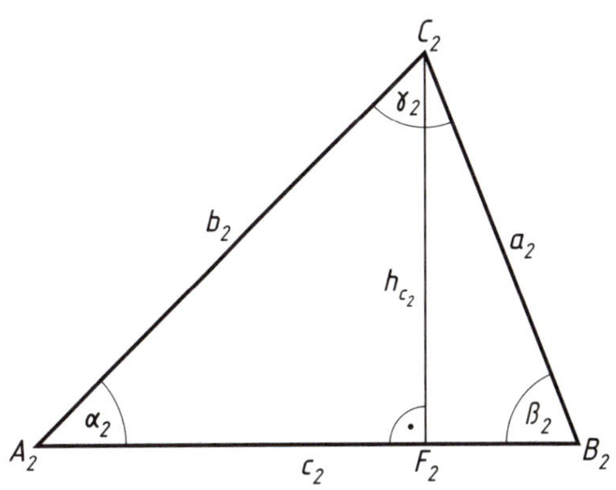

Nach dem Strahlensatz gilt für ähnliche Dreiecke:

> In ähnlichen Dreiecken stehen entsprechende Seiten im gleichen Verhältnis.
> $\overline{A_1B_1} : \overline{A_2B_2} = \overline{B_1C_1} : \overline{B_2C_2} = \overline{B_1C_1} = \overline{B_2C_2}$

Aus der Zeichnung erkennt man, dass auch die Dreiecke $\Delta\, A_1F_1C_1$ und $\Delta\, A_2F_2C_2$ ähnlich sind.
Es gilt daher: $\overline{A_1C_1} : \overline{A_2C_2} = \overline{F_1C_1} : \overline{F_2C_2}$

$$b_1 \;:\; b_2 \;=\; h_{c_1} \;:\; h_{c_2}$$

Nicht nur die Seiten, sondern auch die entsprechenden Höhen stehen im selben Verhältnis. Dasselbe gilt für alle Längenstücke ähnlicher Dreiecke, also auch für Schwerlinien, Umkreisradien, Inkreisradien, usw.

> In ähnlichen Dreiecken stehen entsprechende Längenstücke (Seiten, Höhen, Schwerlinien, Umkreisradien, Inkreisradien, usw.) im selben Verhältnis.

Beispiel

Konstruiere das zum Dreieck $A_1B_1C_1$ ($a_1 = 2$ cm, $b_1 = 3$ cm, $c_1 = 4$ cm) ähnliche Dreieck $A_2B_2C_2$ mit $c_2 = 8$ cm! Kontrolliere die Zeichnung durch Berechnen der Seiten a_2 und b_2!

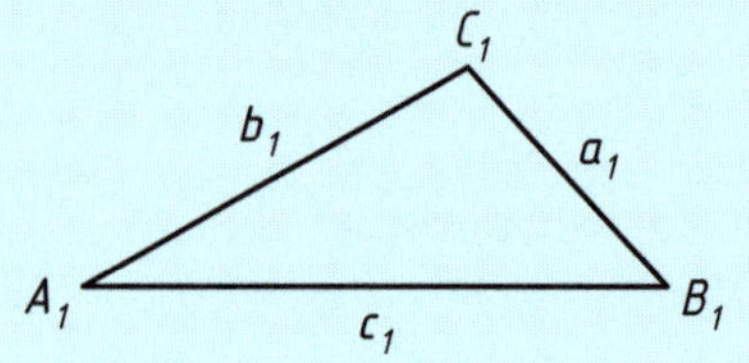

1. Konstruktion des Dreiecks $A_1B_1C_1$.

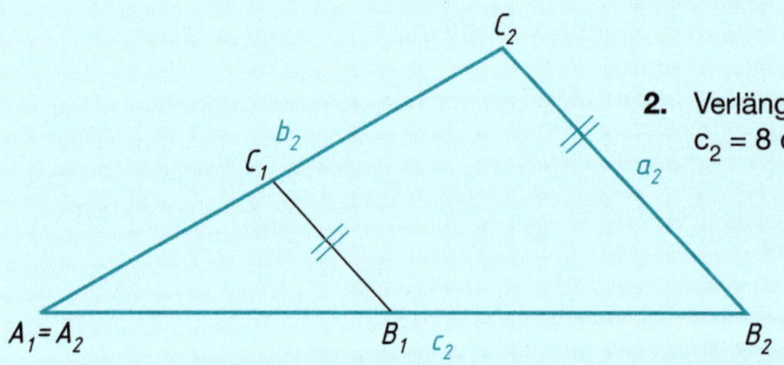

2. Verlängern von c_1 und b_1. Durch Abschlagen von $c_2 = 8$ cm erhält man den Punkt B_2.
3. Durch Parallelverschieben entsteht das Dreieck $A_2B_2C_2$.
4. Abmessen der Seiten $a_2 = 4$ cm, $b_2 = 6$ cm.

Berechnen der Seiten a_2 und b_2:

$a_2 : a_1 = c_2 : c_1$	$b_2 : b_1 = c_2 : c_1$	Entsprechende Seiten stehen im selben Verhältnis.
$a_2 : 2 = 8 : 4$	$b_2 : 3 = 8 : 4$	Einsetzen und Berechnen
$4a_2 = 16$	$4b_2 = 24$	Auflösen der Proportion (Produkt der Außenglieder = Produkt der Innenglieder).
$a_2 = 4$ cm	**$b_2 = 6$ cm**	

Anschreiben des Verhältnisses der entsprechenden Seiten für das obige Beispiel:

$a_1 : a_2 = 2 : 4$	$b_1 : b_2 = 2 : 4$	$c_1 : c_2 = 2 : 4$
$2a_2 = 4a_1$	$2b_2 = 4b_1$	$2c_2 = 4c_1$
$a_2 = 2a_1$	$b_2 = 2b_1$	$c_2 = 2c_1$

Man erkennt:
Die Seitenlängen des neuen Dreiecks erhält man, wenn man die Seitenlängen des ursprünglichen Dreiecks mit demselben Faktor 2 multipliziert. Diesen Faktor nennt man Proportionalitätsfaktor k.

Allgemein kann man anschreiben: $a_2 = k \cdot a_1$ $\qquad b_2 = k \cdot b_1$ $\qquad c_2 = k \cdot c_1$

Nochmaliges Anschreiben der Proportionen:

$a_1 : a_2 = a_1 : (k \cdot a_1)$	$b_1 : b_2 = b_1 : (k \cdot b_1)$	$c_1 : c_2 = c_1 : (k \cdot c_1)$
$a_1 : a_2 = 1 : k$	$b_1 : b_2 = 1 : k$	$c_1 : c_2 = 1 : k$

Es gilt: $a_1 : a_2 = b_1 : b_2 = c_1 : c_2 = 1 : k$

In ähnlichen Dreiecken stehen entsprechende Längenstücke im selben Verhältnis:

$a_1 : a_2 = b_1 : b_2 = c_1 : c_2 = 1 : k$ k ... Proportionalitätsfaktor

Beispiel

Gegeben ist das Dreieck $A_1B_1C_1$ (a_1 = 4 cm, b_1 = 6 cm, c_1 = 8 cm).

a) Berechne die Seitenlängen und den Umfang des ähnlichen Dreiecks $A_2B_2C_2$ mit a_2 = 12 cm!

b) In welchem Verhältnis stehen die Umfänge?

a) $a_1 : a_2 = 4 : 12$
$a_1 : a_2 = 1 : 3$

1. Wir schreiben das Verhältnis an und kürzen. Die Seiten verhalten sich wie 1 : 3. Proportionalitätsfaktor: k = 3

$b_2 = k \cdot b_1$
$b_2 = 3 \cdot 6$
$\mathbf{b_2 = 18\ cm}$

2. Multiplizieren wir b_1 mit dem Proportionalitätsfaktor k, so erhalten wir b_2.

$c_2 = k \cdot c_1$
$c_2 = 3 \cdot 8$
$\mathbf{c_2 = 24\ cm}$

3. Multiplizieren wir c_1 mit dem Proportionalitätsfaktor k, so erhalten wir c_2.

$u_1 = a_1 + b_1 + c_1$
$u_1 = 4 + 6 + 8$
$\mathbf{u_1 = 18\ cm}$

$u_2 = a_2 + b_2 + c_2$
$u_2 = 12 + 18 + 24$
$\mathbf{u_2 = 54\ cm}$

4. Berechnung der Umfänge

b) $u_1 : u_2 = 18 : 54$
$u_1 : u_2 = 1 : 3$

5. Wir schreiben das Verhältnis der Umfänge an und kürzen.

Das Verhältnis der Umfänge ist gleich dem Verhältnis der Seiten.

Man kann das Verhältnis der Umfänge zweier ähnlicher Dreiecke auch allgemein berechnen:

$u_1 = a_1 + b_1 + c_1$

$$u_2 = a_2 + b_2 + c_2$$
$$a_2 = k \cdot a_1$$
$$b_2 = k \cdot b_1$$
$$c_2 = k \cdot c_1$$
$$u_2 = k \cdot a_1 + k \cdot b_1 + k \cdot c_1$$
$$u_2 = k \cdot \underbrace{(a_1 + b_1 + c_1)}_{u_1}$$
$$u_2 = k \cdot u_1$$

$u_1 : u_2 = u_1 : (k \cdot u_1)$
$\mathbf{u_1 : u_2 = 1 : k}$

In ähnlichen Dreiecken gilt:
Stehen die Längen im Verhältnis 1 : k, dann verhalten sich auch die Umfänge wie 1 : k.

Beispiel

Gegeben ist das Dreieck ABC ($c = 7$ cm, $h_c = 5$ cm, $\alpha = 50°$).

a) Konstruiere das ähnliche Dreieck AB_1C_1 mit $h_{c_1} = 3{,}5$ cm!

b) In welchem Verhältnis stehen die Flächeninhalte?

a)

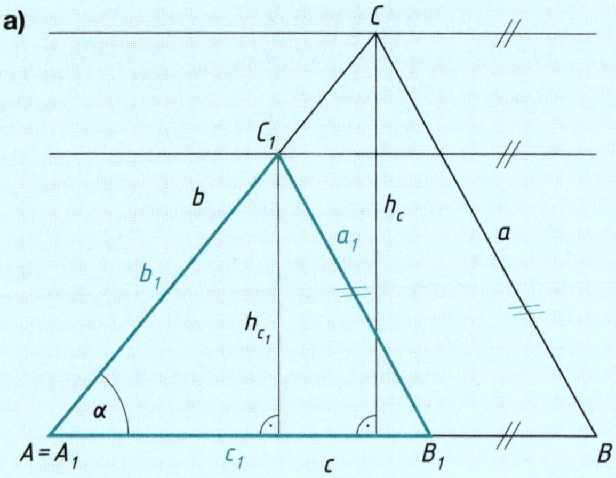

Konstruktion des Dreiecks ABC.
Der Punkt C liegt auf einer Parallelen zu c im Abstand $h_c = 5$ cm.

A ist auch der Eckpunkt des gesuchten ähnlichen Dreiecks. Daher ist A Ähnlichkeitszentrum (Streckungszentrum).
Siehe auch Mathematik positiv, Band 3, Kapitel J!
Konstruiere eine Parallele zu c im Abstand $h_{c_1} = 3{,}5$ cm!

Der Schnittpunkt dieser Parallelen mit der Seite AC ist der gesuchte Eckpunkt C_1.

Den Punkt B_1 erhält man durch Parallelverschieben der Seite a.

b) $A = \frac{1}{2} \cdot c \cdot h_c$ — Berechnen des Flächeninhalts des Dreiecks ABC.

$A = \frac{1}{2} \cdot 7 \cdot 5$

$A = 17{,}5 \text{ cm}^2$

Für den Flächeninhalt des Dreiecks AB_1C_1 muss man die Seite c_1 berechnen.
Dafür benötigt man den Proportionalitätsfaktor k. Da die Längsstücke sich wie 1 : k verhalten, muss gelten: $h_c : h_{c_1} = 1 : k$

$h_c : h_{c_1} = 5 : 3{,}5$ — Das Verhältnis wird durch 5 gekürzt. Dadurch erhält man den Proportionalitätsfaktor $k = 0{,}7$.

$h_c : h_{c_1} = 1 : 0{,}7$

$c_1 = k \cdot c$ — Berechnung von c_1.

$c_1 = 0{,}7 \cdot 7$ $\qquad c_1 = 4{,}9$ cm

$A_1 = \frac{1}{2} \cdot c_1 \cdot h_{c_1}$ — Flächeninhalt des ähnlichen Dreiecks

$A_1 = \frac{1}{2} \cdot 4{,}9 \cdot 3{,}5$ $\qquad A_1 = 8{,}575 \text{ cm}^2$

$A : A_1 = 17{,}5 : 8{,}575$ — Wir berechnen das Verhältnis der Flächeninhalte.

$\mathbf{A : A_1 = 1 : 0{,}49}$ — Kürze die rechte Seite durch 17,5! Der Proportionalitätsfaktor für die Flächeninhalte beträgt $0{,}49 = 0{,}7^2$.

Man kann das Verhältnis der Flächeninhalte zweier ähnlicher Dreiecke auch allgemein berechnen.

$A = \frac{1}{2} \cdot c \cdot h_c \qquad A_1 = \frac{1}{2} \cdot c_1 \cdot h_{c_1} \qquad c_1 = k \cdot c \qquad h_{c_1} = k \cdot h_c$

$A_1 = \frac{1}{2} \cdot k \cdot c \cdot k \cdot h_c$

$A_1 = \underbrace{\frac{1}{2} \cdot c \cdot h_c}_{A} \cdot k^2$

$A_1 = A \cdot k^2$ — Die Fläche A_1 ist das k^2-fache der Fläche A.

$A : A_1 = A : (A \cdot k^2)$

$A : A_1 = 1 : k^2$

In ähnlichen Dreiecken gilt:
Stehen die Längen im Verhältnis 1 : k, dann verhalten sich die Flächeninhalte wie $1 : k^2$

Vergleiche dazu das vorige Musterbeispiel!

$c : c_1 = 1 : 0{,}7$

$A : A_1 = 1 : 0{,}49 \qquad (0{,}7)^2 = 0{,}49$

Beispiel

Konstruiere das Dreieck ABC mit a : b : c = 7 : 5 : 6; s_c = 4,2 cm! (s_c ... Schwerlinie auf c)

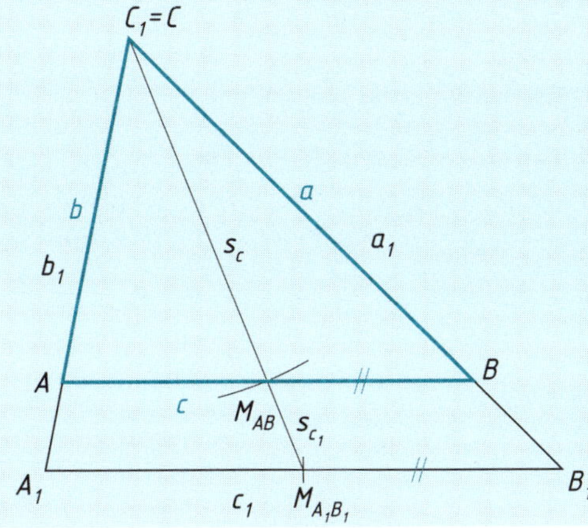

1. Wir zeichnen ein ähnliches Dreieck mit a_1 = 7 cm, b_1 = 5 cm, c_1 = 6 cm.
   Wir konstruieren die Schwerlinie s_{c_1}.
2. Die Schwerlinie s_{c_1} des ähnlichen Dreiecks ist nicht 4,2 cm lang.
   Wir nehmen den Eckpunkt C_1 = C als Ähnlichkeitszentrum (Streckungszentrum).
   Von diesem schlägt man s_c = 4,2 cm auf s_{c_1} ab und erhält M_{AB} (Mittelpunkt der Seite AB).
3. Durch Parallelverschieben der Seite c_1 durch M_{AB} erhalten wir das gesuchte Dreieck ABC.

Rechtwinkliges Dreieck

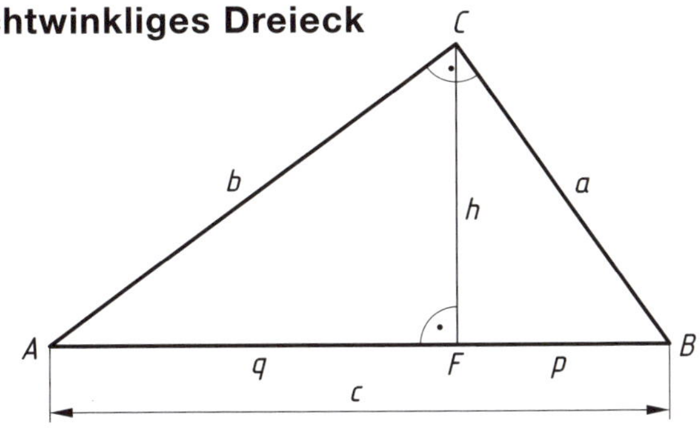

c ... Hypotenuse
Die Hypotenuse ist die dem rechten Winkel gegenüberliegende Seite, sie ist die längste Seite im rechtwinkligen Dreieck.

a, b ... Katheten
Die Katheten schließen den rechten Winkel ein.

h ... Höhe auf die Hypotenuse

Die Höhe h teilt das rechtwinklige Dreieck in zwei weitere rechtwinklige Dreiecke Δ AFC bzw. Δ FBC. Durch den Fußpunkt F wird die Hypotenuse c in die beiden Hypotenusenabschnitte zerlegt. Man bezeichnet den der Kathete b anliegenden Hypotenusenabschnitt mit q und den der Kathete a anliegenden mit p.

Die Bezeichnungen, die Eigenschaften und Konstruktion rechtwinkliger Dreiecke findest du in Mathematik positiv, Band 2, Seite 150ff.

In jedem rechtwinkligen Dreieck gilt: $\mathbf{A = \frac{1}{2} \cdot a \cdot b}$ a, b Katheten

Den Flächeninhalt eines rechtwinkligen Dreiecks errechnet man als halbes Produkt der Kathetenlängen.

Es gilt der **Satz von Thales:** Jeder Winkel im Halbkreis ist ein rechter Winkel.

Der Höhenschnittpunkt H liegt im Eckpunkt mit dem rechten Winkel.
Der Umkreismittelpunkt U ist der Halbierungspunkt der Hypotenuse.

238 Konstruiere das Dreieck ABC von dem die folgenden Bestimmungsstücke gegeben sind!

a) a = 53 mm, b = 72 mm, c = 60 mm **b)** a = 63 mm, γ = 72°, b = 53 mm

c) a = 47 mm, β = 65°, γ = 42° **d)** b = 85 mm, a = 45 mm, β = 100°

239 Konstruiere das Dreieck ABC und berechne den Flächeninhalt!

a) b = 5,2 cm, h_b = 3,2 cm, α = 45°

b) c = 32 mm, h_c = 45 mm, β = 115°

c) a = 56 mm, h_a = 35 mm, β = 45°

240 Ergänze die Tabelle! Es gilt Δ $A_1B_1C_1$ ~ Δ $A_2B_2C_2$.

	Δ $A_1B_1C_1$				Δ $A_2B_2C_2$				
	a_1	b_1	c_1	u_1	a_2	b_2	c_2	u_2	k
a)				21	15		27	63	
b)	9					4	5	12	
c)				16	10	14			2
d)				11x	10x	20x	25x		

241 Gegeben ist das Dreieck ABC.

1) Konstruiere das ähnliche Dreieck $A_1B_1C_1$!

2) In welchem Verhältnis stehen die Flächeninhalte?

a) Δ ABC ($a = 60$ mm, $\beta = 40°$, $h_a = 35$ mm); Δ $A_1B_1C_1$ ($h_{a_1} = 50$ mm)

b) Δ ABC ($a = 60$ mm, $\beta = 40°$, $h_a = 35$ mm); Δ $A_1B_1C_1$ ($a_1 = 45$ mm)

c) Δ ABC ($b = 35$ mm, $\gamma = 70°$, $h_b = 60$ mm); Δ $A_1B_1C_1$ ($b_1 = 55$ mm)

d) Δ ABC ($b = 35$ mm, $\gamma = 70°$, $h_b = 60$ mm); Δ $A_1B_1C_1$ ($h_{b_1} = 40$ mm)

242 Konstruiere folgende Dreiecke! (Zeichne zuerst immer ein ähnliches Dreieck und bestimme das Ähnlichkeitszentrum!)

a) $a : c = 5 : 6$, $\beta = 73°$, $s_b = 58$ mm

b) $\alpha = 42°$, $\beta = 50°$, $s_a = 70$ mm

c) Rechtwinkliges Dreieck ABC ($\gamma = 90°$): $a : b = 5 : 7$, $s_a = 60$ mm

d) Gleichschenkliges Dreieck ABC ($a = b$): $c : h = 5 : 8$, $r = 28$ mm (r ... Umkreisradius)

243 Konstruiere mit Hilfe des Satzes von Thales das rechtwinklige Dreieck ABC ($\gamma = 90°$)!

a) $c = 86$ mm, $a = 50$ mm **b)** $c = 10{,}2$ cm, $\alpha = 55°$

244 Konstruiere das rechtwinklige Dreieck ABC ($\gamma = 90°$) und berechne den Flächeninhalt!

a) $a = 39$ mm, $b = 72$ mm **b)** $a = b = 50$ mm

1 *Lehrsätze für Berechnungen im rechtwinkligen Dreieck*

Der Satz von Euklid (Kathetensatz)

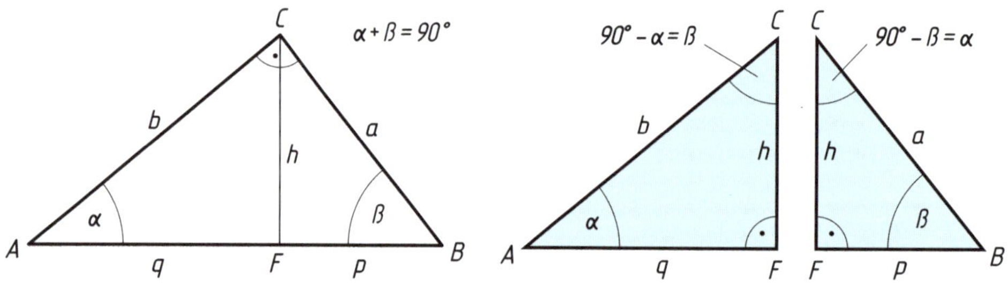

Durch die Höhe wird das rechtwinklige Dreieck ABC in zwei ähnliche rechtwinklige Dreiecke zerlegt: Δ AFC ~ Δ BCF.

Man erkennt, dass die beiden Dreiecke dem ursprünglichen Dreieck ABC ähnlich sind, da sie in allen Winkeln übereinstimmen.

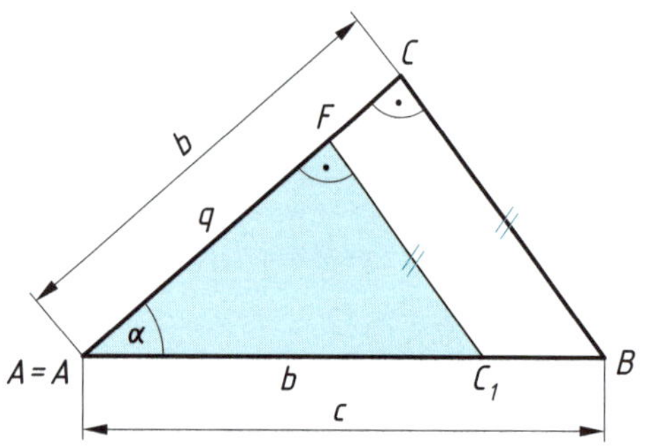

Wenn man die ähnlichen Dreiecke AC_1F und ABC so „ineinander" legt, dass z. B. die Winkel $\sphericalangle FAC_1 = \sphericalangle CAB = \alpha$ zusammenfallen, so kann man auf Grund des Strahlensatzes erkennen:

$c : b = b : q$

$$\boxed{b^2 = c \cdot q}$$

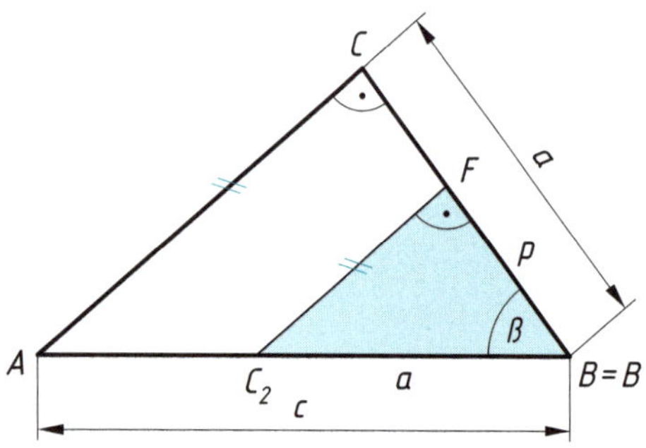

Wenn man die ähnlichen Dreiecke C_2BF und ABC so „ineinander" legt, dass z. B. die Winkel $\sphericalangle FBC_2 = \sphericalangle CBA = \beta$ zusammenfallen, so kann man auf Grund des Strahlensatzes erkennen:

$c : a = a : p$

$$\boxed{a^2 = c \cdot p}$$

In jedem rechtwinkligen Dreieck gilt der Satz von Euklid (Kathetensatz):
Das Quadrat einer Kathetenlänge ist gleich dem Produkt aus Hypotenusenlänge und der Länge des anliegenden Hypotenusenabschnitts:

$$a^2 = c \cdot p \qquad b^2 = c \cdot q$$

Beispiel Von einem rechtwinkligen Dreieck ABC ($\gamma = 90°$) kennt man die Länge der Hypotenuse c = 27 dm und die Länge des Hypotenusenabschnitts q = 12 dm. Berechne die Länge der beiden Katheten (Runde die Ergebnisse auf 2 Dezimalen)!

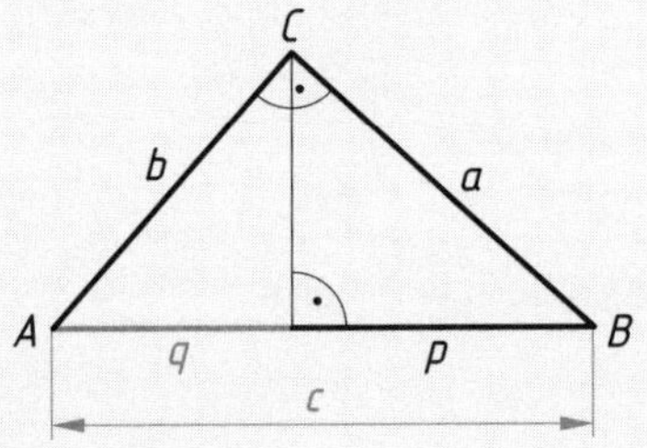

1. Skizze, Kennzeichnen der gegebenen Bestimmungsstücke

$b^2 = c \cdot q$

2. Aus c und q kann man mit Hilfe des Kathetensatzes b berechnen.

$b^2 = 27 \cdot 12$
$b^2 = 324$
$b = \sqrt{324}$
$b = 18$ dm

Tastenfolge: ($\sqrt{\ }$) (3) (2) (4) (=)

$p + q = c$
$p = c - q$
$p = 27 - 12$
$p = 15$ dm

3. Um die Kathete a zu berechnen, braucht man den Hypotenusenabschnitt p.

$a^2 = c \cdot p$
$a^2 = 27 \cdot 15$
$a^2 = 405$
$a = \sqrt{405}$
$a = 20{,}124..$
$a = 20{,}12$ dm

4. Mit Hilfe des Kathetensatzes berechnet man a.

Tastenfolge: ($\sqrt{\ }$) (4) (0) (5) (=)
TR - Anzeige

Anmerkung: Die Anzahl der Dezimalstellen auf die man sinnvoll rundet, hängt von der Einheit der Angabe ab.
Ist die Angabe in dm, cm oder mm gegeben, so rundet man auf mm.
Ist die Angabe in m gegeben, so rundet man auf cm.

245 Von einem rechtwinkligen Dreieck ABC ($\gamma = 90°$) kennt man:

a) c = 35 cm, p = 12 cm
b) p = 13,7 dm, q = 15,9 dm
c) c = 175,2 m, q = 111,3 m
d) c = 98 mm, p = 53 mm

Berechne die Länge der Katheten!

Beispiel Von einem rechtwinkligen Dreieck kennt man die Länge der Kathete a = 14,8 dm und des Hypotenusenabschnitts p = 5,3 dm. Berechne die Länge der Hypotenuse c und der Kathete b!

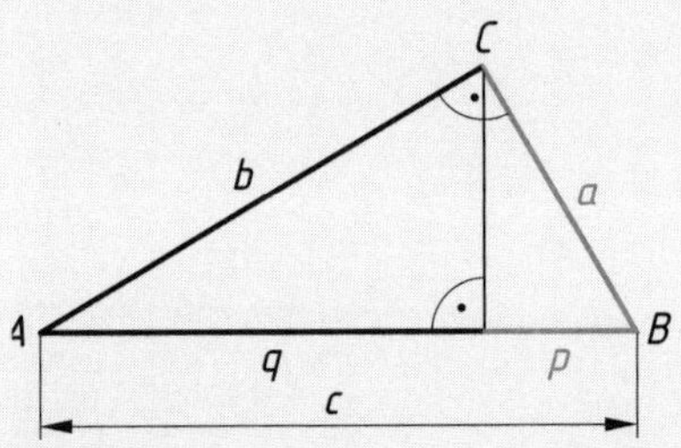

1. Skizze

$a^2 = c \cdot p$

$\frac{a^2}{p} = c$

$c = \frac{a^2}{p}$

2. Kathetensatz

$c = \frac{14{,}8^2}{5{,}3}$

3. Einsetzen und Berechnen mit dem TR.

$c = 41{,}328..$

4. TR-Anzeige: der Wert von c wird gespeichert, da er für die weitere Berechnung benötigt wird.

41,328... **STO A** **=**

$c = 41{,}33$ dm

5. Runden auf 2 Dezimalstellen, da die Längen in dm gegeben sind.

$q = c - p$

6. Berechnung von q: Nimm für c den gespeicherten Wert!

$q = 36{,}028..$

RCL A **–** **5** **.** **3** **=** **36,028..**

Zur weiteren Berechnung verwende die in der Anzeige befindliche Zahl!

$b^2 = c \cdot q$

7. Kathetensatz:

36,028... **x** **RCL A** **=** **STO B** **=**

CLEAR **$\sqrt{\ }$** **RCL B** **=**

$b = 38{,}587$

$b = 38{,}59$ dm

246 Ergänze für das rechtwinklige Dreieck ABC ($\gamma = 90°$) die Tabelle!

	(1)	(2)	(3)
a		42,3 dm	
b	37,2 dm		
c			112 dm
p		27,9 dm	
q	14,7 dm		87,6 dm

Der pythagoreische Lehrsatz

Der griechische Mathematiker Pythagoras von Samos (580 - 500 v. Chr.) hat sich überlegt, welche Zusammenhänge zwischen den Bestimmungsstücken jedes rechtwinkligen Dreiecks bestehen.

Den pythagoreischen Lehrsatz kann man direkt aus dem Kathetensatz herleiten. Den Kathetensatz kann man geometrisch darstellen.

$$b^2 = c \cdot q$$
$$a^2 = c \cdot p$$

Das Quadrat über der Hypotenuse setzt sich aus zwei Rechtecken zusammen:

$$\underbrace{c \cdot p}_{a^2} + \underbrace{c \cdot q}_{b^2} = c^2$$

$$\mathbf{a^2 + b^2 = c^2}$$

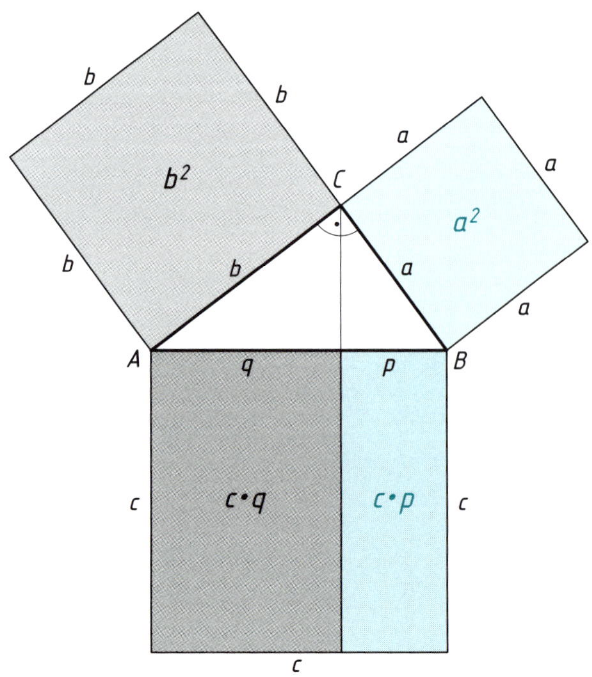

In jedem rechtwinkligen Dreieck gilt der **pythagoreische Lehrsatz**:
Die Summe der Flächeninhalte der beiden Kathetenquadrate ist gleich dem Flächeninhalt des Hypotenusenquadrats.

a^2	+	b^2	=	c^2
Quadrat der Länge der Kathete a (1. Kathete)		**Quadrat der Länge der Kathete b (2. Kathete)**		**Quadrat der Länge der Hypotenuse c**

kurz: Summe der Kathetenquadrate = Hypotenusenquadrat

Beispiel

Von einem rechtwinkligen Dreieck kennt man die beiden Kathetenlängen a = 39 mm und b = 52 mm. Berechne die Länge der Hypotenuse!

$c^2 = a^2 + b^2$ Anwenden des pythagoreischen Lehrsatzes.
$c^2 = 39^2 + 52^2$ Einsetzen und Berechnen mit dem TR.
$c^2 = 4\,225$
c = 65 mm

247 Von einem rechtwinkligen Dreieck ABC ($\gamma = 90°$) sind die beiden Kathetenlängen gegeben. Berechne die Länge der Hypotenuse!

a) a = 45 mm, b = 60 mm **b)** a = 148 mm, b = 111 mm
c) a = 21,6 cm, b = 28,8 cm **d)** a = 195,84 m, b = 45,9 m

Beispiel

Von einem Dreieck kennt man die Längen der Seiten x = 12 cm, y = 13 cm, z = 5 cm. Überprüfe, ob dieses Dreieck ein rechtwinkliges ist!
Wenn es sich bei diesem Dreieck um ein rechtwinkliges handelt, müssen die Seitenlängen den pythagoreischen Lehrsatz erfüllen. Die längste Seite y ist dann die Hypotenuse, die beiden anderen Seiten x, z die Katheten.

$x^2 + z^2 = y^2$ Summe der Kathetenquadrate = Hypotenusenquadrat
$12^2 + 5^2 = 13^2$
$144 + 25 = 169$
$169 = 169$ w. A.

Da die Seitenlängen den pythagoreischen Lehrsatz erfüllen, liegt ein rechtwinkliges Dreieck vor.

Anmerkung: Erfüllen drei natürliche Zahlen den pythagoreischen Lehrsatz, so spricht man von einem pythagoreischen Zahlentripel.

z. B.: 3, 4, 5 auch die Vielfachen sind wieder pythagoreische Zahlentripel
z. B.: 6, 8, 10 oder 9, 12, 15, ...
5, 12, 13 z. B.: 10, 24, 26, ...
8, 15, 17 z. B.: 16, 30, 34, ...

248 Stelle fest, welche der gegebenen Dreiecke rechtwinklig sind!

	(1)	(2)	(3)	(4)	(5)	(6)
x	3	48	1 213	19	65	433
y	4	80	1 188	12	87	145
z	5	64	245	13	112	408

Beispiel

Von einem rechtwinkligen Dreieck ABC ($\gamma = 90°$) kennt man die Länge der Kathete a = 28,5 cm und die Länge der Hypotenuse c = 53,7 cm. Berechne den Umfang und den Flächeninhalt des Dreiecks!

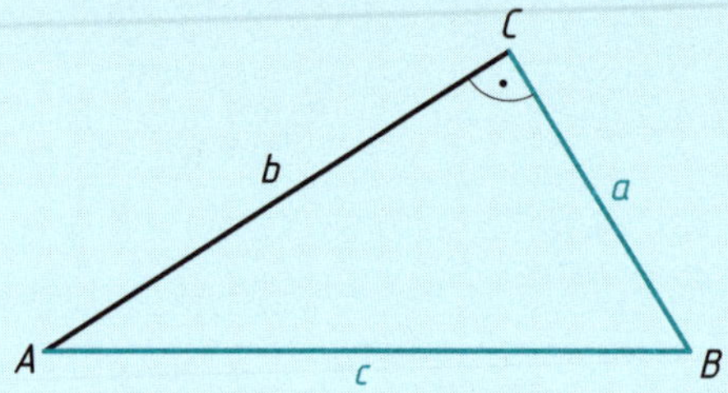

1. Skizze

$a^2 + b^2 = c^2 \quad | - a^2$

$b^2 = c^2 - a^2$

$b^2 = 53{,}7^2 - 28{,}5^2$

$b = 45{,}51..$

$b = 45{,}5$ cm

2. Anwenden des pythagoreischen Lehrsatzes.

3. Umformen, Einsetzen und Berechnung mit dem TR.

Speichern

$u = a + b + c$

$u = 127{,}7$ cm

4. Berechnung des Umfangs.

$A = \frac{a \cdot b}{2}$

A = 648,56 cm²

5. Berechnung des Flächeninhalts.

Das Ergebnis wird auf 2 Dezimalen gerundet (d. h. auf mm² genau).

249 Ergänze für ein rechtwinkliges Dreieck ABC ($\gamma = 90°$) die Tabelle und berechne u und A!

	1)	(2)	(3)	(4)
a	73,4 cm		23,7 cm	
b		36,4 cm		77,4 cm
c	128,9 cm	83,7 cm	89,5 cm	115,6 cm

Beispiel

Von einem rechtwinkligen Dreieck kennt man den Flächeninhalt A = 124,78 cm² und die Länge der Kathete b = 12,3 cm. Berechne die fehlenden Seitenlängen!

$A = \frac{a \cdot b}{2} \quad | \cdot 2$

$2 \cdot A = a \cdot b \quad | : b$

$a = \frac{2A}{b}$

1. Flächenformel; Umformen um a zu errechnen.

$a = \frac{2 \cdot 124{,}78}{12{,}3}$

$a = 20{,}28..$

a = 20,3 cm

2. Einsetzen und Berechnung von a.

Für die weitere Berechnung verwende den Wert der Anzeige!

$c^2 = a^2 + b^2$

$c = 23{,}72..$

c = 23,7 cm

3. Mit Hilfe des pythagoreischen Lehrsatzes wird c berechnet.

250 Ergänze für ein rechtwinkliges Dreieck ABC ($\gamma = 90°$) die Tabelle!

	(1)	(2)	(3)	(4)
a	75,6 cm		35,8 cm	
b		26,4 cm		325,73 dm
c				
u				
A	425,30 cm²	3 586,24 cm²	236,24 cm²	2 453,8 dm²

Beispiel

In einem rechtwinkligen Dreieck verhält sich die Länge der Kathete a zur Länge der Hypotenuse c wie 24 : 25. Der Umfang beträgt 168 cm. Berechne die Seitenlängen!

$a : c = 24 : 25$

1. Die Seitenlängen verhalten sich wie 24 : 25, das ist das Verhältnis der Seitenlängen in gekürzter Form. Man drückt daher die Seitenlängen mit Hilfe des Proportionalitätsfaktors k aus.

$$a = 24 \cdot k$$
$$c = 25 \cdot k$$

2. Die dritte Seite des Dreiecks kann man mit Hilfe des pythagoreischen Lehrsatzes berechnen.

$$a^2 + b^2 = c^2$$
$$b^2 = c^2 - a^2$$
$$b^2 = (25k)^2 - (24k)^2$$
$$b^2 = 625k^2 - 576k^2$$
$$b^2 = 49k^2$$
$$b = \sqrt{49k^2}$$
$$b = 7k$$

Auch b ist ein Vielfaches des Proportionalitätsfaktors k.

3. Einsetzen in die Formel für den Umfang und Berechnung von k.

$$a + b + c = u$$
$$24k + 7k + 25k = 168$$
$$56k = 168 \quad | :56$$
$$k = 3$$

4. Mit Hilfe des Proportionalitätsfaktors k werden die Seitenlängen berechnet.

$a = 24k$	$b = 7k$	$c = 25k$
$a = 24 \cdot 3$	$b = 7 \cdot 3$	$c = 25 \cdot 3$
a = 72 cm	**b = 21 cm**	**c = 75 cm**

251 Berechne für das rechtwinklige Dreieck mit den Katheten a und b und der Hypotenuse c die Seitenlängen!

a) $a : b = 9 : 40$, $u = 225$ cm **b)** $a : c = 36 : 85$, $A = 49\,896$ cm^2

c) $b : c = 56 : 65$, $u = 770$ cm **d)** $b : c = 65 : 97$, $A = 37\,440$ cm^2

Der Höhensatz

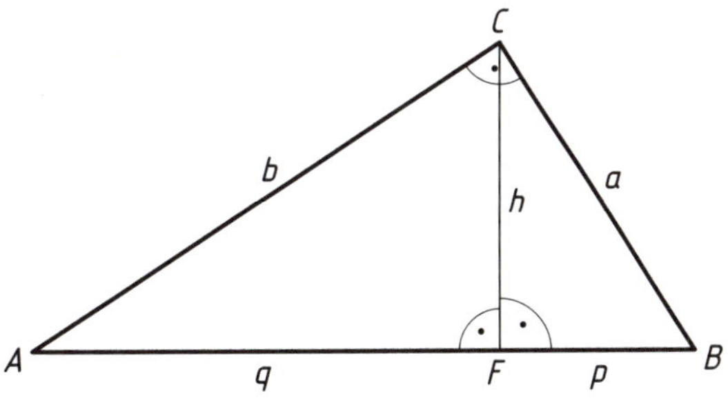

Die Dreiecke Δ AFC und Δ FBC sind ähnliche Dreiecke. Die entsprechenden Katheten stehen im selben Verhältnis:

Δ AFC				Δ FBC		
kurze Kathete	:	lange Kathete	=	kurze Kathete	:	lange Kathete
h	:	q	=	p	:	h

Aus diesem Verhältnis wird h^2 errechnet: $h : q = p : h$
$$h^2 = p \cdot q$$

Die so gefundene Formel wird als Höhensatz bezeichnet.

In jedem rechtwinkligen Dreieck gilt der **Höhensatz:** $\mathbf{h^2 = p \cdot q}$

Das Quadrat der Höhe ist gleich dem Produkt der Hypotenusenabschnitte.

Beispiel

Von einem rechtwinkligen Dreieck kennt man die Länge der Hypotenuse c = 6,7 cm und die Länge des Hypotenusenabschnitts q = 2,3 cm. Berechne die Höhe, den Umfang und den Flächeninhalt!

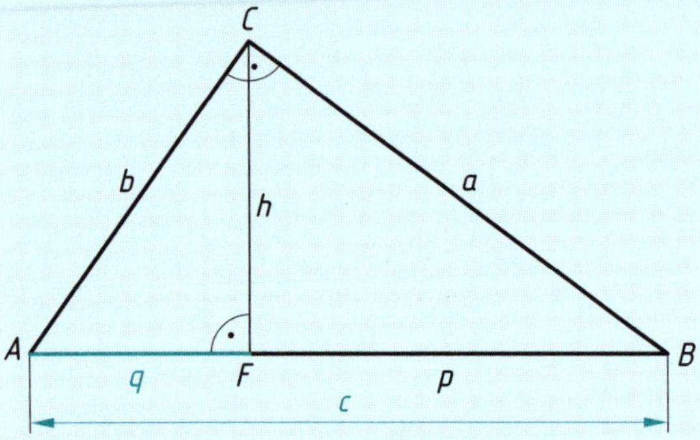

1. Skizze

$p + q = c$
$p = c - q$
$p = 4{,}4$ cm

2. Mit Hilfe des zweiten Hypotenusenabschnitts berechnet man die Höhe.

$h^2 = p \cdot q$
$h = 3{,}18..$
h = 3,2 cm

Höhensatz

3. Die Länge der Seite b kann man auf zwei Arten berechnen: **a)** mit dem Kathetensatz $b^2 = c \cdot p$
b) mit dem pythagoreischen Lehrsatz

Im Teildreieck AFC ist b die Hypotenuse, sie liegt dem rechten Winkel gegenüber.

Es gilt: $b^2 = h^2 + q^2$
Dieser Wert wird im TR gespeichert.

$b^2 = h^2 + q^2$
$b = 3{,}92..$
$b = 3{,}9$ cm

4. Mit Hilfe des pythagoreischen Lehrsatzes wird a berechnet. Dazu wird für b der gespeicherte Wert verwendet.

$a^2 + b^2 = c^2$
$a^2 = c^2 - b^2$
$a = 5{,}42..$
$a = 5{,}4$ cm

5. Berechnung des Umfangs

$u = a + b + c$
$u = 16{,}05..$
u = 16,1 cm

6. Berechnung des Flächeninhalts

$A = \frac{a \cdot b}{2}$
$A = 10{,}657..$
A = 10,66 cm²

252 Ergänze für ein rechtwinkliges Dreieck ABC ($\gamma = 90°$)! (Maße in cm bzw. cm²)

	(1)	(2)	(3)	(4)	(5)	(6)	(7)	(8)
a	27				64,9		59,2	
b		45				25,7		
c				112				
p	13		56,3	57				32,3
q		32	27,7					
h							27,4	45,8
A					1 579,24	529,78		

Inkreis- und Umkreisradius eines rechtwinkligen Dreiecks

Beispiel

Gegeben ist ein rechtwinkliges Dreieck ABC ($\gamma = 90°$).
Stelle eine Formel für den Inkreis- und den Umkreisradius auf!

Umkreisradius r:

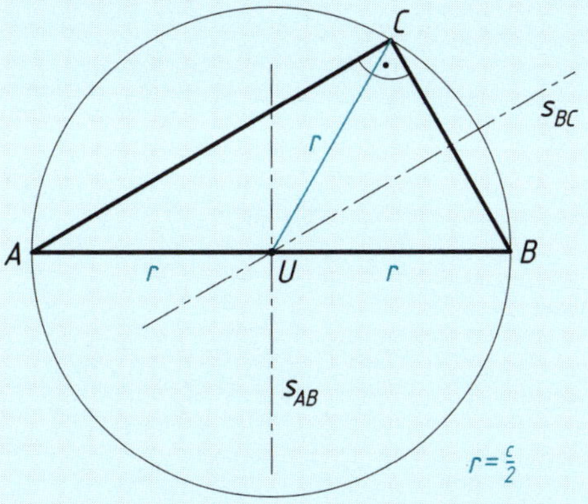

1. Der Umkreismittelpunkt U ist der Schnittpunkt der Streckensymmetralen.
Im rechtwinkligen Dreieck ist der Umkreismittelpunkt der Halbierungspunkt der Hypotenuse c.
(Siehe Mathematik positiv, Band 2, S. 150!)

Inkreisradius ρ:

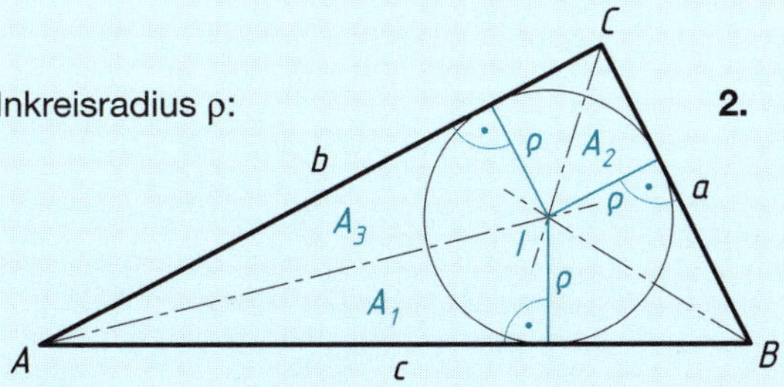

2. Der Inkreismittelpunkt I ist der Schnittpunkt der Winkelsymmetralen

Δ ABI $\quad$ Δ BCI $\quad$ Δ CAI

$A_1 = \frac{c \cdot \rho}{2}$ $\quad$ $A_2 = \frac{a \cdot \rho}{2}$ $\quad$ $A_3 = \frac{b \cdot \rho}{2}$

3. Das Dreieck ABC wird in 3 Teildreiecke Δ ABI, Δ BCI, Δ CAI zerlegt. In jedem dieser Teildreiecke ist ρ eine Höhe. Mit dieser Höhe ρ und der dazugehörigen Seite kann man die Fläche jedes Teildreiecks berechnen.

$A = \frac{a \cdot b}{2}$

4. Der Flächeninhalt des rechtwinkligen Dreiecks ABC ist gleich dem halben Produkt der Kathetenlängen.

$A_1 + A_2 + A_3 = A$

Die Summe der Flächeninhalte der Teildreiecke ist gleich dem Flächeninhalt des gegebenen rechtwinkligen Dreiecks ABC.

$\frac{c \cdot \rho}{2} + \frac{a \cdot \rho}{2} + \frac{b \cdot \rho}{2} = \frac{a \cdot b}{2} \quad | \cdot 2$

5. Ersetze A, A_1, A_2, A_3 durch die gefundenen Flächenformeln.

$c \cdot \rho + a \cdot \rho + b \cdot \rho = a \cdot b$

$\rho \cdot \underbrace{(c + a + b)}_{u} = a \cdot b$

$\rho \cdot u = a \cdot b \quad | : u$

$\rho = \frac{a \cdot b}{u}$

6. Aus dieser Gleichung berechnet man ρ.

In einem rechtwinkligen Dreieck ABC ($\gamma = 90°$) gilt:
Der Umkreisradius r ist gleich der halben Hypotenusenlänge: $r = \frac{c}{2}$

Der Inkreisradius ρ ist gleich dem Produkt der Kathetenlängen dividiert durch den Umfang: $\rho = \frac{a \cdot b}{u}$

253 Ergänze die Tabelle für ein rechtwinkliges Dreieck ABC ($\gamma = 90°$)! (Maße in cm bzw. cm^2)

	(1)	(2)	(3)	(4)	(5)	(6)
a	5	15				19,5
b	12		27	15	54	
c			35			38,7
A		195			1 320,30	
r				12		
ρ						

Konstruktion von Strecken

Beispiel

Konstruiere die Länge der Strecke $\overline{PQ} = \sqrt{5}$ cm!

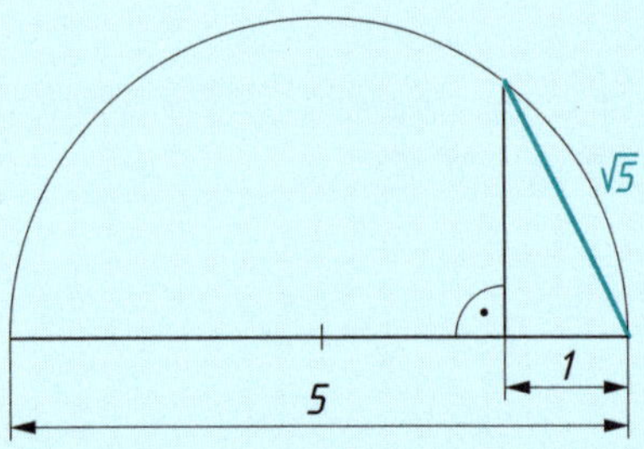

1. Man kann $\sqrt{5}$ mit Hilfe des Kathetensatzes konstruieren:

$a^2 = c \cdot p$

$(\sqrt{5})^2 = 5 \cdot 1$

Konstruiere ein rechtwinkliges Dreieck ABC mit c = 5 cm und p = 1 cm! Verwende dazu den Thaleskreis! Die Seite a hat dann die Länge $\sqrt{5}$.

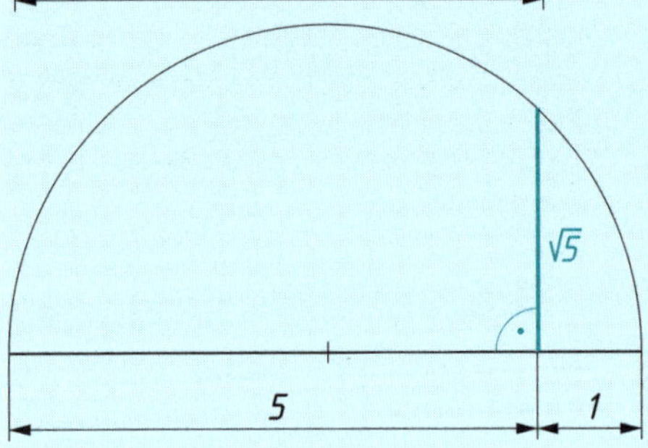

2. Man kann $\sqrt{5}$ mit Hilfe des Höhensatzes konstruieren:

$h^2 = p \cdot q$

$(\sqrt{5})^2 = 5 \cdot 1$

Konstruiere ein rechtwinkliges Dreieck ABC mit q = 5 cm und p = 1 cm! Verwende dazu den Thaleskreis! Die Höhe h hat dann die Länge $\sqrt{5}$.

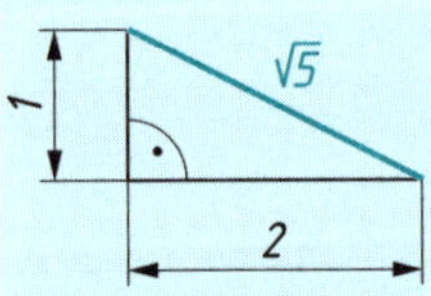

3. Man kann $\sqrt{5}$ mit Hilfe des pythagoreischen Lehrsatzes konstruieren:

a) 5 lässt sich als Summe zweier Quadratzahlen darstellen:

5	=	4	+	1
c^2	=	a^2	+	b^2

Ein rechtwinkliges Dreieck mit den Kathetenlängen $\sqrt{4} = 2$ und $\sqrt{1} = 1$ hat als Hypotenusenlänge $\sqrt{5}$.

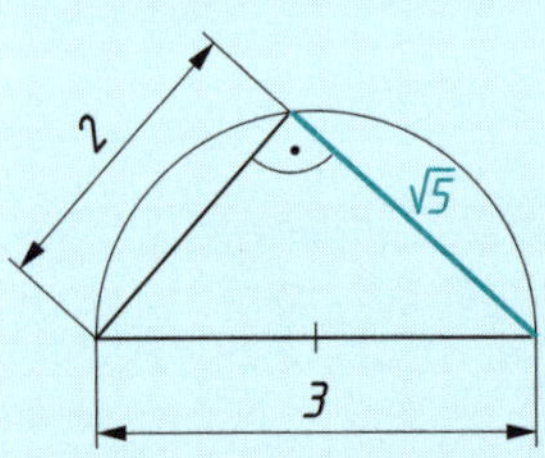

b) 5 lässt sich als Differenz zweier Quadratzahlen darstellen:

5	=	9	–	4
a^2	=	c^2	–	b^2

Ein rechtwinkliges Dreieck mit der Hypotenusenlänge $\sqrt{9} = 3$ und $\sqrt{4} = 2$ als eine Kathetenlänge hat als zweite Kathetenlänge $\sqrt{5}$.

253 Konstruiere die gegebenen Streckenlängen!

a) $\sqrt{7}$ **b)** $\sqrt{13}$ **c)** $\sqrt{10}$ **d)** $\sqrt{61}$

Beispiel

Konstruiere auf der Zahlengeraden die Werte $\sqrt{2}$, $\sqrt{3}$, $\sqrt{4} = 2$, $\sqrt{5}$, $\sqrt{6}$, usw.!
Um diese Werte zu konstruieren, verwendet man die sogenannte Wurzelschnecke:

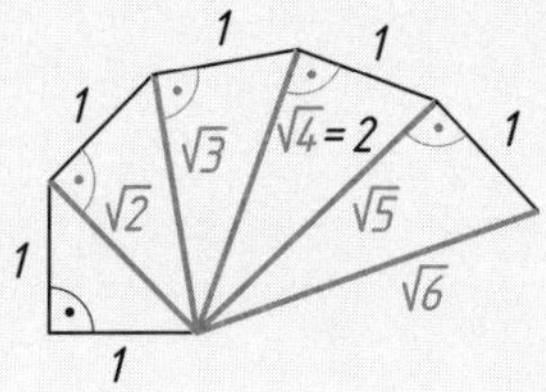

Man geht dabei von einem rechtwinkligen Dreieck aus, wo die beiden Katheten die Länge 1 haben.
Die Hypotenuse hat dann die Länge $\sqrt{2}$.

Nach dem pythagoreischen Lehrsatz gilt:

$$a^2 + b^2 = c^2$$
$$1^2 + 1^2 = (\sqrt{2})^2$$
$$1 + 1 = 2$$

In diesem Dreieck nimmt man $\sqrt{2}$ als Kathete für ein neues Dreieck, mit der zweiten Kathete 1.
Im neuen Dreieck hat die Hypotenuse die Länge $\sqrt{3}$, denn es gilt:

$$a^2 + b^2 = c^2$$
$$(\sqrt{2})^2 + 1^2 = (\sqrt{3})^2$$
$$2 + 1 = 3$$

Wenn man dieses Verfahren fortsetzt, erhält man die sogenannte Wurzelschnecke, die sich aus lauter rechtwinkligen Dreiecken zusammensetzt. Als Hypotenuse treten die Seitenlängen $\sqrt{2}$, $\sqrt{3}$, $\sqrt{4} = 2$, $\sqrt{5}$, $\sqrt{6}$, usw. auf.

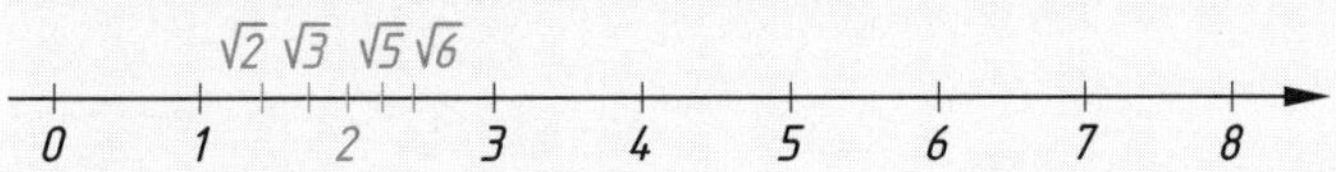

Die gefundenen Werte überträgt man mit dem Zirkel auf die Zahlengerade.

2 Berechnungen in ebenen Figuren mit Hilfe des pythagoreischen Lehrsatzes

Rechteck und Quadrat

Beispiel

Berechne die Länge der Diagonalen im Rechteck ABCD (a = 5 cm, b = 3 cm)!
Stelle zuerst eine Formel auf!

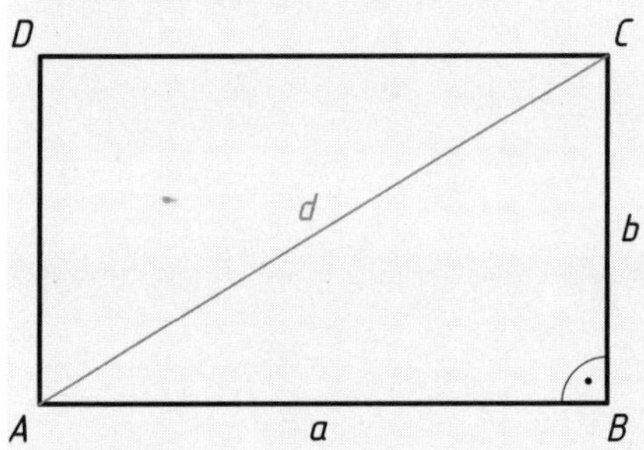

1. Die Diagonale teilt das Rechteck in zwei rechtwinklige Dreiecke. Es gilt der pythagoreische Lehrsatz.
2. Einsetzen und berechnen von d:
   Δ ABC: $d^2 = a^2 + b^2$

$$d = \sqrt{a^2 + b^2}$$
$$d = \sqrt{5^2 + 3^2}$$
$$d = \sqrt{34}$$
$$d = 5,83..$$

d = 5,8 cm

Für die Länge der **Diagonalen eines Rechtecks** mit den Seitenlängen a und b gilt:
$d = \sqrt{a^2 + b^2}$

Beispiel

Von einem Rechteck kennt man die Länge a = 5,6 cm und den Flächeninhalt A = 19,04 cm^2.
Drücke die Breite b, die Länge der Diagonalen und den Umfang durch die gegebenen Größen a und A aus und berechne dann die fehlenden Größen!

$A = a \cdot b \quad | :a$

$\frac{A}{a} = b$

$b = \frac{A}{a}$

$b = \frac{19,04}{5,6}$

b = 3,4 cm

$d = \sqrt{a^2 + b^2}$

$d = \sqrt{a^2 + \left(\frac{A}{a}\right)^2}$

$d = \sqrt{a^2 + \frac{A^2}{a^2}}$

$d = \sqrt{5,6^2 + \frac{19,04^2}{5,6^2}}$

$d = 6,55..$

d = 6,6 cm

$u = 2 \cdot (a + b)$

$u = 2 \cdot \left(a + \frac{A}{a}\right)$

$u = 2 \cdot \left(5,6 + \frac{19,04}{5,6}\right)$

u = 18 cm

255 Gegeben ist das Rechteck ABCD. Ergänze die Tabelle und drücke zunächst die fehlenden Größen durch die gegebenen aus!

	(1)	(2)	(3)	(4)	(5)
a	56 mm	87 mm		6,83 dm	
b	37 mm		84 cm		23,8 cm
d		102 mm			54,6 cm
A			8 123 cm^2	53,2 dm^2	

Beispiel

In einem Prospekt einer Elektrohandelskette wird die Bildschirmdiagonale eines rechteckigen Fernsehapparats mit 72 cm angegeben. Welche (ungefähren) Abmessungen hat der Fernsehapparat, wenn sich die Breite zur Höhe des Bildschirms wie 16 : 9 verhält und man noch jeweils 10 cm für den Gehäuserand dazu rechnen muss?

Skizze:

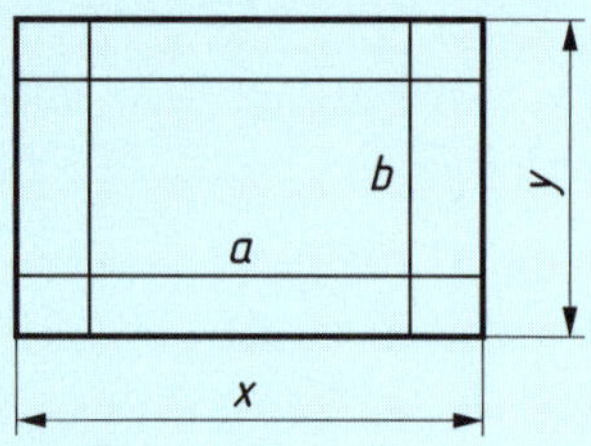

$a : b = 16 : 9$

$a = 16 \cdot k$ — Ausdrücken der Seitenlängen durch einen Proportionalitätsfaktor k.

$b = 9 \cdot k$

$(16k)^2 + (9k)^2 = 72^2$

$337k^2 = 5\,184$

$k = 3{,}922...$

$a = 16 \cdot 3{,}922...$ $\quad$ $b = 9 \cdot 3{,}922...$ — Berechnen der Bildschirmabmessungen.

$a = 62{,}7...$ $\quad$ $b = 35{,}2...$

$a = 63$ cm $\quad$ $b = 35$ cm

$x = 63 + 20$ $\quad$ $y = 35 + 20$ — Abmessungen des Fernsehapparats

x = 83 cm y = 55 cm

256 Von einem Rechteck kennt man das Verhältnis der Seiten, den Umfang bzw. den Flächeninhalt. Berechne die Seitenlängen und die Diagonale!

a) $m : n = 4 : 3$, $u = 42$ cm **b)** $l : b = 8 : 7$, $u = 90$ cm

c) $r : s = 12 : 5$, $A = 960\ cm^2$ **d)** $x : y = 11 : 6$, $A = 11\,154\ cm^2$

Beispiel

Berechne die Länge der Diagonalen im Quadrat PQRS (a = 5 cm)! Stelle zuerst eine Formel auf!

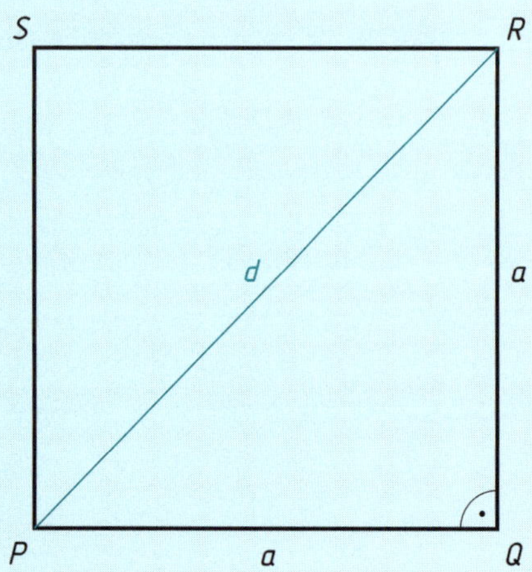

1. Die Diagonale teilt das Quadrat in zwei rechtwinklige Dreiecke. Es gilt der pythagoreische Lehrsatz.
2. Einsetzen und berechnen von d:

Δ PQR: $d^2 = a^2 + a^2$

$d^2 = 2a^2$

$d = a \cdot \sqrt{2}$

$d = 5 \cdot \sqrt{2}$

$d = 7,07..$

d = 7,1 cm

Für die **Diagonale eines Quadrats** mit der Seitenlänge a gilt: $d = a \cdot \sqrt{2}$

257 Berechne die Länge der Diagonale eines Quadrats mit der gegebenen Seitenlänge!

a) $a = 34$ cm **b)** $s = 7{,}9$ dm **c)** $\overline{AB} = 23{,}6$ cm **d)** $a = 136{,}4$ cm

Beispiel

Von einem Quadrat kennt man die Länge der Diagonale d = 4,8 cm.
Berechne die Seitenlänge und den Flächeninhalt!

$d = a \cdot \sqrt{2} \quad | : \sqrt{2}$ — **1.** Formel

$\frac{d}{\sqrt{2}} = a$ — **2.** Umformen, Einsetzen und berechnen

$a = \frac{d}{\sqrt{2}}$

$a = \frac{4{,}8}{\sqrt{2}}$

$a = 3{,}39..$

a = 3,4 cm

$A = a^2$ — **3.** Berechnen des Flächeninhalts. Man verwendet dazu den im TR vorhandenen Wert von a und quadriert diesen.

$A = 11{,}52$ cm²

258 Von einem Quadrat kennt man die Länge der Diagonale d.
Berechne die Seitenlänge und den Flächeninhalt!

a) $d = 9{,}6$ cm **b)** $d = 17{,}3$ dm **c)** $d = 348{,}7$ m **d)** $d = 5 \cdot \sqrt{2}$ cm

259 Von einem Quadrat kennt man den Flächeninhalt A. Berechne die Länge der Seite und der Diagonale!
Drücke zuerst Seite und Diagonale durch den Flächeninhalt aus!

a) $A = 581$ cm² **b)** $A = 2\,342{,}5$ cm² **c)** $A = 148{,}75$ cm² **d)** $A = 3\,895{,}12$ cm²

Dreiecke

Das gleichschenklige Dreieck

Beispiel

Von einem gleichschenkligen Dreieck ABC (a = b) kennt man die Schenkellänge a = 7,2 cm und die Basis c = 5,6 cm. Berechne die Höhe h_c, den Flächeninhalt und die Höhe h_a (= Höhe auf a)!

1. Skizze

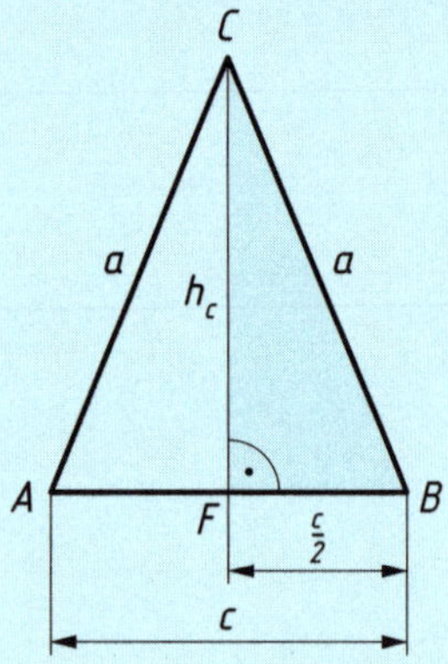

2. Die Höhe teilt das gleichschenklige Dreieck in zwei kongruente, rechtwinklige Dreiecke: Δ AFC und Δ FBC

Δ FBC:

$$a^2 = h_c^2 + \left(\frac{c}{2}\right)^2 \quad \Big| - \left(\frac{c}{2}\right)^2$$

Zur Berechnung der Höhe wird der pythagoreische Lehrsatz verwendet.

$$a^2 - \left(\frac{c}{2}\right)^2 = h_c^2$$
$$h_c^2 = a^2 - \left(\frac{c}{2}\right)^2$$
$$h_c^2 = 7{,}2^2 - \left(\frac{5{,}6}{2}\right)^2$$
$$h_c = 6{,}63..$$
$$\mathbf{h_c = 6{,}6\ cm}$$

Einsetzen und Berechnen von h_c

4. Flächeninhalt
Verwende den in der TR-Anzeige befindlichen Wert für h_c!

$$A = \frac{1}{2} \cdot c \cdot h_c$$
$$A = 18{,}573..$$
$$\mathbf{A = 18{,}57\ cm^2}$$

5. Für die Fläche gilt auch $A = \frac{1}{2} \cdot a \cdot h_a$. Wir formen um und berechnen h_a. Verwende für A den Wert in der Anzeige des TR!

$$A = \frac{1}{2} \cdot a \cdot h_a \quad | \cdot 2$$
$$2 \cdot A = a \cdot h_a \quad | : a$$
$$\frac{2A}{a} = h_a$$
$$h_a = \frac{2A}{a}$$
$$h_a = 5{,}15..$$
$$\mathbf{h_a = 5{,}2\ cm}$$

260 Von einem gleichschenkligen Dreieck ABC (a = b) kennt man die Basis c und die Länge der Seite a. Berechne die Höhe h_c, den Flächeninhalt und die Höhe h_a!

a) c = 78 cm, a = 45 cm **b)** c = 125,8 cm, a = 163,7 cm
c) c = 23,5 cm, a = 29,1 cm **d)** c = 41,6 cm, a = 58,6 cm

261 Von einem gleichschenkligen Dreieck ABC (a = b) kennt man den Flächeninhalt und ein zweites Bestimmungsstück. Berechne den Umfang!

a) $A = 679{,}4\ cm^2$, $h_c = 53{,}6$ cm **b)** $A = 138{,}71\ cm^2$, c = 28,1 cm
c) $A = 8{,}39\ cm^2$, c = 3,5 cm **d)** $A = 126{,}75\ cm^2$, $c : h_c = 3 : 2$

Beispiel Von einem gleichschenkligen Dreieck kennt man den Umfang u und die Länge des Schenkels a. Drücke c, h_c und A durch u und a aus!

Skizze:

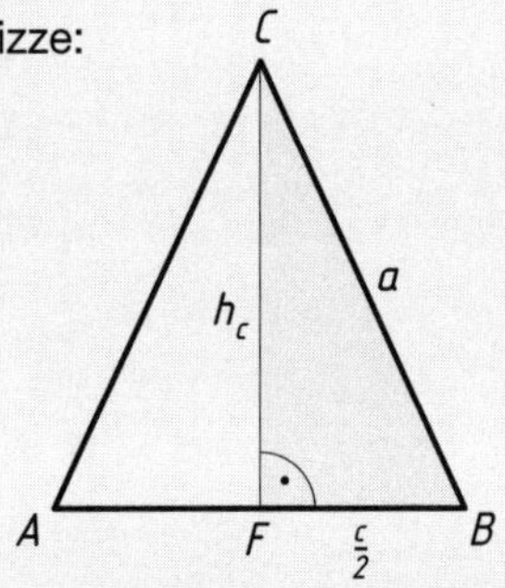

Wir drücken c durch u und a aus:

$2a + c = u \qquad | -2a$

$\mathbf{c = u - 2a}$

$\frac{c}{2} = \frac{u-2a}{2}$

Im rechtwinkligen Dreieck FBC gilt der pythagoreische Lehrsatz:

$h_c^2 = a^2 - \left(\frac{c}{2}\right)^2$

$h_c^2 = a^2 - \left(\frac{u-2a}{2}\right)^2$ Einsetzen für $\frac{c}{2}$

$h_c^2 = a^2 - \frac{u^2 - 4au + 4a^2}{4}$ Vereinfachen

$h_c^2 = \frac{4a^2 - (u^2 - 4au + 4a^2)}{4}$

$h_c^2 = \frac{4a^2 - u^2 + 4au - 4a^2}{4}$

$h_c^2 = \frac{-u^2 + 4au}{4}$

$h_c^2 = \frac{1}{4} \cdot (4au - u^2)$

$h_c = \sqrt{\frac{1}{4} \cdot (4au - u^2)}$

$\mathbf{h_c = \frac{1}{2}\sqrt{4au - u^2}}$

Berechnen des Flächeninhalts:

$A = \frac{1}{2} \cdot c \cdot h_c$

$A = \frac{1}{2} \cdot (u - 2a) \cdot \frac{1}{2}\sqrt{4au - u^2}$

$\mathbf{A = \frac{1}{4} \cdot (u - 2a) \cdot \sqrt{4au - u^2}}$

262 Von einem gleichschenkligen Dreieck kennt man die Basis c und die Seite a. Drücke die Höhe h_c und die Fläche A durch c und a aus!

263 Von einem gleichschenkligen Dreieck kennt man die Schenkellänge a und die Höhe h_c. Drücke die Basis c und die Fläche A durch a und h_c aus!

264 Von einem gleichschenkligen Dreieck kennt man die Länge der Basis c und den Umfang u. Drücke die Seite a, die Höhe h_c und die Fläche A durch u und c aus!

Das gleichseitige Dreieck

Beispiel Von einem gleichseitigen Dreieck kennt man die Seitenlänge a = 6 cm. Berechne die Höhe und den Flächeninhalt! Stelle zuerst eine Formel auf!

Skizze:

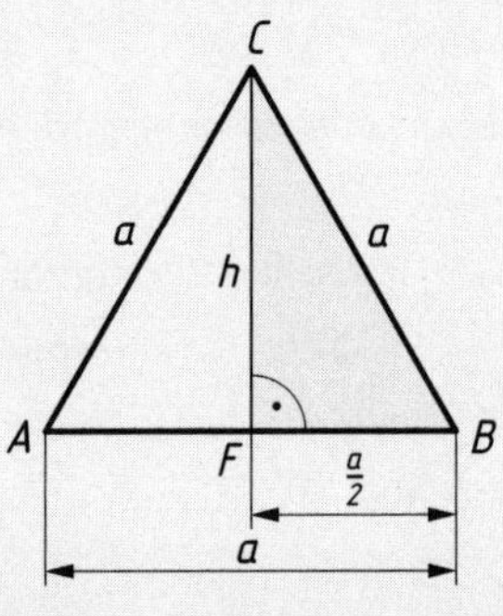

Die Höhe h teilt das gleichseitige Dreieck in zwei kongruente, rechtwinklige Dreiecke Δ AFC und Δ FBC.

Im rechtwinkligen Dreieck FBC gilt der pythagoreische Lehrsatz:

$h^2 = a^2 - \left(\frac{a}{2}\right)^2$

$h^2 = a^2 - \frac{a^2}{4}$

$h^2 = \frac{4a^2 - a^2}{4}$

$h^2 = \frac{3a^2}{4}$

$h^2 = \frac{a^2}{4} \cdot 3$

$h = \frac{a}{2} \cdot \sqrt{3}$ Formel für die Höhe

$h = \frac{6}{2} \cdot \sqrt{3}$ Einsetzen und Berechnen

Berechnen des Flächeninhalts:

$A = \frac{1}{2} \cdot a \cdot h$ Flächenformel

$A = \frac{1}{2} \cdot a \cdot \frac{a}{2}\sqrt{3}$

$A = \frac{1}{4} \cdot a^2 \cdot \sqrt{3}$ Formel für den Flächeninhalt eines gleichseitigen Dreiecks.

$A = \frac{1}{4} \cdot 6^2 \cdot \sqrt{3}$ Einsetzen und Berechnen h = 5,19..

h = 5,2 cm

A = 15,588..

A = 15,59 cm²

In einem **gleichseitigen Dreieck** mit der Seite a gilt: $h = \frac{a}{2} \cdot \sqrt{3}$ $A = \frac{1}{4} \cdot a^2 \cdot \sqrt{3}$

265 Von einem gleichseitigen Dreieck kennt man die Seitenlänge a.
Berechne die Länge der Höhe und den Flächeninhalt!

a) a = 38 mm **b)** a = 5,7 cm **c)** a = 7,1 cm **d)** a = 0,7 dm

Beispiel Von einem gleichseitigen Dreieck kennt man den Flächeninhalt $A = 4 \cdot \sqrt{3}\ dm^2$
Berechne die Länge der Seite a und die Höhe h! Gib für den Umkreisradius r und den Inkreisradius ρ eine Formel an und berechne r und ρ!

Berechnung von a:

$A = \frac{1}{4} \cdot a^2 \cdot \sqrt{3}$ | · 4

$4A = a^2 \cdot \sqrt{3}$ | : $\sqrt{3}$

$\frac{4A}{\sqrt{3}} = a^2$

$a^2 = \frac{4A}{\sqrt{3}}$

$a^2 = \frac{4 \cdot 4 \cdot \sqrt{3}}{\sqrt{3}}$ Kürzen durch $\sqrt{3}$

$a^2 = 16$

a = 4 dm

Berechnung von h:

$h = \frac{a}{2} \cdot \sqrt{3}$

$h = \frac{4}{2} \cdot \sqrt{3}$

$h = 2 \cdot \sqrt{3}$

h = 3,464..

h = 3,46 dm

Skizze:

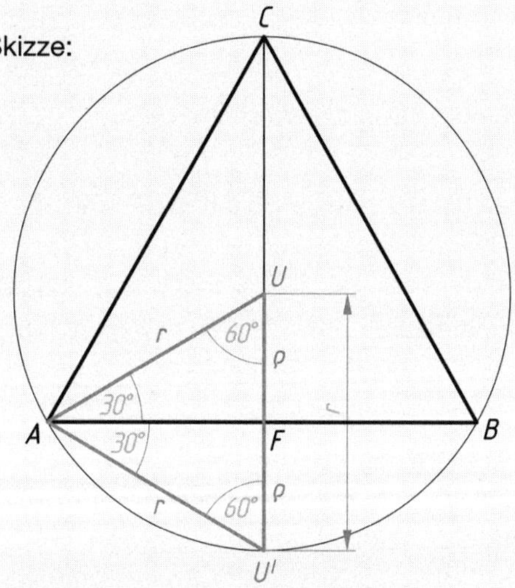

Im gleichseitigen Dreieck fallen die Winkelsymmetralen und die Streckensymmetralen zusammen.

Man spiegelt das Δ AFU an der Seite AB.
Es entsteht ein gleichseitiges Dreieck Δ AU´U mit der Seite r.

Es gilt: r = 2ρ

Berechnung des Inkreisradius ρ:

$r + \rho = h$ $\overline{CU} + \overline{UF} = h$

$2\rho + \rho = h$

$3\rho = h$

$\rho = \frac{1}{3}h$ Einsetzen für h

$\rho = \frac{1}{3} \cdot \frac{a}{2} \cdot \sqrt{3}$

$\rho = \frac{a}{6} \cdot \sqrt{3}$ Formel

$\rho = \frac{4}{6} \cdot \sqrt{3}$

ρ = 1,154..

ρ = 1,15 dm

Berechnung des Umkreisradius r:

$r = 2\rho$

$r = 2 \cdot \frac{a}{6} \cdot \sqrt{3}$ Kürzen durch 2

$r = \frac{a}{3} \cdot \sqrt{3}$ Formel

$r = \frac{4}{3} \cdot \sqrt{3}$

r = 2,309..

r = 2,31 dm

Zusammenhang zwischen r und h:

$r + \rho = h$

$r = h - \frac{1}{3}h$

$r = \frac{2}{3} \cdot h$

bzw. $r = \frac{2}{3} \cdot h$ | · 3

$3r = 2h$

$\frac{3r}{2} = h$

$h = \frac{3}{2}r$

Im gleichseitigen Dreieck mit der Seite a und der Höhe h gilt:

Inkreisradius: $\rho = \frac{1}{3}h$ bzw. $\rho = \frac{a}{6} \cdot \sqrt{3}$

Umkreisradius: $r = \frac{2}{3} \cdot h$ bzw. $r = \frac{a}{3} \cdot \sqrt{3}$

266 Ergänze für ein gleichseitiges Dreieck mit der Seite a die Tabelle!

	a)	b)	c)	d)	e)
a	52 mm				
h		5,7 cm			
A			20,23 cm^2		
ρ				2,4 cm	
r					6,8 cm

267 Von einem gleichseitigen Dreieck kennt man den Flächeninhalt A. Berechne die Längen von a und h!

a) A = 248 dm^2 **b)** A = 56,8 cm^2 **c)** A = 1 357,2 cm^2 **d)** A = 951,8 cm^2

268 Von einem gleichseitigen Dreieck kennt man die Höhe h. Berechne die Länge der Seite a und den Flächeninhalt A!

a) h = 12,4 cm **b)** h = 4,8 cm **c)** h = 9,3 cm **d)** h = 0,9 dm

269 Die Summe der Kantenlängen einer Tischplatte, die die Form eines regelmäßigen Sechsecks hat, beträgt 3,72 m. Wie groß ist die Fläche des Tisches?

Anmerkung: Ein regelmäßiges Sechseck besteht aus sechs gleichseitigen Dreiecken.

Das allgemeine Dreieck

Beispiel

Von einem Dreieck ABC kennt man die Längen der Seiten a = 32 mm und c = 45 mm sowie die Höhe h_c = 28 mm. Konstruiere das Dreieck und berechne den Umfang (2 Lösungen)!

Konstruktion des Dreiecks:
Man erhält die Dreiecke Δ ABC_1 und Δ ABC_2.

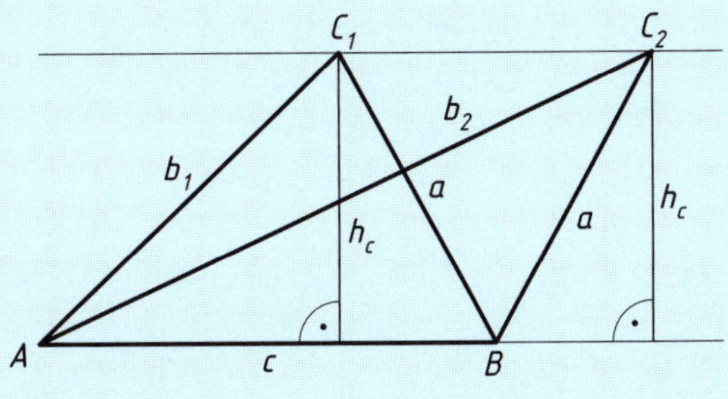

1. Lösung:

Berechnung der Seite b_1 des spitzwinkligen Dreiecks ABC_1.

Die Höhe h_c teilt das Dreieck ABC_1 in zwei rechtwinklige Dreiecke, h_c teilt die Seite c in die Höhenabschnitte x und y.

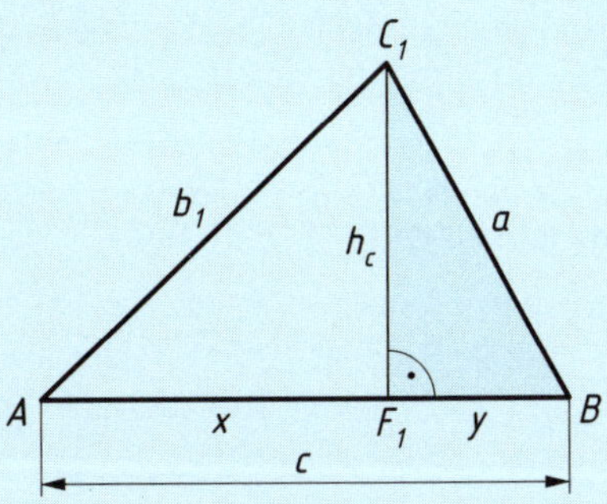

ΔAF_1C_1: $b_1^2 = h_c^2 + x^2$

Die Seite b_1 ist die Hypotenuse des rechtwinkligen Dreiecks ΔAF_1C_1.

$\mathbf{b_1 = \sqrt{h_c^2 + x^2}}$

Für die Berechnung der Seite b_1 braucht man die Katheten h_c und x.

$c = x + y \quad | - y$

$c - y = x$

$x = c - y$

Für die Berechnung von x braucht man den Höhenabschnitt y.

ΔF_1BC_1: $y^2 + h_c^2 = a^2$

Die Strecke y kann man aus dem rechtwinkligen Dreieck ΔF_1BC_1 berechnen.

$\mathbf{y = \sqrt{a^2 - h_c^2}}$

Wir schreiben zwar gerundete Werte an, rechnen aber mit den Werten des TR weiter (oder speichern die Werte), um ein möglichst genaues Ergebnis zu erhalten.

$y = 15$ mm — $y = 15{,}491..$

$x = c - y$

$x = 30$ mm — $x = 29{,}508...$

$b_1 = \sqrt{h_c^2 + x^2}$

$\mathbf{b_1 = 41}$ **mm** — $b_1 = 40{,}678..$

$u_1 = a + b_1 + c$

$\mathbf{u_1 = 118}$ **mm**

2. Lösung:

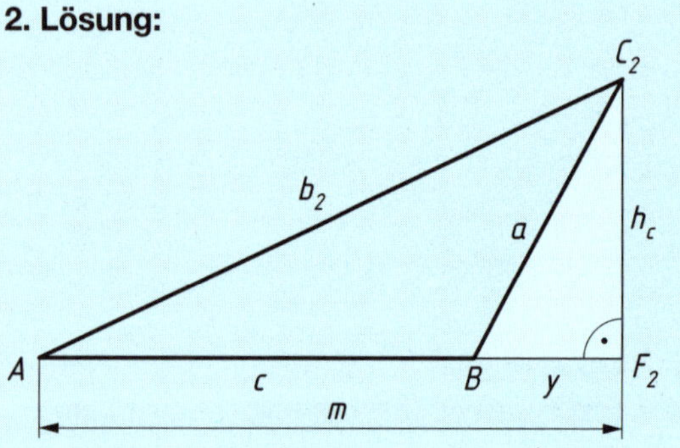

Berechnung der Seite b_2 des stumpfwinkligen Dreiecks ABC_2.

Durch die Höhe auf c erhält man zwei rechtwinklige Dreiecke ΔAF_2C_2 und ΔBF_2C_2.

Das ΔBF_2C_2 ist kongruent zum ΔF_1BC_1 (siehe 1. Lösung), da sie in 2 Seiten und dem der längeren Seite gegenüber liegenden rechten Winkel übereinstimmen.

ΔAF_2C_2: $b_2^2 = h_c^2 + m^2$

Ableiten einer Formel für b_2.

$b_2 = \sqrt{h_c^2 + m^2}$

$m = c + y$ — $m = 60{,}491..$

$m = 60$ mm

$b_2 = \sqrt{h_c^2 + m^2}$ — $b_2 = 66{,}657..$

$\mathbf{b_2 = 67}$ **mm**

$u_2 = a + b_2 + c$

$\mathbf{u_2 = 144}$ **mm**

270 Von einem Dreieck ABC kennt man die Längen der Seiten $a = 43$ mm und $c = 62$ mm, sowie die Höhe $h_c = 23$ mm. Konstruiere das Dreieck und berechne den Umfang (2 Lösungen)!

271 Von einem Dreieck ABC kennt man die Längen der Seiten $b = 48$ mm und $c = 57$ mm, sowie die Höhe $h_c = 30$ mm. Konstruiere das Dreieck und berechne den Umfang (2 Lösungen)!

Beispiel

Von einem Dreieck ABC kennt man die drei Seitenlängen a = 43 mm, b = 60 mm, c = 52 mm. Berechne die Höhe auf c und den Flächeninhalt des Dreiecks!

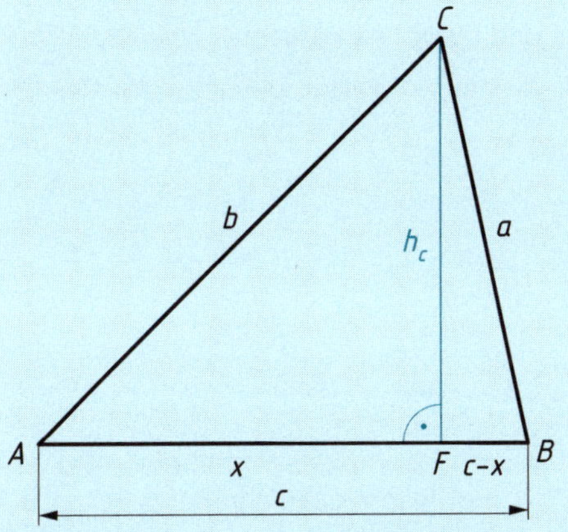

1. Konstruktion des Dreiecks

2. Die Höhe h_c teilt die Seite c in zwei Höhenabschnitte x und c – x, die man für die Berechnung der Höhe h_c braucht.
Es entstehen zwei rechtwinklige Dreiecke Δ FBC und Δ AFC.

Für h_c kann man zwei verschiedene Formeln finden:

Δ FBC: $a^2 - (c - x)^2 = \boxed{h_c^2}$

Δ AFC: $\boxed{h_c^2} = b^2 - x^2$

3. Man ersetzt in der ersten Formel h_c^2 durch $b^2 - x^2$.

$$a^2 - (c - x)^2 = b^2 - x^2$$
$$a^2 - (c^2 - 2cx + x^2) = b^2 - x^2$$
$$a^2 - c^2 + 2cx - x^2 = b^2 - x^2 \quad | + x^2$$
$$a^2 - c^2 + 2cx = b^2 \quad | - a^2 + c^2$$
$$2cx = b^2 - a^2 + c^2 \quad | : 2c$$
$$x = \frac{b^2 - a^2 + c^2}{2c}$$

x = 42,8365..

4. Berechnung von h_c mit dem Höhenabschnitt x.

$$h_c^2 = b^2 - x^2$$

h_c = 42,01..

$\mathbf{h_c = 42\ mm}$

5. Berechnung des Flächeninhalts.

$$A = \frac{1}{2} c \cdot h_c$$

$\mathbf{A = 1\,092\ mm^2}$

272 Von einem Dreieck ABC kennt man die 3 Seitenlängen a = 66 mm, b = 55 mm und c = 72 mm. Berechne die Höhe auf a und den Flächeninhalt des Dreiecks!

273 Von einem Dreieck ABC kennt man die 3 Seitenlängen a = 52 mm, b = 65 mm und c = 49 mm. Berechne die Höhe auf b und den Flächeninhalt des Dreiecks!

274 Von einem Dreieck ABC kennt man die 3 Seitenlängen a = 96 mm, b = 68 mm und c = 82 mm. Berechne die Höhe auf c und den Flächeninhalt des Dreiecks!

Beispiel Von einem Dreieck ABC kennt man die 3 Seitenlängen a = 40 mm, b = 52 mm und c = 49 mm.

a) Konstruiere den Inkreis!

b) Stelle eine Formel für den Inkreisradius ρ auf und berechne diesen!

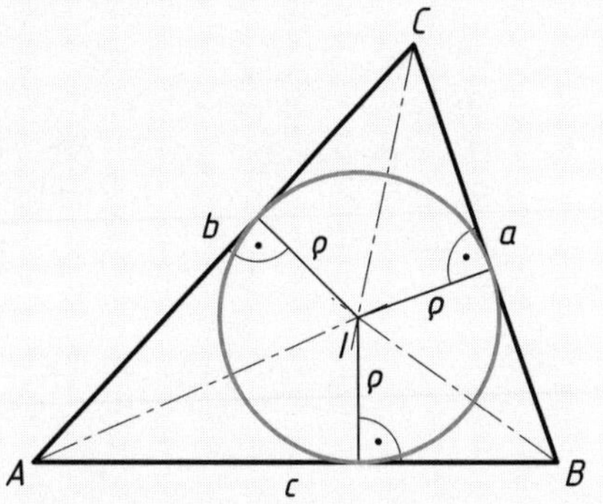

1. Konstruktion des Dreiecks und des Inkreises.

2. Durch die Winkelsymmetralen wird das Dreieck ABC in drei Teildreiecke zerlegt: Δ ABI, Δ BCI, Δ CAI.

Die Summe der Flächeninhalte der drei Teildreiecke ist gleich dem Flächeninhalt des Dreiecks ABC.

$$\frac{c \cdot \rho}{2} + \frac{a \cdot \rho}{2} + \frac{b \cdot \rho}{2} = A \qquad | \cdot 2$$

$$c \cdot \rho + a \cdot \rho + b \cdot \rho = 2A$$

$$\rho \cdot \underbrace{(c + a + b)}_{u} = 2A$$

$$\rho \cdot u = 2A \qquad | : u$$

$$\rho = \frac{2A}{u}$$

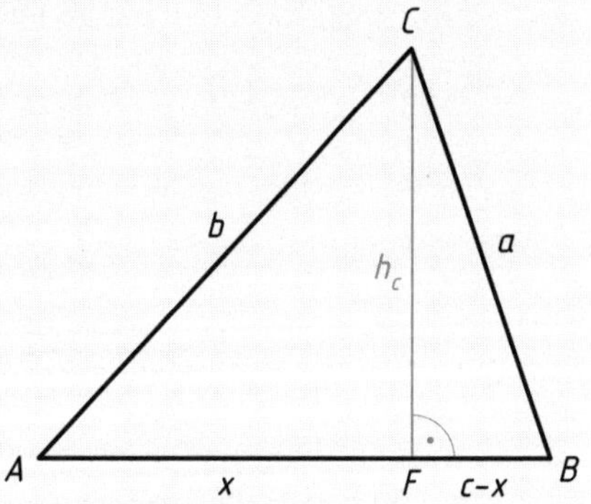

3. Um den Flächeninhalt des Dreiecks ABC zu berechnen, braucht man eine Höhe, z. B. h_c.

4. Um die Höhe zu berechnen, geht man ähnlich vor, wie im letzten Musterbeispiel.

Δ FBC: $h_c^2 = a^2 - (c - x)^2$

$h_c^2 = 40^2 - (49 - x)^2$

Δ AFC: $h_c^2 = b^2 - x^2$

$h_c^2 = 52^2 - x^2$

$$40^2 - (49 - x)^2 = 52^2 - x^2$$

$$1\,600 - (49^2 - 2 \cdot 49x + x^2) = 2\,704 - x^2$$

$$1\,600 - 2\,401 + 98x - x^2 = 2\,704 - x^2 \qquad | + x^2$$

$$-801 + 98x = 2\,704$$

$$98x = 3\,505$$

$$x = 35{,}765..$$

$h_c^2 = b^2 - x^2$

$h_c = 37{,}747..$ TR–Anzeige

$A = \frac{1}{2} c \cdot h_c$

$A = 924{,}803..$ TR–Anzeige

5. Berechnung des Inkreisradius.

$\rho = \frac{2A}{u}$

$\rho = 13{,}117..$

ρ = 13 mm

Anmerkung: Für die fortlaufende Berechnung lasse jeweils die Werte für x, h_c und A in der Anzeige des TR bzw. speichere diese Werte! Damit kann der Rundungsfehler möglichst klein gehalten werden.

275 Von einem Dreieck ABC kennt man die 3 Seitenlängen. Konstruiere das Dreieck und seinen Inkreis und berechne jeweils den Inkreisradius (Maße in mm)!

	(1)	(2)
a	79	63
b	92	48
c	112	61

Zusammenfassung wichtiger Formeln für das Dreieck

Rechtwinkliges Dreieck ABC ($\gamma = 90°$)

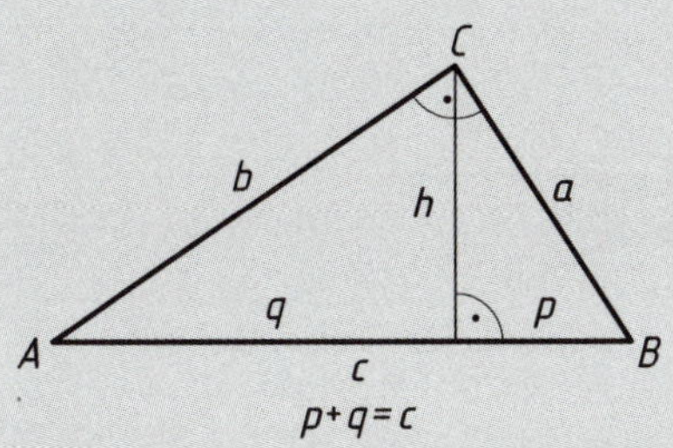

Flächeninhalt: $A = \frac{1}{2}ab = \frac{1}{2}ch$

Umfang: $u = a + b + c$

pythagoreischer Lehrsatz: $a^2 + b^2 = c^2$

Kathetensatz: $a^2 = c \cdot p$

$b^2 = c \cdot q$

Höhensatz: $h^2 = p \cdot q$

Umkreisradius: $r = \frac{c}{2}$

Inkreisradius: $\rho = \frac{ab}{u}$

Gleichseitiges Dreieck ABC
($a = b = c$; $\alpha = \beta = \gamma = 60°$)

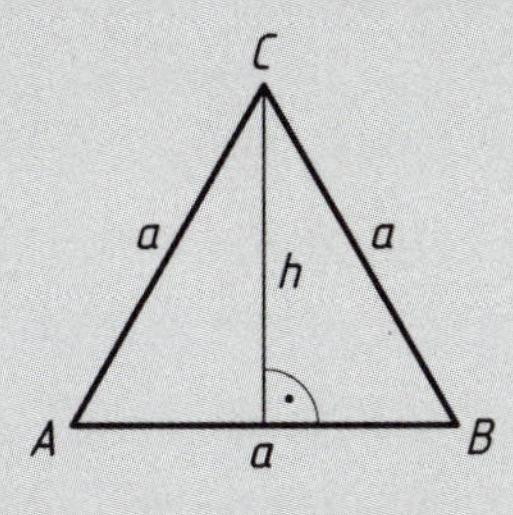

Flächeninhalt: $A = \frac{a^2}{4} \cdot \sqrt{3}$

Umfang: $u = 3a$

Höhe: $h = \frac{a}{2} \cdot \sqrt{3}$

Umkreisradius: $r = \frac{a}{3} \cdot \sqrt{3}$ bzw. $r = \frac{2}{3}h$

Inkreisradius: $\rho = \frac{a}{6} \cdot \sqrt{3}$ bzw. $\rho = \frac{1}{3}h$

$r = 2\rho$

Allgemeines Dreieck ABC

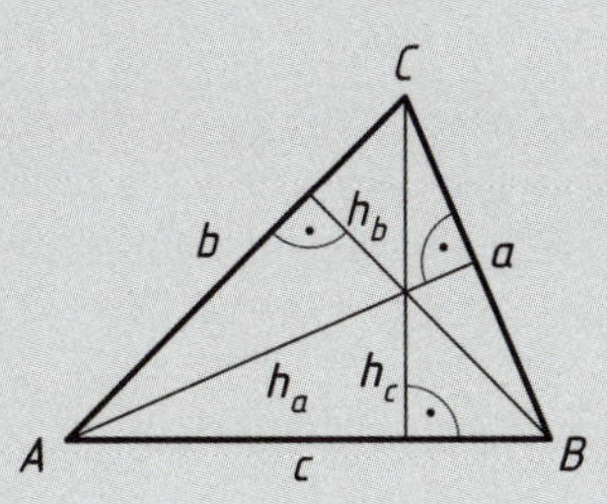

Flächeninhalt: $A = \frac{1}{2}ah_a = \frac{1}{2}bh_b = \frac{1}{2}ch_c$

Umfang: $u = a + b + c$

Inkreisradius: $\rho = \frac{2A}{u}$

SK 9 DER LEHRSATZ DES PYTHAGORAS

Es ist 11 Uhr 10. Ein Mann kommt. Du kennst ihn nicht. Er bestellt sich:

1	2a	2b	3a	3b	4a	4b	4c	5	6	7a		7b	7c	7d	8	
																!

Sehr witzig! Hat das mit der Geheimtinte zu tun? Es reicht dir jetzt. Du willst gehen. Du stehst auf und gehst zur Tür. Da hörst du die ersten Töne deines Lieblingshits aus dem CD–Player des Cafes. Verwundert bleibst du stehen und hörst zu.

Trage die den Ergebnissen entsprechenden Buchstaben oben ein!

6 cm	18,1 dm	5,4 cm	165,675 m²	28,2 m	1 293,38 cm²	7,2 dm	72 mm	2,31 cm	1,15 cm
Z	O	T	T	I	E	N	E	N	H

9,6 dm	3,46 cm	6,93 cm²	5,76 dm	10,86 dm
E	E	O	N	R

1) Von einem rechtwinkligen Dreieck ABC ($\gamma = 90°$) sind die beiden Kathetenlängen a = 3,6 cm und b = 4,8 cm gegeben. Berechne die Länge der Hypotenuse c!

2) Von einem rechtwinkligen Dreieck ABC ($\gamma = 90°$) kennt man die Seiten a = 11,75 m und c = 30,55 m.
Berechne: **a)** die Länge der Seite b und
b) den Flächeninhalt A!

3) Von einem rechtwinkligen Dreieck ABC ($\gamma = 90°$) kennt man die Seite a = 14,48 dm und den Flächeninhalt A = 78,6264 dm^2.
Berechne: **a)** die Länge der Seite b und
b) die Länge der Seite c!

4) Von einem rechtwinkligen Dreieck ABC ($\gamma = 90°$) kennt man die Seite c = 12 dm und die Länge des Hypotenusenabschnitts p = 4,32 dm.
Berechne: **a)** die Länge der Seite a,
b) die Länge der Seite b und
c) die Länge der Höhe h!

5) Von einem Rechteck ABCD kennt man die Länge a = 7,2 cm und die Länge der Diagonale d = 9 cm. Berechne die Breite!

6) Von einem gleichschenkligen Dreieck ABC (a = b) kennt man die Basis c = 108 mm und die Länge der Seite a = 90 mm. Berechne die Höhe h_c!

7) Von einem gleichseitigen Dreieck kennt man die Seite a = 4 cm.
Berechne und runde auf 2 Dezimalstellen:
a) die Länge der Höhe h,
b) den Flächeninhalt A,
c) den Inkreisradius ρ und
d) den Umkreisradius r!

8) Von einem Dreieck ABC kennt man die 3 Seitenlängen a = 45 cm, b = 58 cm und c = 78 cm. Berechne den Flächeninhalt des Dreiecks (Runde auf 2 Dezimalen)!

Berechnungen in Vierecken mit Hilfe des pythagoreischen Lehrsatzes

Das Parallelogramm

Beispiel Von einem Parallelogramm ABCD kennt man a = 45 mm, e = 61 mm und h_a = 24 mm.
Berechne b, f, A und h_b!

1. Skizze

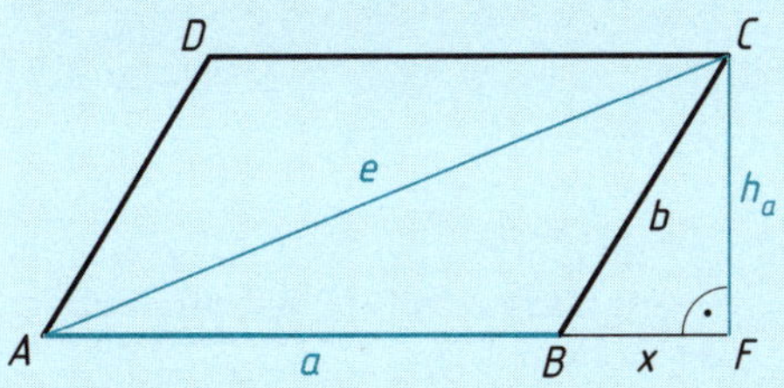

Δ AFC:

$(a + x)^2 + h_a^2 = e^2 \qquad | - h_a^2$

$(a + x)^2 = e^2 - h_a^2$

$(45 + x)^2 = 61^2 - 24^2$

$(45 + x)^2 = 3\,145$

$45 + x = 56{,}08..$

$x = 11{,}08..$

2. Im rechtwinkligen Dreieck AFC können wir den pythagoreischen Lehrsatz anwenden.

Wurzelziehen
TR – Anzeige

Speichern des Werts für die weitere Berechnung.

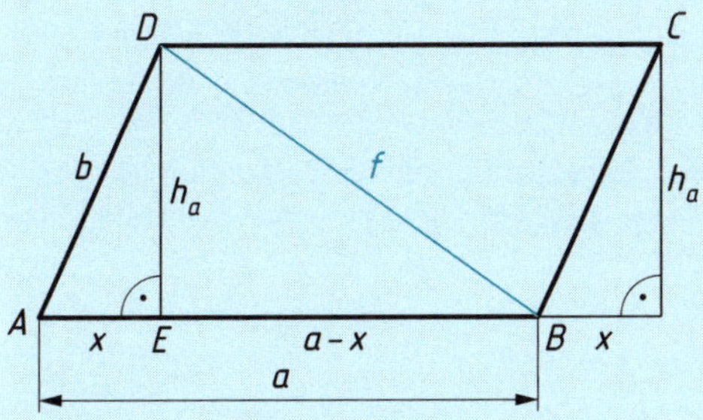

3. Im rechtwinkligen Dreieck EBD ist f die Hypotenuse, die Katheten sind h_a und a – x.

Δ EBD: $f^2 = h_a^2 + (a - x)^2$

f = 42 mm

Verwende zur Berechnung den gespeicherten Wert von x!
f = 41,55..

Δ BFC: $b^2 = x^2 + h_a^2$

b = 26 mm

4. Im rechtwinkligen Dreieck BFC ist b die Hypotenuse, die Katheten sind h_a und x.
Verwende zur Berechnung den gespeicherten Wert von x!
b = 26,43.. Speichere auch den Wert für b!

$A = a \cdot h_a$

A = 1 080 mm²

5. Berechnung des Flächeninhalts.

$A = b \cdot h_b \qquad | : b$

$\frac{A}{b} = h_b$

$h_b = \frac{A}{b}$

h_b = 41 mm

6. Um die Höhe auf b zu berechnen verwenden wir die zweite Formel für den Flächeninhalt des Parallelogramms.
h_b = 40,85..

276 Ergänze für die gegebenen Parallelogramme ABCD die Tabelle und berechne A (Maße in mm)!

	a)	b)	c)	d)	e)	f)
a	64	62	49	70		
b	49	55			55	38
h_a	40		30		47	33
h_b		50		59		
e			72			74
f				75	68	

Die Raute

Beispiel Von einer Raute kennt man die Diagonalen e = 66 mm und f = 48 mm.
Berechne A, a, h, ρ!

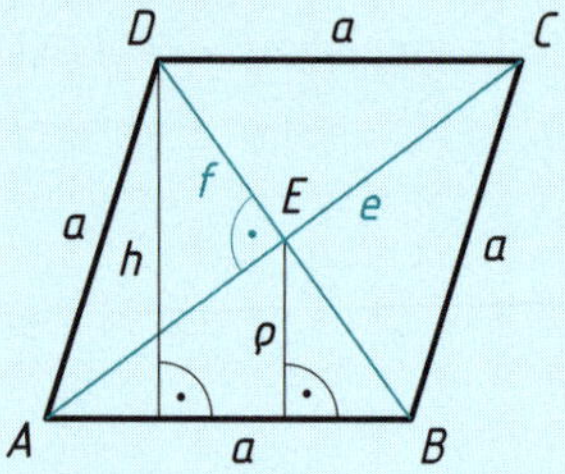

1. Skizze

$A = \frac{1}{2} \cdot e \cdot f$

A = 1 584 mm²

2. Berechnung des Flächeninhalts und Speichern des Wertes für A.

Δ ABE:

$a^2 = \left(\frac{e}{2}\right)^2 + \left(\frac{f}{2}\right)^2$

a = 41 mm

3. In einer Raute stehen die Diagonalen aufeinander normal und halbieren einander. Das Dreieck ABE ist daher ein rechtwinkliges Dreieck mit a als Hypotenuse und mit den Katheten $\frac{e}{2}$ und $\frac{f}{2}$.
a = 40,80.. (TR – Anzeige)

$A = a \cdot h \quad |:a$

$\frac{A}{a} = h$

$h = \frac{A}{a}$

h = 39 mm

4. Den Flächeninhalt kann man mit Hilfe der Höhe h und der Seite a berechnen.
h = 38,81.. (TR – Anzeige)

$\rho = \frac{h}{2}$

ρ = 19 mm

5. Berechnung des Inkreisradius ρ.
ρ = 19,40..

277 Ergänze für die gegebenen Rauten ABCD die Tabelle (Maße in mm bzw. mm²)!

	a)	b)	c)	d)	e)	f)
a		54	45	38	46	
e	76		86			78
f	52			49		
h		32				
ρ					15	
A						4 836

Beispiel Gegeben ist die Raute ABCD (a = 40 mm, α = 60°).

a) Konstruiere die Raute!

b) Drücke die Höhe h, die Diagonalen e und f und den Flächeninhalt durch a aus!

c) Berechne h, e, f und A!

a)

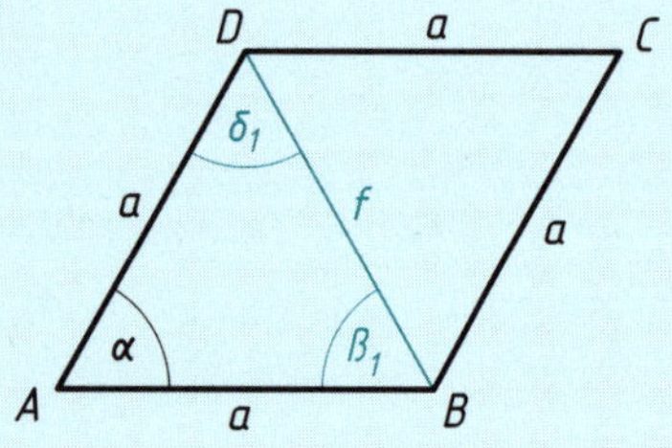

1. Das Dreieck ABD ist ein gleichschenkliges Dreieck mit der Basis f. Die Winkel $\beta_1 = \sphericalangle ABD$ und $\delta_1 = \sphericalangle BDA$ müssen daher gleich groß sein.

$\beta_1 + \delta_1 = 180° - \alpha$

$\beta_1 + \delta_1 = 120°$

$\beta_1 = 60°$

$\delta_1 = 60°$

Das Dreieck ABD ist also ein gleichseitiges Dreieck; es gilt daher: f = a.

b) $A = 2 \cdot A_{\Delta}$

$A = 2 \cdot \frac{1}{4}a^2\sqrt{3}$

$A = \frac{1}{2}a^2\sqrt{3}$

2. Die Fläche der Raute ABCD muss doppelt so groß sein wie die Fläche des gleichseitigen Dreiecks ABD.

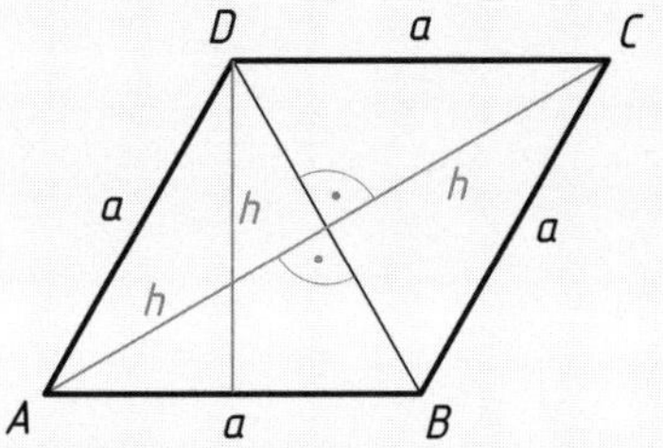

3. Die Höhe des gleichseitigen Dreiecks ABD stimmt mit der Höhe h der Raute überein. Sie ist die Hälfte der Diagonale e:

$h = \frac{1}{2}a\sqrt{3}$

$e = 2h$

$e = 2 \cdot \frac{1}{2}a\sqrt{3} \Rightarrow$ **$e = a\sqrt{3}$**

4. Die Diagonale e ist gleich der doppelten Höhe des gleichseitigen Dreiecks.

c) **$f = a$** $\Rightarrow$ **$f = 40$ mm**

$A = \frac{1}{2}a^2\sqrt{3}$	$h = \frac{1}{2}a\sqrt{3}$	$e = a\sqrt{3}$
$A = 1\,385{,}64..$	$h = 34{,}64..$	$e = 69{,}28..$
$A = 1\,386$ mm²	**$h = 35$ mm**	**$e = 69$ mm**

5. Wir setzen in die gefundenen Formeln ein und berechnen A, h und e.

278 Gegeben ist die Raute ABCD ($\alpha = 60°$) mit **a)** a = 54 mm, **b)** a = 9,5 cm. Berechne e, f, h und A!

Das Trapez

Beispiel

Von einem Trapez ABCD kennt man a = 58 mm, b = 40 mm, c = 15 mm und h = 25 mm. Konstruiere das Trapez, berechne die Länge der Seite d, der Diagonalen e und f und den Flächeninhalt!

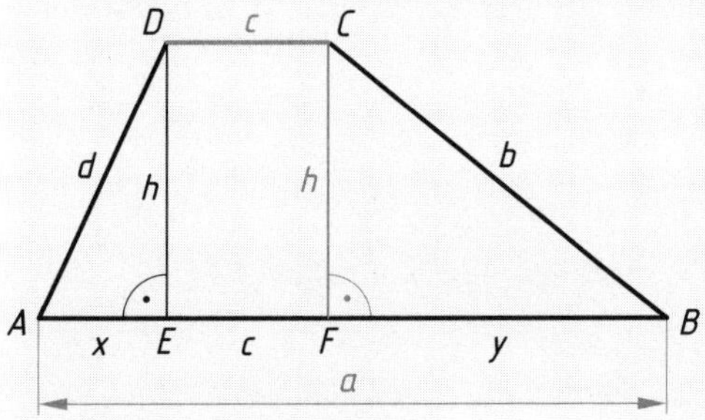

1. Wir konstruieren das Trapez. Wenn man die Höhe h im Punkt C bzw. im Punkt D einzeichnet, entstehen zwei rechtwinklige Dreiecke: Δ FBC und Δ AED.

Δ FBC: $y^2 = b^2 - h^2$

$y = 31{,}22..$

$x = a - c - y$

$x = 11{,}77..$ Wert wird gespeichert

Δ AED: $d^2 = x^2 + h^2$

$d = 27{,}63..$

$d = 28$ mm

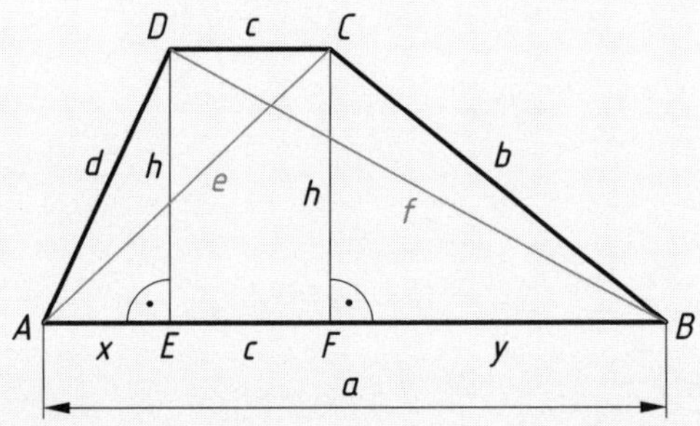

2. Berechnen der Länge der Diagonalen e, f:

Δ EBD: $f^2 = (a - x)^2 + h^2$

$f = 52{,}55..$

$f = 53$ mm

Δ AFC: $e^2 = (c + x)^2 + h^2$

$e = 36{,}63..$

$e = 37$ mm

$A = \frac{1}{2} \cdot (a + c) \cdot h$

$A = 912{,}5$ mm²

3. Berechnung des Flächeninhalts

279 Ergänze für das Trapez ABCD die Tabelle (Maße in mm bzw. mm^2)!

	a)	b)	c)	d)	e)	f)
a	85	63		88		72
b	60	28	50			
c		22	44	45	23	35
d	50		46			38
h	43	26	42		25	33
e				73		
f					41	
A				2 596	1 098	

Beispiel

Von einem gleichschenkligen Trapez (b = d) kennt man a = 52 mm, b = 29 mm und c = 24 mm. Berechne die Diagonalen und den Flächeninhalt!

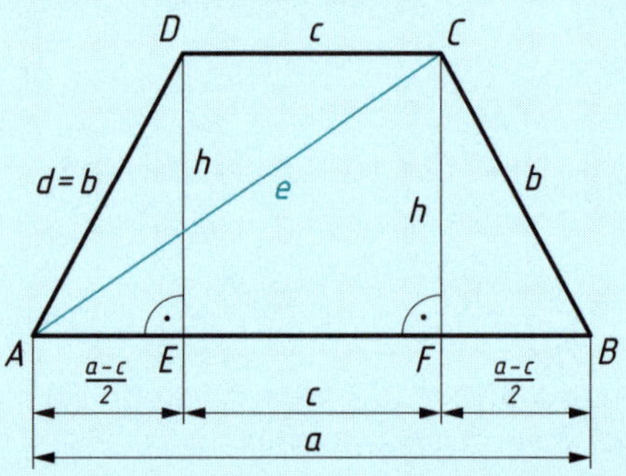

1. Skizze des Trapezes

2. Wenn man die Höhe im Punkt D bzw. im Punkt C einzeichnet, entstehen zwei kongruente rechtwinklige Dreiecke: Δ AED bzw. Δ FBC.

Δ AED:

$h^2 = d^2 - \left(\frac{a - c}{2}\right)^2$

$h = 25{,}39..$ Wir speichern den Wert für h.

$h = 25$ mm

$A = \frac{1}{2} \cdot (a + c) \cdot h$ **3.** Berechnung des Flächeninhalts.

$A = 965{,}08..$

$A = 965$ mm^2

Δ AFC:

$e^2 = h^2 + \left(c + \frac{a - c}{2}\right)^2$ **4.** Wir berechnen die Diagonale e = f.

$e = 45{,}705..$

$e = 46$ mm

280 Ergänze für das gleichschenklige Trapez ABCD (b = d) die Tabelle (Maße in mm bzw. mm^2)!

	a)	b)	c)	d)
a	72	80	85	98
b = d	45	40		
c	32		42	52
e = f			76	
h		32		
A				3 150

Das Deltoid

Beispiel

Von einem Deltoid ABCD kennt man a = 28 mm, e = 64 mm und f = 42 mm.
Berechne die Seite b und die Fläche A!

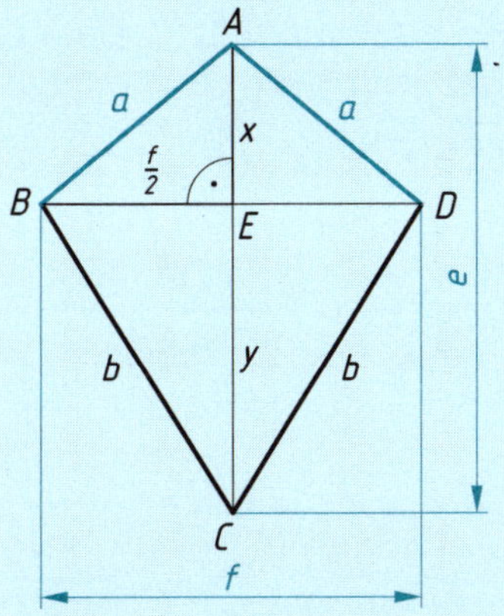

1. Skizze
Die Symmetriediagonale e wird von der Diagonalen f in die Abschnitte x und y geteilt. Es entstehen die rechtwinkligen Dreiecke: Δ BEA und Δ BCE.

2. Um x zu berechnen, wendet man den pythagoreischen Lehrsatz an:

Δ BEA: $x^2 = a^2 - \left(\frac{f}{2}\right)^2$

x = 18,520..

$y = e - x$

$y = 45{,}479...$

3. Berechnung von y, das ist eine der Katheten des Dreiecks BCE.

Δ BCE: $b^2 = y^2 + \left(\frac{f}{2}\right)^2$

$b = 50{,}093..$

b = 50 mm

4. Um b zu berechnen wendet man den pythagoreischen Lehrsatz an.

$A = \frac{1}{2} \cdot e \cdot f$

A = 1 344 mm²

5. Berechnung des Flächeninhalts.

281 Ergänze für das Deltoid ABCD die Tabelle und berechne A (Maße in mm)!

	a)	b)	c)	d)	e)	f)
a		47	29	42		41
b	47		54		67	48
e	70	86		69	73	
f	45	70	36	58	46	22

Beispiel

Von einem Deltoid ABCD kennt man den Flächeninhalt $A = 2\,418\ mm^2$, die Diagonale f = 62 mm und die Seite b = 49 mm. Berechne die zweite Diagonale e, die Seite a und den Inkreisradius ρ!

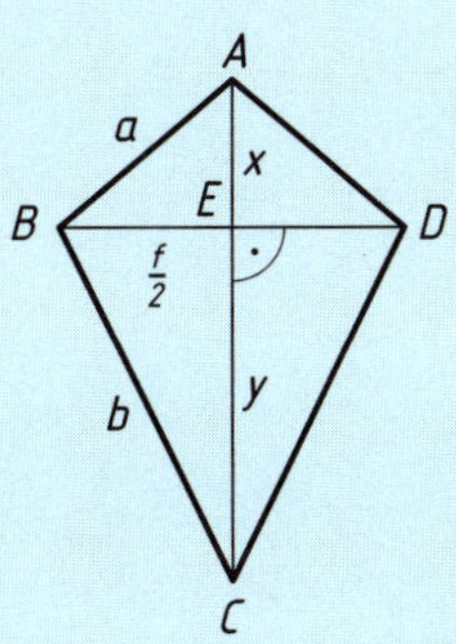

1. Skizze

2. Berechnen der Diagonale e mit Hilfe der Flächenformel:

$A = \frac{1}{2} \cdot e \cdot f \quad | \cdot 2$

$2A = ef \quad | : f$

$e = \frac{2A}{f}$

e = 78 mm

Δ BCE:

$y^2 = b^2 - \left(\frac{f}{2}\right)^2$

$y = 37{,}947..$

$x = e - y$

$x = 40{,}052..$

Δ BEA:

$a^2 = x^2 + \left(\frac{f}{2}\right)^2$

$a = 50{,}647$

a = 51 mm

3. Berechnung von a.

Der Wert von a wird gespeichert.

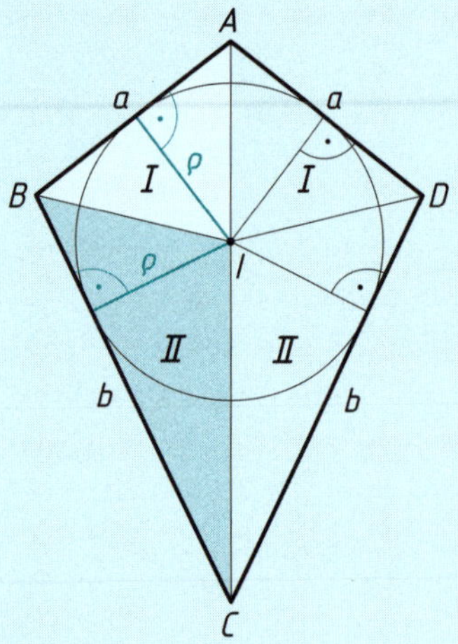

4. Erstellen einer Formel für ρ:
Die Fläche A des Deltoids setzt sich aus vier Dreiecken zusammen, von denen je zwei flächengleich sind.
Jedes dieser Dreiecke hat als Höhe den Inkreisradius ρ.

$$2 \cdot A_I + 2 \cdot A_{II} = A \quad \text{Einsetzen}$$
$$2 \cdot \frac{a \cdot \rho}{2} + 2 \cdot \frac{b \cdot \rho}{2} = A \quad \text{Kürzen}$$
$$a \cdot \rho + b \cdot \rho = A$$
$$\rho \cdot (a + b) = A \quad |:(a + b)$$
$$\rho = \frac{A}{a + b}$$
$$\rho = 24{,}265...$$
$$\mathbf{\rho = 24\ mm}$$

In einem Deltoid gilt:
Der Inkreisradius ist gleich der Fläche dividiert durch den halben Umfang.

$$\rho = \frac{A}{a + b}$$

282 Ergänze für das Deltoid ABCD die Tabelle und berechne ρ (Maße in mm bzw. mm^2)!

	a)	b)	c)	d)	e)	f)
a	36		38		27	
b		61		65		46
e	76	66	88		65	
f	48	40		42		52
A			2 552	2 112	1 365	1 586

SK 10 DER LEHRSATZ DES PYTHAGORAS - *Vierecke*

Die Kellnerin und der Mann schauen dich an. Du verlässt rasch das Cafe. Nach ein paar Schritten blickst du noch einmal zurück. Der Mann steht in der Tür des Cafes und schaut dir nach. Dann verschwindet er um die nächste Ecke.
Jetzt wird es langsam unheimlich. Du verschickst ein SMS:

1	2a	2b	2c	3a	3b	3c	4a	4b	4c	?

Trage die den Ergebnissen entsprechenden Buchstaben oben ein!

$3\,456\ cm^2$	29,2 cm	30 cm	19 cm	$580{,}5\ cm^2$	72 cm	57,6 cm	$1\,575\ cm^2$	50 cm	16,5 cm
S	W	L	A	L	A	S	S	D	O

1) Von einem Parallelogramm ABCD kennt man a = 21,6 cm, h_a = 28,8 cm und e = 48 cm.
Berechne die Länge der Diagonale f (Runde auf mm)!

2) Von einer Raute ABCD kennt man a = 60 cm und e = 96 cm.
Berechne: **a)** die Länge der Diagonale f, **b)** die Länge der Höhe h und **c)** den Flächeninhalt A!

3) Von einem Trapez ABCD sind gegeben: a = 48 cm, b = 30 cm, d = 19,5 cm und h = 18 cm.
Berechne: **a)** die Länge der Seite c, **b)** die Länge der Diagonale e und **c)** den Flächeninhalt A!

4) Von einem Deltoid ABCD kennt man a = 32,5 cm, e = 52,5 cm und f = 60 cm.
Berechne und runde auf cm: **a)** die Länge der Seite b, **b)** die Länge des Inkreisradius ρ und **c)** den Flächeninhalt A!

3 Berechnungen in Prismen und Pyramiden mit Hilfe des pythagoreischen Lehrsatzes

Das Prisma

z. B. dreiseitiges Prisma

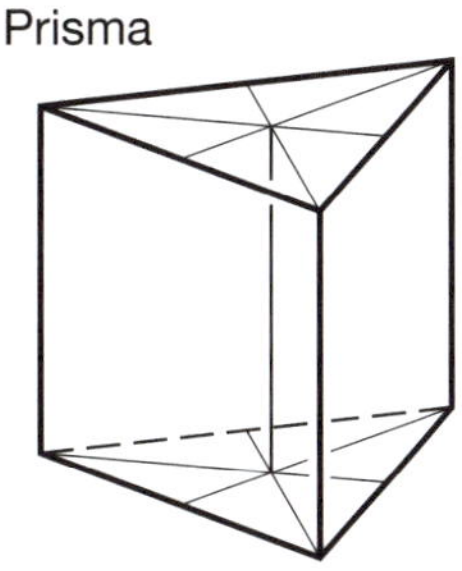

In jedem geraden Prisma sind
- alle Seitenkanten („Schnittstrecken“ der Seitenflächen) zueinander parallel und gleich lang;
- Grundfläche und Deckfläche zueinander parallel liegende kongruente (deckungsgleiche) Vielecke,
- die Seitenflächen Rechtecke.

Sonderfälle:
Ist die **Grundfläche** des Prismas ein **Rechteck**, dann heißt dieses Prisma **Quader**.
Sind die **Grundfläche** und alle Seitenflächen des Prismas **Quadrate**, dann heißt dieses Prisma **Würfel.**

Die Oberfläche eines Körpers besteht aus jenen Flächen, die den Körper umschließen. Für prismenförmige Körper gilt daher:

Oberfläche des geraden Prismas: $O = 2 \cdot G + M$

In jedem Prisma sind die Grundfläche G und die Deckfläche zueinander parallel und gleich groß:

Grundfläche + Deckfläche = $2 \cdot G$
Die Mantelfläche M besteht aus Rechtecken.
($M = u_G \cdot h$, mit u_G ... Umfang der Grundfläche)

Das Volumen eines Körpers gibt den Rauminhalt des Körpers an.
Für prismenförmige Körper gilt:

Volumen des Prismas: $V = G \cdot h$ G ... Grundfläche des Prismas
h ... Körperhöhe

Der Quader

Beispiel

Berechne für einen Quader mit den Kantenlängen a, b und c die Länge der Raumdiagonale d!

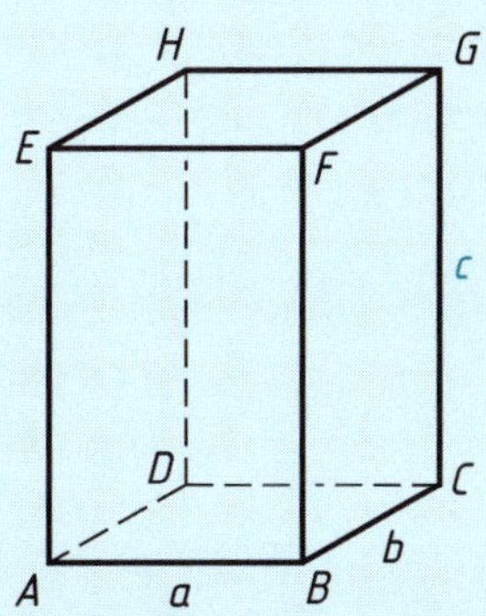

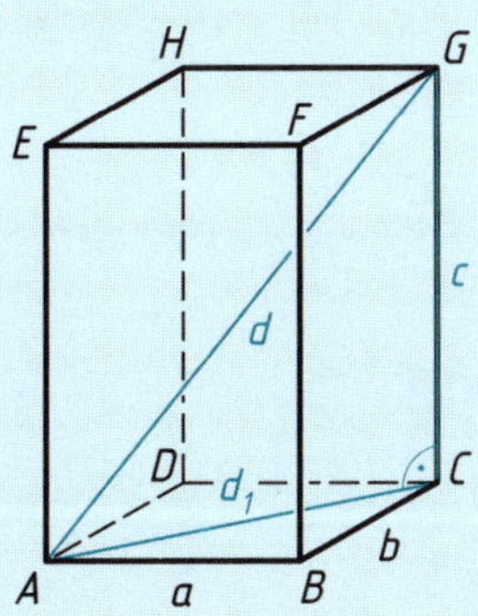

1. Schrägrissskizze

Als Raumdiagonale im Quader ABCDEFGH bezeichnen wir die Strecken AG, BH, $\overline{CE}$, $\overline{DF}$. Die Längen dieser Diagonalen sind gleich: $\overline{AG} = \overline{BH} = \overline{CE} = \overline{DF} = d$

Die Raumdiagonale d ist immer Hypotenuse eines rechtwinkligen Dreiecks. Eine Kathete ist gleich einer Seitenflächendiagonale, die andere eine Kantenlänge:

z. B: Δ ACG:
Hypotenuse: $\overline{AG} = d$ ... Raumdiagonale
Katheten: $\overline{AC} = d_1$ ... Diagonale der Grundfläche
$\overline{CG} = c$ ... Seitenkante

Δ ABC:
$d_1^2 = a^2 + b^2$

Δ ACG:
$d^2 = d_1^2 + c^2$
$d^2 = a^2 + b^2 + c^2$
$d = \sqrt{a^2 + b^2 + c^2}$

Für einen Quader ABCDEFGH (Kantenlängen a, b, c) gilt:

Raumdiagonale d: $d = \sqrt{a^2 + b^2 + c^2}$

Seitenflächendiagonalen: $d_1 = \sqrt{a^2 + b^2}$

$d_2 = \sqrt{a^2 + c^2}$

$d_3 = \sqrt{b^2 + c^2}$

283 Zeige die Gültigkeit der Formel für die Raumdiagonale d des Quaders ABCDEFGH

a) mit Hilfe der Seitenflächendiagonale $d_2 = \overline{AF}$,

b) mit Hilfe der Seitenflächendiagonale $d_3 = \overline{BG}$!

284 Berechne die Länge der Raumdiagonale des Quaders ABCDEFGH und seine Seitenflächendiagonalen!

a) a = 3 cm, b = 4 cm, c = 5 cm **b)** a = 4,5 cm, b = 3,7 cm, c = 72 cm

Beispiel

Von einem Quader mit quadratischer Grundfläche kennt man das Volumen $V = 235{,}2\ cm^3$ und die Höhe h = 7,5 cm. Berechne die Länge der Raumdiagonale und den Oberflächeninhalt!

$V = G \cdot h$

$G = a^2$

$V = a^2 \cdot h \quad | : h$

$a^2 = \frac{V}{h}$

$a = 5{,}6\ cm$

1. Formel für das Volumen des Quaders mit quadratischer Grundfläche.

Wir speichern den Wert für a.

$d = \sqrt{a^2 + b^2 + c^2}$

$d = \sqrt{a^2 + a^2 + h^2}$

$d = \sqrt{2a^2 + h^2}$

$d = 10{,}90..$

$\mathbf{d = 10{,}9\ cm}$

2. Raumdiagonale

a = b, c = h

$O = 2G + M$

$G = a^2$

$M = u_G \cdot h$

$u_G = 4a$

$O = 2a^2 + 4ah$

$\mathbf{O = 230{,}72\ cm^2}$

3. Oberflächeninhalt eines Quaders (Prismas)

u_G ... Umfang der Grundfläche

285 Von einem Quader mit quadratischer Grundfläche kennt man das Volumen V und die Länge der Höhe h. Berechne die Länge der Raumdiagonale und den Oberflächeninhalt!

a) $V = 833{,}8\ cm^3$, h = 12,4 cm **b)** $V = 68{,}3\ dm^3$, h = 5,9 dm

286 Von einem Quader mit quadratischer Grundfläche kennt man das Volumen V und die Länge der Seitenkante a. Berechne die Länge der Raumdiagonale und den Oberflächeninhalt!

a) $V = 965\ cm^3$, a = 9,2 cm **b)** $V = 109\ cm^3$, a = 3,5 cm

287 Von einem Quader kennt man das Volumen V und die Länge zweier Kanten. Berechne die Länge der Raumdiagonale und den Oberflächeninhalt!

a) $V = 280\ cm^3$, a = 6,3 cm, b = 5,4 cm **b)** $V = 315\ cm^3$, a = 7,2 cm, h = 3,9 dm

Der Würfel

Beispiel

Gegeben ist ein Würfel mit der Seitenkante a. Berechne die Länge der Raumdiagonale!

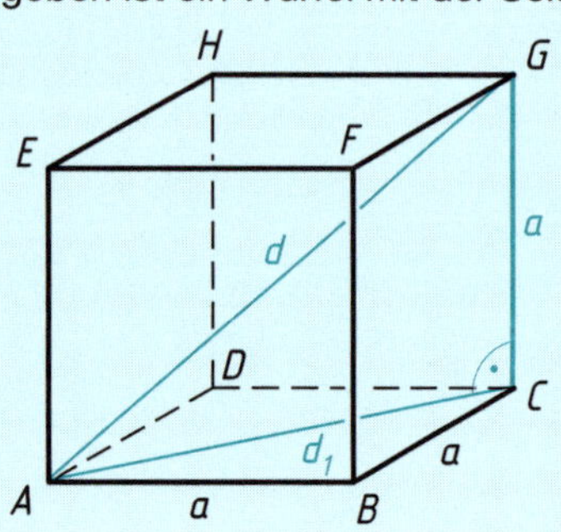

Schrägrissskizze

Der Würfel ist ein Quader mit gleich langen Kanten. Für die Raumdiagonale gilt:

$d = \sqrt{a^2 + b^2 + c^2}$

$d = \sqrt{3a^2}$

$\mathbf{d = a \cdot \sqrt{3}}$

Für einen Würfel mit der Seitenlänge a gilt:
Raumdiagonale: $d = a \cdot \sqrt{3}$
Seitenflächendiagonale: $d_1 = d_2 = d_3 = a \cdot \sqrt{2}$

288 Berechne für einen Würfel mit der Kantenlänge a die Länge der Raumdiagonale und der Seitenflächendiagonale, das Volumen und den Oberflächeninhalt!

a) a = 6 cm **b)** a = 7,23 dm **c)** a = 44 mm

Beispiel

Von einem Würfel kennt man das Volumen $V = 250{,}047\ dm^3$. Berechne die Länge der Seitenkante a und der Raumdiagonale d und den Oberflächeninhalt O!

$V = a^3$ — **1.** Formel

$a = \sqrt[3]{V}$ — **2.** Wir setzen ein und berechnen a.

$a = \sqrt[3]{250{,}047}$ — Tastenfolge:

$a = 6{,}3\ dm$

CLEAR 3 $\sqrt[x]{\ }$ 2 5 0 . 0 4 7 =

Speichere den Wert für a!

$d = a\sqrt{3}$ — **3.** Raumdiagonale
$d = 10{,}911..$
$d = 10{,}91\ dm$

$O = 6a^2$ — **4.** Oberflächeninhalt
$O = 238{,}14\ dm^2$

289 Ergänze die Tabelle für einen Würfel mit der Seitenkante a (Maße in mm, mm^2 bzw. mm^3)!

	a)	b)	c)	d)	e)	f)
a	34					
d_1		80				
d			45			
V				4 538		12 317
O					18 100	

Beispiel

Von einem Würfel kennt man das Volumen V.
Drücke die Seitenkante a, die Flächendiagonale d_1, die Raumdiagonale d und den Oberflächeninhalt O durch V aus!

$V = a^3$ — **1.** Aus der Formel für das Volumen wird a berechnet.
$a = \sqrt[3]{V}$
$d_1 = a \cdot \sqrt{2}$
$d_1 = \sqrt[3]{V} \cdot \sqrt{2}$ — **2.** Einsetzen in die Formel.
$d = a \cdot \sqrt{3}$
$d = \sqrt[3]{V} \cdot \sqrt{3}$ — **3.** Einsetzen von a in die Formel für d.
$O = 6a^2$ — **4.** Einsetzen von a in die Formel für den Oberflächeninhalt.
$O = 6\left(\sqrt[3]{V}\right)^2$

290 Von einem Würfel kennt man den Oberflächeninhalt O.
Drücke die Seitenkante a, die Flächendiagonale d_1, die Raumdiagonale d und das Volumen V durch O aus!

Regelmäßiges dreiseitiges und sechsseitiges Prisma

Beispiel

Gegeben ist ein Werkstück aus Blei (Dichte ρ = 11,3 g/cm³), das die Form eines geraden regelmäßigen dreiseitigen Prismas (a = 3,5 cm, h = 8 cm) hat.
Berechne Volumen, Oberflächeninhalt und die Masse dieses Werkstücks!

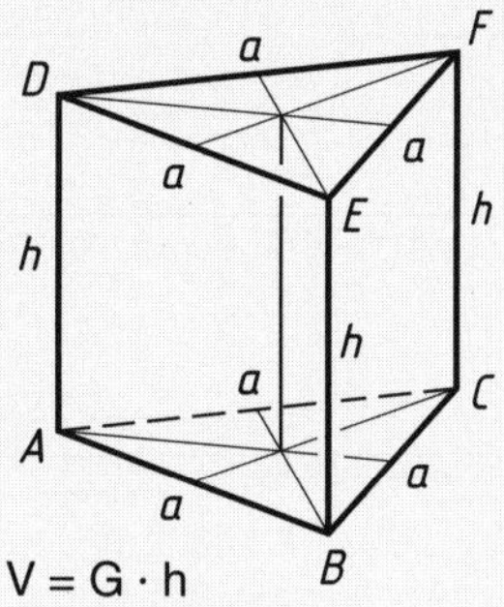

1. Schrägrissskizze
Hat ein gerades Prisma als Grundfläche ein gleichseitiges Dreieck, so wird es regelmäßiges dreiseitiges Prisma genannt.

$V = G \cdot h$

$G = \frac{a^2}{4}\sqrt{3}$

$V = \frac{a^2}{4}\sqrt{3} \cdot h$

$V = 42{,}435..$

V = 42,44 cm³

2. Formel für das Volumen eines geraden Prismas. Die Grundfläche ist ein gleichseitiges Dreieck.

$m = V \cdot \rho$

$m = 479{,}518..$

m = 479,52 g

3. Berechnung der Masse

$O = 2G + M$

$M = u_G \cdot h$

$M = 3 \cdot a \cdot h$

$O = 2 \cdot \frac{a^2}{4}\sqrt{3} + 3ah$

$O = 94{,}608..$

O = 94,61 cm²

4. Formel für den Oberflächeninhalt

291 Berechne für die gegebenen Werkstücke, die die Form eines geraden regelmäßigen dreiseitigen Prismas haben, Oberflächeninhalt, Volumen und Masse!

a) a = 3 cm, h = 4 cm
ρ = 7,13 g/cm³ (Zink)

b) a = 6,3 cm, h = 7,8 cm
ρ = 8,55 g/cm³ (Messing)

Beispiel

Eine Vase hat die Form eines regelmäßigen sechsseitigen Prismas (a = 5 cm, h = 30 cm) und ist zu $\frac{3}{4}$ mit Wasser gefüllt.

a) Wie viel Liter Wasser befinden sich in der Vase?

b) Das in der Vase befindliche Wasser wir in ein Gefäß in der Form eines regelmäßigen dreiseitigen Prismas mit der Grundflächenkante s = 14 cm umgeleert.
Wie hoch steht das Wasser in diesem Gefäß?

c) Zu wie viel Prozent ist das Gefäß gefüllt, wenn es gleich hoch wie die Vase ist?

a) $V = G \cdot h$ — Volumsformel eines Prismas
V_w ... Volumen des Wassers

$V_w = G \cdot h_w$ — G ... regelmäßiges Sechseck mit der Seite a

$h_w = \frac{3}{4} \cdot 30$ — h_w ... Wasserhöhe in der Vase

$h_w = 22{,}5$ cm

$V_w = 6 \cdot \frac{a^2}{4} \cdot \sqrt{3} \cdot h_w$

$V_w = 6 \cdot \frac{5^2}{4} \cdot \sqrt{3} \cdot 22{,}5$

$V_w = 1\,461{,}417...$

$V_w = 1\,461$ cm³

V_w = 1,461 l — **In der Vase befinden sich 1,461 l Wasser.**

b) $V_3 = \frac{s^2}{4} \cdot \sqrt{3} \cdot H_w$

V_3 ... Volumen des Wassers im dreiseitigen Prisma

Das Prisma hat als Grundfläche ein gleichseitiges Dreieck mit der Seitenlänge s = 14 cm.

H_w ... Wasserhöhe im dreiseitigen Prisma

Da die Wassermenge in der Vase und im dreiseitigen Prisma gleich ist, gilt: $V_3 = V_w$

$V_w = \frac{s^2}{4} \cdot \sqrt{3} \cdot H_w$

$H_w = \frac{4V_w}{s^2\sqrt{3}}$

$H_w = 17{,}219\ ...$

$\mathbf{H_w = 17{,}2\ cm}$

Das Wasser steht im regelmäßigen dreiseitigen Prisma 17,2 cm hoch.

c) Berechnung des Volumens V des dreiseitigen Prismas mit der Seitenkante der Grundfläche s = 14 cm und der Körperhöhe h = 30 cm:

$V = \frac{s^2}{4} \cdot \sqrt{3} \cdot h$

$V = \frac{14^2}{4} \cdot \sqrt{3} \cdot 30$

$V = 2\,546{,}114...$

Berechnen des Prozentsatzes:

Grundwert: $V = 2\,546{,}114...$

Prozenteil: $V_w = 1\,461{,}417...$

$p = \frac{V_w}{V} \cdot 100$

$p = 0{,}573\ ... \cdot 100$

$\mathbf{p = 57\ \%}$

Das Gefäß ist zu 57 % gefüllt.

292 Von einem regelmäßigen dreiseitigen Prisma kennt man das Volumen $V = 1\ m^3$ und die Höhe h = 94 cm. Berechne die Seitenkantenlänge der Grundfläche!

293 Von einem Werkstück aus Eisen ($\rho = 7{,}87\ kg/dm^3$), das die Form eines regelmäßigen sechsseitigen Prismas hat, kennt man die Masse m = 41,4 kg und die Seitenkante der Grundfläche a = 0,45 dm. Berechne die Länge des Werkstücks!

294 Eine Vase hat die Form eines regelmäßigen sechsseitigen Prismas (a = 11 cm, h = 57 cm) und ist zur Hälfte mit Wasser gefüllt. Das in der Vase befindliche Wasser wird in ein Gefäß in der Form eines quadratischen Prismas mit der Grundflächenkante s = 25 cm umgeleert.

a) Wie hoch steht das Wasser in diesem Gefäß?

b) Zu wie viel Prozent ist das Gefäß gefüllt, wenn es gleich hoch wie die Vase ist?

295 Eine Vase hat die Form eines regelmäßigen dreiseitigen Prismas (a = 12 cm, h = 42 cm) und ist zu $\frac{4}{5}$ mit Wasser gefüllt. Das in der Vase befindliche Wasser wird in ein Gefäß in der Form eines regelmäßigen sechsseitigen Prismas mit der Grundflächenkante s = 7 cm umgeleert.

a) Wie hoch steht das Wasser in diesem Gefäß?

b) Zu wie viel Prozent ist das Gefäß gefüllt, wenn es gleich hoch wie die Vase ist?

296 In ein Gefäß, das die Form eines regelmäßigen dreiseitigen Prismas (a = 15 cm, h = 40 cm) hat, soll 1 Liter Wasser eingefüllt werden. Wie hoch steht das Wasser?

Beispiel Berechne die Länge der Raumdiagonalen AK und AJ eines regelmäßigen sechsseitigen Prismas mit der Grundkante a = 3 cm und der Höhe h = 4 cm!

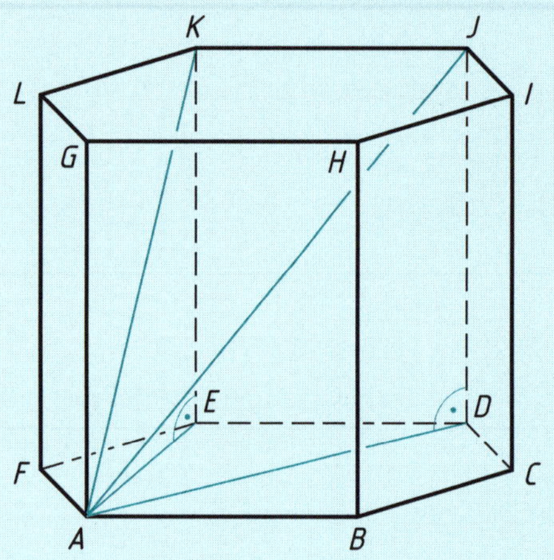

1. Schrägrissskizze
Die Diagonale AK ist die Hypotenuse des rechtwinkligen Dreiecks AEK.
Die Diagonale AJ ist die Hypotenuse des rechtwinkligen Dreiecks ADJ.

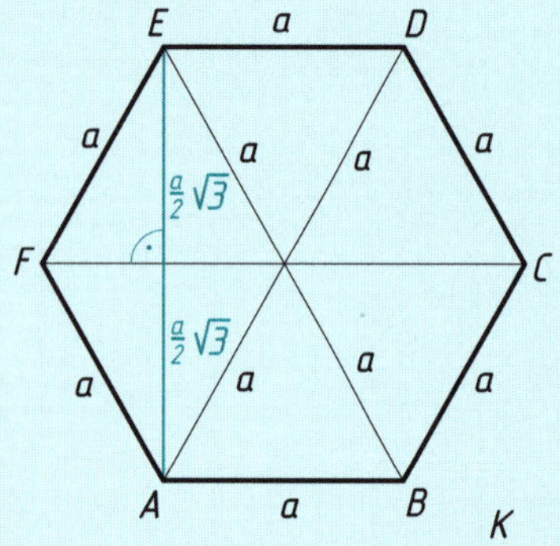

2. Die in der Grundfläche liegenden Katheten kann man aus der Zeichnung erkennen:
AE ist die doppelte Höhe eines gleichseitigen Dreiecks
$\Rightarrow \overline{AE} = 2 \cdot \frac{a}{2} \cdot \sqrt{3} = a\sqrt{3}$
$\overline{AD} = 2a$

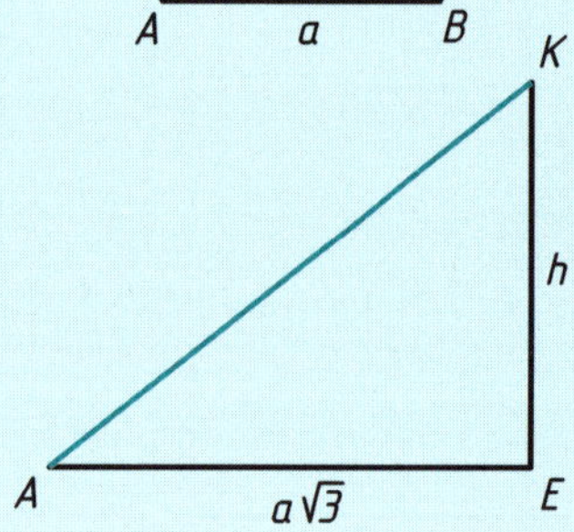

3. Wir wenden den pythagoreischen Lehrsatz an:
Δ AEK:
$\overline{AK}^2 = (a \cdot \sqrt{3})^2 + h^2$
$\overline{AK}^2 = 3a^2 + h^2$
$\overline{AK} = 6{,}55..$
$\mathbf{\overline{AK} = 6{,}6\ cm}$

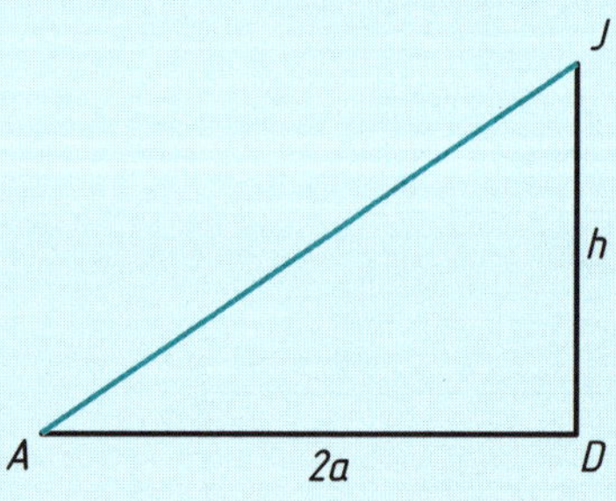

Δ ADJ:
$\overline{AJ}^2 = (2a)^2 + h^2$
$\overline{AJ}^2 = 4a^2 + h^2$
$\overline{AJ} = 7{,}21..$
$\mathbf{\overline{AJ} = 7{,}2\ cm}$

297 Gib die Formeln für die Längen der Raumdiagonalen BK und BJ eines regelmäßigen sechsseitigen Prismas an! Verwende dazu die Angaben und die Schrägrissskizze des vorigen Musterbeispiels!

298 Gegeben ist ein regelmäßiges sechsseitiges Prisma durch die Grundkante a und die Höhe h. Berechne den Oberflächeninhalt, das Volumen und die Länge der beiden Raumdiagonalen!

a) a = 5 cm, h = 8 cm **b)** a = 2,5 dm, h = 7,2 dm

Pyramiden

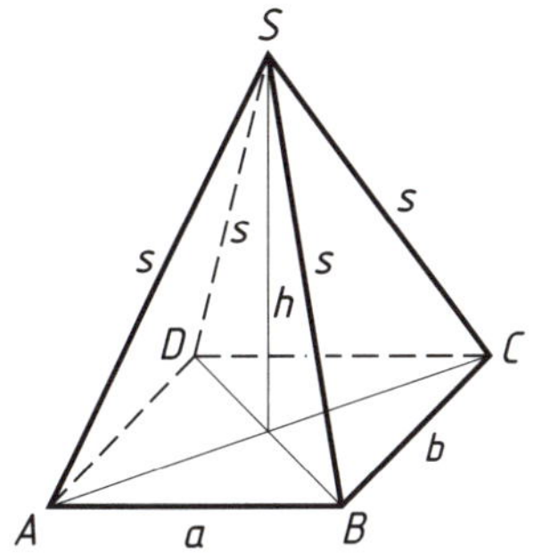

In jeder Pyramide schneiden einander die Seitenkanten (Schnittstrecken der Seitenflächen) in einem Punkt, der Spitze der Pyramide.
Eine Pyramide mit gleich langen Seitenkanten heißt gerade Pyramide.
Die Seitenflächen einer geraden Pyramide sind gleichschenklige Dreiecke.
Ist die Grundfläche ein regelmäßiges Vieleck, dann sprechen wir von regelmäßigen Pyramiden.

Oberfläche einer geraden Pyramide: $O = G + M$ G ... Grundfläche der Pyramide
Die Mantelfläche M besteht aus lauter gleichschenkligen Dreiecken.
Für das Volumen einer Pyramide gilt: $V = \frac{1}{3} \cdot G \cdot h$ h ... Körperhöhe

Die gerade quadratische Pyramide

Beispiel

Von einer quadratischen Pyramide kennt man die Basiskante a = 4 cm und die Seitenkante s = 7 cm. Berechne den Oberflächeninhalt und das Volumen!

1. Schrägrisskizze

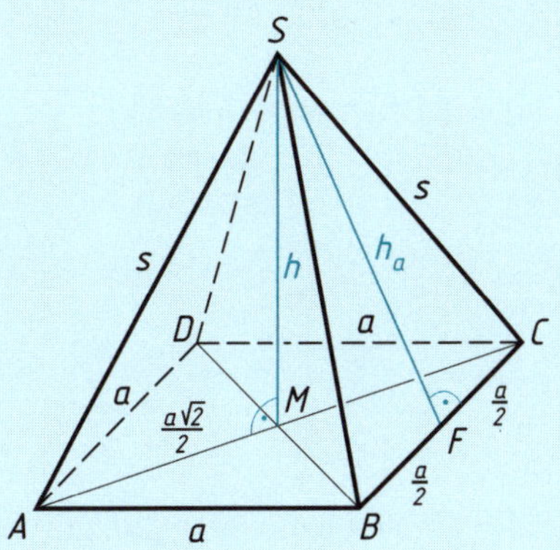

2. Formel für den Oberflächeninhalt

$O = G + M$

$G = a^2$

$M = 4 \cdot \frac{a \cdot h_a}{2}$

Der Mantel besteht aus vier gleichschenkligen Dreiecken.

$O = a^2 + 2ah_a$

Für die Berechnung der fehlenden Seitenflächenhöhe h_a verwenden wir das rechtwinklige Dreieck FCS mit der Hypotenuse s und den Katheten $\frac{a}{2}$ und h_a.

Δ FCS: $s^2 = h_a^2 + \left(\frac{a}{2}\right)^2$

$h_a^2 = s^2 - \left(\frac{a}{2}\right)^2$

$h_a = 6{,}70..$

$h_a = 6{,}7$ cm

Einsetzen in die Formel für O.

$O = 69{,}665..$

$O = 69{,}67$ cm²

3. Formel für das Volumen

$V = \frac{1}{3} \cdot G \cdot h$

$G = a^2$

$V = \frac{1}{3} \cdot a^2 \cdot h$

Für die Berechnung der Körperhöhe h verwenden wir das rechtwinklige Dreieck AMS, mit der Hypotenuse s und den Katheten h und $\frac{a}{2}\sqrt{2}$ (= halbe Diagonale der Grundfläche).

Δ AMS: $s^2 = h^2 + \left(\frac{a}{2}\sqrt{2}\right)^2$

$s^2 = h^2 + \frac{a^2}{2}$

$h^2 = s^2 - \frac{a^2}{2}$

$h = 6{,}403..$

$h = 6{,}4$ cm

Einsetzen in die Formel für V.

$V = 34{,}149..$

$V = 34{,}15$ cm³

Für eine gerade quadratische Pyramide mit der Basiskante a, der Seitenkante s, der Körperhöhe h und Seitenflächenhöhe h_a gilt:

$s^2 = {h_a}^2 + \left(\frac{a}{2}\right)^2$ $\qquad$ $M = 2 \cdot a \cdot h_a$

$s^2 = h^2 + \left(\frac{d}{2}\right)^2 = h^2 + \left(\frac{a\sqrt{2}}{2}\right)^2 = h^2 + \frac{a^2}{2}$ $\qquad$ $O = a^2 + 2 \cdot a \cdot h_a$

${h_a}^2 = h^2 + \left(\frac{a}{2}\right)^2$ $\qquad$ $V = \frac{1}{3} \cdot a^2 \cdot h$

299 Von einer geraden quadratischen Pyramide kennt man zwei Bestimmungsstücke. Berechne Oberflächeninhalt und Volumen!

a) a = 6,6 cm, s = 9,6 cm $\qquad$ **b)** a = 4,2 cm, h = 12,4 cm

c) a = 16 cm, h_a = 12,4 cm $\qquad$ **d)** h = 6,8 cm, s = 9,6 cm

Beispiel

Von einer geraden quadratischen Pyramide kennt man das Volumen V = 1 m^3 und die Körperhöhe h = 0,7 m. Berechne den Oberflächeninhalt!

$V = \frac{1}{3} \cdot a^2 \cdot h$

$3V = a^2 \cdot h$

$a^2 = \frac{3V}{h}$

$a = 2{,}0701..$

$a = 2{,}07$ m

1. Aus der Formel für das Volumen berechnet man die Seitenkante a.

$O = a^2 + 2ah_a$

${h_a}^2 = h^2 + \left(\frac{a}{2}\right)^2$

$h_a = 1{,}249..$

$h_a = 1{,}25$ m

$O = 9{,}4594..$

$O = 9{,}459\ m^2$

2. Berechnung des Oberflächeninhalts.

300 Ergänze für eine quadratische Pyramide die Tabelle und berechne s (Maße in cm, cm^2 bzw. cm^3)!

	a)	b)	c)	d)
a		2,4	6,8	6,5
h	13,5			
h_a				
V	725,4	12,4		122,8
O			452,2	

Das regelmäßige Oktaeder

Das regelmäßige Oktaeder ist eine Doppelpyramide, in der alle Kanten gleich lang sind. Die Oberfläche besteht aus acht gleichseitigen Dreiecken.

Die „Basisfläche" ABCD ist ein Quadrat mit der Seitenlänge a.

Die Dreiecke ABD und BED sind kongruente gleichschenklige Dreiecke mit der Basis BD und den Schenkeln a.
Die Höhen müssen gleich lang sein:
$\overline{AM} = \overline{ME}$

Daher gilt:

a) $\overline{AC} = \overline{EF} = \overline{BD} = a\sqrt{2}$

b) Die Diagonalschnitte (ABCD, AFCE, BEDF) sind Quadrate mit der Seitenkante a.

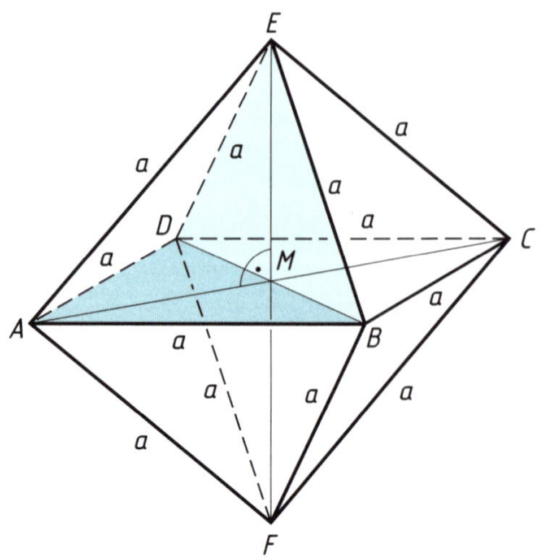

Beispiel Von einem regelmäßigen Oktaeder kennt man die Kantenlänge a = 4 cm.

a) Konstruiere einen Schrägriss $\left(\alpha = 150°, v = \frac{1}{2}\right)$!

b) Stelle eine Formel für Oberflächeninhalt und Volumen auf!

c) Berechne O und V!

a)

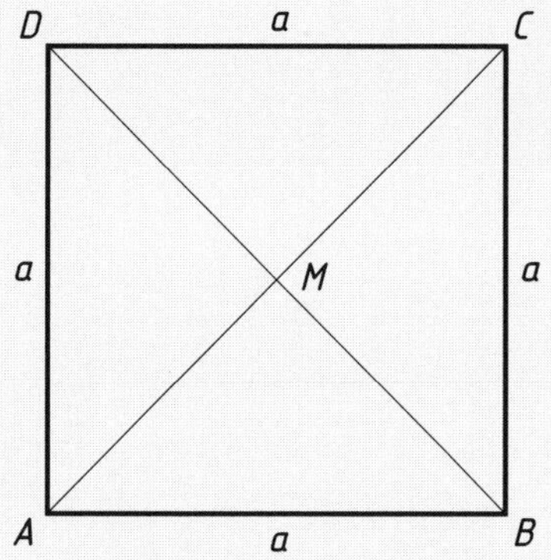

1. Schrägriss
Wir konstruieren einen Diagonalschnitt (z. B.: ABCD), um die wahre Länge der Höhe $\overline{AC} = \overline{BD}$ zu bestimmen.

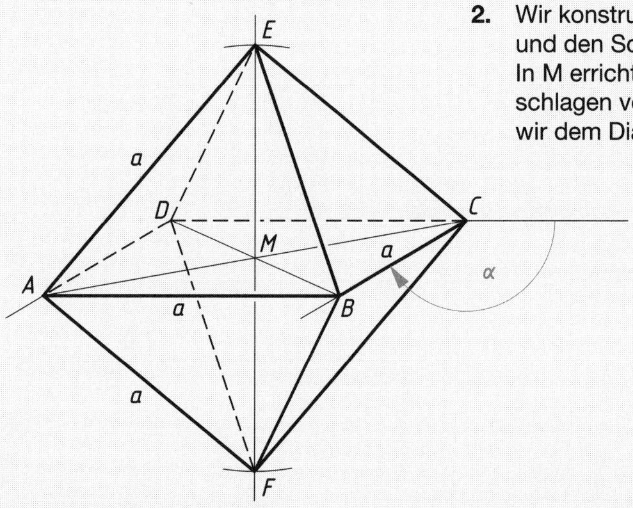

2. Wir konstruieren das Quadrat ABCD im Schrägriss und den Schnittpunkt M der Diagonalen.
In M errichten wir eine Normale auf ABCD und schlagen von M die halbe Höhe ab. Diese entnehmen wir dem Diagonalschnitt.

b)

$O = 8 \cdot \frac{1}{4} \cdot a^2 \cdot \sqrt{3}$

$O = 2 \cdot a^2 \cdot \sqrt{3}$

3. Formel für den Oberflächeninhalt

Die Oberfläche besteht aus acht gleichseitigen Dreiecken.

$V = 2 \cdot \frac{1}{3} \cdot G \cdot h$

$V = 2 \cdot \frac{1}{3} \cdot a^2 \cdot \frac{1}{2} a \cdot \sqrt{2}$

$V = \frac{1}{3} \cdot a^3 \cdot \sqrt{2}$

4. Formel für das Volumen

Das regelmäßige Oktaeder besteht aus zwei volumsgleichen Pyramiden mit der Grundfläche a^2 und der Höhe $\frac{1}{2} \cdot a \cdot \sqrt{2}$.

O = 55,425.. V = 30,169..

$O = 55{,}43\ cm^2$ **$V = 30{,}17\ cm^3$**

5. Wir berechnen O und V.

Für das regelmäßige Oktaeder mit der Seitenkante a gilt:
Jeder Diagonalschnitt ist ein Quadrat.
$O = 2 \cdot a^2 \cdot \sqrt{3}$ $V = \frac{1}{3} \cdot a^3 \cdot \sqrt{2}$

301 Berechne Oberflächeninhalt und Volumen eines regelmäßigen Oktaeders mit der Seitenkante a!

a) a = 6,4 cm **b)** a = 9,5 cm

302 Von einem regelmäßigen Oktaeder ABCDEF kennt man die Länge der Körperhöhe EF.
Berechne Oberflächeninhalt und Volumen! **Anleitung:** Berechne zuerst die Kantenlänge a!

a) $\overline{EF}$ = 17 cm **b)** $\overline{EF}$ = 7,2 cm

Beispiel

Von einem regelmäßigen Oktaeder kennt man den Oberflächeninhalt $O = 100\ \text{cm}^2$. Berechne die Kantenlänge a und das Volumen!

$O = 2a^2 \cdot \sqrt{3} \quad | : 2\sqrt{3}$

1. Formel für O
Zunächst wird die Kantenlänge a berechnet.

$\frac{O}{2\sqrt{3}} = a^2$

$a = \sqrt{\frac{O}{2\sqrt{3}}}$

$a = 5{,}37..$

2. Einsetzen und Berechnen.

$a = 5{,}4\ \text{cm}$

$V = \frac{1}{3} \cdot a^3 \cdot \sqrt{2}$

3. Berechnung von V.

$V = 73{,}1152..$

$V = 73{,}115\ \text{cm}^3$

303 Von einem regelmäßigen Oktaeder kennt man den Oberflächeninhalt O. Berechne a und V!

a) $O = 138{,}56\ \text{cm}^2$ **b)** $O = 1\,600\ \text{cm}^2$

Beispiel

Von einem regelmäßigen Oktaeder kennt man das Volumen V = 10 Liter. Berechne die Kantenlänge a und den Oberflächeninhalt O!

$V = \frac{1}{3} \cdot a^3 \cdot \sqrt{2} \quad | \cdot 3$

1. Formel für V

$3V = a^3 \cdot \sqrt{2} \quad | : \sqrt{2}$

Berechnung der Kantenlänge a.

$\frac{3V}{\sqrt{2}} = a^3$

$a = \sqrt[3]{\frac{3V}{\sqrt{2}}}$

2. Einsetzen und Berechnen.
$V = 10\ \text{l} = 10\ \text{dm}^3$

$a = 2{,}768..$

$a = 2{,}77\ \text{dm}$

$O = 2a^2 \cdot \sqrt{3}$

3. Oberflächeninhalt

$O = 26{,}54573..$

$O = 26{,}5457\ \text{dm}^2$

304 Von einem regelmäßigen Oktaeder kennt man das Volumen V. Berechne a und O!

a) $V = 900\ \text{cm}^3$ **b)** $V = 597{,}5\ \text{cm}^3$

Das regelmäßige Tetraeder

Das regelmäßige Tetraeder ist eine gerade Pyramide, in der alle Kanten gleich lang sind.

Die Oberfläche besteht daher aus vier gleichseitigen Dreiecken.

Über dem Umkreismittelpunkt U der Grundfläche ABC wird die Körperhöhe h errichtet.

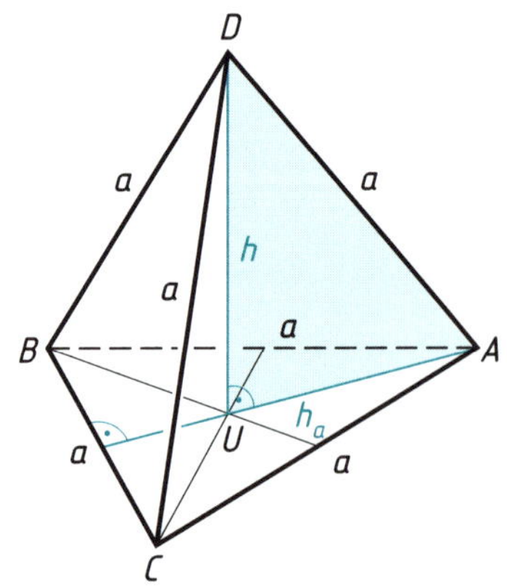

Beispiel

Von einem regelmäßigen Tetraeder kennt man die Länge der Seitenkante a.
Gib eine Formel für die Körperhöhe h_a an!

Δ ADU:

$h^2 = a^2 - \overline{UA}^2$

Das Dreieck ADU ist rechtwinklig, daher können wir für die Berechnung den pythagoreischen Lehrsatz anwenden.

$\overline{UA} = \frac{2}{3} h_a$

$\overline{UA} = \frac{2}{3} \cdot \frac{1}{2} a \sqrt{3}$

$\overline{UA} = \frac{1}{3} \cdot a \sqrt{3}$

Die Länge der Strecke UA ist $\frac{2}{3}$ der Höhe h_a der Grundfläche. (Das Dreieck ist gleichseitig.)

$h^2 = a^2 - \left(\frac{1}{3} a \cdot \sqrt{3}\right)^2$

$h^2 = a^2 - \frac{1}{9} a^2 \cdot 3$

$h^2 = a^2 - \frac{1}{3} a^2$

$h^2 = \frac{2}{3} a^2$

Berechnung von h^2.

$h = \sqrt{\frac{2}{3} a^2}$

$h = \sqrt{\frac{2 \cdot 3}{3 \cdot 3} a^2} = \sqrt{\frac{6}{9} a^2} = \sqrt{\frac{a^2}{9} \cdot 6}$

$\mathbf{h = \frac{a}{3} \sqrt{6}}$

Durch Wurzelziehen erhält man h.
Der Bruch $\frac{2}{3}$ wird so erweitert, dass im Nenner die Quadratzahl 9 steht. Dadurch kann man teilweise Wurzelziehen.

Beispiel

Von einem regelmäßigen Tetraeder kennt man die Länge der Seitenkante a = 5 cm.

a) Stelle eine Formel für den Oberflächeninhalt O und das Volumen V auf!

b) Berechne O und V!

a) $O = 4 \cdot \frac{1}{4} a^2 \sqrt{3}$

$\mathbf{O = a^2 \sqrt{3}}$

1. Die Oberfläche des regelmäßigen Tetraeders besteht aus vier gleichseitigen Dreiecken.

$V = \frac{1}{3} Gh$

$G = \frac{1}{4} a^2 \cdot \sqrt{3}$

$h = \frac{a}{3} \sqrt{6}$

2. Formel für das Volumen

$V = \frac{1}{3} \cdot \frac{1}{4} a^2 \cdot \sqrt{3} \cdot \frac{a}{3} \sqrt{6}$

$V = \frac{1}{36} a^3 \sqrt{3 \cdot 6}$

$V = \frac{1}{36} a^3 \sqrt{3 \cdot 3 \cdot 2}$

$V = \frac{1}{36} a^3 \cdot 3 \cdot \sqrt{2}$

$\mathbf{V = \frac{1}{12} a^3 \cdot \sqrt{2}}$

b) O = 43,301.. V = 14,7313..

O = 43,30 cm² **V = 14,731 cm³**

3. Berechnung von O und V.

Für ein regelmäßiges Tetraeder mit der Seitenkante a gilt:

$h = \frac{1}{3} a \sqrt{6}$ $O = a^2 \cdot \sqrt{3}$ $V = \frac{1}{12} a^3 \cdot \sqrt{2}$

305 Von einem regelmäßigen Tetraeder kennt man die Kantenlänge a. Berechne O und V!

a) a = 7 cm **b)** a = 8,4 cm

306 Von einem regelmäßigen Tetraeder kennt man den Oberflächeninhalt O.
Berechne die Länge der Seitenkante a und das Volumen V!

a) O = 36 cm² **b)** O = 173,2 cm²

307 Von einem regelmäßigen Tetraeder kennt man das Volumen V.
Berechne die Kantenlänge und den Oberflächeninhalt!

a) $V = \frac{1}{4}$ l **b)** V = 740 cm³

Gerade Pyramiden mit einem Rechteck als Grundfläche

Beispiel

Von einer geraden Pyramide mit einem Rechteck als Grundfläche kennt man die Länge der Basiskante $a = 4$ cm, $b = 3$ cm und die Körperhöhe $h = 5$ cm.

a) Zeichne eine Schrägrissskizze!

b) Stelle eine Formel für den Oberflächeninhalt und das Volumen auf!

c) Berechne O und V!

d) Berechne die Länge der Seitenkante s!

a) Schrägrissskizze:

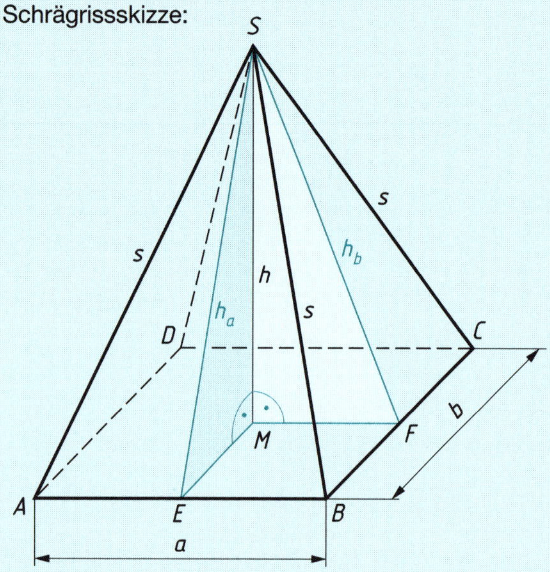

b) Δ MSE: $h_a^2 = \left(\frac{b}{2}\right)^2 + h^2$

Δ MFS: $h_b^2 = \left(\frac{a}{2}\right)^2 + h^2$

1. Für die Berechnung ds Oberflächeninhalts benötigen wir die Höhen der Seitenflächen h_a und h_b.

$O = G + M$

$G = a \cdot b$

$M = 2 \cdot \frac{a \cdot h_a}{2} + 2 \cdot \frac{b \cdot h_b}{2}$

$M = ah_a + bh_b$

2. Oberflächeninhalt

Der Mantel besteht aus vier gleichschenkligen Dreiecken, von denen je zwei kongruent sind.

$\mathbf{O = ab + ah_a + bh_b}$

$V = \frac{1}{3} G \cdot h$

$\mathbf{V = \frac{1}{3} abh}$

3. Volumen

c) $h_a^2 = \left(\frac{b}{2}\right)^2 + h^2$

$h_a = 5{,}220..$

$h_b^2 = \left(\frac{a}{2}\right)^2 + h^2$

$h_b = 5{,}385..$

$O = 49{,}036..$

$\mathbf{O = 49{,}04\ cm^2}$

$\mathbf{V = 20\ cm^3}$

Berechnung von O und V.

Der Wert von h_a wird gespeichert.

Der Wert von h_b wird gespeichert.

Einsetzen und Berechnen.

d)

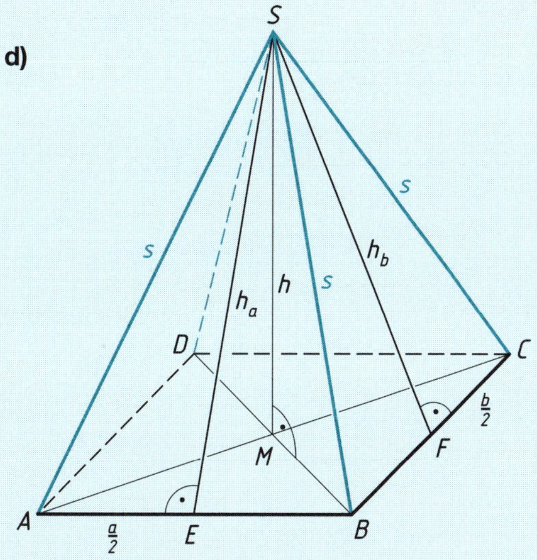

Die Seitenkante s tritt in drei verschiedenen Dreiecken als Hypotenuse auf.
Je nach Angabe verwendet man für die Berechnung von s eines dieser Dreiecke.

Δ MBS:	Δ SFC:	Δ AES:
$s^2 = h^2 + \left(\frac{d}{2}\right)^2$	$s^2 = \left(\frac{b}{2}\right)^2 + {h_b}^2$	$s^2 = \left(\frac{a}{2}\right)^2 + {h_a}^2$

$s^2 = h^2 + \frac{d^2}{4}$ mit

$d^2 = a^2 + b^2$

Da a und b gegeben sind, verwenden wir für die Berechnung von s das Dreieck MBS.

$s^2 = h^2 + \frac{a^2 + b^2}{4}$

$s = 5{,}59..$

s = 5,6 cm

Für eine gerade Pyramide mit rechteckiger Grundfläche (a, b) und der Höhe h gilt:

$O = ab + ah_a + bh_b$

$V = \frac{1}{3}abh$

${h_a}^2 = \left(\frac{b}{2}\right)^2 + h^2$ — h_a, h_b... Seitenflächenhöhe

${h_b}^2 = \left(\frac{a}{2}\right)^2 + h^2$

$s^2 = \left(\frac{a}{2}\right)^2 + {h_a}^2$ — s ... Seitenkante

$s^2 = \left(\frac{b}{2}\right)^2 + {h_b}^2$

$s^2 = h^2 + \left(\frac{d}{2}\right)^2 = h^2 + \frac{a^2 + b^2}{4}$

Anmerkung: Es ist schwierig, sich diese vielen Formeln zu merken. Es ist einfacher, anhand einer Schrägrissskizze die verschiedenen rechtwinkligen Dreiecke entsprechend der gegebenen Bestimmungsstücke zu suchen und dann den pythagoreischen Lehrsatz anzuwenden.

308 Von einer geraden Pyramide mit rechteckiger Grundfläche sind drei Bestimmungsstücke gegeben (Maße in mm)! Berechne die fehlenden Bestimmungsstücke, den Oberflächeninhalt und das Volumen! Überlege dir für jedes Beispiel, welche rechtwinkligen Dreiecke du für die Berechnung brauchst!
Leite dir jeweils die entsprechenden Formeln ab!

	a)	b)	c)	d)	e)	f)
a	64	72			120	120
b	36	32			100	
h			60	70		
s			80	90	200	200
h_a	48		70			
h_b		120		80		150

Regelmäßige sechsseitige Pyramide

Beispiel

Von einer regelmäßigen sechsseitigen Pyramide kennt man die Grundkante a = 4 cm und die Körperhöhe h = 6 cm.

a) Berechne den Oberflächeninhalt und das Volumen!

b) Berechne die Länge der Seitenkante s!

1. Schrägrissskizze

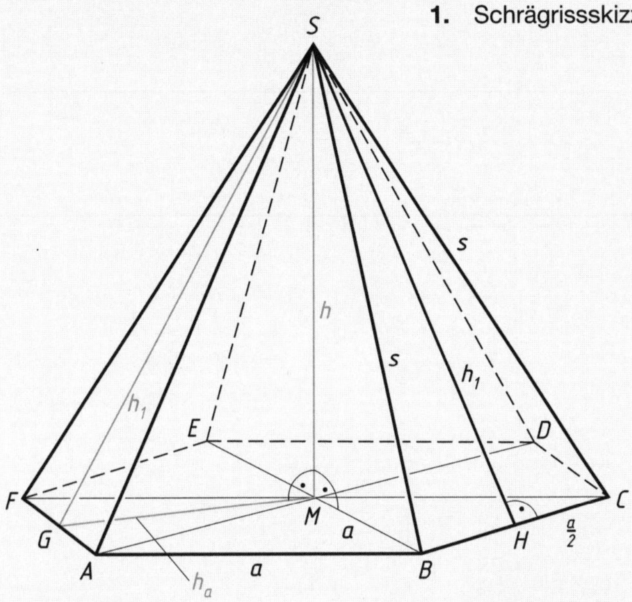

a) $O = G + M$

$G = 6 \cdot \frac{1}{4} \cdot a^2 \cdot \sqrt{3}$

$G = \frac{3}{2} \cdot a^2 \cdot \sqrt{3}$

$M = 6 \cdot \frac{a \cdot h_1}{2}$

$M = 3ah_1$

$O = \frac{3}{2} a^2 \sqrt{3} + 3ah_1$

2. Oberflächeninhalt
Die Grundfläche besteht aus sechs gleichseitigen Dreiecken.

Die Mantelfläche besteht aus sechs kongruenten gleichschenkligen Dreiecken.

3. Um O zu berechnen, brauchen wir zuerst h_1.

Δ GMS:

$h_1^2 = h_a^2 + h^2$

$h_1^2 = \left(\frac{1}{2}a\sqrt{3}\right)^2 + h^2$

$h_1^2 = \frac{3a^2}{4} + h^2$

$h_1 = 6{,}92..$

h_1 ... Höhe der Seitenfläche
h_a ... Höhe eines Grundflächendreiecks (gleichseitiges Dreieck)
h ... Körperhöhe

Wert speichern

$O = 124{,}707..$

$O = 124{,}71\ cm^2$

$V = \frac{1}{3} G \cdot h$

$V = \frac{1}{3} \cdot \frac{3}{2} \cdot a^2 \sqrt{3} \cdot h$

$V = \frac{1}{2} \cdot a^2 h \cdot \sqrt{3}$

$V = 83{,}1384..$

$V = 83{,}138\ cm^3$

4. Volumen

b) Δ HCS:

$s^2 = h_1^2 + \left(\frac{a}{2}\right)^2$

Δ MBS:

$s^2 = a^2 + h^2$

$s = 7{,}21..$

$s = 7{,}2\ cm$

5. Wir können die Seitenkante s mit Hilfe von zwei rechtwinkligen Dreiecken bestimmen.
Da a und h gegeben sind, wählen wir das Dreieck MBS.

309 Ergänze die Tabelle für eine regelmäßige sechsseitige Pyramide (Maße in mm)!

	a)	b)	c)	d)	e)
a	32	38		41	
h	68		61	57	47
s		74	84		65
h_1					
O					
V					

Beispiel

Von einer regelmäßigen sechsseitigen Pyramide kennt man den Oberflächeninhalt O = 20 112 cm² und die Länge der Grundkante a = 45 cm. Berechne das Volumen und die Länge der Seitenkante s!

1. Aus der Oberflächenformel erhält man h_1.

$$O = \frac{3}{2}a^2\sqrt{3} + 3ah_1 \quad \Big| -\frac{3}{2}a^2\sqrt{3}$$
$$O - \frac{3}{2}a^2\sqrt{3} = 3ah_1 \quad \Big| :3a$$
$$\frac{O - \frac{3}{2}a^2\sqrt{3}}{3a} = h_1$$
$$h_1 = \frac{1}{3a}\cdot\left(O - \frac{3}{2}a^2\sqrt{3}\right)$$
$$h_1 = 110{,}006..$$
$$h_1 = 110\text{ cm}$$

2. Berechnung der Höhe h.

$$h_1^2 = \frac{3}{4}a^2 + h^2 \quad \Big| -\frac{3}{4}a^2$$
$$h_1^2 - \frac{3}{4}a^2 = h^2$$
$$h^2 = h_1^2 - \frac{3}{4}a^2$$
$$h = 102{,}87..$$
$$h = 102{,}9\text{ cm}$$

3. Volumen (Formel aus vorigem Beispiel)

$$V = \frac{1}{2}\cdot a^2h\cdot\sqrt{3}$$
$V = 180\,407{,}3\text{ cm}^3$

4. Berechnung der Seitenkante s.

$$s^2 = h^2 + a^2$$
$$s = 112{,}28..$$
$s = 112{,}3\text{ cm}$

310 Von einer regelmäßigen sechsseitigen Pyramide kennt man den Oberflächeninhalt O und die Länge der Grundkante a. Berechne das Volumen und die Länge der Seitenkante s!

a) $O = 15\,130\text{ mm}^2$, $a = 47\text{ mm}$
b) $O = 9\,850\text{ mm}^2$, $a = 38\text{ mm}$

311 Von einer regelmäßigen sechsseitigen Pyramide kennt man das Volumen V und die Länge der Grundkante a. Berechne den Oberflächeninhalt und die Länge der Seitenkante s!

a) $V = 45\,390\text{ mm}^3$, $a = 27\text{ mm}$
b) $V = 11\,002\text{ cm}^3$, $a = 48\text{ cm}$

312 Von einer regelmäßigen sechsseitigen Pyramide kennt man das Volumen V und die Länge der Höhe h. Berechne den Oberflächeninhalt und die Länge der Seitenkante s!

a) $V = 58\,000\text{ cm}^3$, $h = 72\text{ cm}$
b) $V = 150\,800\text{ cm}^3$, $h = 53\text{ cm}$

SK 11 DER LEHRSATZ DES PYTHAGORAS – Prismen und Pyramiden

Du bekommst sehr bald eine Antwort:

1a	1b	2	3a	3b	4	5	6a	6b	7a	7b

Das muss dir dein Freund, deine Freundin erklären.

Trage die den Ergebnissen entsprechenden Buchstaben oben ein!

116,46 cm^2	5 391,36 cm^2	82,94 cm^3	381,95 cm^2	9,86 cm	138,24 cm^2	17 694,72 cm^3	162 cm^2	15,40 cm	52,13 cm^3	430,99 cm^3
Ü	U	R	G	Ü	P	F	B	E	R	N

Kommen im Ergebnis Dezimalzahlen vor, dann runde auf Hundertstel! Speichere die Zwischenergebnisse und verwende diese Werte für die weiteren Berechnungen!

1) Von einem Quader kennt man das Volumen $V = 129{,}6\ cm^3$ und die Länge zweier Kanten $a = 4{,}5$ cm, $b = 3{,}6$ cm.
Berechne: **a)** die Länge der Raumdiagonale und **b)** den Oberflächeninhalt!

2) In ein Gefäß, das die Form eines regelmäßigen sechsseitigen Prismas ($a = 5$ cm, $h = 40$ cm) hat, soll 1 Liter Wasser eingefüllt werden. Wie hoch steht das Wasser?

3) Von einer geraden quadratischen Pyramide kennt man zwei Bestimmungsstücke ($a = 7{,}2$ cm, $h = 4{,}8$ cm).
Berechne: **a)** das Volumen und **b)** den Oberflächeninhalt!

4) Berechne das Volumen eines regelmäßigen Oktaeders mit der Seitenkante $a = 4{,}8$ cm!

5) Von einem regelmäßigen Tetraeder kennt man die Kantenlänge $a = 8{,}2$ cm. Berechne den Oberflächeninhalt!

6) Von einer geraden Pyramide mit rechteckiger Grundfläche sind drei Bestimmungsstücke ($a = 76{,}8$ cm, $b = 24$ cm, $h = 28{,}8$ cm) gegeben.
Berechne: **a)** das Volumen und **b)** den Oberflächeninhalt!

7) Von einer regelmäßigen sechsseitigen Pyramide kennt man $a = 7{,}2$ cm und $s = 12$ cm.
Berechne: **a)** das Volumen und **b)** den Oberflächeninhalt!

L E R N Z I E L K O N T R O L L E :

Kapitel G, Der pythagoreische Lehrsatz

***) Den Kathetensatz kennen**

1) Wie lautet der Kathetensatz
a) in Worten, ☐ ☐ ☐ **b)** als Formel angeschrieben? ☐ ☐ ☐

2) Wann wird der Kathetensatz angewandt? ☐ ☐ ☐

***) Den Höhensatz kennen**

3) Wie lautet der Höhensatz
a) in Worten, ☐ ☐ ☐ **b)** als Formel angeschrieben? ☐ ☐ ☐

***) Den pythagoreischen Lehrsatz ableiten und verstehen**

4) Wie lautet der pythagoreische Lehrsatz
a) in Worten, ☐ ☐ ☐ **b)** als Formel angeschrieben? ☐ ☐ ☐

5) Wie kann man den pythagoreischen Lehrsatz ableiten? ☐ ☐ ☐

6) Was versteht man unter einem pythagoreischen Zahlentripel?
Gib zwei Beispiele an! ☐ ☐ ☐

***) Konstruktion von Strecken mit Hilfe der Lehrsätze**

7) Konstruiere die Länge der Strecke $\sqrt{3}$ mit Hilfe des Höhensatzes! ☐ ☐ ☐

8) Konstruiere die Länge der Strecke $\sqrt{7}$ mit Hilfe des pythagoreischen Lehrsatzes! ☐ ☐ ☐

***) Den Lehrsatz von Pythagoras ableiten und verstehen**

9) Gib die Formel für den Umkreis– bzw. Inkreisradius bei einem rechtwinkligen Dreieck ABC ($\gamma = 90°$) an! ☐ ☐ ☐

10) Gib die Formel für die Länge der Diagonale des Rechtecks ABCD mit den Seitenlängen a und b an! ☐ ☐ ☐

11) Gib die Formel für die Länge der Diagonale des Quadrats ABCD mit der Seitenlänge a an! ☐ ☐ ☐

12) Gegeben ist ein gleichseitiges Dreieck ABC mit der Seitenlänge a.
a) Gib die Formel für die Länge der Höhe und den Flächeninhalt an! ☐ ☐ ☐
b) Welcher Zusammenhang besteht zwischen Inkreis– und Umkreisradius? ☐ ☐ ☐

13) Gib eine Formel für den Umkreisradius des allgemeinen Dreiecks ABC an! ☐ ☐ ☐

***) Den Lehrsatz des Pythagoras für Berechnungen in Prismen und Pyramiden nutzen können**

14) Wie berechnet man die Länge der Raumdiagonale eines Quaders? ☐ ☐ ☐

15) Wie berechnet man die Länge der Raumdiagonale eines Würfels? ☐ ☐ ☐

16) Gib die Formel für das Volumen und den Oberflächeninhalt eines regelmäßigen Oktaeders an! ☐ ☐ ☐

17) Gib die Formel für das Volumen und den Oberflächeninhalt eines regelmäßigen Tetraeders an! ☐ ☐ ☐

18) Welche Länge hat die Höhe in einem regelmäßigen Tetraeder? ☐ ☐ ☐

H KREIS UND KREISFLÄCHE

L E R N Z I E L E :

- *) Die Zahl π kennen
- *) Die Formel für den Umfang u und den Flächeninhalt A kennen
- *) Umfang und Flächeninhalt des Kreises berechnen können
- *) Die Formel für die Länge des Kreisbogens kennen
- *) Die Länge des Kreisbogens berechnen können
- *) Die Formel für den Flächeninhalt eines Kreissektors kennen
- *) Den Flächeninhalt des Kreissektors berechnen können
- *) Die Formeln für den Umfang und den Flächeninhalt des Kreisrings angeben können
- *) Umfang und Flächeninhalt eines Kreisrings berechnen können
- *) Umkehraufgaben lösen können

Wiederholung wichtiger Begriffe:

r ... Radius
k ... Kreis, Kreislinie
d ... Durchmesser
s ... Sehne

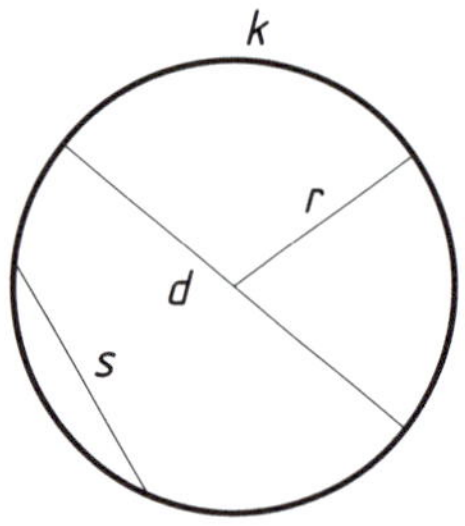

1 Die Zahl π

Wenn man in der Mathematik Berechnungen in Kreisen, Kugeln, Drehzylindern oder Drehkegeln macht, dann kommt immer wieder eine besondere Zahl vor, die mit π (= Pi) bezeichnet wird. Warum ist diese Zahl so etwas Besonderes? Wie kann man eine Zahl finden, die einen Wert von 3,141592... hat?

Archimedes von Syrakus, der von 287 bis 212 v.Chr. lebte, hat anhand von Kreisen, denen er ein regelmäßiges Sechseck, 12-Eck, 24-Eck, 48-Eck und 96-Eck eingeschrieben und auch umschrieben hat, den Wert für π ziemlich genau angegeben. Er ging von folgender Idee aus:

Um den Umfang eines Kreises zu berechnen, wird einem Kreis mit dem Radius r ein regelmäßiges Sechseck eingeschrieben und ein regelmäßiges Sechseck umschrieben. Dadurch kann man eine Abschätzung (= Schranken) für den Umfang des Kreises erhalten:
Vom Mittelpunkt M des Kreises zeichnet man mit dem Radius r eine Kreislinie k. In diesen Kreis schreibt man ein regelmäßiges Sechseck ein. (Abschlagen des Radius auf der Kreislinie ergibt ein Sechseck). Außerdem umschreibt man dem Kreis ein regelmäßiges Sechseck.

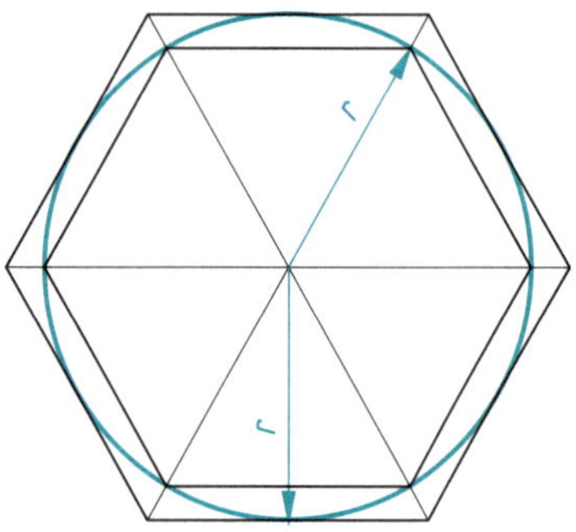

Betrachtet man nun ein Teildreieck des eingeschriebenen Sechsecks, so erkennt man, dass es ein gleichseitiges Dreieck sein muss (alle Seiten haben die Länge r).
Auch das Teildreieck des umschriebenen Sechsecks muss ein gleichseitiges Dreieck sein (Die Dreiecke sind ähnlich, da die Seiten parallel sind, sie stimmen deshalb in den Winkeln überein. Auch das umschriebene Dreieck hat nur Winkel, die 60° sind, es muss also ein gleichseitiges Dreieck sein).

Vergleicht man diese drei Figuren, so kann man erkennen, dass der Umfang des Kreises „zwischen“ dem Umfang des eingeschriebenen Sechsecks und dem Umfang des umschriebenen Sechsecks liegt. Es gilt:

$u_{\text{eingeschriebenes 6-Eck}} < u_{\text{Kreis}} < u_{\text{umschriebenes 6-Eck}}$ — Abschätzung für den Umfang des Kreises

$u_{\text{eingeschriebenes 6-Eck}} = 6r$ — Umfang des **eingeschriebenen Sechsecks: 6 · r**

$u_{\textbf{umschriebenes 6-Eck}}$ — Die Höhe im „umschriebenen Teildreieck“ ist gleich dem Radius r des Kreises. Da das Dreieck ein gleichseitiges Dreieck ist, gilt für die Höhe: $h = \frac{a}{2} \cdot \sqrt{3}$.

$$r = \frac{a}{2} \cdot \sqrt{3} \quad | \cdot 2$$ r = h, Umformen nach a

$$2r = a\sqrt{3} \quad | : \sqrt{3}$$

$$a = \frac{2r}{\sqrt{3}}$$

$$u_{\text{umschriebenes 6-Eck}} = 6 \cdot a = 6 \cdot \frac{2r}{\sqrt{3}} = \frac{12r}{\sqrt{3}}$$

$$u_{\text{eingeschriebenes 6-Eck}} < u_{\text{Kreis}} < u_{\text{umschriebenes 6-Eck}}$$

$$6r < u_{\text{Kreis}} < \frac{12r}{\sqrt{3}} \quad | : 2r$$ Abschätzung für den Umfang des Kreises

$$3 < \frac{u_{\text{Kreis}}}{2r} < \frac{6r}{\sqrt{3}}$$

$$3 < \frac{u_{\text{Kreis}}}{2r} < 3{,}464...$$

Dividiert man den Umfang des Kreises durch 2r $\left(= \frac{u_{\text{Kreis}}}{2r}\right)$, so erhält man eine Zahl, die zwischen 3 und 3,464... liegt. Diese Zahl wird π genannt.

$3 < \pi < 3{,}464...$

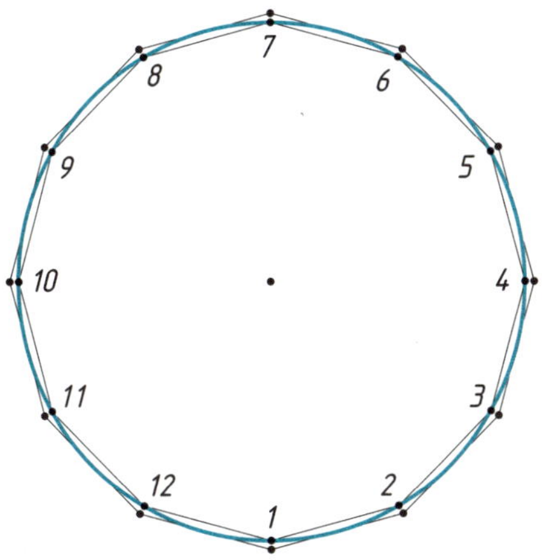

Einen besseren Näherungswert für die Zahl π erhält man, wenn dem Kreis ein regelmäßiges Zwölfeck eingeschrieben bzw. umschrieben wird. Wie beim obigen Beispiel erhält man auch hier eine Abschätzung für π, die schon exakter ist: $3{,}10583.. < \pi < 3{,}21539..$

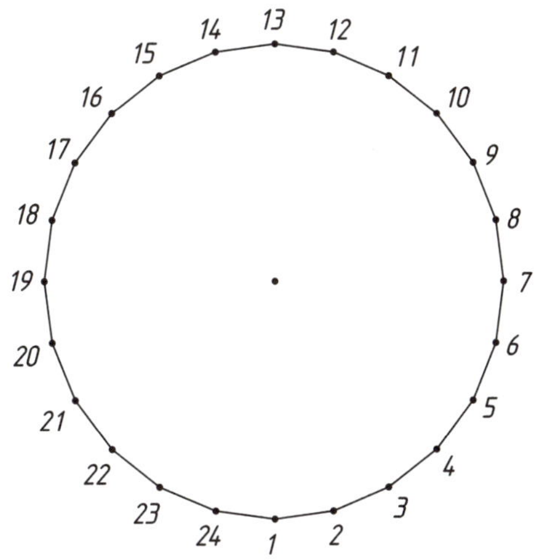

Dem Kreis wird ein 24-Eck um- und ein 24-Eck eingeschrieben. Das innere 24-Eck ergibt für $\pi = 3{,}13263...$, das äußere für $\pi = 3{,}15966...$

Abschätzung für π: $3{,}13263... < \pi < 3{,}15966...$

Der Näherungswert für die Zahl π wird umso genauer, je mehr Ecken das eingeschriebene und das umschriebene Vieleck haben. Dann nähert sich die Länge des Umfangs von „innen" und von „außen" immer mehr dem Umfang des Kreises an, z. B.:

Anzahl der Ecken des regelmäßigen Vielecks	Abschätzung für π
6	3,00000 ... < π < 3,46410...
12	3,10583 ... < π < 3,21539...
24	3,13263 ... < π < 3,15966...
48	3,13935 ... < π < 3,14607...
96	3,14103 ... < π < 3,14272...
192	3,14145 ... < π < 3,14187...
384	3,14156 ... < π < 3,14166...
768	3,14158 ... < π < 3,14161...
1536	3,14159 ... < π < 3,14160...

Beachte: Wenn man die Näherungswerte für ein eingeschriebenes und ein umschriebenes 24-Eck betrachtet, so stimmen bei der Abschätzung bereits die Zehntel-Stellen der unteren und der oberen Schranke überein. Bei einem 96-Eck sind es auch schon die Hundertstel-Stellen, usw.

Archimedes hat seinen Beweis bis zum 96-Eck geführt. Vor 50 Jahren kannte man bereits 808 Nachkommastellen von π. Mit Hilfe moderner Rechenanlagen hat man die Anzahl der Nachkommastellen sehr erhöht, man kennt heute 51 539 600 000 Nachkommastellen (mit einem Computer hat man 29 Stunden für diese Berechnung gebraucht). π ist keine periodische Dezimalzahl, π ist eine irrationale Zahl! π hat unendlich viele Dezimalstellen.

π ist eine irrationale Zahl. $\pi = 3{,}141592654...$

2 Der Umfang eines Kreises

Aus der vorhergehenden Abschätzung kommt man auf eine Formel für den Umfang eines Kreises:

$\pi = \frac{u_{Kreis}}{2r} \quad | \cdot 2r$

$2r\pi = u_{Kreis}$

$u = 2r\pi$ bzw. $u = d\pi$ d ... Durchmesser des Kreises, $d = 2r$

Für den Umfang eines Kreises mit dem Radius r gilt:

$u = 2r\pi$ $u = d\pi$

Anmerkung: Für Überschlagsrechnungen kann man für $\pi = 3$ verwenden.

Beispiel

Berechne den Umfang eines Kreises mit dem Radius r = 4,2 cm. Führe zuerst eine Überschlagsrechnung aus!

Ü: $\pi \approx 3, r \approx 4$
$u = 2r\pi$
$u \approx 2 \cdot 3 \cdot 4$
$u \approx 24$ cm

Berechnung: $u = 2r\pi$
$u = 2 \cdot 4{,}2 \cdot \pi$ Tastenfolge: (2) (x) (4) (.) (2) (x) (π) (=)
$u = 26{,}389$
u = 26,4 cm

Bei den folgenden beiden Aufgaben ist der Umfang des Kreises zu berechnen. (Führe eine Überschlagsrechnung durch!)

313

	a)	b)	c)	d)
r	38 mm	83 mm	178 cm	47,8 cm

314

	a)	b)	c)	d)
d	27 mm	12,7 cm	3,4 m	5,3 m

315 Der Radius der Erdkugel beträgt ungefähr 6 370 km. Berechne die Länge des Äquators!

316 Der Radius der Erdkugel beträgt ungefähr 6 370 km. Ein Satellit umkreist die Erde über dem Äquator in einer Höhe von 500 km.

a) Berechne, welchen Weg der Satellit bei einer vollen Umkreisung der Erde zurücklegt!

b) Berechne die Geschwindigkeit des Satelliten pro Stunde, wenn die Umlaufzeit 1 h 40 min beträgt!

Anmerkung: Geschwindigkeit = Weg durch Zeit, also: $v = \frac{s}{t}$.

317 Der Durchmesser des Laufrades einer Lokomotive beträgt **a)** 1 040 mm, **b)** 840 mm, **c)** 783 mm. Berechne den Umfang auf cm genau!

318 Der Durchmesser eines Triebrades einer Elektrolokomotive beträgt 1 500 mm.

a) Berechne den Umfang des Triebrades!

b) Berechne die Anzahl der Umdrehungen des Triebrades auf der Strecke Wien – Salzburg (302 km)!

Beispiel

Der Umfang eines Kreises beträgt 176 mm. Berechne den Durchmesser des Kreises!

$u = d\pi \quad | : \pi$ Formel für den Umfang eines Kreises.

$d = \frac{u}{\pi}$ Berechnung von d durch Umformung.

$d = 56{,}02...$

d = 56 mm

319 Von einem Kreis kennt man den Umfang u. Berechne den Durchmesser des Kreises!

	a)	b)	c)	d)
u	256 cm	842 cm	8,4 cm	94,2 cm

320 Angenommen, um den Äquator (Länge siehe Beispiel 315) wird ein Seil gelegt, das um 10 m länger als der Äquator selbst ist. In welcher Höhe über der Erdoberfläche würde sich dieses Seil befinden?

321 Von einem Kreis kennt man den Umfang u. Berechne den Radius des Kreises!

	a)	b)	c)	d)
u	48 cm	30,8 cm	3,4 dm	6,5 m

3 Die Länge des Kreisbogens

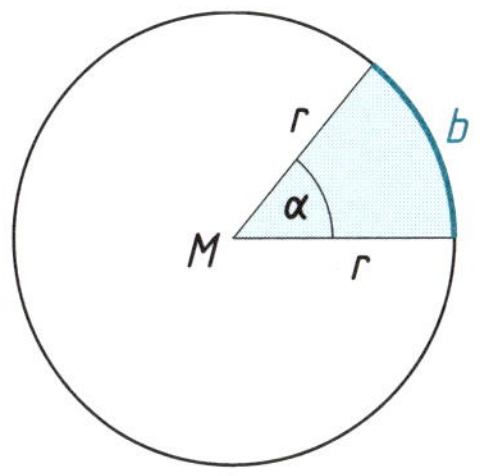

Ein Kreisausschnitt (Kreissektor) ist ein Teil einer Kreisfläche, der von zwei Radien und einem Kreisbogen begrenzt wird.

b ... Kreisbogen

α ... Zentriwinkel

Der Kreisbogen b ist ein Teil der Kreislinie k.
Je größer der Zentriwinkel α ist, desto länger ist der Kreisbogen b.

Beispiel

Berechne die Länge des Kreisbogens für die Zentriwinkel 360°, 1°, 90°, 180° und α und dem Radius r!

a) $\alpha = 360°$ — 360° entspricht dem vollen Kreis.
$b = u$
$\mathbf{b = 2r\pi}$

b) $\alpha = 1°$ — Die Länge des Kreisbogens mit dem Zentriwinkel α = 1° ist der 360ste Teil der Länge des Umfangs des Kreises.
$b = \frac{u}{360}$ — Man dividiert daher den Umfang des Kreises durch 360.
$b = \frac{2r\pi}{360}$ — Kürzen
$\mathbf{b = \frac{r\pi}{180}}$ — Länge des Kreisbogens für den Zentriwinkel α = 1°.

c) $\alpha = 90°$ — Die Länge des Kreisbogens mit dem Zentriwinkel α = 90° entspricht der Bogenlänge eines Viertelkreises. Man muss daher den Umfang des Kreises durch 4 dividieren.
$b = \frac{2r\pi}{4}$ — Kürzen durch 2.
$\mathbf{b = \frac{r\pi}{2}}$

d) $\alpha = 180°$ — Bogenlänge eines Halbkreises, der Umfang wird durch 2 dividiert.
$b = \frac{2r\pi}{2}$ — Kürzen durch 2.
$\mathbf{b = r\pi}$

e) α — Die Länge eines Kreisbogens mit dem Zentriwinkel α ist das α-fache der Bogenlänge von 1°.
$b = \frac{r\pi}{180} \cdot \alpha$
$\mathbf{b = \frac{r\pi\alpha}{180}}$

Für die Länge des Kreisbogens b mit dem Zentriwinkel α gilt: $\mathbf{b = \frac{r\pi\alpha}{180}}$

Beispiel

Berechne die Länge des Kreisbogens b (r = 36 mm, α = 72°) und den Umfang des Kreissektors!

$b = \frac{r\pi\alpha}{180}$ — Formel für die Bogenlänge, Berechnung mit dem TR
$b = 45{,}23...$
$\mathbf{b = 45\ mm}$

$u_{Sek} = 2r + b$ — Umkreis des Kreissektors (siehe Skizze!)
$u_{Sek} = 117{,}238...$
$\mathbf{u_{Sek} = 117\ mm}$

322 Berechne die Länge der Kreisbögen!

	a)	b)	c)	d)
r	67 mm	9,3 cm	5,3 cm	87 m
α	48°	120°	150°	72°

Beispiel

Berechne die Entfernung der Orte A und B, die auf demselben Meridian liegen! A liegt auf 44°24′ nördlicher Breite, B auf 22°47′ südlicher Breite (Radius der Erdkugel = 6 370 km).

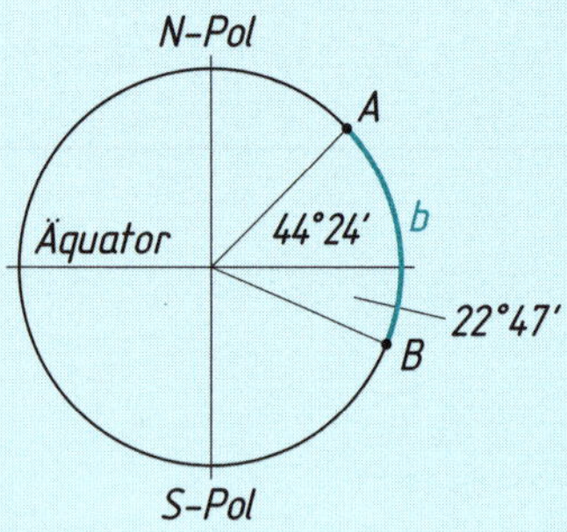

1. Skizze:
Man muss die Länge des Kreisbogens entlang der Erdoberfläche berechnen.
Der „Zentriwinkel" $\alpha = 44°24' + 22°47' = 67°11'$.
r = 6 370 km

2. Eingabe des Winkels α in den TR:

$\alpha = 67°11'$

CLEAR | 6 | 7 | ° ′ ″ | 1 | 1 | ° ′ ″ | ⇒ | =

(6 7 ° ′ ″: Eingabe von Grad; 1 1 ° ′ ″ ⇒: Eingabe von Minuten)

3. Formel

$b = \frac{r\pi\alpha}{180}$

b = 7 469,27...

b = 7 469 km

Die beiden Orte liegen 7 469 km voneinander entfernt.

323 Berechne die Entfernung der Orte A und B, die auf demselben Meridian liegen!

a) A ... nördliche Breite: 64°49′
B ... südliche Breite: 23°56′

b) A ... nördliche Breite: 54°17′
B ... nördliche Breite: 32°28′

c) A ... südliche Breite: 1°38′
B ... südliche Breite: 39°54′

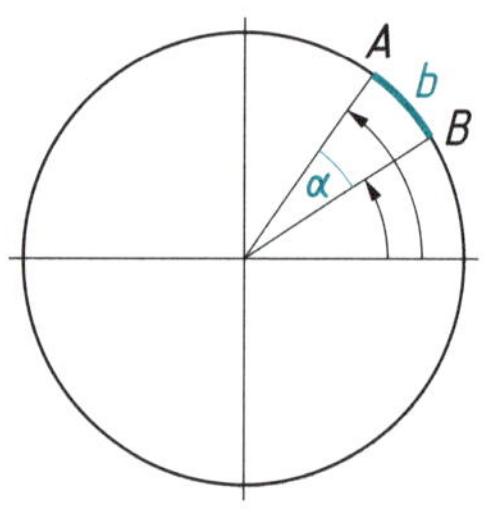

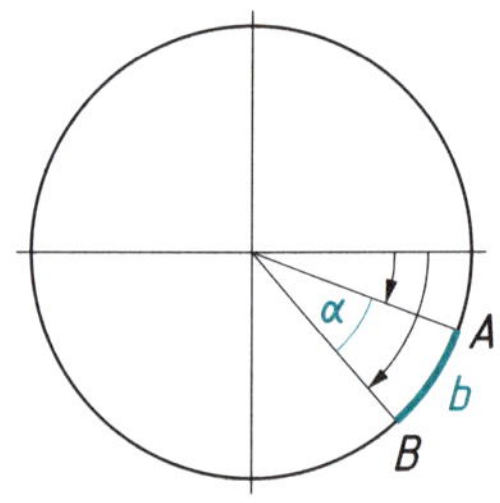

324 Berechne den Umfang des Kreissektors!

	a)	b)	c)	d)
r	37 mm	5,8 cm	152 mm	191 mm
α	56°	52°48′	120°	90°42′

Beispiel

Berechne die Größe des Zentriwinkels α (b = 17,5 cm, r = 36 cm)!

$b = \frac{r\pi\alpha}{180} \quad | \cdot 180$

$180b = r\pi\alpha \quad | : (r\pi)$

$\alpha = \frac{180b}{r\pi}$

1. Aus der Formel für b berechnet man α.

$\alpha = 27{,}8521...°$

2. Berechnung von α mit dem TR.

$\alpha = 27{,}85°$

Anmerkung: Mit dem TR kann man diesen Dezimalwinkel in Grad und Minuten verwandeln:
Tastenfolge:

27,8521... (° ′ ″) (⇐) (=) (=)

Ergebnis: 27°51′8″

Drückt man die Winkelmaß-Taste und dann den Pfeil nach links, so kommt man zu DMS (degrees – minutes – seconds = Grad – Minuten – Sekunden). Bestätigt man diese Eingabe mit ENTER und drückt dann die „=" Taste noch einmal, so erhält man das Ergebnis: 27°51′7,61″. Damit wird der Winkel in Grad, Minuten und Sekunden angegeben. Durch Runden der Sekunden auf Einer erhält man 27°51′8″.

325 Von einem Kreisbogen sind b und r gegeben. Berechne den Zentriwinkel!

	a)	b)	c)	d)
b	15,8 m	3,7 m	6,4 m	19,2 dm
r	18 m	5 m	2 m	7,2 dm

326 Von einem Kreisbogen sind b und α gegeben. Berechne den Radius!

	a)	b)	c)	d)
b	42 dm	24 m	136 mm	159 m
α	36°	42°15′	90°	142°

4 Der Flächeninhalt des Kreises

Für die Berechnung des Flächeninhalts eines Kreises gelten folgende Überlegungen:
Man „zerlegt" den Kreis z. B. in 12 gleiche Kreissektoren und fügt diese aneinander.

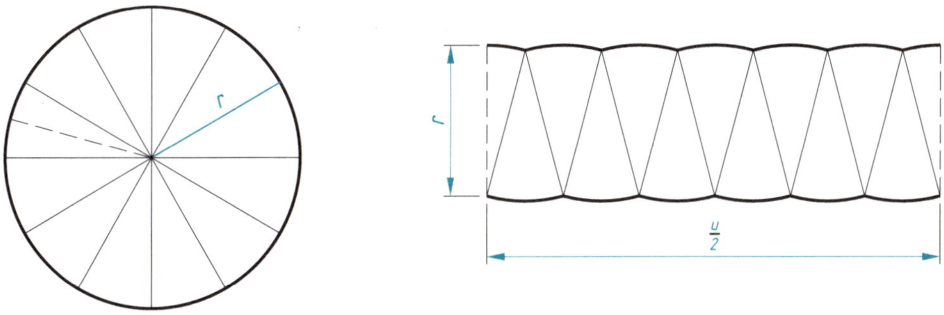

Es entsteht eine Figur, die annähernd ein Rechteck mit der Länge $\frac{u}{2}$ und der Breite r ist. Wenn man die Zerlegung verfeinert, das heißt, wenn man die Anzahl der Kreissektoren erhöht (z. B. auf 24, 48, 96, ... usw.), wird diese Figur einem Rechteck immer ähnlicher.

Für den Flächeninhalt des Kreises kommen wir daher zu folgender Formel:

$A = \frac{u}{2} \cdot r$	Flächeninhalt des Rechtecks ist Länge mal Breite.
$u = 2r\pi$	Formel für den Umfang eines Kreises
$A = \frac{2r\pi}{2} \cdot r$	Kürzen durch 2
$A = r^2\pi$	

Setzt man für $r = \frac{d}{2}$, so erhält man für den Flächeninhalt: $A = \frac{d^2}{4}\pi$.

Für den Flächeninhalt eines Kreises mit dem Radius r gilt:

$A = r^2\pi$

$A = \frac{d^2}{4}\pi$ $\quad$ $d = 2r$ $\quad$ d ... Durchmesser

Beispiel

Berechne den Umfang und den Flächeninhalt eines Kreises mit dem Radius 3,5 cm!

$u = 2r\pi$ — **1.** Formel für den Umfang
$u = 2 \cdot 3{,}5\ \pi$ cm
$u = 7\ \pi$ cm — Den Umfang kann man auch als Vielfaches von π angeben.
$u = 21{,}991...$
u = 22 cm

$A = r^2\pi$ — **2.** Formel für den Flächeninhalt
$A = 3{,}5^2\ \pi\ cm^2$ — Den Flächeninhalt kann man auch als Vielfaches von π angeben.
$A = 12{,}25\ \pi\ cm^2$
$A = 38{,}4845...$
$A = 38{,}48\ cm^2$

327 Berechne den Umfang und den Flächeninhalt der Kreise mit dem Radius r!
Gib beide Werte auch als Vielfache von π an!

	a)	b)	c)	d)
r	34 cm	36 mm	9,9 m	7,4 dm

328 Berechne den Umfang und den Flächeninhalt der Kreise mit dem Durchmesser d!
Gib beide Werte auch als Vielfache von π an!

a) d = 5,6 m **b)** d = 3,4 dm **c)** d = 7,3 cm **d)** d = 68 mm

Beispiel

Von einem Kreis kennt man den Flächeninhalt $A = 113{,}04\ cm^2$. Berechne den Radius des Kreises!

$A = r^2\pi \quad | :\pi$ — **1.** Formel für den Flächeninhalt des Kreises
$\frac{A}{\pi} = r^2 \quad | \sqrt{\ }$
$r = \sqrt{\frac{A}{\pi}}$ — Formel zur Berechnung des Radius eines Kreises, wenn der Flächeninhalt gegeben ist.
$r = \sqrt{\frac{113{,}04}{\pi}}$ — **2.** Einsetzen der Werte und Berechnen.
$r = 5{,}998...$
r = 6 cm

329 Berechne Radius und Durchmesser folgender Kreise!

a) $A = 38\ cm^2$ **b)** $A = 56\ dm^2$ **c)** $A = 172\ mm^2$

Beispiel

Aus einer quadratischen Platte (90 cm x 90 cm) soll eine möglichst große kreisförmige Tischplatte hergestellt werden. Wie groß ist der Flächeninhalt der Tischplatte? Wie viel Prozent der quadratischen Tischplatte ist Verschnitt?

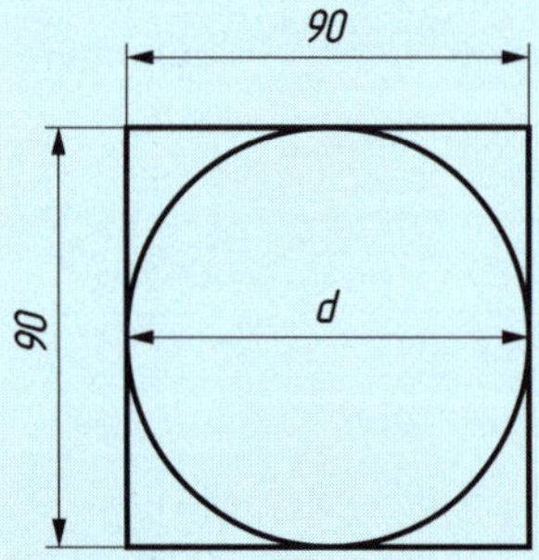

Skizze:
Aus der Skizze erkennt man, dass der Kreis den Durchmesser 90 cm haben muss.

$A_{Kreis} = \frac{d^2}{4}\pi$ — Flächeninhalt des Kreises
$A_{Kreis} = \frac{90^2}{4}\pi$ — Einsetzen der Zahlenwerte
$A_{Kreis} = 6\,361{,}725...$

$A_{Quadrat} = a^2$ — Flächeninhalt der quadratischen Tischplatte

$A_{Quadrat} = 90 \cdot 90$ — Einsetzen der Zahlenwerte

$A_{Quadrat} = 8\,100\ cm^2$ — Berechnen

Berechnung des Restes (= Abfall, Verschnitt):

$R = A_{Quadrat} - A_{Kreis}$

$R = 8\,100 - 6\,361{,}725...$

$R = 1\,738{,}274...\ cm^2$

Berechnung des Prozentsatzes:

Grundwert: $G = A_{Quadrat}$

Prozentanteil: $A = R$

$p = \frac{A}{G} \cdot 100$ Formel

$p = \frac{1\,738{,}27..}{8\,100} \cdot 100$

$p = 21{,}460\ ...$

$p = 21{,}5\ \%$

Der Flächeninhalt der Tischplatte beträgt 6 361,73 cm².
Bei der Herstellung dieser Tischplatte fällt ein Rest von 21,5 % an.

330 Ein Kirchenfenster (siehe Skizze) soll neu verglast werden.

a) Wie groß ist die zu verglasende Fläche?

b) Wie viel Prozent ist Abfall, wenn die Fensterscheibe aus einer rechteckigen Glasplatte (80 cm x 200 cm) herausgeschnitten wird?

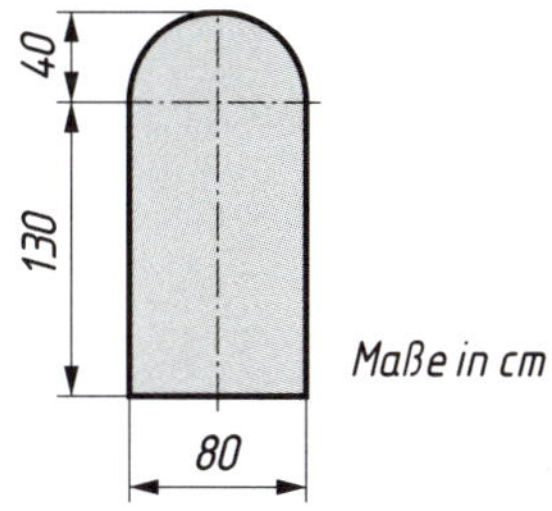

331 Der Boden einer Kapelle (Grundriss siehe Skizze) wird mit quadratischen Steinplatten (40 cm x 40 cm) belegt.
Wie viele Platten braucht man mindestens?
Berücksichtige einen Verschnitt von 30 %!

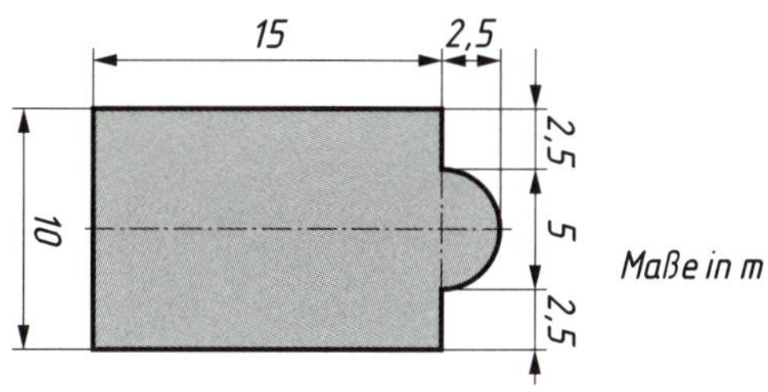

Beispiel

Berechne den Umfang sowie den Flächeninhalt des gekennzeichneten Flächenstücks!
Stelle zuerst eine Formel auf und berechne dann u und A für a = 25 mm und x = 11 mm!

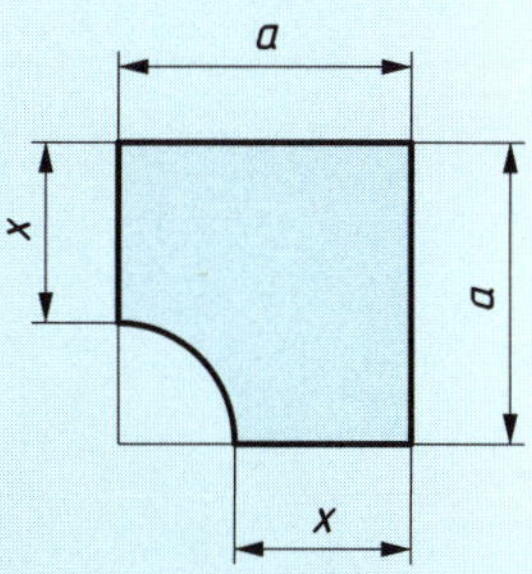

1. Umfang
Der Umfang besteht aus $2 \cdot a$ und $2 \cdot x$ und einem Kreisbogen (= Viertelkreis mit dem Radius $r = a - x$).

$u = 2a + 2x + \frac{2(a-x)\pi}{4}$

$u = 2 \cdot 25 + 2 \cdot 11 + \frac{2 \cdot (25-11)\pi}{4}$

$u = 93{,}991...$

u = 94 mm

2. Flächeninhalt
Von der Fläche des Quadrates muss die Fläche des Viertelkreises (= ein Viertel der Kreisfläche) subtrahiert werden.

$A = a^2 - \frac{(a-x)^2\pi}{4}$

$A = 25^2 - \frac{(25-11)^2\pi}{4}$

$A = 471{,}061\ ...$

A = 471 mm²

332 Berechne den Umfang und den Flächeninhalt folgender Figuren! Stelle zuerst eine Formel auf und berechne dann u und A! (Maße in mm!)

a)

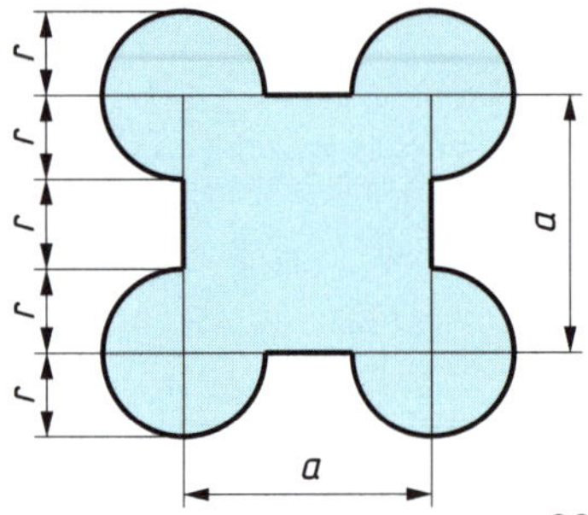

$a = 30$

b)

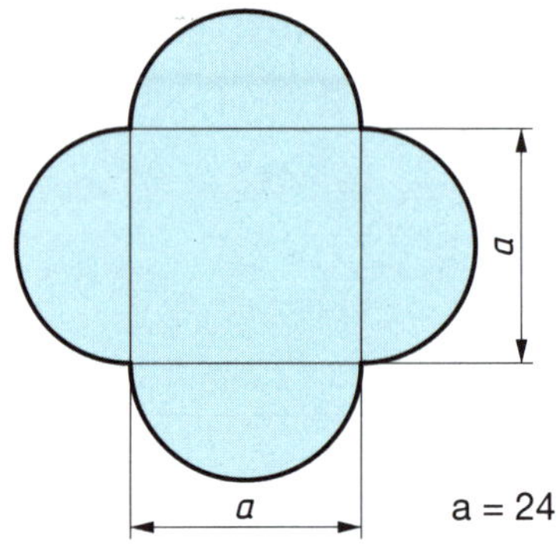

$a = 24$

c)

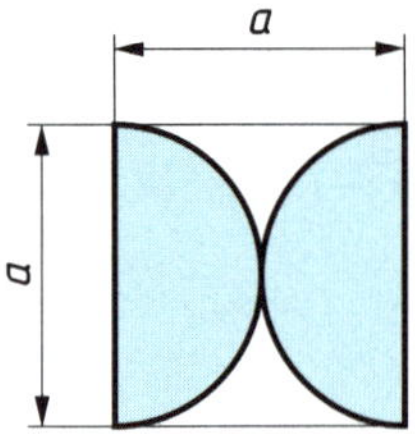

$a = 24$

d)

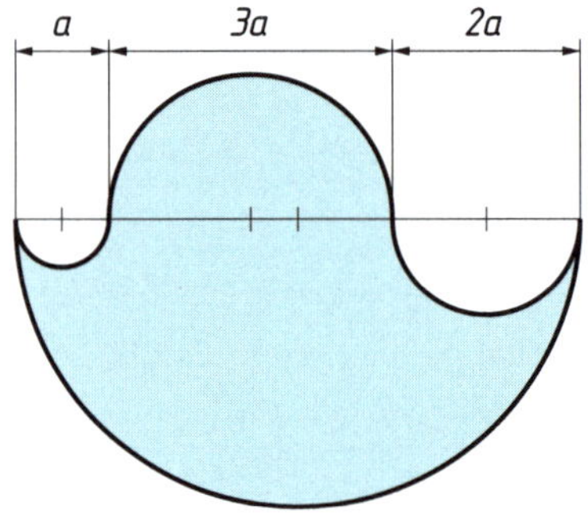

$a = 10$

Beispiel

Berechne Umfang und Flächeninhalt der gekennzeichneten Figur! Stelle zuerst eine Formel auf und berechne dann u und A für a = 15 mm!

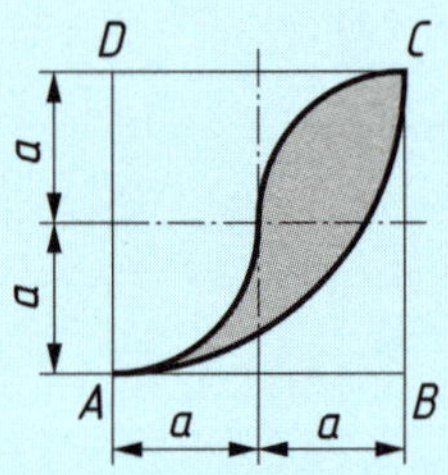

1. Umfang
   Der Umfang besteht aus einem Viertelkreis $\frac{2r\pi}{4}$ mit dem Radius 2a und zwei Viertelkreisen mit dem Radius a.

   $u = \frac{2 \cdot 2a\pi}{4} + 2 \cdot \frac{2a\pi}{4}$

   $u = a\pi + a\pi$

   $u = 2a\pi$

   $u = 2 \cdot 15\pi$

   $u = 30\pi$

   $u = 94{,}24...$ **u = 94 mm**

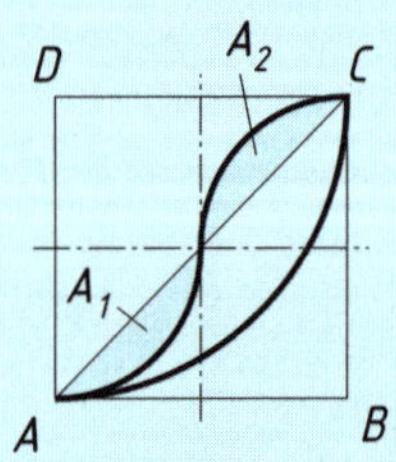

2. Flächeninhalt
   Man zeichnet die Diagonale AC. Dadurch erkennt man, dass die Flächen A_1 und A_2 gleich groß sind.

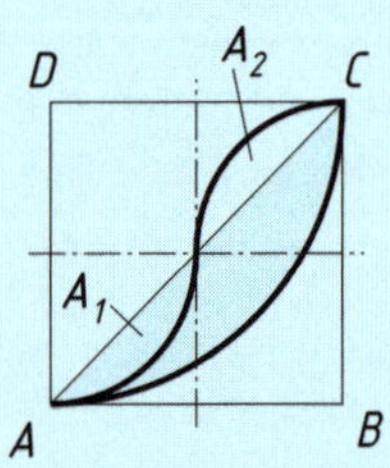

3. Die gerasterte Fläche ist also gleich der gesuchten Fläche.

4. Die Fläche ist ein Viertelkreis $\frac{r^2\pi}{4}$ mit dem Radius 2a vermindert um das halbe Quadrat mit der Seite 2a.

$A = \frac{(2a)^2\pi}{4} - \frac{(2a)^2}{2}$

$A = \frac{4a^2\pi}{4} - \frac{4a^2}{2}$

$A = a^2\pi - 2a^2$

$A = 15^2\pi - 2 \cdot 15^2$

$A = 256{,}85 ...$

$A = 257\ mm^2$

333 Berechne den Umfang und den Flächeninhalt der gekennzeichneten Figuren!
Stelle eine Formel auf und berechne dann u und A für a = 15 mm!
Welchen Prozentsatz nimmt das gekennzeichnete Flächenstück vom Quadrat ein?

a)

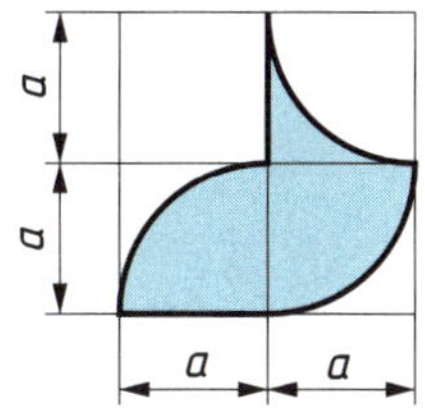

b)

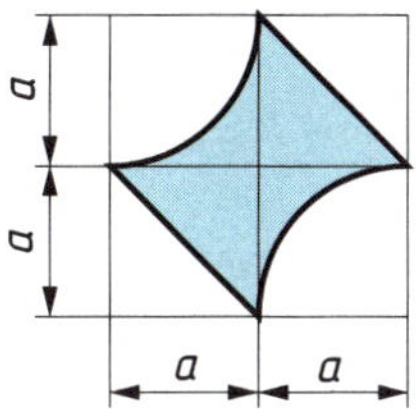

c)

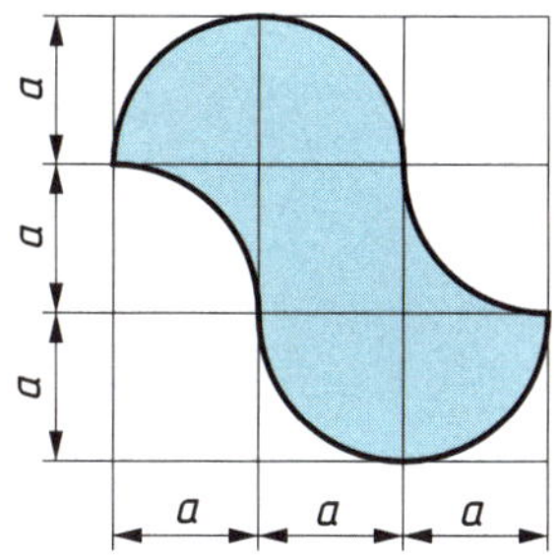

334 Berechne Umfang und Flächeninhalt der gekennzeichneten Figuren!
Stelle eine Formel auf und berechne dann u und A für a = 16 mm!
Welchen Prozentsatz nimmt das gekennzeichnete Flächenstück vom Quadrat ein?

a)

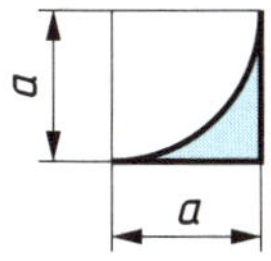

b)

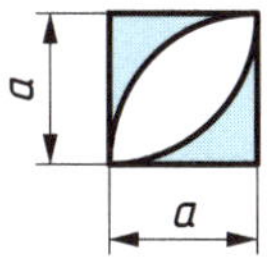

c)

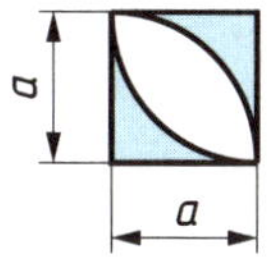

d)

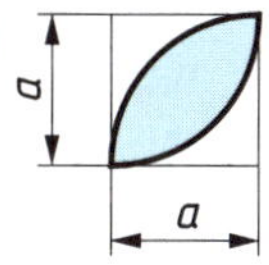

335 Berechne Umfang und Flächeninhalt der gekennzeichneten Figuren!
Stelle eine Formel auf und berechne dann u und A für a =16 mm!
Welchen Prozentsatz nimmt das gekennzeichnete Flächenstück vom umschriebenen Quadrat ein?
(Vergleiche dazu das vorige Beispiel!)

a)

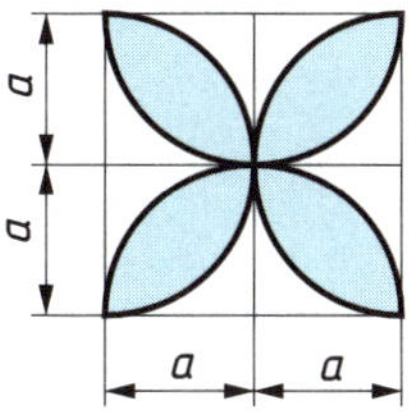

b)

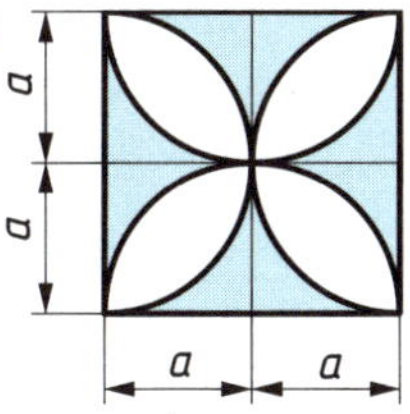

c)

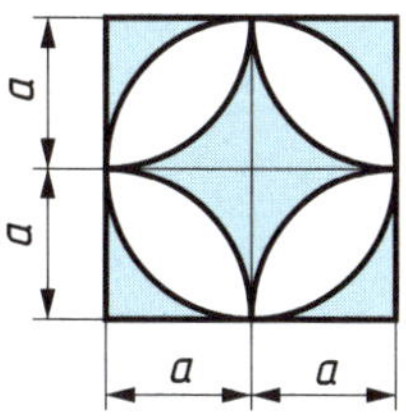

d)

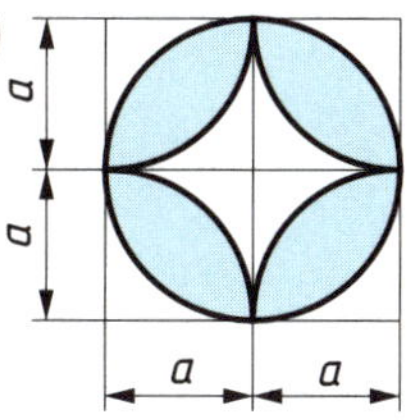

5 Der Flächeninhalt des Kreissektors

Ein Kreissektor ist ein Teil der Fläche eines Kreises, welcher von zwei Radien und einem Kreisbogen b begrenzt wird. Der Flächeninhalt des Kreissektors ist umso größer, je größer der Zentriwinkel α des Kreises mit dem Radius r ist.

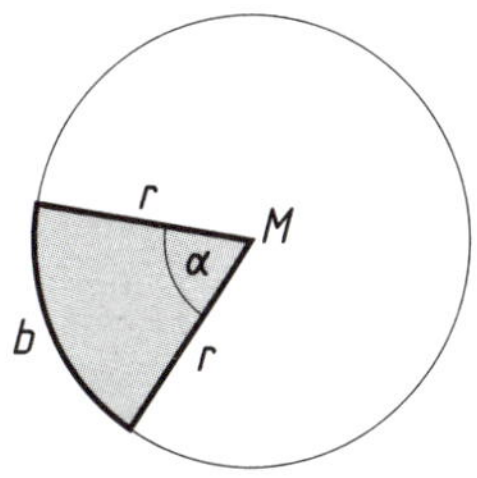

Beispiel

Berechne den Flächeninhalt folgender Kreissektoren mit dem Zentriwinkel α!

a) $\alpha = 360°$ $\quad A = r^2\pi$ Flächeninhalt der Kreisfläche

b) $\alpha = 1°$ $\quad A = \frac{r^2\pi}{360}$ Flächeninhalt des Kreissektors mit dem Zentriwinkel 1° $\left(= \frac{1}{360}\right.$ des vollen Kreises$\left.\right)$

c) $\alpha = 90°$ $\quad A = \frac{r^2\pi}{4}$ Flächeninhalt des Viertelkreises

d) $\alpha = 180°$ $\quad A = \frac{r^2\pi}{2}$ Flächeninhalt des Halbkreises

e) α $\quad A = \frac{r^2\pi\alpha}{360}$ Der Flächeninhalt des Kreissektors mit dem Zentriwinkel α ist das α-fache der Fläche des Kreissektors mit dem Zentriwinkel 1°.

Der Flächeninhalt des Kreissektors kann auch mit Hilfe der Bogenlänge angegeben werden:

$$A = \frac{r^2\pi\alpha}{360} = \frac{r\pi\alpha \cdot r}{180 \cdot 2} = \underbrace{\frac{r\pi\alpha}{180}}_{b} \cdot \frac{r}{2} = b \cdot \frac{r}{2}$$

Für die Berechnung des Flächeninhalts A eines Kreissektors mit dem Radius r und dem Zentriwinkel α gilt: $\quad A = \frac{r^2\pi\alpha}{360}$ bzw. $A = \frac{b \cdot r}{2}$

Beispiel Berechne den Flächeninhalt des Kreissektors (r = 40 mm, α = 81°)!

$A = \frac{r^2\pi\alpha}{360}$ Formel

$A = \frac{40^2\pi \cdot 81}{360}$ Einsetzen

$A = 1\,130{,}97...$ Berechnen

$\mathbf{A = 1\,131\ mm^2}$

336 Berechne den Flächeninhalt folgender Kreissektoren (Maße in cm)!

	a)	b)	c)	d)
r	48	120	3,5	9,8
α	63°	54°	27°	42°

Beispiel

a) Von einem Kreissektor kennt man die Fläche A und den Radius r. Drücke α durch A und r aus!

b) Von einem Kreissektor kennt man die Fläche A und den Zentriwinkel α. Drücke r durch A und α aus!

a) $A = \frac{r^2\pi\alpha}{360}$ | $\cdot 360$ Formel

$360\,A = r^2\pi\alpha$ | $: (r^2\pi)$ Durch Äquivalenzumformung erhält man α.

$\alpha = \frac{360A}{r^2\pi}$

b) $A = \frac{r^2\pi\alpha}{360}$ | $\cdot 360$ Formel

$360\,A = r^2\pi\alpha$ | $: (\pi\alpha)$ Durch Äquivalenzumformung erhält man r^2.

$r^2 = \frac{360A}{\pi\alpha}$ | $\sqrt{\ }$ Durch Wurzelziehen bekommt man r.

$r = \sqrt{\frac{360A}{\pi\alpha}}$

337 Ergänze die Tabelle und berechne u! Berechne immer zuerst allgemein! (Maße in cm^2 bzw. cm)

	a)	b)	c)	d)	e)
A	120	350	79,2		51
r	12				
α		107°		88°	150° 33′
b			14,5	40	

Beispiel Berechne den Flächeninhalt der gekennzeichneten Fläche (r = 42 mm, α = 60°)!

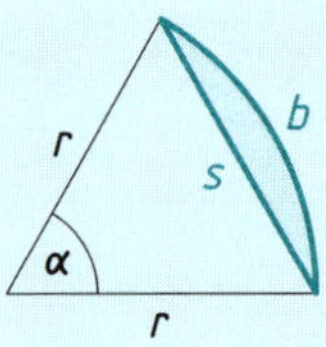

$A = \frac{r^2\pi\alpha}{360} - \frac{r^2}{4}\sqrt{3}$

$A = \frac{42^2\pi \cdot 60}{360} - \frac{42^2}{4}\sqrt{3}$

$A = 159{,}793...$

$\mathbf{A = 160\ mm^2}$

1. Das von einer Kreissehne s und einem Kreisbogen b begrenzte Flächenstück nennt man **Kreissegment**.
2. Die gesuchte Fläche ergibt sich aus der Differenz eines Kreissektors und eines Dreiecks. Da der Winkel α = 60° ist, muss das Dreieck ein gleichseitiges Dreieck sein (a = r).
3. Einsetzen und Berechnen

338 Von einem Kreissektor kennt man den Radius r und den Zentriwinkel α. Berechne Umfang und Flächeninhalt des zugehörigen Kreissegments!

a) r = 38 cm, α = 60° **b)** r = 4,5 cm, α = 60° **c)** r = 5 cm, α = 90°

339 Berechne Umfang und Flächeninhalt der gekennzeichneten Flächenstücke (a = 21 mm)! Gib eine Formel für u und A an!

a)

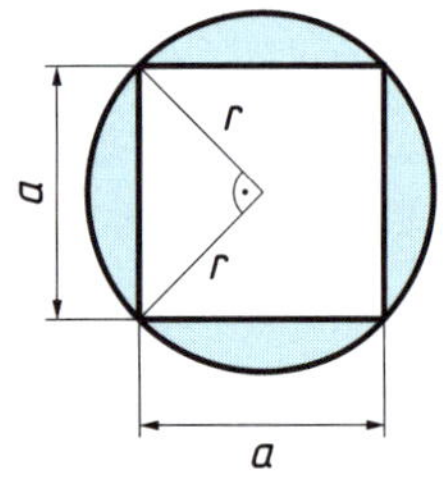

b)

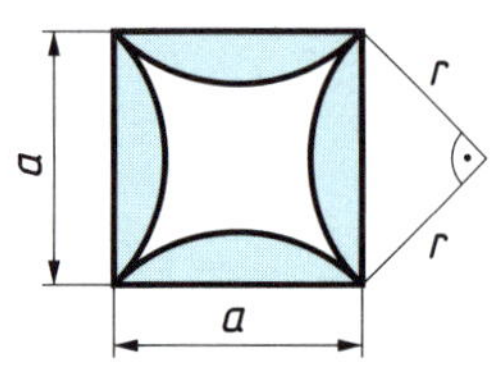

SK 12 UMFANG UND FLÄCHENINHALT DES KREISES

Am nächsten Tag stellst du deinen Freund, deine Freundin zur Rede.
Doch er, sie schüttelt nur den Kopf und antwortet ärgerlich:

1	2	3	4	5	6	7	8	9	10	11	12	13	14	15

!

Ein Schauer läuft dir über den Rücken. Ein Unbekannter, der Dieb des Handys vielleicht, hat dir diese Botschaften geschickt. Was will man von dir? Du fühlst dich beobachtet.

1π cm^2	2π cm	3π cm	6π cm	8π cm	9π cm^2	10π cm	12π cm	14π cm	16π cm^2	25π cm^2	32π cm^2	36π cm^2	49π cm^2	64π cm^2
G	E	W	T	M	S	I	H	N	E	N	I	A	D	Y

Berechne und gib das Ergebnis als Vielfaches von π an! Versuche diese Beispiele „im Kopf" zu rechnen!

Trage die den Ergebnissen entsprechenden Buchstaben oben ein!

1) Umfang des Kreises mit dem Radius r = 4 cm.
2) Flächeninhalt des Kreises mit dem Radius r = 4 cm.
3) Umfang des Kreises mit dem Radius r = 5 cm.
4) Flächeninhalt des Kreises mit dem Radius r = 5 cm.
5) Umfang des Kreises mit dem Radius r = 6 cm.
6) Flächeninhalt des Kreises mit dem Radius r = 6 cm.
7) Umfang des Kreises mit dem Radius r = 7 cm.
8) Flächeninhalt des Kreises mit dem Radius r = 7 cm.
9) Flächeninhalt des Kreises mit dem Radius r = 8 cm.
10) Flächeninhalt eines Halbkreises mit dem Radius r = 8 cm.
11) Flächeninhalt eines Viertelkreises mit dem Radius r = 6 cm.
12) Bogenlänge eines Halbkreises mit dem Radius r = 6 cm.
13) Bogenlänge eines Viertelkreises mit dem Radius r = 6 cm.
14) Umfang eines Kreises mit dem Radius r = 1 cm.
15) Flächeninhalt eines Kreises mit dem Radius r = 1 cm.

6 Umfang und Flächeninhalt eines Kreisrings

Beispiel

Berechne Umfang und Flächeninhalt des Kreisrings!
Stelle jeweils eine Formel auf und berechne u und A für $r_1 = 28$ mm, $r_2 = 12$ mm!
Der Kreisring wird durch konzentrische Kreise gebildet. Konzentrische Kreise haben denselben Mittelpunkt. (Siehe Skizze!)

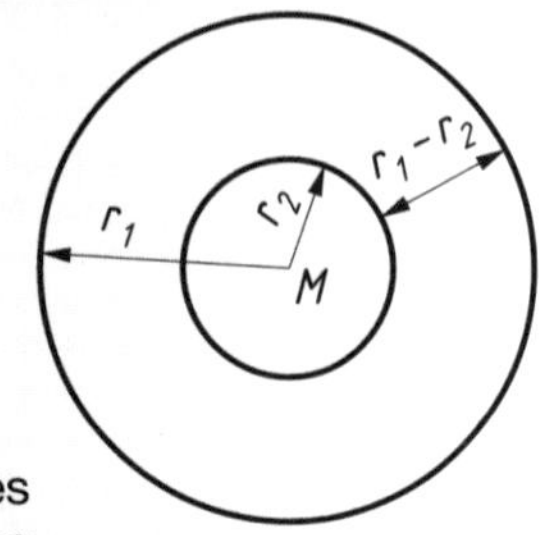

$u = u_1 + u_2$

1. Berechnen des Umfangs
u_1 ... Umfang des großen Kreises
u_2 ... Umfang des kleinen Kreises

$u = 2r_1\pi + 2r_2\pi$

$u = 2\pi(r_1 + r_2)$

$u = 2\pi(28 + 12)$

$u = 80\pi$ mm

$u = 251{,}327\ ...$

$u = 251$ mm

$A = A_1 - A_2$

2. Berechnen des Flächeninhalts
A_1 ... Flächeninhalt des äußeren Kreises
A_2 ... Flächeninhalt des inneren Kreises

$A = r_1^2\pi - r_2^2\pi$

$A = \pi(r_1^2 - r_2^2)$

$A = \pi(28^2 - 12^2)$

$A = 640\,\pi\ \text{mm}^2$

$A = 2\,010{,}619$

$A = 2\,011\ \text{mm}^2$

Für den Kreisring mit den Radien r_1 und r_2 gilt:
$u = 2\pi(r_1 + r_2)$ $\quad$ $A = \pi(r_1^2 - r_2^2)$

340 Berechne Umfang und Flächeninhalt folgender Kreisringe (Maße in mm)!

	a)	b)	c)
r_1	35	48	53
r_2	25	17	13

Beispiel

Berechne den Umfang und den Flächeninhalt des Kreisrings, der vom Inkreis und Umkreis eines gleichseitigen Dreiecks mit a = 3 cm gebildet wird!

1. Skizze

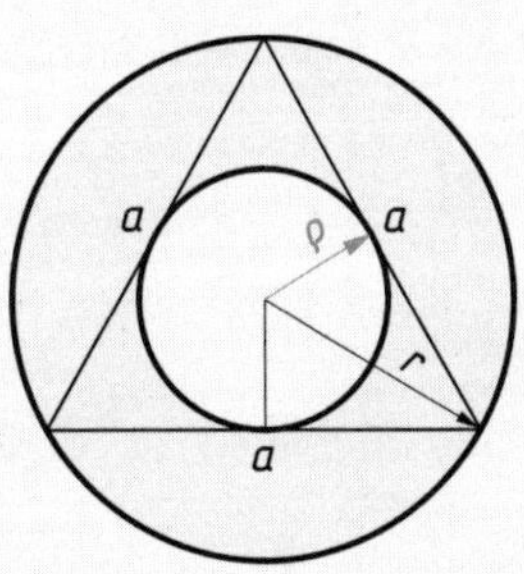

$r = \frac{2}{3}h$

2. Der Inkreisradius ρ und der Umkreisradius r werden durch die Seite a ausgedrückt.

$r = \frac{2}{3} \cdot \frac{a}{2}\sqrt{3}$

$r = \frac{a}{3}\sqrt{3}$ $\quad$ Formel für den Umkreisradius r

$\rho = \frac{r}{2}$

$\rho = \frac{1}{2} \cdot \frac{a}{3}\sqrt{3}$

$\rho = \frac{a}{6}\sqrt{3}$ $\quad$ Formel für den Inkreisradius ρ

$u = 2\pi(r_1 + r_2)$

3. Berechnen des Umfangs $r_1 = r$, $r_2 = \rho$

$u = 2\pi(r + \rho)$

$u = 2\pi\left(\frac{a}{3}\sqrt{3} + \frac{a}{6}\sqrt{3}\right)$

$u = 2\pi\underbrace{\left(\frac{2a}{6}\sqrt{3} + \frac{a}{6}\sqrt{3}\right)}$

$u = 2\pi \cdot \frac{3a}{6}\sqrt{3}$

Kürzen durch 6

$u = a\,\pi\sqrt{3}$

$u = a\sqrt{3}\,\pi$

$u = 3\sqrt{3}\,\pi$

Einsetzen und Berechnen

$u = 16{,}32\ ...$

$u = 16{,}3$ cm

$A = \pi(r_1^2 - r_2^2)$

4. Berechnen des Flächeninhalts $r_1 = r$, $r_2 = \rho$.

$A = \pi(r^2 - \rho^2)$

$A = \pi\left(\frac{a^2}{9} \cdot 3 - \frac{a^2}{36} \cdot 3\right)$

$A = \pi\left(\frac{a^2}{3} - \frac{a^2}{12}\right)$

$A = \pi\frac{4a^2 - a^2}{12}$

$A = \pi \cdot \frac{3a^2}{12}$

Kürzen durch 3

$A = \frac{a^2}{4}\pi$

$A = \frac{3^2}{4}\pi$

Einsetzen

$A = 7{,}068\ ...$

$A = 7{,}07\ cm^2$

341 Berechne den Umfang und den Flächeninhalt des Kreisrings, der von Inkreis und Umkreis

a) eines Quadrats mit der Seitenlänge a = 4 cm,

b) eines regelmäßigen Sechsecks mit a = 2,5 cm gebildet wird! Stelle zuerst eine Formel auf!

Beispiel

Ein Bambusrohr hat als Querschnitt einen Kreisring vom äußeren Durchmesser 32 mm! Das Innere des Bambusrohres ist hohl und nimmt 60 % der Querschnittsfläche ein!
Welche Wandstärke hat das Bambusrohr?

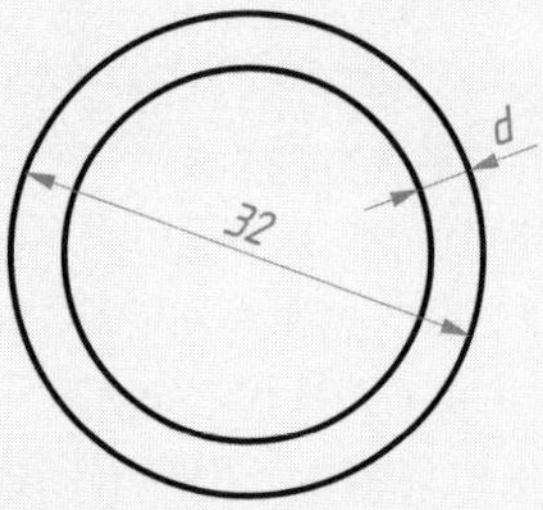

1. Skizze der Querschnittsfläche (Kreisring)

2. Berechnen der Gesamtfläche A_1 (d_1 = 32 mm):

$A_1 = \frac{d_1^2}{4\pi}$

$A_1 = \frac{32^2}{4}\pi$

$A_1 = 256\,\pi\ mm^2$

$A_2 = 256\,\pi \cdot 0{,}6$

3. A_2 ist 60 % von A_1, 60 % = $\frac{60}{100} = 0{,}6$

$A_2 = 153{,}6\,\pi\ mm^2$

$A_2 = r_2^2\pi$

4. Aus der Formel für $A_2 = r_2^2\pi$ kann man den Radius r_2 berechnen.

$153{,}6\,\pi = r_2^2\,\pi \quad |:\pi$

$153{,}6 = r_2^2 \quad |\sqrt{\ }$

$r_2 = \sqrt{153{,}6}$

$r_2 = 12{,}393...$

$d = r_1 - r_2$

5. Die Wandstärke d berechnet man aus der Differenz der Radien (r_1 = 16 mm).

$d = 16 - 12{,}393...$

$d = 3{,}607...$

$d = 4$ mm **Das Bambusrohr hat eine Wandstärke von ca. 4 mm.**

342 Ein Schlauch hat als Querschnitt einen Kreisring vom äußeren Durchmesser d_1. Die Durchlassöffnung nimmt p % ein. Welche Wandstärke hat der Schlauch?

a) d_1 = 44 mm, p = 75% **b)** d_1 = 29 mm, p = 72 % **c)** d_1 = 20 mm, p = 80 %!

343 Ein Baum hat einen Stammumfang von 75 cm. Seine Rinde ist 1,5 cm dick. Welchen Durchmesser hat der Baum ohne Rinde?

344 Folgende Skizze zeigt die Laufbahn in einem Stadion. Gib die Länge der Innenbahn und die Länge der Außenbahn an!

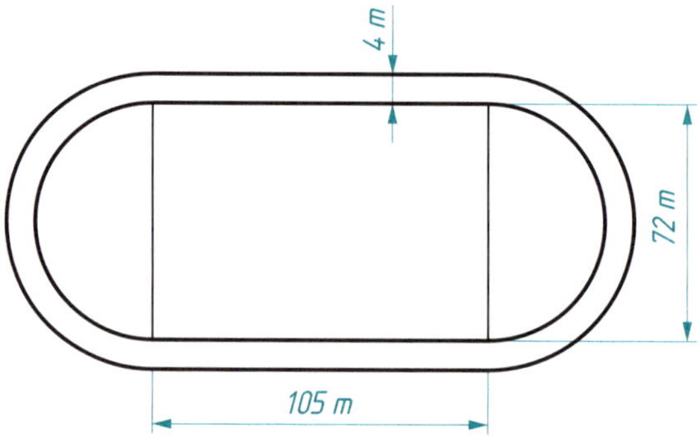

SK 13 KREIS UND KREISFLÄCHE

Du verstehst überhaupt nichts mehr! Sollst du dich deinen Eltern anvertrauen?
Da bekommst du ein neues SMS! Zuerst willst du es nicht lesen, dann bist du aber doch neugierig!
Da steht:

1	2	3	4	5		6	7	8	9	10	!

Trage die den Ergebnissen entsprechenden Buchstaben oben ein!

449 mm^2	7 238 mm^2	2 cm^2	63 cm^2	10 cm^2	302 mm	63 cm	10 cm	26 mm	96 mm
N	E	S	R	E	K	G	O	I	E

Löse die folgenden Aufgaben! Die auf Einer gerundeten Ergebnisse findest du in der Tabelle!

1) Berechne den Umfang eines Kreises mit dem Radius r = 48 mm!
2) Berechne den Flächeninhalt des Kreises mit dem Radius r = 48 mm!
3) Berechne die Länge des Kreisbogens b, wenn r = 35 mm und $\alpha = 42°$ ist!
4) Berechne den Flächeninhalt des Kreissektors, wenn r = 35 mm und $\alpha = 42°$ ist!
5) Berechne den Umfang des Kreissektors, wenn r = 35 mm und $\alpha = 42°$ ist!
6) Berechne den Flächeninhalt des Kreissegments mit r = 5 cm und $\alpha = 60°$!
7) Berechne den Umfang des Kreissegments mit r = 5 cm und $\alpha = 60°$!
8) Berechne den Flächeninhalt des Kreisringes mit r_1 = 6 cm und r_2 = 4 cm!
9) Berechne den Umfang des Kreisringes mit r_1 = 6 cm und r_2 = 4 cm!
10) Berechne den Flächeninhalt eines Kreissegments mit r = 6 cm und $\alpha = 90°$!

L E R N Z I E L K O N T R O L L E :

Kapitel H, Kreis und Kreisfläche

*) Die Zahl π kennen

1) Was versteht man unter der Zahl π? ❑ ❑ ❑

2) Gib π mit den ersten 2 Dezimalstellen an! ❑ ❑ ❑

*) Die Formel für den Umfang u und den Flächeninhalt A kennen

3) Gib die Formel für den **a)** Umfang u ❑ ❑ ❑

b) Flächeninhalt A eines Kreises an! ❑ ❑ ❑

*) Umfang und Flächeninhalt eines Kreises berechnen können

4) Berechne den Umfang des Kreises mit dem Radius r = 45 mm!
Gib den Umfang auch als Vielfaches von π an! ❑ ❑ ❑

5) Berechne den Flächeninhalt des Kreises mit dem Radius r = 45 mm!
Gib den Flächeninhalt auch als Vielfaches von π an! ❑ ❑ ❑

*) Die Formel für den Kreisbogen kennen

6) Gib die Formel für die Berechnung des Kreisbogens an!
Wovon ist die Länge des Kreisbogens abhängig? ❑ ❑ ❑

7) Berechne die Länge des Kreisbogens b für r = 36 mm und α = 104°! ❑ ❑ ❑

*) Die Formel für den Flächeninhalt eines Kreissektors kennen

8) Was ist ein Kreissektor? ❑ ❑ ❑

9) Wie wird der Flächeninhalt eines Kreissektors berechnet? ❑ ❑ ❑

*) Den Flächeninhalt des Kreissektors berechnen können

10) Berechne den Flächeninhalt eines Kreissektors für r = 56 mm und α = 56°! ❑ ❑ ❑

*) Die Formel für den Umfang und den Flächeninhalt des Kreisrings angeben können

11) Wodurch entsteht ein Kreisring?

12) Gib die Formel für den **a)** Umfang ❑ ❑ ❑

b) Flächeninhalt eines Kreisrings an! ❑ ❑ ❑

*) Umfang und Flächeninhalt eines Kreisrings berechnen können

13) Berechne für den Kreisring mit r_1 = 56 cm und r_2 = 25 cm den Umfang! ❑ ❑ ❑

14) Berechne für den Kreisring mit r_1 = 56 cm und r_2 = 25 cm den Flächeninhalt! ❑ ❑ ❑

*) Umkehraufgaben lösen können

Leite in den folgenden Beispielen immer zuerst die entsprechende Formel ab! Runde sinnvoll!

15) Von einem Kreis kennt man den Umfang u = 324 mm. Berechne r! ❑ ❑ ❑

16) Der Flächeninhalt eines Kreises ist 256π cm^2. Berechne r! ❑ ❑ ❑

17) Der Flächeninhalt eines Kreises ist 1000 cm^2. Berechne r! ❑ ❑ ❑

18) Die Länge des Kreisbogens ist 20 cm, der Radius des Kreises ist 5 cm.
Wie groß ist der Winkel? ❑ ❑ ❑

19) Die Länge eines Kreisbogens ist 92 mm, der zugehörige
Zentriwinkel ist 76°. Berechne r! ❑ ❑ ❑

20) Ein Kreissektor hat einen Flächeninhalt von 32 cm^2 und einen
Winkel von 95°. Berechne r! ❑ ❑ ❑

I DREHZYLINDER – DREHKEGEL – KUGEL

LERNZIELE:

- *) **Einen Drehzylinder erkennen und beschreiben können**
- *) **Formel für Oberflächeninhalt und Volumen eines Drehzylinders erarbeiten und für Anwendungen nutzen**
- *) **Einen Drehkegel erkennen und beschreiben können**
- *) **Formel für Oberflächeninhalt und Volumen eines Drehkegels erarbeiten und für Anwendungen nutzen**
- *) **Formel für Oberflächeninhalt und Volumen einer Kugel kennen und für Anwendungen nutzen**

1 Drehzylinder

Dreht man ein Rechteck um eine Seitensymmetrale (Drehachse), so entsteht ein Zylinder (Drehzylinder).

Beim Zylinder sind Grund- und Deckfläche kongruente Kreise.

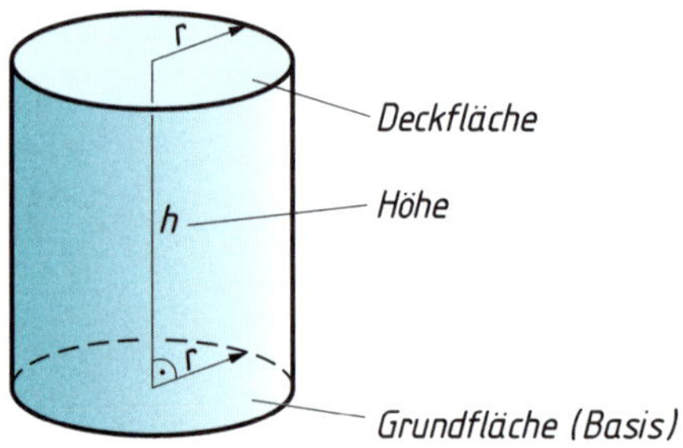

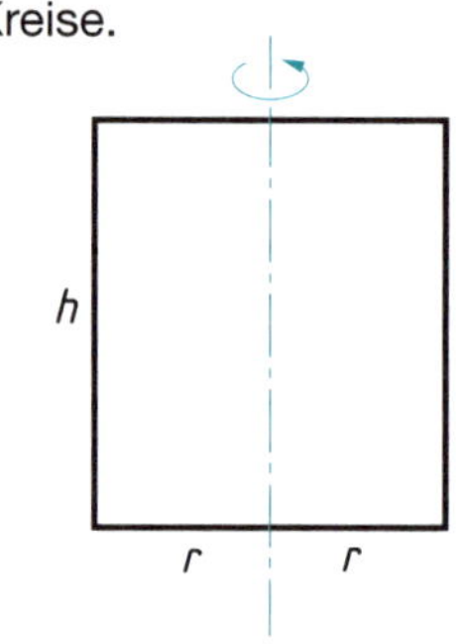

Oberflächeninhalt und Volumen von Drehzylindern

Wenn man in einem regelmäßigen Prisma die Anzahl der Eckpunkte der Grundfläche vergrößert, so erhält man einen Körper, der einem Drehzylinder „sehr nahe" kommt. Auf Grund dieser Überlegungen gilt für die Berechnung des Volumens und des Oberflächeninhalts des Drehzylinders:

$O = 2G + M$	Oberflächeninhalt
$M = u_G \cdot h$	u_G ... Umfang der Grundfläche
uG = 2rp	Der aufgerollte Mantel ist ein Rechteck mit den Seiten u_G und h.
$G = r^2\pi$	Die Grundfläche ist ein Kreis.
$O = 2r^2\pi + 2r\pi h$	
$O = 2r\pi(r + h)$	
$V = G \cdot h$	Volumen
$G = r^2\pi$	Die Grundfläche ist ein Kreis.
$V = r^2\pi h$	

Für Oberflächeninhalt und Volumen eines Drehzylinders gilt:

$O = 2G + M$ $\qquad$ $V = G \cdot h$

$O = 2r^2\pi + 2r\pi h = 2r\pi(r + h)$ $\qquad$ $V = r^2\pi h$

Beispiel

Von einem Drehzylinder kennt man den Radius r = 2,5 cm und die Körperhöhe h = 7,5 cm. Berechne Oberflächeninhalt und Volumen!

Oberfläche	Volumen
$O = 2r\pi(r + h)$	$V = r^2\pi h$
$O = 50\pi\ cm^2$	$V = 46{,}875\pi\ cm^3$
$O = 157{,}079...$	$V = 147{,}2621...$
$O = 157{,}08\ cm^2$	**$V = 147{,}262\ cm^3$**

345 Berechne den Oberflächeninhalt, das Volumen und die Masse des Zylinders!

a) r = 7,4 cm
h = 1,5 cm
$\rho = 7{,}13\ g/cm^3$ (Zink)

b) r = 1,4 dm
h = 12,4 dm
$\rho = 0{,}5\ kg/dm^3$ (Fichte)

Beispiel

Von einem Drehzylinder kennt man den Oberflächeninhalt $O = 900\pi\ cm^2$ und den Durchmesser d = 24 cm. Berechne das Volumen!

$O = 2r\pi(r + h)$ — **1.** Formel für den Oberflächeninhalt, $r = \frac{d}{2} = 12$

$900\pi = 24\pi(12 + h) \quad | : 24\pi$

$37{,}5 = 12 + h$

$h = 25{,}5\ cm$

$V = r^2\pi h$ — **2.** Formel für das Volumen

$V = 3\,672\pi\ cm^3$

$\mathbf{V = 11\,535{,}928\ cm^3}$

346 Ergänze für einen Drehzylinder die Tabelle (Maße in cm, cm^2, cm^3)!

	a)	b)	c)	d)
r	12	5		5
h			15	
O	1 440			150π
V		300	1 000	

Beispiel

Von einem gleichseitigen Zylinder (h = 2r) kennt man die Mantelfläche $M = 120\pi\ cm^2$. Berechne den Oberflächeninhalt und das Volumen!

$M = 2r\pi h$ — **1.** Formel für den Mantel eines Zylinders

$M = 2r\pi \cdot 2r$ — **2.** Gleichseitiger Zylinder h = 2r (Achsenschnitt ist ein Quadrat)

$M = 4r^2\pi$

$120\pi = 4r^2\pi \quad | : 4\pi$ — **3.** Einsetzen und Berechnung von r.

$r^2 = 30$

$r = 5{,}477..$ — Speichere den Wert von r!

$O = 2G + M$ — **4.** Oberflächeninhalt

$O = 2r^2\pi + 4r^2\pi$

$O = 6r^2\pi$

$\mathbf{O = 180\pi\ cm^2}$

$V = G \cdot h$ — **5.** Volumen

$V = r^2\pi \cdot 2r$

$V = 2r^3\pi$

$V = 1\,032{,}4327..$

$\mathbf{V = 1\,032{,}433\ cm^3}$

Für einen gleichseitigen Drehzylinder (h = 2r) gilt:

$M = 4r^2\pi \qquad O = 6r^2\pi \qquad V = 2r^3\pi$

347 Berechne Oberflächeninhalt und Volumen eines gleichseitigen Zylinders (h = 2r)!

a) r = 6,4 cm **b)** h = 50 cm **c)** r = 3,5 dm

348 Ergänze die Tabelle für einen gleichseitigen Zylinder!

	a)	b)	c)	d)
r				
M		$125\ cm^2$		
O			$84{,}4\ dm^2$	
V	$370\ cm^3$			3 l

Beispiel

Aus einem Vierkantholz, das die Form eines Quaders mit quadratischer Grundfläche (12 cm x 12 cm) und die Länge 72 cm hat, wird ein möglichst großer zylinderförmiger Tischfuß gedrechselt.
Wie viel Prozent beträgt der Abfall?

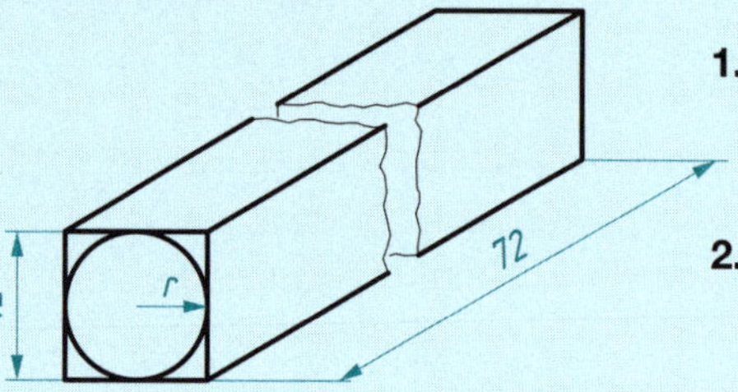

1. Skizze des Werkstücks

2. Berechnung des Volumens V_1 des Prismas und des Volumens V_2 des Drehzylinders.

$V_1 = G_1 \cdot h$
$V_1 = 12^2 \cdot 72$
$V_1 = 10\,368 \text{ cm}^3$
$V_2 = G_2 \cdot h$
$V_2 = r^2\pi \cdot h$
$V_2 = 8\,143{,}0082... \text{ cm}^3$

3. R ... Abfall (Rest)

$R = V_1 - V_2$
$R = 2\,224{,}9918 \text{ cm}^3$

4. Abfall in Prozent
Grundwert: V_1, Prozentanteil: R

$p = \frac{R}{V_1} \cdot 100$
$p = 21{,}46...$
$p = 21{,}5\ \%$

Der Abfall beträgt 21,5% des Prismenvolumens.

349 Berechne die Masse folgender Werkstücke aus Beton $\rho = 2{,}1 \text{ kg/dm}^3$ (Maße in cm)!

a)
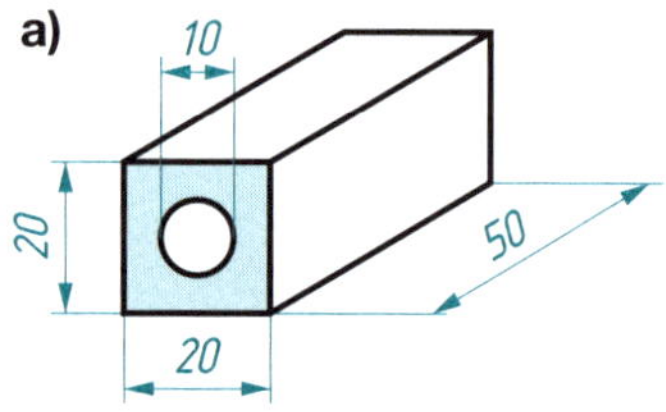

b)
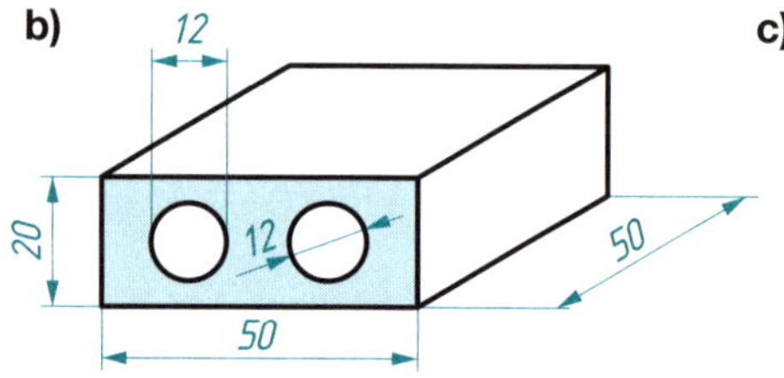

c)
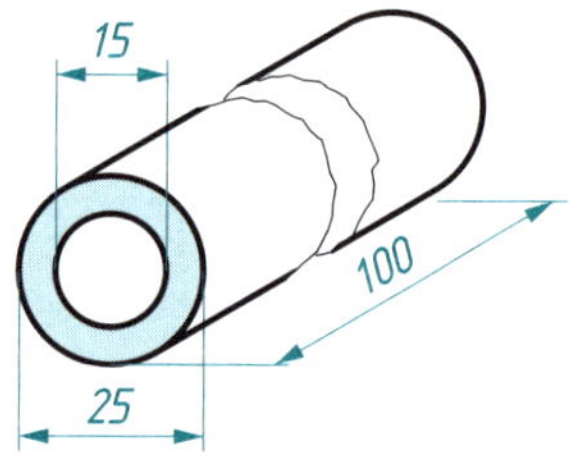

350 Wie hoch steht das Wasser, wenn in ein zylinderförmiges Gefäß mit dem Innendurchmesser 12,5 cm ein $\frac{3}{4}$ Liter eingefüllt wird?

351 Aus einem Wachsblock mit einem Volumen von 6 000 cm^3 sollen Kerzen mit einem Durchmesser von 3 cm und einer Höhe von 25 cm gegossen werden.
Wie viele Kerzen kann man erzeugen, wenn bei der Herstellung ein Verlust von 3 % Wachs auftritt?

352 Aus einer rechteckigen Stahlblechplatte (50 cm x 150 cm) kann auf zwei Arten ein zylinderförmiges Rohr hergestellt werden. Berechne für beide Möglichkeiten die lichte Weite (Innendurchmesser)!

Beispiel

Der Radius und die Höhe eines Zylinders verhalten sich wie 3 : 7, das Volumen beträgt $78\pi \text{ dm}^3$.

a) Drücke r, h und O durch den Proportionalitätsfaktor aus!

b) Berechne r, h und O!

$r : h = 3 : 7$
$r = 3k$
$h = 7k$

1. Auf Grund des gegebenen Verhältnisses können wir r und h durch den Proportionalitätsfaktor k ausdrücken.

$V = r^2\pi h$
$78\pi = 9k^2\pi 7k$
$78 = 63k^3$
$k^3 = \frac{78}{63}$
$k = 1{,}073..$

2. Wir setzen in die Volumsformel ein und berechnen k.

Wir speichern k.

$r = 3k$	$h = 7k$
$r = 3{,}221..$	$h = 7{,}516..$
r = 3,2 dm	**h = 7,5 dm**

$O = 2r\pi(r + h)$
$O = 2 \cdot 3k\pi(3k + 7k)$
$O = 60k^2\pi \text{ dm}^2$
$O = 217{,}338..$
$O = 217{,}34 \text{ dm}^2$

3. Formel für den Oberflächeninhalt

353 Von einem Drehzylinder kennt man das Verhältnis r : h und ein weiteres Bestimmungsstück.

1) Drücke r, h bzw. M, O und V durch den Proportionalitätsfaktor aus!

2) Berechne die fehlenden Größen!

a) $r : h = 2 : 3$, $M = 700\pi \text{ cm}^2$ **b)** $r : h = 5 : 9$, $O = 653\pi \text{ dm}^2$ **c)** $r : h = 11 : 17$, $V = 2$ hl

354 Dreht man ein Rechteck (a = 5,6 cm, b = 4,2 cm) um eine Seite, so entsteht ein Drehzylinder. Gib das Verhältnis der Volumina und Oberflächeninhalte der Drehzylinder an, die bei der Drehung um die längere bzw. kürzere Seite entstehen!

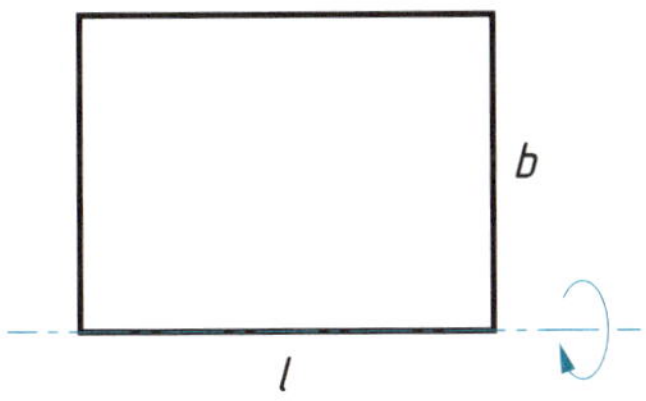

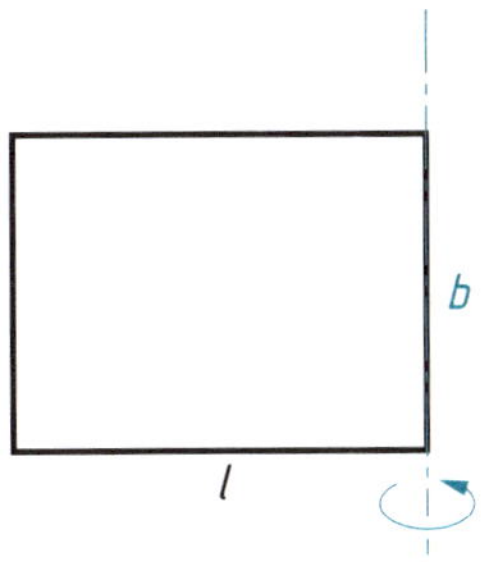

2 *Drehkegel*

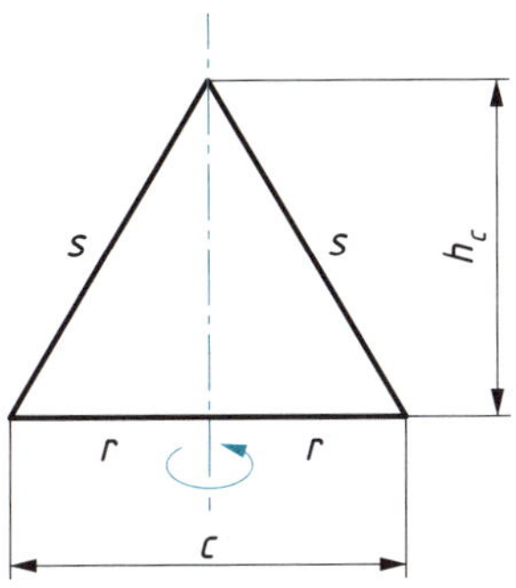

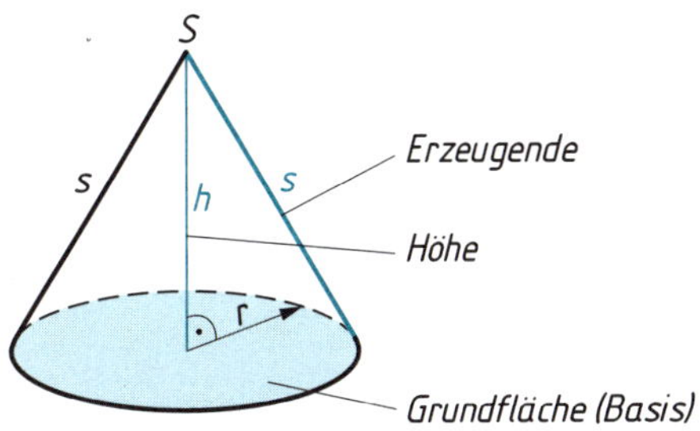

Dreht man ein gleichschenkliges Dreieck um die Symmetrieachse (= Trägergerade der Höhe h_c), so entsteht ein Drehkegel.

Ein Drehkegel ist ein gerader Körper mit einem Kreis als Grundfläche.
Der Drehkegel ist ein spitzer Körper

Oberflächeninhalt und Volumen von Drehkegeln

Für die Berechnung des Oberflächeninhalts und des Volumens eines Drehkegels gelten die selben Überlegungen wie bei der geraden Pyramide.
Oberfläche eines geraden spitzen Körpers: $O = G + M$

Durch „Abrollen" des Mantels eines Drehkegels entsteht ein Kreissektor.

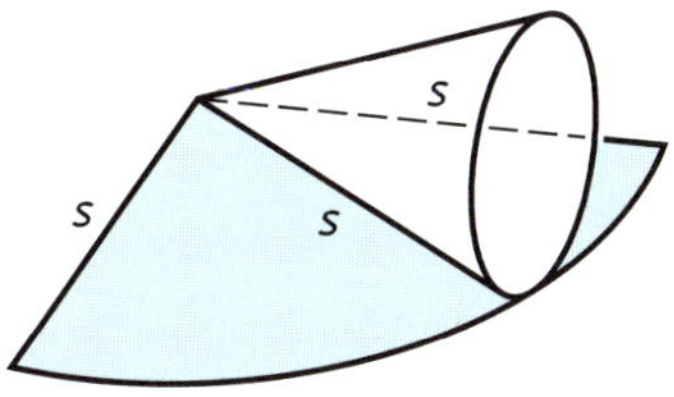

Dieser Kreissektor hat s (= Erzeugende des Drehkegels) als Radius und den Umfang der Grundfläche ($2r\pi$) als Bogenlänge.

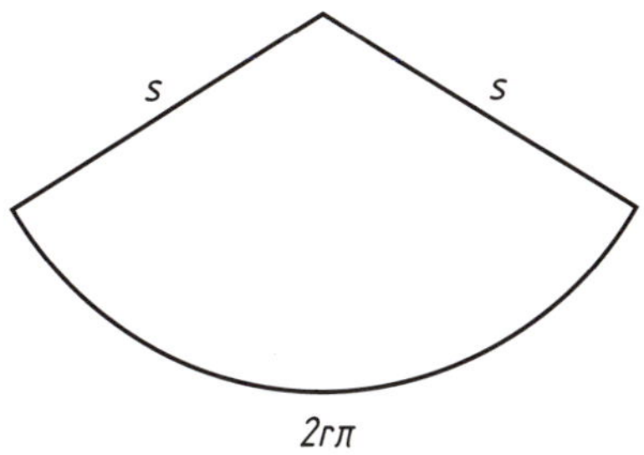

Für den Flächeninhalt des Mantels gilt daher:

$A = \frac{b \cdot r}{2}$ Formel für die Fläche eines Kreissektors

$M = \frac{2r\pi \cdot s}{2}$ Einsetzen: Radius s Bogen $2r\pi$

$M = r\pi s$ Mantelfläche des Drehkegels

$O = G + M$

$G = r^2\pi$

$O = r^2\pi + r\pi s$

$O = r\pi(r + s)$

$V = \frac{1}{3}Gh$ Volumen eines geraden spitzen Körpers

$V = \frac{1}{3}r^2\pi h$

Für Oberflächeninhalt und Volumen eines Drehkegels gilt:

$O = G + M$ $M = r\pi s$ $V = \frac{1}{3}Gh$

$O = r\pi(r + s)$ $V = \frac{1}{3}r^2\pi h$

Beispiel

Von einem Drehkegel kennt man den Radius r = 3,2 cm und die Höhe h = 6,8 cm.
Berechne Oberflächeninhalt und Volumen!

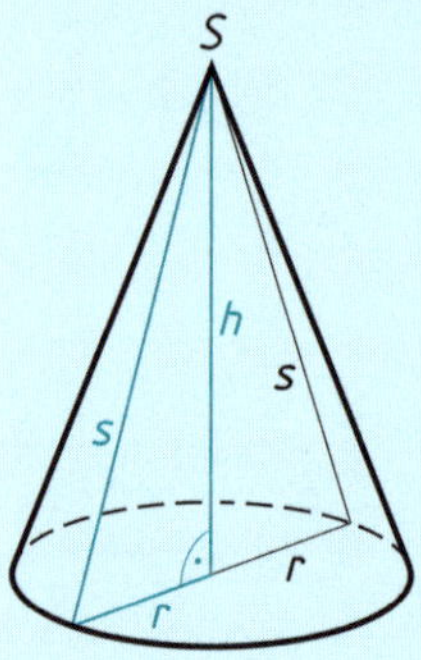

1. Skizze
2. Für den Mantel müssen wir zuerst die Länge der Erzeugenden s berechnen.

$M = r\pi s$

$s^2 = r^2 + h^2$

$s = 7{,}515..$

$M = 75{,}552..$

$O = G + M$

$O = r^2\pi + M$

$O = 107{,}722..$

$O = 107{,}72\ cm^2$

3. Wir berechnen das Volumen.

$V = \frac{1}{3}r^2\pi h$

$V = 72{,}9184..$

$V = 72{,}918\ cm^3$

355 Berechne den Oberflächeninhalt und das Volumen des Drehkegels!

a) r = 7 cm, h = 10 cm **b)** r = 7,2 cm, s = 10,5 cm **c)** h = 6,8 cm, s = 9,2 cm

Beispiel

Von einem Drehkegel kennt man den Oberflächeninhalt $O = 800\pi\ cm^2$ und den Radius r = 16,2 cm.
Berechne das Volumen!

1. Aus der Formel für den Oberflächeninhalt erhält man s.

$O = r\pi(r + s) \quad | : (r\pi)$

$\frac{O}{r\pi} = r + s \quad | - r$

$s = \frac{O}{r\pi} - r$

$s = 33{,}18..$

$s = 33{,}2\ cm$

2. Berechnung der Höhe

$h^2 = s^2 - r^2$

$h = 28{,}95..$

$h = 29\ cm$

3. Volumen

$V = \frac{1}{3}r^2\pi h$

$V = 7\,958{,}8388..$

$V = 7\,958{,}839\ cm^3$

356 Ergänze für einen Drehkegel die Tabelle (Maße in cm, cm^2 bzw. cm^3)!

	a)	b)	c)	d)
r	14,4		9,7	6,2
h		1,9		
s				
O	900π			423,58
V		108,8	198,9	

Beispiel

Von einem gleichseitigen Drehkegel (s = 2r) kennt man die Mantelfläche $M = 95\pi\ cm^2$.
Berechne Oberflächeninhalt und Volumen!

$M = r\pi s$
$M = r\pi \cdot 2r$
$M = 2r^2\pi$

1. Formel für den Mantel eines Drehkegels
2. Gleichseitiger Drehkegel s = 2r (Achsenschnitt ist ein gleichseitiges Dreieck)

$95\pi = 2r^2\pi \quad |:2\pi$
$r^2 = \frac{95}{2}$
$r = 6,89...$

3. Einsetzen und Berechnen von r.

Wir speichern den Wert von r.

$O = G + M$
$O = r^2\pi + 2r^2\pi$
$O = 3r^2\pi$
$O = 447,676...$
$O = 447,68\ cm^2$

4. Oberflächeninhalt

$V = \frac{1}{3}G \cdot h$
$h = \frac{1}{2}a \cdot \sqrt{3}$
$h = \frac{1}{2}2r \cdot \sqrt{3}$
$h = r\sqrt{3}$
$V = \frac{1}{3}r^2\pi \cdot r\sqrt{3}$
$V = \frac{1}{3}r^3\pi\sqrt{3}$
$V = 593,7856$
$V = 593,786\ cm^3$

5. Für das Volumen braucht man die Körperhöhe h. Der Achsenschnitt ist ein gleichseitiges Dreieck mit der Seitenlänge 2r.

Für einen gleichseitigen Drehkegel (s = 2r) gilt:
$M = 2r^2\pi \qquad O = 3r^2\pi \qquad V = \frac{1}{3}r^3\pi\sqrt{3}$

357 Ergänze für einen gleichseitigen Drehkegel!

	a)	b)	c)	d)	e)	f)
r	7 cm			6,4 cm		
O		$300\pi\ cm^2$			$750\pi\ cm^2$	
V			$600\pi\ cm^3$			1 l

Beispiel

Der Mantel eines Drehkegels ist ein Dreiviertelkreis mit dem Radius 8 cm.
Berechne Oberflächeninhalt und Volumen!

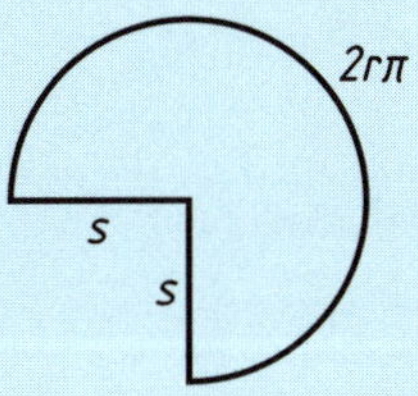

1. Skizze der Mantelfläche

$A = \frac{3}{4}s^2\pi$ — **2.** Wir berechnen die Fläche A eines Dreiviertelkreises mit dem Radius s = 8 cm.

$A = \frac{3}{4} \cdot 64 \cdot \pi$

$A = 48\pi$

$M = r\pi s$ — **3.** Die Fläche des Dreiviertelkreises ist gleich der Mantelfläche M des gesuchten Drehkegels.

$M = 8r\pi$

$48\pi = 8r\pi \quad | : 8\pi$

$r = 6$ cm — Radius des Drehkegels

$O = G + M$ — **4.** Oberflächeninhalt

$O = r^2\pi + M$

$O = 36\pi + 48\pi$

$O = 84\pi$ cm^2 **$O = 263{,}89$ cm^2**

$V = \frac{1}{3}Gh$ — **5.** Für das Volumen benötigen wir die Körperhöhe h.

$h^2 = s^2 - r^2$

$h = 5{,}29..$

$V = \frac{1}{3}r^2\pi h$

$V = 199{,}4849..$ **$V = 199{,}485$ cm^3**

358 Der Mantel eines Drehkegels ist **a)** ein Viertelkreis (Radius s = 6 cm), **b)** ein Halbkreis (Radius s = 6 cm). Berechne Oberflächeninhalt und Volumen!

359 Dreht man ein rechtwinkliges Dreieck mit den Katheten a und b um eine Kathete, so entsteht ein Drehkegel. Gib das Verhältnis der Volumina und der Mantelflächen der Drehkegel an, die bei der Drehung um die längere bzw. kürzere Kathete entstehen!

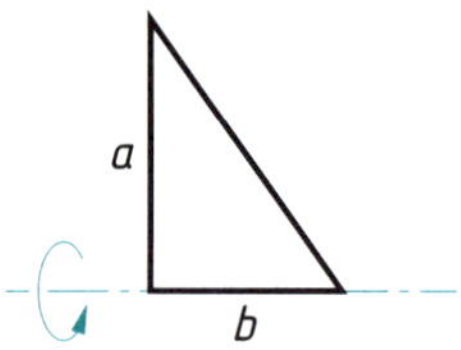

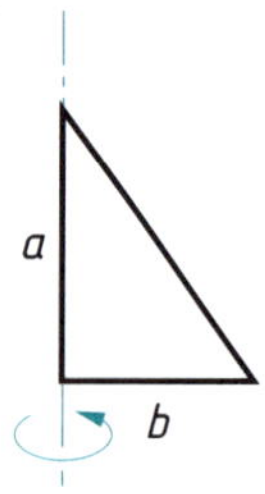

360 In einem Drehkegel verhalten sich r : h wie 3 : 5. Das Volumen beträgt 120π cm^3. Wie groß ist der Oberflächeninhalt?

3 Kugel

Oberfläche und Volumen

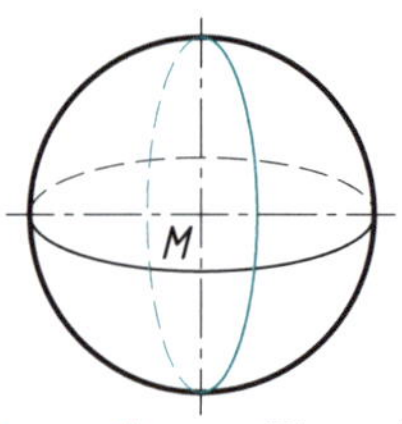

Für jede Kugel mit dem Radius r gilt:

$O = 4r^2\pi$

$O = d^2\pi \qquad d = 2r$

$V = \frac{4}{3}r^3\pi$

Anmerkung: Diese Formeln können erst in höheren Klassen hergeleitet und bewiesen werden.

Beispiel

Berechne Oberflächeninhalt und Volumen einer Kugel mit dem Radius r = 3,5 cm!

$O = 4r^2\pi$ — **1.** Formel für den Oberflächeninhalt

$O = 49\pi$ cm^2 — **2.** Einsetzen und Berechnen.

$O = 153{,}9380..$

$O = 153{,}94$ cm^2

$V = \frac{4}{3}r^3\pi$ — **3.** Formel für das Volumen

$V = 179{,}5943..$ — **4.** Einsetzen und Berechnen.

$V = 179{,}594$ cm^3

361 Berechne Oberflächeninhalt und Volumen einer Kugel mit dem Radius r!

a) r = 6,5 cm **b)** r = 3,2 cm **c)** r = 7,2 cm

Beispiel

Das Volumen des Mondes beträgt $2{,}2 \cdot 10^{10}$ km³. Berechne den Radius und den Oberflächeninhalt des Mondes!

$V = \frac{4}{3}r^3\pi$ — **1.** Formel für das Volumen

$3V = 4r^3\pi$ — **2.** Umformen nach r.

$\frac{3V}{4\pi} = r^3$

$r = \sqrt[3]{\frac{3V}{4\pi}}$ — **3.** Einsetzen und Berechnen.

$r = \sqrt[3]{\frac{3 \cdot 2{,}2 \cdot 10^{10}}{4\pi}}$

Tastenfolge:

CLEAR 3 $\sqrt[x]{\ }$ ((3 x 2 . 2 E 1 0) ÷ (4 x π)) =

r = 1 738,2..

r = 1 738 km

$O = 4r^2\pi$ — **4.** Für die Berechnung des Oberflächeninhalts verwenden wir den Wert in der Anzeige.

O = 37 969 298,9..

O = 37 970 000 km²

362 Das Volumen des Planeten Neptun ist das 59,4fache des Erdvolumens. Berechne das Volumen, den Radius und den Oberflächeninhalt des Neptuns.

Anmerkung: Berechne zuerst das Volumen der Erde: Erdradius = 6 370 km!

363 Das Volumen des Planeten Mars ist das 0,15fache des Erdvolumens. Berechne das Volumen, den Radius und den Oberflächeninhalt des Mars!

364 Ergänze die Tabelle für eine Kugel mit dem Radius r und berechne r (Maße in cm² bzw. cm³)!

	a)	b)	c)
O	648π		756
V		732	

365 Berechne die Masse der Kugel!

a) r = 7 cm, Eisen (ρ = 7,87 kg/dm³) **b)** r = 17 mm, Glas (ρ = 2,5 g/cm³)

c) r = 5 cm, Kork (ρ = 0,24g/cm³)

366 Berechne die Masse einer Eisenkugel (ρ = 7,87 kg/dm³) mit dem Durchmesser 5 cm! Wie groß wäre der Durchmesser einer Korkkugel (ρ = 0,24 g/cm³) mit gleicher Masse?

367 In der Physik bestimmt man das Volumen eines Körpers oft mit Hilfe der Wasserverdrängungsmethode.
Das Volumen des Körpers ist gleich dem Volumen der verdrängten Wassermenge. Wie groß ist der Radius einer Kugel, wenn sie 10 ml Wasser verdrängt?

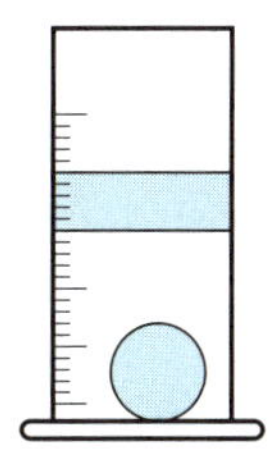

Beispiel

Von zwei Kugeln kennt man die Radien r_1 und r_2. Gib das Verhältnis der Oberflächeninhalte und der Volumina an!

$O = 4r^2\pi$ — **1.** Formel für den Oberflächeninhalt

$O_1 = 4{r_1}^2\pi \qquad O_2 = 4{r_2}^2\pi$ — **2.** Wir stellen das Verhältnis der Oberflächeninhalte auf. Wir vereinfachen die rechte Seite, indem wir durch 4π kürzen.

$O_1 : O_2 = 4{r_1}^2\pi : 4{r_2}^2\pi$

$\mathbf{O_1 : O_2 = {r_1}^2 : {r_2}^2}$

$V = \frac{4}{3}r^3\pi$ — **3.** Formel für das Volumen

$V_1 = \frac{4}{3}r_1^3\pi \qquad V_2 = \frac{4}{3}r_2^3\pi$

$V_1 : V_2 = \frac{4}{3}r_1^3\pi : \frac{4}{3}r_2^3\pi$ — **4.** Wir stellen das Verhältnis der Volumina auf. Wir vereinfachen die rechte Seite indem wir durch $\frac{4}{3}\pi$ kürzen.

$\mathbf{V_1 : V_2 = r_1^3 : r_2^3}$

368 Die Radien zweier Kugeln verhalten sich wie 3 : 4. Wie verhalten sich die Oberflächeninhalte und die Volumina beider Kugeln?

Beispiel

Von einer Hohlkugel aus Aluminium (ρ = 2,7 g/cm³) kennt man den äußeren Durchmesser d = 45 mm und die Dicke s = 2 mm. Berechne die Masse der Kugel!

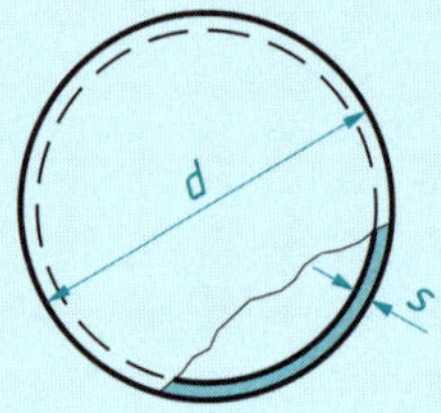

1. Skizze des Querschnitts
Unter dem Volumen der Hohlkugel versteht man die Differenz aus dem Volumen der „äußeren" und dem der „inneren" Kugel. (Vergleiche Kreisring!)

$V = \frac{4}{3}r^3\pi$ — **2.** Formel für das Volumen einer Kugel

$V_1 = \frac{4}{3}r_1^3\pi \qquad V_2 = \frac{4}{3}r_2^3\pi$ — V_1 Volumen der äußeren Kugel, V_2 Volumen der inneren Kugel

$V_1 - V_2 = \frac{4}{3}\pi(r_1^3 - r_2^3)$ — Differenz

$r_1 = \frac{d}{2} \qquad r_1 = 22{,}5\text{ mm}$ — Radius der äußeren Kugel

$r_2 = \frac{d}{2} - s \qquad r_2 = 20{,}5\text{ mm}$ — Radius der inneren Kugel

$V_1 - V_2 = \frac{4}{3}\pi(22{,}5^3 - 20{,}5^3)$ — **3.** Wir setzen ein und berechnen.

$V_1 - V_2 = 11\,625{,}987..\text{ mm}^3$

$V_1 - V_2 = 11{,}625\text{ cm}^3$

$m = V \cdot \rho$ — **4.** Berechnung der Masse

$m = 31{,}390..$ — Da die Dichte in g/cm³ gegeben ist, verwandeln wir $V_1 - V_2$ in cm³.

m = 31,4 g

369 Berechne die Masse einer Hohlkugel mit dem äußeren Durchmesser d und der Dicke s!

a) d = 32 mm, s = 0,9 mm, Silber ρ = 10 g/cm³
b) d = 26 mm, s = 4 mm, Kupfer ρ = 8,96 g/cm³

370 Berechne die Masse der Hohlkugel aus Eisen (ρ = 7,87 kg/dm³) mit dem äußeren Durchmesser 24,2 cm und der Dicke 1 mm!
Wie groß ist der Durchmesser einer vollen Korkkugel (ρ = 0,24 g/cm³) mit der gleichen Masse?

Beispiel

Um Beschädigungen eines Bootes beim Anlegen an eine Kaimauer zu verhindern, verwendet man sogenannte Fender. Diese bestehen aus Gummi (ρ = 1,2 g/cm³) und haben den in der Skizze dargestellten Querschnitt. Berechne die Masse und den Oberflächeninhalt eines Fenders mit den in der Skizze angegebenen Maßen.

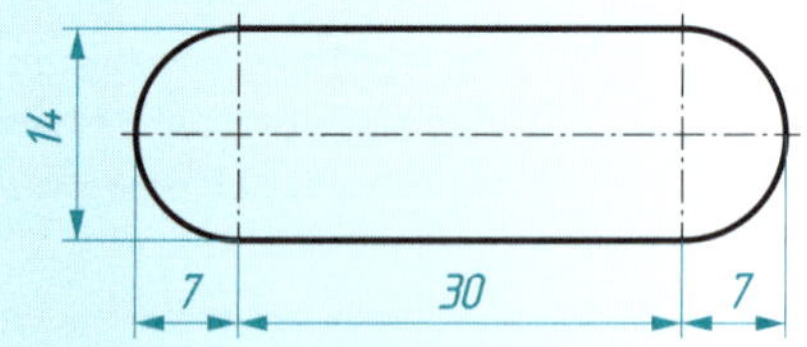

Maße in cm!

$V = r^2\pi h + 2 \cdot \frac{1}{2} \cdot \frac{4}{3}r^3\pi$ — **1.** Volumen
Der Körper besteht aus einem Drehzylinder mit zwei aufgesetzten Halbkugeln.

$V = r^2\pi h + \frac{4}{3}r^3\pi$

$V = 6\,054{,}89...$ — **2.** Wir setzen ein und berechnen V und m.

$m = 7\,265{,}87...\text{ g}$

m = 7,27 kg

$O = 2r\pi h + 2 \cdot \frac{1}{2} \cdot 4r^2\pi$

$O = 2r\pi h + 4r^2\pi$ — **3.** Die Oberfläche des Körpers besteht aus dem Mantel des Drehzylinders und der Oberfläche der beiden Halbkugeln (also einer Kugel).

O = 1 935,22 cm²

371 Eine Boje hat den in der Skizze dargestellten Querschnitt (Maße in cm).
Berechne Oberflächeninhalt und Volumen!

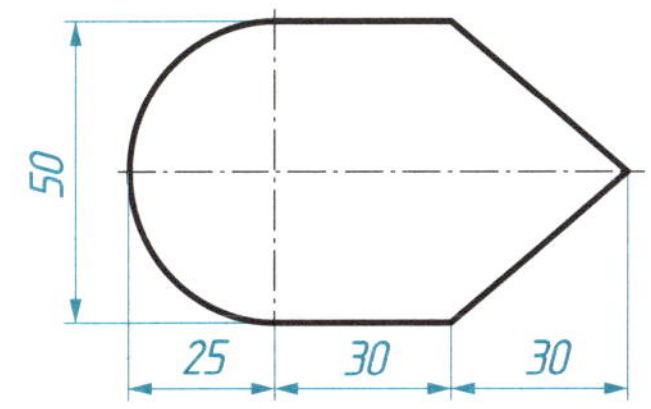

372 Das Pantheon in Rom (ein Rundtempel, erbaut 27 v. Chr.) hat die Form eines Drehzylinders mit aufgesetzter Halbkugel. Der Innendurchmesser der Kuppel (d = 43,4 m) ist gleich der gesamten Innenhöhe des Gebäudes. Berechne das Volumen des Innenraums!

SK 14 DREHZYLINDER - DREHKEGEL - KUGEL

Jetzt willst du Klarheit. Du sprichst mit deinen Eltern.
Sie zucken mit den Achseln, aber dann lächeln sie und sagen:

1a	1b	2a

2b	3a	3b	4a	4b	4c	5a	5b	6a	6b	6c	
											!

Deine Eltern überreichen dir ein Geschenk. Es handelt sich dabei um eine CD, auf der dein Lieblingshit zu finden ist. Dein Freund, deine Freundin hat mit dem Verwirrspiel deinen Eltern geholfen, die Bestätigung, was dein Lieblingshit ist, zu erhalten. Deine Reaktion im Cafe hat der Kellnerin und dem Mann, dem Onkel deines Freundes, deiner Freundin gezeigt, dass die Vermutung deiner Eltern richtig war.

662,60 cm^3	0,60 dm	14,40 cm	407,15 cm^2	139,11 cm^2	254,47 cm^2	2 cm
A	E	T	L	W	E	R

4,58 dm^2	381,70 cm^3	106,88 cm^3	0,92 dm^3	120,95 cm^2	15,60 cm	509,69 cm^2
N	I	I	R	G	U	R

Trage die den Ergebnissen entsprechenden Buchstaben oben ein!

Kommen im Ergebnis Dezimalzahlen vor, dann runde auf Hundertstel! Speichere die Zwischenergebnisse und verwende diese „vollständigen" Werte für die weiteren Berechnungen.

1) Ein zylinderförmiges Gewicht einer Pendeluhr hat folgende Abmessungen:
r = 1,8 cm, h = 10,5 cm.
Berechne: **a)** den Oberflächeninhalt und **b)** das Volumen des Gewichts!

2) Von einem Drehzylinder kennt man den Radius r = 3,5 cm und das Volumen V = 76,97 cm^3.
Berechne: **a)** die Länge der Höhe und **b)** den Oberflächeninhalt!

3) Von einem Drehkegel kennt man den Radius r = 7,8 cm und die Höhe h = 10,4 cm.
Berechne: **a)** den Oberflächeninhalt und **b)** das Volumen!

4) Von einem Drehkegel kennt man den Radius r = 6 cm und das Volumen V = 542,87 cm^3.
Berechne: **a)** die Länge der Höhe h, **b)** die Länge s und **c)** den Oberflächeninhalt O!

5) Gegeben ist eine Kugel mit dem Radius r = 4,5 cm.
Berechne: **a)** das Volumen und **b)** den Oberflächeninhalt!

6) Beim Kugelstoßen werden Eisenkugeln (Dichte von Eisen ρ = 7,87 kg/dm^3) mit einer Masse von 7,257 kg verwendet.
Berechne: **a)** das Volumen, **b)** den Radius und **c)** den Oberflächeninhalt einer solchen Kugel!

Schreibe nun den Namen deiner Lieblings-CD ins Buch. Deine Eltern werden dir nach dem erfolgreichen Abschluss des Mathematikjahres diesen Wunsch gerne erfüllen:
Meine Lieblings-CD ist:

LERNZIELKONTROLLE:

Kapitel I, Drehzylinder- Drehkegel – Kugel

Runde bei den Rechenaufgaben jeweils auf 2 Dezimalstellen!

***) Einen Drehzylinder erkennen und beschreiben können**

1) Wie entsteht ein Drehzylinder? ☐ ☐ ☐

2) Benenne die wesentlichen Teile eines Drehzylinders (Skizze)! ☐ ☐ ☐

***) Formel für Oberflächeninhalt und Volumen eines Drehzylinders erarbeiten und für Anwendungen nutzen**

3) Gib die Formel für den Oberflächeninhalt und das Volumen eines Drehzylinders an! ☐ ☐ ☐

4) Von einem Drehzylinder kennt man das Volumen $V = 500\ cm^3$ und die Höhe $h = 8$ cm. Berechne den Radius und den Oberflächeninhalt! ☐ ☐ ☐

5) Welcher Zusammenhang besteht zwischen Höhe und Radius bei einem gleichseitigen Drehzylinder? ☐ ☐ ☐

6) Gib die Formel für den Oberflächeninhalt und das Volumen eines gleichseitigen Drehzylinders an! ☐ ☐ ☐

***) Einen Drehkegel erkennen und beschreiben können**

7) Wie entsteht ein Drehkegel? ☐ ☐ ☐

8) Benenne die wesentlichen Teile eines Drehkegels (Skizze)! ☐ ☐ ☐

***) Formel für Oberflächeninhalt und Volumen eines Drehkegels erarbeiten und für Anwendungen nutzen**

9) Wie berechnet man die Mantelfläche eines Drehkegels? ☐ ☐ ☐

10) Gib die Formel für den Oberflächeninhalt und das Volumen eines Drehkegels an! ☐ ☐ ☐

11) Von einem Drehkegel kennt man das Volumen $V = 500\ cm^3$ und die Höhe $h = 8$ cm. Berechne den Radius und den Oberflächeninhalt! ☐ ☐ ☐

12) Der Mantel eines Drehkegels ist ein Halbkreis mit dem Radius $r = 5$ cm. Berechne Volumen und Oberflächeninhalt des Drehekegels! ☐ ☐ ☐

13) Gib die Formel für den Oberflächeninhalt und das Volumen eines gleichseitigen Drehkegels an! ☐ ☐ ☐

***) Formel für Oberflächeninhalt und Volumen einer Kugel kennen und für Anwendungen nutzen**

14) Gib die Formel für den Oberflächeninhalt und das Volumen einer Kugel an! ☐ ☐ ☐

15) Von einer Kugel kennt man den Oberflächeninhalt $O = 1\ 950\ cm^2$. Berechne den Radius und das Volumen der Kugel! ☐ ☐ ☐

Register